Hilmar Hoffmann

Mythos Olympia

Autonomie und Unterwerfung
von Sport und Kultur

Hitlers Olympiade
Olympische Kultur
Riefenstahls Olympia-Film

2 Luftaufnahme des Olympia-Stadions.
Berlin 1936

Aufbau-Verlag

ISBN 3-351-02232-8

1. Auflage
© Aufbau-Verlag Berlin und Weimar GmbH 1993
Redaktionelle Mitarbeit Peter V. Brinkemper
Einbandgestaltung Ute Henkel unter Verwendung eines Fotos aus dem Film »Olympia. Fest der Völker«
Gestaltung und Typographie Peter Friederici
Satz LVD GmbH, Berlin
Schrift 10,5 p Timesroman
Reproduktion, Druck und Binden Druckhaus Erfurt
Printed in Germany

Inhalt

Einleitung

Vor allem muß Aufklärung über das Geschehene einem Vergessen entgegenarbeiten, das nur allzu leicht mit der Rechtfertigung des Vergessenen sich zusammenfindet.

Theodor W. Adorno [1]

Das wiedervereinigte Berlin bewirbt sich um die Olympischen Spiele an der Jahrtausendwende. Ursprünglich dachten die Initiatoren an ein grenzüberschreitendes Weltfest des Sportes im Herzen des noch in West und Ost gespaltenen Europas, doch wandelt sich die Stadt rechtzeitig zur Bewerbungsphase zu einer sich normalisierenden Metropole. Die Spätfolgen der deutschen Teilung und eines überstürzten Wiedervereinigungsprozesses sind in ganz Deutschland spürbar. Sie sind nur die Spitze eines Eisberges internationaler Probleme, die auch das Gelingen der „nachholenden Revolution"[2] in Osteuropa betreffen. Auf der Drehscheibe Berlin werden sie gleichsam handgreiflich – in urbaner Dichte und in ihrem globalen Ausmaß. Die Metropole Berlin hat daher die Chance, den Entwicklungsprozeß eines qualitativ neuen Deutschlands – das nicht nur die Summe aus der früheren Bundesrepublik und der DDR sein kann – in vielfältiger Weise zu fördern.

In diesem Kontext ist Berlins Bewerbung für Olympia 2000 weit mehr als ein symbolischer Akt der West-Ost-Verständigung. Ein neues olympisches Berlin setzt sich die Aufgabe, Sport, Kunst und Kultur einen würdigen Veranstaltungsrahmen von internationalem Niveau zu bieten. Dabei geht es keineswegs nur um ein kurzzeitiges Festprogramm für vierzehn Tage, eine Euphorie, die schnell verglimmt. Auch der vielzitierte Ausbau der kulturellen Infrastruktur der designierten Hauptstadt wird sinnvoll erst dann sein, wenn man die gegenwärtige und zukünftige Kultur danach befragt, in welcher Form sie einen genuinen Beitrag zur friedlichen und friedensstiftenden Lösung der andrängenden Weltprobleme bereitstellen, ob sie neue Impulse und Entwürfe für fällige gesellschaftliche, wirtschaftliche und politische Entwicklungen liefern kann.[3]

Die olympische Idee selbst, der friedliche Wettbewerb der besten Sportler aus allen Nationen, ist als Bestandteil eines erweiterten Kulturbegriffs zu würdigen, der den Umgang mit dem eigenen und anderen Körper – das Training, die Leistungssteigerung, das Spiel und den Wettkampf – nicht bloß als kapitalisierbare Leistungsformen im Getriebe einer Sport- und Medienindustrie im wirtschaftlichen Aufschwung begreift, sondern als eigensinnige *Lebensformen*, deren ästhetische Werte und ethische Normen keinen fremden politischen oder ideologischen Zwecken einer destruktiven Mobilisierung unterworfen sein sollten. In der olympischen Idee, wie sie sich uns heute darstellt, ist der Autonomieanspruch einer globalen Welt-Sport-Kultur und das Modell eines freiheitlich-ungezwungenen interkulturellen Austausches regionaler Kulturvorstellungen und Kulturpraktiken enthalten.

An diesem Maßstab muß sich die Zukunft und die Vergangenheit der olympischen Bewegung messen lassen. Gerade in Berlin wird mit der heutigen Bewerbung und Planung der düstere Glanz von 1936 erinnert. Erst mit diesem Datum schien die olympische Idee – auch in den Augen des damaligen IOC – mit einem in alle Welt ausgestrahlten Großzeremoniell ihre heute noch verbindliche Inszenierungsform als Weltereignis gefunden zu haben. Aber dieser Fortschritt von Olympia und Athen nach Berlin ist mit der Semantik von Spielen belegt, die der Hitlerstaat für seine Zwecke funktio-

[1] Theodor W. Adorno, Eingriffe: Was bedeutet Aufarbeitung der Vergangenheit? Frankfurt/Main 1963, S. 125 ff.
[2] Jürgen Habermas, Die nachholende Revolution. Kleine Politische Schriften VII. Frankfurt/M. 1990, S. 179-204.
[3] Zur Differenzierung der Kultur im Raum Berlin in Expertenkultur, Lebensformen, föderale politische Kultur, interkulturelle Koexistenz und Weltkultur – vgl. Hilmar Hoffmann, Metropole Berlin als kulturelle Utopie im Jetzt und Hier. Rede zur Verleihung des Kritikerpreises 1992 in der Staatsoper Unter den Linden. In: Berliner Zeitung, Nr. 291, 12./13. Dezember 1992, S. 67. – Ders.: Olympia 2000 – eine Ideenfabrik. In: Tagesspiegel, Berlin, Nr. 14354, 18. Oktober 1992, S. 3.

nalisierte. 1936 darf und soll nicht nur deshalb nicht verdrängt werden, weil sich die heutige Berliner Olympia-Bewerbung damit selbst disqualifizieren würde. Zu fordern bleibt ein offener, offensiver Umgang mit dem Thema, ein rationaler Diskurs, der den Rahmen der üblichen Diskussionen über Sport und Politik sprengt.

Die Olympischen Spiele von 1936 sind zum negativen Prototyp einer weitgehenden Instrumentalisierung von Sport und Kunst geworden. Eine gigantische Inszenierung führte damals zur Konsolidierung des Naziregimes im Innern und zu einer mittelfristigen Reputation nach außen: Hitler hat die olympische Arena zur Feier einer politischen Selbstinszenierung mißbraucht. „In der Geschichte des nationalsozialistischen Regimes bezeichnen die Feierlichkeiten der Olympischen Spiele in Berlin im August 1936 einen Höhepunkt, einen Gipfel, ja eine Apotheose für Hitler und das Dritte Reich." Angesichts dieser so beurteilten Jubelveranstaltungen fragte sich der französische Botschafter, François-Poncet, „wie diese Männer, die doch offensichtlich Freude an diesen mondänen Festlichkeiten hatten, gleichzeitig die Anstifter der Judenverfolgungen und der Folterungen in Konzentrationslagern sein konnten".[1]

Die raffinierten ästhetischen Verfahren des „schönen Scheins" verbanden die totalitäre Ideologie mit einem Körperkult, der das klassische Körperideal der Antike vereinnahmte. Die systematische Instrumentalisierung von Kunst zeigte sich in der Umdeutung und Verabsolutierung des von antiken griechischen Jünglings-Skulpturen entlehnten Schönheitsideals zur ästhetischen und ideologischen Norm für Hitlers Traum von einer heroischen nordischen Jugend. „Die anachronistische Ritterwelt des Sports wird zur Anständigkeit des deutschen Kämpfers, der Elitismus Coubertins zum Rassismus, die Wiedergeburtsidee Olympias zu einer nationalsozialistischen Erlösungsreligion, die Dramatik des Wettkampfes zur Tragik, das Sportfest zum Weihefest; aus Zeus wird Hitler."[2] Die ästhetische Überhöhung der nationalsozialistischen Ideologie sollte das Bedrohliche aufheben und Ideologie in der Verklärung des Schönen affektlenkend in Erscheinung treten lassen. Prototypisch für die Zwangssynthese aus olympischer Kunst und ideologischer Lenkung steht Leni Riefenstahls zweiteiliger *Olympia*-Film: Das vor Optimismus strotzende Huldigungsgemälde hat dem Ausland ein wahres Meisterstück der Mimikry vorgeführt. Immerhin waren 1936 die Nürnberger Gesetze schon in Kraft gesetzt worden, in den ersten Konzentrationslagern wurden Regimegegner bereits terrorisiert, und schon einen Tag nach der Eröffnung der Spiele wurde die Kriegsrüstung befohlen.

Der Film inszeniert den friedlichen sportlichen Wettstreit der Nationen einerseits als ein grandioses Täuschungsmanöver, nimmt aber andererseits „Vor-Formen des kriegerischen Kampfes" (Horst Ueberhorst, 1986) in raffinierten Montagen vorweg – in der Übersetzung direkter Gewalt in eine gewaltsame Symbolik des Kolossalen. In den symbolträchtigen Überblendungen und Doppelbelichtungen infiltriert Leni Riefenstahl das Unbewußte der Zuschauer mit unterschwelligen Konnotationen, die in den realen Sportwettkämpfen gar nicht zu sehen waren.

Mit Hilfe einer ausführlichen Analyse des heute noch in aller Welt als Olympia-Dokument bewunderten Films von Leni Riefenstahl soll versucht werden, dessen implizite Propagandabotschaft herauszupräparieren; sie ist in jedem Filmmeter auf eine derart subkutane ästhetische Weise präsent, daß sie dem unbefangenen Betrachter damals kaum deutlich wurde und dem nicht vorgewarnten Zuschauer heute ohne enttarnende Hinweise prima vista kaum deutlich wird. Leni Riefenstahl „porträtiert nicht nur den Prototyp des athletischen Kriegers", so der Historiker David Welch, „sondern indem sie es tut, reaktiviert sie ein integrales, umfassendes Vermächtnis deutscher Geschichte für die Nazi-Identität".[3] Riefenstahls Film inszeniert das Leben, als sei es Teil eines Festspiels, in dem wir alle engagiert sind, um unentrinnbar ganz bestimmte Rollen zu spielen.

Baron Pierre de Coubertin: 1863 in Paris geboren, war Pädagoge und Historiker. Vorkämpfer einer internationalen erzieherischen Reformdiskussion des „Athletismus der akademischen Jugend", fordert er um 1890 internationale Sportwettkämpfe als „allgemeines Friedenswerk", das nicht nur von den Universitäten, sondern „auch und gerade von den bürgerlichen Sportgesellschaften getragen werden soll" (Dietrich R. Quanz, Die Gründung des IOC im Horizont von bürgerlichem Pazifismus und sportlichem Internationalismus. Manuskript, Köln, Januar 1993, S. 9). Coubertin begründete die Olympischen Spiele der Neuzeit, ursprünglich um in Frankreich die Leibesübungen populär zu machen. Sein „olympischer Internationalismus" sei aber keineswegs ein Ersatz für nationale olympische Bewegungen, sondern beruhe auf „einem aufgeklärten nationalen Olympismus, der wahren patriotischen Religion der Athleten" (a. a. O., S. 16). Coubertin bereicherte die Spiele durch die Einführung des Diskuswerfens und des modernen Fünfkampfes als olympische Disziplinen. Bis 1925 präsidierte er das von ihm ins Leben gerufene Olympische Komitee (IOC). Er starb 1937 in Genf. Sein Herz wurde im Hain von Olympia unter einer Stele beigesetzt.

[1] André François-Poncet, Botschafter in Berlin. 1931-1938. Übers. v. Erna Stübel. Berlin, Mainz 1947, S. 301 und 306.

[2] Gunter Gebauer/Christoph Wulf, Die Berliner Olympiade 1936. Spiele der Gewalt. In: Mythos Berlin. Zur Wahrnehmungsgeschichte einer industriellen Metropole. Eine szenische Ausstellung auf dem Gelände des Anhalter Bahnhofs. Katalog, Berlin 1987, S. 262.

[3] David Welch, Propaganda and the German Cinema 1933-1945. Oxford 1981, S. 121.

Bereits während der Weimarer Republik erbrachten willfährige Filmleute dem rechten Weltanschauungsspektrum Vorleistungen für die völkische Instrumentalisierung dessen, was unter dem Begriff „Körperkultur" ideologisiert werden und auf den „Volkskörper" zielen sollte. Lange vor Leni Riefenstahl haben Nicholas Kaufmann und Wilhelm Prager in dem abendfüllenden Filmdokument *Wege zu Kraft und Schönheit* (1925) das vom Turnvater Jahn reaktivierte Motto „Mens sana in corpore sano" vereinnahmt und seinen Traum von einer „ganzheitlichen Körperlichkeit" ästhetisch überhöht. Eine Analyse auch dieses letztgenannten Films im Kontext von Olympia 1936 möchte zur leichteren Entschlüsselung einer folgenschweren Semantik beitragen: Der (nackte) Körper sollte zur Projektionsfläche und zum „authentischen Ausdrucksmedium sozialer Utopien werden"[1]. Drei weitere hier besprochene Prototypen des NS-Sportfilms aus den Jahren 1935 und 1937 belegen dies.

Daß sich solch „schwieriges Erbe" nationalsozialistischer Kunst nicht auf den Film beschränkt, sondern auch alle anderen ästhetischen Gattungen betrifft, belegen die Kontroversen um die Rehabilitierbarkeit von NS-Architektur und -Skulptur, -Kunstgewerbe und -Design. Diese seit Jahrzehnten geführten Debatten haben im Umfeld der Olympia-Bewerbung eine nochmals andere Qualität bekommen. Die Berliner architektonischen wie skulpturalen Hinterlassenschaften des Regimes, zu einem guten Teil unter Denkmalschutz gestellt, sind ein ‚negatives' Pfund, mit dem aus Anlaß der Olympiade zu wuchern kaum opportun wäre. Die erneute Nutzung des Marchschen Stadions und vor allem jene „anstößigen Athleten", mit denen die braune Ästhetik ihren rassistischen Körperkult in Stein transformierte, werden auf eine Weise diskutiert, die wie eine fatale Neuauflage des Historikerstreites Mitte der achtziger Jahre anmutet. Kontroversen sowie Statements von Personen des öffentlichen Lebens zum heutigen Umgang mit diesen Relikten einer perfid-grandiosen Selbstinszenierung des NS-Faschismus im Angesicht der olympischen Bewerbung Berlins bilden deshalb den Abschluß des Buches.

Unter dem Eindruck rechtsextremer Krawalle, ausländerfeindlicher Anschläge und „nationaler Großspurigkeit" haben Denker aus aller Welt auf dem Berliner Philosophenkongreß über olympische Tugenden im Oktober 1992 ihre Ängste „vor symbolischer und tatsächlicher Macht in Deutschland" artikuliert. [2]

Olympia 2000 in Berlin – das ist für die neue Hauptstadt die Chance einer kritischen und kreativen Revision. Die fatale Mesalliance von Kunst und Sport 1936 muß sichtbar gemacht werden, um die eindeutige und irreversible Zäsur zwischen Diktatur und Demokratie, zwischen Kult und Kultur zu verdeutlichen. Die Aufarbeitung des Komplexes 1936 in Form von Ausstellungen, Diskussionsforen und Symposien markiert daher einen besonderen Akzent der Aktivitäten im Rahmen des olympischen Vorprogramms.

Als multikulturelle Metropole an der Nahtstelle zwischen West- und Osteuropa und als traditionelle Stadt des Breitensports ist Berlin in besonderer Weise geeignet, nicht nur im sportlichen Wettkampf die Begegnung der Völker zu ermöglichen, sondern vor allem auch Stätten für die friedliche Begegnung der Kulturen zu bieten.

Kultur, Künste und Sport werden im magischen Jahr 2000 nicht zum höheren Ruhm eines bestimmten Staates oder einer bestimmten Ideologie in Erscheinung treten, sondern ebenso international wie autonom in ihrem Eigenwert. Sie dienen keinen fremden Zwecken!

Die Erinnerung an das Schreckliche dieser fremden Zwecke muß abschrecken, statt mit dem Schrecken vertraut zu machen. Dies kann nur gelingen, indem das Schreckensregime einer schonungslosen Analyse unterzogen wird, damit an die Stelle einer instrumentalisierten Erinnerung eine analytische treten kann.

Die ersten olympischen Spiele in Deutschland Berlin 1936

BERLIN·1936
1–16 AUG
OLYMPISCHE SPIELE

Das Weltsportfest und der Nationalsozialismus

3 Plakat zu den Olympischen Spielen. Berlin 1936

[1] Thomas Alkemeyer. In: Werkstatt, Olympia Journal, Berlin, Nr. 2/91, S. 10.
[2] Ausführliche Kongreßberichte von: Jürgen Scheunemann, Nichts über Berlin und seine Olympia-Bewerbung. Wissenschaftler diskutieren über Sinn und Zukunft der Olympischen Spiele. In: Der Tagesspiegel, Nr. 14 340, 4. 10. 1992; Lorenz Maroldt, Es gibt keine Idee, wie 1936 aufzuarbeiten ist. In: Neue Zeit, Nr. 234, 7. 10. 1992.

Dabei gilt es auch, die Dimension der Freude in Sport und Spiel wiederzugewinnen und die Brechtsche Kategorie der Vergnügung als nobelste Funktion im Umgang mit dem Zuschauer weniger geringzuschätzen. Schließlich stammt das Wort Sport aus dem Lateinischen, und „di(s)portare" bedeutet nichts weniger als sich vergnügen. Olympia Berlin 2000 könnte die Chance nutzen und jene Spirale der Entpersönlichung aller Nichtsieger durch die Vermarktung der wenigen Asse zurückschrauben, damit die „faktische Realität dessen, was die Bevölkerung im Sport sucht", nicht länger „hochgradig personalisiert" bleibt und „allein die Erfahrungswelten von Stars wie Heike Henkel oder Boris Becker betreffen" (Josef Hackforth)[1]. Coubertins Motto, Dabeisein sei wichtiger als Siegen, sollte auch von den Medien wieder entsprechend gewürdigt werden, für deren Reporter meist schon der Zweite mit nur 0,01 Sekunden Abstand zum Ersten der Allerletzte ist und keines Blickes und Aufhebens mehr wert.

Wie viele andere Künstler Berlins besteht auch der Regisseur Harry Kupfer darauf, während der Olympischen Spiele im Jahr 2000 in Berlin „die ursprüngliche Idee wieder ganz nahe" zu bringen. Aber „mit Sport allein kann der große Gedanke nicht vermittelt werden, der auf Frieden hinzielt unter den Völkern. Das geht nur mit der Kultur. Wenn wir die Olympischen Spiele bekommen sollten – was ich sehr begrüßen würde –, dann müßten sich in dieser Stadt aber wirklich die verschiedensten Kulturen zur Diskussion stellen können, damit man sich gegenseitig besser kennenlernt. Und das geht eigentlich nur durch die Kunst. Und nicht beschränkt nur auf die theatralischen Künste oder auf die Musik. Aber ein solches Forum wie die Olympischen Spiele wäre dafür natürlich sehr geeignet."[2]

[1] Guntram Müller-Jänsch: Der schwerkranke Patient Sport. Kölner Stadtanzeiger, 49, 27./28. 2. 1993 (Professoren der Kölner Sporthochschule wie Joachim Mester, Josef Hackforth u. a. haben zur systematischen Regenerierung der ursprünglichen Coubertinschen Ideale den „Club of Cologne" gegründet).
[2] Harry Kupfer im Gespräch mit Hilmar Hoffmann über „Kultur und Olympia". In: Programmheft der Komischen Oper Berlin zu Offenbachs *Hoffmanns Erzählungen*, Januar 1993, S. 49 ff.

Berlins Olympia-Bewerbung für das Jahr 1936

Alle Erfolge Hitlers sind undenkbar ohne das ausgeklügelte Fest, das den Nazismus von Anfang bis Ende verhüllte.

Richard D. Mandell [1]

Sie wissen nicht, was Schuld, was Verantwortlichkeit, was Rücksicht ist, diese geborenen Organisatoren; in ihnen waltet jener furchtbare Künstler-Egoismus, der wie Erz blickt und sich im „Werke", wie die Mutter in ihrem Kinde, in alle Ewigkeit voraus gerechtfertigt weiß.

Nietzsche [2]

Die XI. Olympischen Spiele 1936 in Berlin haben nicht die Nationalsozialisten erfunden: Die Machthaber des Dritten Reiches wurden allerdings allzu gern die politischen Usurpatoren einer Idee, die Theodor Lewald[3], Carl Diem und Karl Ritter von Halt 1928 während der Amsterdamer Spiele entwickelt hatten. Zehn Jahre nach Ende des Weltkrieges durfte sich Deutschland in Amsterdam erstmals wieder am Wettbewerb beteiligen. Beflügelt vom Erfolg der Mannschaft und ihren vielen Medaillen, die zum Ruhm des deutschen Sports wesentlich beigetragen hatten, betrachteten diese Sportfunktionäre eine Option für Deutschland als Ehrensache. Die offizielle Bewerbung wurde am 22. Mai 1930 in Berlin anläßlich der Eröffnung der 29. IOC-Session in der Alten Aula der Friedrich-Wilhelm-Universität (heute Humboldt-Universität) verkündet. Seinem schon damals stark entwickelten Sekuritätsbedürfnis folgend, vertagte das IOC auf der Sitzung am 23. April 1931 im Hotel Ritz in Barcelona die Entscheidung zwischen den Konkurrenten Barcelona und Berlin wegen der aktuellen politischen Ereignisse in Spanien: Nach der Abdankung des Königs rief die neue linksgerichtete Regierung die Republik aus, die falangistische Opposition reagierte aggressiv, ihre permanenten Gegenaktionen sollten schließlich in Francos moribundem Militärputsch kulminieren. Kaum drei Wochen nach der vertagten Entscheidung ließ das IOC dann im brieflichen Umlaufverfahren abstimmen: Berlin erhielt mit 43 von 59 Stimmen die Präferenz vor der katalanischen Hauptstadt.

Die enttäuschten Katalanen führten dann im Jahre 1936 in ihrem Montjuic-Stadion eigene Spiele durch, die sie provokativ „Volksolympiade Barcelona" nannten. Angeblich nahmen fünftausend Athleten und zwanzigtausend Zuschauer daran teil.[4] Die Spiele fanden ein jähes Ende schon am Tag nach der Eröffnung: Der Bürgerkrieg hatte begonnen.

Hindenburg hatte sich einverstanden erklärt, die ihm angetragene Schirmherrschaft für Olympia 1936 zu übernehmen. Nach seinem Tode im Jahre 1934 ging sie auf Adolf Hitler über, der sich die Nachfolge in der Reichspräsidentenschaft anmaßte. Für die politische Planung der XI. Olympischen Spiele, die im aufwertenden Sprachgebrauch bald „Hitlers Olympiade" hießen, zeichnete der Chef der Reichskanzlei, SS-Gruppenführer Hans Heinrich Lammers, verantwortlich; „Träger der gesamten Propaganda war der beim Reichsminister für Volksaufklärung und Propaganda gebildete Propagandaausschuß für die Olympischen Spiele"[5], die organisatorische Leitung übernahm als

Carl Diem: 1882 in Köln geboren; 1913 bis 1933 Generalsekretär des Deutschen Reichsausschusses für Leibesübungen; 1929 Mitbegründer der Deutschen Hochschule für Leibesübungen Berlin, 1938 bis 1945 Leiter des Internationalen Olympischen Instituts in Berlin. Organisator der XI. Olympiade 1936; 1947 mit der Gründung der Kölner Sporthochschule beauftragt, 1950-1952 Schriftführer des wiedergegründeten Nationalen Olympischen Komitees (NOK). Verfasser des dreibändigen Werkes *Olympische Flamme* (1942). Diem starb 1962 in Köln.

Karl Ritter von Halt: 1891 in München geboren; mehrfacher deutscher Zehnkampfmeister; zur Zeit der Machtergreifung Direktor der Deutschen Bank und der Discont Gesellschaft Berlin; 1931-1945 leitender Organisator der deutschen Leichtathletik bei internationalen Wettkämpfen; seit 1929 Mitglied des Internationalen Olympischen Komitees; Organisationsleiter der Olympischen Winterspiele 1936 in Garmisch-Partenkirchen; 1951-1960 Präsident des Nationalen Olympischen Komitees. Starb 1964 in München.

Zum Zeitpunkt der Entscheidung (13. Mai 1931) war Heinrich Brüning (Zentrum) Reichskanzler einer tolerierten Minderheitsregierung.

[1] Richard D. Mandell (amerik. Chronist der Hitler-Olympiade). Zitiert nach: Alle Welt ist begeistert. Die Boykott-Bewegung gegen Hitlers Olympiade. In: Der Spiegel, Nr. 5/1980, S. 119.
[2] Friedrich Nietzsche, Werke in drei Bänden. München 1966; Zur Genealogie der Moral. Band 2, S. 827.
[3] Funktionen von Theodor Lewald: siehe S. 12.
[4] Vyv Simson/Andrew Jennings, Geld, Macht und Doping. Das Ende der olympischen Idee. München 1992, S. 13.
[5] Carl Diem. In: Amtlicher Bericht über die XI. Olympiade in Berlin (Hrsg.), Band I, Berlin 1937, S. 352.

Generalsekretär des Organisationskomitees Carl Diem unter dem Vorsitz des bei den Nazis stark umstrittenen Theodor Lewald (seit 1924 IOC-Mitglied und von 1925 bis 1937 Mitglied des Exekutivkomitees des IOC). Öffentlich geschmäht als „Halbjude", hatte Lewald 1933 den Vorsitz des Deutschen Reichsausschusses für Leibesübungen niederlegen müssen. Nach Berufung von Hitlers Parteigänger Hans von Tschammer und Osten zum Reichssportführer am 28. April 1933 wurde im Zuge nationalsozialistischer Remedur mit der Auflösung des „Parlaments des uneinigen Sports" und der Gleichschaltung aller Sportverbände auch Lewalds bis dahin mächtiger Reichsausschuß umbenannt. Blind vor Ehrgeiz, mit der Olympiade sein Lebenswerk zu krönen, glaubte Carl Diem, bei „dem damals anschwellenden Rassenhaß" in den internationalen Wettkämpfen gleichwohl eine Chance für „Weltfrieden" und „Weltverbundenheit" erkennen zu sollen.[1] Die Nationalsozialisten gaben sich „weltverbunden" kosmopolitisch. Das Berliner Goebbels-Organ *Der Angriff* empfahl zum Auftakt der Spiele Camouflage: „Wir müssen charmanter als die Pariser sein, leichtlebiger als die Wiener, lebhafter als die Römer, kosmopolitischer als die Londoner, praktischer als die New-Yorker."

Schon wenige Tage nach Errichtung des Goebbelsschen Reichspropagandaministeriums im März 1933 hatte Lewald vorauseilende Dankbarkeit bekundet für Hitlers höchstpersönliche Entscheidung, ihn zu halten: „Theodor Lewald operiert mit taktischen Mitteln, um zu erreichen, daß die Regierung die Olympischen Spiele als ihre eigene Sache ansieht."[2] In seinem Schreiben an den Chef der Reichskanzlei Hans Heinrich Lammers biederte sich Lewald regelrecht an: „Was ich heute nicht mehr erwähnen konnte, ist die ungeheure Propagandawirkung für Deutschland [...] Damit komme ich zu der Bitte, daß das Propagandaministerium das Organisationskomitee für die XI. Olympiade Berlin 1936 bei der Propaganda im In- und Ausland nach jeder Richtung hin unterstützt."[3] Goebbels versprach denn auch am 29. Juli 1933 auf dem Deutschen Turnfest in Stuttgart, „den gesamten Apparat seines Propagandaministeriums in den Dienst dieser Propaganda stellen zu wollen".[4] Nach heftigen Invektiven im Goebbelsschen *Angriff* hatte Lewald versucht, seine völkischen Kritiker mit der Einlassung zu beschwichtigen, er habe sich doch schon immer für die Prinzipien der „Wehrhaftigkeit" stark gemacht und es sei schließlich seiner Initiative zu danken, „daß in die Bedingungen für die Erlangung des Turn- und Sportabzeichens das Kleinkaliberschießen und der Gepäckmarsch aufgenommen sind".[5]

Der Präsident des IOC, Graf de Baillet-Latour, rekurrierte in seinem Schreiben vom 3. Mai 1933 auf latente antisemitische Tendenzen im Reich und forderte die deutschen Komitee-Kollegen auf, bei „Herrn Hitler" zu intervenieren, um sicherzustellen, daß die Spiele „keinerlei politischen, rassemäßigen, nationalen oder konfessionellen Charakter haben" werden.[6] In der folgenden IOC-Session in Wien bekunden die deutschen Mitglieder, auch deutsche Juden würden „prinzipiell nicht von den XI. Olympischen Spielen ausgeschlossen".[7] Auf dieser Vollversammlung wurde die Vergabe der 1936er Winterspiele an Garmisch-Partenkirchen beschlossen. Tatsächlich wurden im Sommer 1934 von den bis dahin 40 000 in Vereinen organisierten Sportlern jüdischer Herkunft 21 offiziell „für würdig" befunden, für das deutsche Olympia-Camp nominiert zu werden. Vor allem die Einladungen an die „halbjüdische" Olympiasiegerin von 1932 im Florettfechten, Helene Mayer, und an den „halbjüdischen" Eishockeyspieler Rudi Ball aus Italien, dessen deutsche Mannschaft 1932 die Bronzemedaille erhalten hatte, bewirkten eine mildere Reaktion auf den latenten Antisemitismus der deutschen Sportbewegung: Mit knapper Mehrheit stimmten die Delegierten der „Amateure Athletic Union of the United States" der Teilnahme ihrer Athleten an den Berliner Spielen schließlich doch zu.[8] Aber schon bald nach Abflauen der internationalen Proteste wurden außer Helene Mayer und Rudi Ball alle jüdischen Sportler unter fadenscheinigen Gründen von der

4 Hitler erweist sich als schlechter Verlierer: Beim Fußballspiel Deutschland gegen Norwegen am 7. August 1936 verläßt Hitler zornig das Stadion, als sich eine Niederlage der deutschen Mannschaft ankündigt

[1] Der Spiegel, Hamburg, Nr. 5/1980, S. 118.
[2] Hajo Bernett, Sportpolitik im Dritten Reich. Beiträge zur Lehre und Forschung der Leibeserziehung. Band 39, Stuttgart 1971, S. 41.
[3] Bundesarchiv Koblenz (BA), Dk II, 43/729.
[4] Hans v. Tschammer und Osten, Bericht über Gespräch im Propagandaministerium am 16. 1. 1934, BA R 18/5615.
[5] Zitiert nach: Hajo Bernett, Sportpolitik im Dritten Reich, a. a. O., S. 42.
[6] Ausführlicher in den Akten der Reichskanzlei R 43 II/729 im Bundesarchiv Koblenz.
[7] Otto Mayer, A Travers les Anneaux Olympiques. Genf 1960, S. 139.
[8] Arnd Krüger, Die Olympischen Spiele 1936 und die Weltmeinung. Ihre außenpolitische Bedeutung unter besonderer Berücksichtigung der USA. Berlin, 1972, S. 163 f.

Nominierungsliste wieder gestrichen, angeblich entsprachen ihre Leistungen nicht den hohen Auslese-Standards. Dies war besonders im Fall der Hochspringerin Margarete Bergmann mit ihrem deutschen Rekord von 1.60 Meter (1936) nicht nur ein persönlicher Affront sondergleichen, denn dadurch wurde die deutsche Mannschaft um eine potentielle Goldmedaille betrogen. Für ihren 1,60-m-Sprung holte sich dann die Ungarin Ibolya Csák den Sieg. Willi Ph. Knecht berichtet übrigens, daß die Ehrung für die Florett-Fechterinnen am 5. August 1936 „für die NS-Rassisten eine wahre Horrorschau gewesen sein muß: Gold für die ungarische Jüdin Ilona Schacherer-Elek, Silber für Helene Mayer, Bronze für die österreichische Jüdin Ellen Preis."[1]

Die NS-Publizistik versuchte, den Spieß umzudrehen, und behauptete, die jüdisch-marxistische Weltpresse habe alles versucht, „um das Zustandekommen der Olympischen Spiele in Deutschland zu verhindern. Zuerst wollte man die Welt vor der angeblich politischen Unsicherheit in Deutschland warnen. Als diese Methode nicht den gewünschten Erfolg zeitigte, ging man so weit, zu behaupten, daß die Lebensmittelversorgung der Teilnehmer und Besucher in Deutschland nicht sichergestellt werden könne. Das nationalsozialistische Deutschland gab diesen Verleumdungen die Antwort durch die Tat, indem es die Olympiade zu einem wahren Friedensfest der Völker machte, das in seiner grandiosen Gestaltung und in seinem harmonischen Verlauf ein einmaliges Ereignis darstellte."[2]

Der französische Regierungschef Léon Blum schlug Bedenken seiner Ratgeber in den Wind, die nach Hitlers vertragswidriger Besetzung des Rheinlandes durch die Reichswehr am 6. März 1936 eine Beteiligung Frankreichs an den Olympischen Spielen zu überdenken baten: Blum hielt es für kleinkariert, „einen Nadelstich zu versetzen, solange die Energie fehle, um mit dem Schwert zu schlagen".[3]

Hajo Bernett weist in seinem quellenreichen Buch *Sportpolitik im Dritten Reich* zu Recht darauf hin, wie weit auch Graf de Baillet-Latour davon entfernt war, „die Rigorosität der nationalsozialistischen Rassenpolitik zu begreifen". So habe er versucht, die Problematik mit dem Hinweis zu relativieren, daß auch in den USA von Gleichberechtigung der Rassen keine Rede sein könne, ja erleichtert hinzugefügt, daß „bisher noch kein Land wegen der Judenfrage die diplomatischen Beziehungen zu Deutschland abgebrochen habe". Diese und andere Belege verweisen darauf, wie heikel bereits in der Vorbereitungsphase die Beziehungen zwischen dem Internationalen Olympischen Komitee und den Vertretern des Dritten Reiches waren. Jede Seite versprach sich Vorteile durch die Strategie der vielen kleinen Schritte, die zu fragwürdigen Kompromissen führte: das Dritte Reich die erstrebte weltweite Anerkennung als normales politisches System neben anderen, das IOC straff organisierte Spiele von Weltformat in noch nie vorher erreichten Dimensionen.

Damit ist auch die These vom Mißbrauch der olympischen Idee und der politikfreien Sportbewegung durch die Welt der Politik widerlegt.[4] Die olympische Bewegung erweist sich als ein politischer Katalysator mit ihrer Politik der Bewerbungen, der Auswahl und Entscheidung für bestimmte politisch sensible Orte zu bestimmten Zeiten, in der Verfolgung von Optionen und in der Realisation einmal begonnener Projekte. Auch die Einstellung, sich abzeichnende Boykotte um des Sportes willen zu ignorieren, kann durchaus als politisches Votum betrachtet werden, durch das ein Veranstaltungsland zumindest indirekt begünstigt wird. Jean-Marie Brohm hat daher die Kritik an dem damaligen Olympischen Komitee – unter heftigem Einspruch anderer Sportwissenschaftler und -historiker – provokant verschärft: Die Spiele von 1936 seien weder eine „Oase des Friedens" gewesen, von der die Anhänger des in Berlin verantwortlichen Organisators, Carl Diem, bis heute noch reden, noch ein unglücklicher Ausrutscher, wie es diplomatischere Vertreter aus dem Ursprungsland Coubertins wissen wollen,

[1] Willi Ph. Knecht, 100 Jahre Olympische Spiele der Neuzeit. Band 1896-1912, München 1990, S. 266.

[2] In: Fritz Maier-Hartmann, Dokumente des Dritten Reichs. 2. Band, München 1939, 5. Auflage 1943, S. 301.

[3] Zitiert nach: François-Poncet, Botschafter in Berlin, a. a. O, S. 47.

[4] Thomas Alkemeyer/Alfred Richartz, Olympia – Berlin – Seoul. Zur Entwicklung der Massenpsychologie der Olympischen Spiele. In: Olympia – Berlin. Gewalt und Mythos in den Olympischen Spielen von Berlin 1936. Wissenschaftliches Symposion in Berlin, 16. bis 18. Oktober 1986. Hrsg. von Thomas Alkemeyer, Gunter Gebauer, Eugen König, Achim Kühling, Alfred Richartz, Stefan Titze, S. 266-279; Zitat S. 269.

Charles Hitchcock Sherill (1867–1936): 1887 US-Meister über 100 y in 10,4 Sek., Erfinder des Tiefstarts; General; lebte als wohlhabender Amerikaner meist in Paris, „ein Traumwandler zwischen den Ideologien" (K. A. Scherer); verkehrte mit Hitler, Mussolini, Roosevelt, Baillet-Latour, Lewald; „ein schillerndes Phänomen in der olympischen Bewegung" (Arnd Krüger); Verfasser antisemitischer Leitartikel u. a. in der *New York Times*.

Der Hamburger Soziologe Helmut Schelsky rechtfertigt in seinem Buch *Friede auf Zeit* (Osnabrück 1973) den Fortgang der Spiele von 1972 in Form einer Laudatio auf Avery Brundage: „Der einzige, der die Grundidee der Olympiade unbeirrt zur Richtschnur seiner Stellungnahmen und Handlungen im Krisenkarussell der Spiele machte und nicht nur den Fortgang der Münchner Spiele, sondern wahrscheinlich die Grundidee der Spiele selbst rettete, war Avery Brundage. Seine politisch-moralische Folgerichtigkeit in der Vertretung der Grundidee der Spiele setzte sich durch in dem Beschluß, die Spiele auch nach dem Massaker an der israelischen Olympiamannschaft fortzuführen; sie gipfelte in dem vor aller Welt im Stadion gesprochenen Satz: ‚Die Spiele müssen weitergehen!'" Dieser Beschluß stelle „einen weltpolitischen Akt eines Politikers dar, der ‚über Kriege hinweg' sich dem Stück Frieden in der Welt verpflichtet wußte, der durch die Stiftung der Olympischen Spiele den Völkern angesonnen war. In der Tat: ‚Die Spiele müssen weitergehen!' Um des Friedens willen."

[1] Arnd Krüger, Die Olympischen Spiele 1936 und die Weltmeinung. Berlin 1972, S. 123.
[2] Jean-Marie Brohm, Zum Verhältnis von Olympismus und Nationalsozialismus. In: Alkemeyer/Gebauer/König/Kühling/Richartz/Titze (Hrsg.), Olympia – Berlin. Gewalt und Mythos in den Olympischen Spielen von Berlin 1936, a. a. O., S. 190-198, Zitat S. 190 ff. – Vgl. auch: Ders, Le mythe olympique. Paris 1981; ders., Jeux olympiques à Berlin, 1936. Brüssel 1983; M. Caillat u. J.-M. Brohm, Les dessous de l' olympisme. Paris 1984. J.-M. Brohm, Pierre de Coubertin et l'avènement du sport bourgeois. In: Les athlètes de la République. Toulouse 1987.
[3] Carl Diem, L'Idée olympique dans la Nouvelle Europe. Vortrag Paris 1941. Druckfassung: Berlin 1943, S. 5.
[4] Pierre de Coubertin, Discours du Baron de Coubertin pour la clôture des Jeux olympiques de Berlin. In: Ders, L'Idée olympique, Discours et essais. Schorndorf 1967, S. 134.

sondern eine „ganz bewußte und organisierte propagandistische Massendemonstration des Nazi-Staates", dem der olympische Großbetrieb eine Weltveranstaltung als Werbemittel in die Hände gespielt habe. Das IOC habe sich in mehrfacher Hinsicht als faktischer „Mittäter" erwiesen: durch die allgemeine apolitische Haltung, die von totalitären Systemen besonders geschickt instrumentalisiert werden könne, durch den Verzicht, in irgendeiner Weise gegen den Einmarsch der Wehrmacht ins Rheinland zu protestieren, durch die naive Gutgläubigkeit, die deutschen Behörden würden die Olympische Charta wenigstens während der Spiele beachten und auch nichtarische Mitbürger respektieren, durch das Verschweigen der immer offenkundigeren Verfolgungen von Juden, Sozialisten und anderen Minderheiten.

Die indifferente oder begünstigende Haltung gegenüber dem NS-Regime sei schließlich in der entscheidenden Phase der Vorbereitungen sogar umgeschlagen in die offene Verteidigung eines Staates, der sich zur Olympiade und zum Krieg gleichermaßen rüstete. So berichteten die beiden amerikanischen Berlin-Befürworter im IOC, General Charles Hitchcock Sherill und Avery Brundage, in den USA, im Deutschen Reich sei alles in Ordnung, den jüdischen Bürgern gehe es gut; wer gegen die Berliner Olympiade votiere, befinde sich im Fahrwasser kommunistischer Ideologien und jüdischer Finanziers. Bis an sein Lebensende 1975 vertrat Brundage – der als Präsident des IOC 1972 in München nach der Ermordung der israelischen Sportlergeiseln das berühmte „The games must go on" sprach – die Ansicht, die Nazis hätten sich an die olympischen Regeln gehalten und die Abwendung des US-Boykotts sei ein Sieg der olympischen Idee gewesen. Dagegen hatte J. T. Mahoney, der Vorsitzende der Amerikanischen Athletic-Union, 1935 seine Bedenken gegen die Teilnahme an den Berliner Spielen zu Recht krass formuliert: „Ich glaube, daß die Teilnahme an den Spielen unter dem Hakenkreuz die stillschweigende Anerkennung all dessen beinhaltet, für das das Hakenkreuz als Symbol steht."[1] Problematisch wird die Interpretation des Franzosen Jean-Marie Brohm, wenn er Coubertins ideengeschichtliche Wurzeln, seinen merkwürdig aristokratischen Elitismus als faschistoid bezeichnet. Denn eine solche Sicht hatten auch Propagandisten des Dritten Reiches aus dem Lager des Sports wie Carl Diem vertreten, allerdings unter anderem Vorzeichen. Brohms Blick läßt nur noch eine globale Sichtweise zu, die lediglich Fatalität im Großen kennt, statt der Summierung und Verknüpfung vieler Aktivitäten im Detail nachzuspüren.[2]

Auch wer nicht soweit gehen kann, die Idee der Olympischen Spiele und ihren Gründungsvater Baron de Coubertin zu denunzieren, wie dies Brohm in ideologiekritischer Absicht tut, muß zugestehen, daß sich allein schon im zeitpolitischen Kontext von innerstaatlichem Terror, von deutscher Wiederaufrüstung, Rheinlandbesetzung, spanischem Bürgerkrieg und systematischen Vorbereitungen auf einen Eroberungskrieg die Gewichte von Frieden und Krieg so verschoben hatten, daß die Glaubwürdigkeit und der friedensstiftende Charakter der Spiele in Berlin immer mehr eingeschränkt wurden. Die antike Idee der Waffenruhe und des Wettbewerbs aus sportlich-fairem Geiste wurde von dem olympischen Eiferer Carl Diem im Zweiten Weltkrieg noch weiter pervertiert, wenn er im besetzten Frankreich die Ansicht vertrat, „daß man selbst während des Krieges das Recht hat, die Olympische Idee weiterzuverfolgen und […] die Olympische Flamme zu unterhalten". Innerhalb der faschistischen Festung Europas waren ab 1942 im geplanten Kolossalstadion von Nürnberg „Großdeutsche Olympische Spiele" vorgesehen.[3]

Damit sollten Friedensstiftung und Internationalismus aus der olympischen Idee getilgt werden. Baron Pierre de Coubertin sollte sich von dem Inszenierungsgipfel in Berlin, von den Leistungen seines „genialen und enthusiastischen Freundes" Diem und dem monumentalen Bauwillen des „Führers" hingerissen zeigen.[4] Er hatte den Kult (religio athletae), Adel und Auslese im Leistungsstreben, Dienst der ‚Muskelkraft' am menschlichen Geist, Ritterlichkeit und Friedenswillen als wesentliche Merkmale einer olympischen Ethik bezeichnet. Kurz vor seinem Tode im Jahre 1937 auf Hitlers Olympiade angesprochen, vermochte der Baron indes keinen Unterschied darin zu erkennen, „ob die Olympischen Spiele als Propaganda für schönes Wetter oder für ein politisches Regime veranstaltet würden".[1]

[1] Zitiert nach Albert H. V. Kraus, Größte Schaufensterdekoration der Welt. In: Das Parlament, Nr. 36, 2. Sept. 1988.

Planung und Funktion des Berliner Olympia-Stadions

Die mächtigsten Menschen haben immer die Architekten inspiriert: der Architekt war stets unter der Suggestion der Macht. Im Bauwerk soll sich der Stolz, der Sieg über die Schwere, der Wille zur Macht versichtbaren: Architektur ist eine Art Macht-Beredsamkeit in Formen, bald überredend, selbst schmeichelnd, bald bloß befehlend. Das höchste Gefühl von Macht und Sicherheit kommt in dem zum Ausdruck, was großen Stil hat. Die Macht, die keinen mehr nötig hat: die es verschmäht, zu gefallen: die schwer antwortet: die keinen Zeugen um sich fühlt: die ohne Bewußtsein davon lebt, daß es Widerspruch gegen sie gibt: die in sich ruht, fatalistisch, ein Gesetz unter Gesetzen: Das redet als großer Stil von sich.

Nietzsche[1]

5 Einweihung des Grunewaldstadions. Juni 1913

Am Tage seiner Gründungsversammlung in Berlin, am 24. Januar 1933, eine Woche vor Hitlers Machtergreifung, empfahl das Deutsche Organisationskomitee, auf den kostspieligen Neubau eines Stadions zu verzichten und statt dessen das 1913 eingeweihte Grunewald-Stadion auszubauen und entsprechend den gewachsenen Anforderungen umzurüsten. Der Vorschlag der Stadionerweiterung entfernte sich noch nicht gänzlich von der Linie der früheren behutsamen Baupolitik unter Kaiser Wilhelm II.: 1909 war die Rennbahn Grunewald fertiggestellt und als Ort eines relativ exklusiven Sportes englischen Stils in Betrieb genommen worden. Schon für die voraussichtlich 1912 in Berlin stattfindenden Olympischen Spiele sollte in das Zentrum der Bahn ein muldenförmiges Stadion eingesenkt werden, in dem „die hauptsächlichsten Wettspielarten zu gleicher Zeit stattfinden können, um durch Mannigfaltigkeit der Schauspiele das Interesse der Zuschauer an den kleinen Kämpfen zu fördern, und [...] andererseits auch alle Spiele von allen Sitzplätzen" beobachtbar zu halten.[2] Otto March lagerte in den bestehenden Rennring ein Massensportstadion mit Tunnelzugang ein, das sich, bis auf die erhabene Kaiserloge, unauffällig in das Areal einfügte. Auch 1916 konnte das Stadion die Olympischen Spiele nicht beherbergen: „Bisher forderten wir das Stadion, jetzt fordert das Stadion uns"[3] – die damalige Verheißung Carl Diems war durch die Schrecken des Ersten Weltkrieges nicht mehr zeitgemäß. Die von Diem initiierte, 1920 gegründete Sporthochschule verlangte bald nach Erweiterungsbauten und einem eigenen Gelände. Im Wettbewerb zur Errichtung des „Deutschen Sportforums" 1926, so vom damaligen Staatssekretär Theodor Lewald benannt nach dem Forum in Rom, entwikkelten die Brüder Walter und Werner March (Söhne von Otto March) eine repräsentative, axial angelegte Lösung. Sie setzten sich immerhin gegen Architekten vom Range eines Max Taut und Hans Poelzig durch. Die zentral angelegten Kolonnaden des Entwurfs orientierten sich an zeitgenössischen Modellen wie dem 1928 fertiggestellten Stuttgarter Bahnhof, dessen Architekt Paul Bonatz neben seinen Kollegen Ludwig Hoffmann, German Bestelmeyer und den Sportverantwortlichen Theodor Lewald und Carl Diem in der Jury saß. Werner March erhielt – ohne seinen Bruder – den Auftrag, den Entwurf zu überarbeiten. Dies zog sich in mehreren Varianten bis in die dreißiger Jahre hin,

[1] Friedrich Nietzsche, Werke in drei Bänden. Hrsg. von Karl Schlechta, München 1966, Band 2, S. 997.
[2] Zentralblatt der Bauverwaltung, 1913, Nr. 47, S. 310.
[3] In: Walter Richter (Hrsg.), Die Olympischen Spiele 1936. Band 1, Altona-Bahrenfeld, S. 61.

zur Ausführung des Baus kam es erst nach 1935/36, im Sog völliger Neuplanung unter olympischen wie nationalsozialistischen Vorzeichen.

Nachdem Adolf Hitler am 5. Oktober 1933 das für die Spiele bestimmte Areal in Augenschein genommen hatte, wurde in Anwesenheit der Minister Frick und Goebbels entschieden, auf den Umbau des Grunewald-Stadions zu verzichten und Werner March umgehend mit der totalen Neuplanung zu beauftragen: „Mit dem heutigen Tage habe ich meine endgültige Genehmigung zum Beginn und zur Durchführung der Bauten auf dem Stadiongelände gegeben. Deutschland erhält damit eine Sportstätte, die ihresgleichen in der Welt sucht."[1] Der Bauwille Hitlers wurde weltweit in der Presse verbreitet.

6 Reichspräsident von Hindenburg an seinem 80. Geburtstag (2. Oktober 1927) im Grunewaldstadion, Berlin

Eine Wanderausstellung verkündete das Motto: „Wir werden bauen!" Sie wurde mit dem „Olympia-Zug" über 10 000 Kilometer befördert und von 600 000 Menschen besucht. So wurde das Provisorium Olympiagelände zum ersten architektonischen Großprojekt des Dritten Reiches. Hitler forderte zusätzlich ein voluminöses Aufmarschgelände. Bei einer Besprechung in der Reichskanzlei zeichnete er auf Marchs Skizze in der westlichen Verlängerung des Stadions einen großen Aufmarschplatz auf. Durch den Einschnitt in der Westkurve der Arena sollte die Achse zwischen Feld und Stadion auch architektonisch dokumentiert werden. Nach Worten des Innenministers Wilhelm Frick sollte das neue Stadion zu einer Sportstätte funktionalisiert werden, wo „auf Geschlechter hinaus junge Deutsche zu kraftgestählten Männern und Frauen herangebildet werden". Entsprechend den „hohen vaterländischen Aufgaben dieser Kampf- und Übungsplätze" hält Frick es für „würdiger", sie nun mit deutschen Bezeichnungen statt der bisherigen „griechischen und lateinischen Fremdnamen" zu benennen.[2] Hitler verwarf alle deutschtümelnden Namensvorschläge wie „Adolf-Hitler-Feld" und „Adolf-Hitler-Kampfbahn"; die Diskussion beendend, dekretierte er die bis heute gültigen Bezeichnungen „Olympia-Stadion" und „Reichssportfeld".

Die Bausumme wurde zunächst mit 16 Millionen Reichsmark veranschlagt und 1933 auf 27 Millionen erhöht; einschließlich der übrigen Neubauten und Umplanungen sowie aller ergänzenden Sportstätten auf den 132 Hektar des Reichssportfeldes sollte sich die Gesamtsumme schließlich auf 42 Millionen Reichsmark belaufen: für Stadion, Schwimmstadion, Deutschlandhalle, Sportforum, Haus des Deutschen Sports (erste Deutsche Hochschule für Leibesübungen). Zum Ensemble gehörten auch das olympische Dorf in Döberitz und die wahrscheinlich dem Amphitheater von Dodona (4. Jh. v. Chr.) sowie Thingstätten nachempfundene antikisierende Dietrich-Eckart-Freilichtbühne, die heutige Waldbühne am Steilhang der Morellenschlucht – damals benannt nach dem NSDAP-Poeten und ersten Schriftleiter des *Völkischen Beobachters*. Die Freilichtbühne wurde auf Goebbels' Wunsch eingefügt. Später hat man das von March vorgesehene Modell mit drei Ebenen und zwei Seitenrampen durch kolossale Bühnenaufbauten, Rampenvergrößerungen und Führertribüne erweitert, um völkischen Monumentalspektakeln wie Eberhard Wolfgang Möllers *Frankenberger Würfelspiel* Platz zu bieten. Die noch heute vorhandenen Aufbauten stören sichtlich die ursprüngliche Konzeption eines naturhaften Amphitheaters unter freiem Himmel.

Das am Westrand Berlins erbaute Olympia-Stadion grenzte unmittelbar an das grüne Maifeld. Der Rasen hat unter britischer Militärverwaltung (die ihren Sitz im Haus des Deutschen Sports bis 1994 haben wird) beste englische Qualität. Berichte aus der Presse und Fachpublizistik aus dem Jahre 1936 legen nahe, daß das Maifeld als ein Aufmarschgelände und Ersatz für das Tempelhofer Feld dienen sollte. Maifeiern fanden dort allerdings nie statt. Während der Erbauung des Maifeldes wurde das Reichsverteidigungsgesetz vom 21. Mai 1935 verabschiedet. Die provisorische Holztribüne auf dem Tempelhofer Feld wurde auf dem Maifeld in eine erste architektonische Dauerform gegossen. Deutlicher als in der Konzeption des immer noch begrenzten Riesenstadions erwies sich

[1] Adolf Hitler, zitiert nach: Völkischer Beobachter, 15. 12. 1933.
[2] Akten der Reichskanzlei R 43 II/729 im Bundesarchiv Koblenz.

7 Das Olympia-Gelände in Berlin um 1936

hier der politische Wille, Architektur nicht zum Zwecke der Massenversammlung, sondern zur Massenlenkung zu funktionalisieren. Und so war Albert Speers Aussage über die Sichtbarkeit und den Orientierungsverlust der Massen auf dem (Tempelhofer) Feld schon nicht mehr aus der Sicht der an einen Ort gebannten Zuschauer, sondern aus der Perspektive der beliebigen Vorprogrammierung von Akteuren formuliert, die sich nach der Kommandoperspektive des ferngerückten Führers ausrichten. Stadion und Feld, Innen und Außen bekommen verschiedene Wertigkeiten für die totalitäre Steuerung der Massen. Im vollendeten totalitären Staat lasse die Elite nicht mehr ihre Soldaten auf den Stadionbühnen und Plätzen vor der Masse der Zuschauenden paradieren, sondern „die Millionenmassen des erwachten Volkes" marschierten selbst auf – ob freiwillig oder unfreiwillig, bleibt offen. Damit werde die Beschränkung des Stadions hinderlich und die schon schwankende funktionale Differenzierung zwischen Zuschauer und Darsteller hinfällig: „Während das Stadion mit seinen hohen, ringsumfassenden Menschenmauern jedem Teilnehmer einen lebendigen Begriff von der demonstrativen Wucht einer Riesenkundgebung vermittelt und zugleich auch das Gefühl der unbedingten Zusammengehörigkeit gibt, kann das Tempelhofer Feld mit seiner riesigen Ebene nur ungenügend das Bewußtsein des gemeinsamen Erlebens der aufmarschierten Millionenmassen erzeugen. Es bestand daher die Gefahr, daß – ohne die Verwendung gewaltiger künstlicher Mittel – dem einzelnen nur ein ungenügender Bruchteil der Gesamtgröße einer solchen Kundgebung bewußt wird. Die gigantischen Ausmaße des Feldes lassen jede räumliche Begrenzung als unzulänglich und primitiv erscheinen. Es wurde deshalb der Versuch gemacht, den Gesamteindruck konstruktiv auf einen sichtbaren Mittelpunkt auszurichten. Sein optisches Zentrum mußte so groß und gewaltig sein, daß es als Symbol des Geschehens, als Willensausdruck der aufmarschierten Menschenmassen derart wirkte, um auch von der entferntesten Stelle aus noch als wirkungsvoll und bedeutend empfunden werden zu können."[1] Was die Tribüne am Rande des Tempelhofer Feldes leistet, sollte in der Szenerie des Maifeldes mit dem „Führerturm" respektive Glockenturm in der Mitte und durch Steintribünen und die eingeschnittene Stadionfassade am Rande geleistet werden. Das Reichssportfeld enthält im Nukleus bereits die Konzeption des Nürnberger Zeppelinfeldes. Die axiale Anordnung der Straßen, Plätze, Gebäude und weiten Aufmarschplätze wird zum Muster für alle späteren Führerstädte. Die Hauptachse des gigantischen Stadion-Ovals mit seinen 92 000 Plätzen wurde auf Geheiß des Führers um ca. 150 Meter nach Süden verschoben und auf den 76 Meter hohen „Glockenturm" des Maifeldes justiert, dem weithin sichtbaren „Führerturm" als trigonometrischem Flucht-Punkt der monumentalen Anlage. An diesem Detail wird der Zusammenhang zwischen axialer Architektur und faschistischer Ideologie besonders evident.

[1] Albert Speer, Die Aufbauten auf dem Tempelhofer Feld in Berlin zum 1. Mai 1933. In: Baugilde, Berlin, Heft 6/1937.

Exkurs

Das Monumentale im Zeitalter seiner Reproduzierbarkeit

Würde das Schicksal Roms Berlin treffen, so könnten die Nachkommen als gewaltigste Werke unserer Zeit dereinst die Warenhäuser einiger Juden und die Hotels einiger Gesellschaften als charakteristischen Ausdruck der Kultur unserer Tage bewundern.

Adolf Hitler[2]

[2] Adolf Hitler, Mein Kampf. 18. Aufl., München 1933, S. 291.

Die Struktur der Anlage täuscht darüber hinweg, daß sie den Charakter einer negativen Urbanität besitzt und das Merkmal eines „leeren Raums" künftiger einschneidender Maßnahmen trägt, durch die Hitler die unverstandene Dynamik moderner städtischer

Komplexion mittels monumentaler Gewaltbauten zähmen wollte. Dies wird auch von Apologeten des Stadions verkannt, die sich auf die vorfaschistische Phase des Grunewald-Stadions zurückbeziehen und die spätere Stadionarchitektur und Sportfunktion sauber von der umfassenden architektonischen und rituellen Einbettung in Hitlers Baupläne isolieren wollen. Solche Argumentation verkennt die Notwendigkeit einer weiträumigeren strukturell-synchronen und diachronen Methode, die die Entwicklungen nicht mehr bloß an einzelnen isolierten Bauten und Vorgängen verfolgt, sondern als oft überraschend naheliegende Effekte langwierig schwelender Fernursachen begreift.[1]

Schon in Mein Kampf hatte Hitler seinem Affekt gegen die krisenanfällige moderne Stadt mit allen ihren sozialen Problemen Luft gemacht und ihn im vor- und nachgeschichtlichen Entwurf eines entstädteten Kult(ur)ortes zu rationalisieren versucht. Seine Ausführungen bleiben an der visuellen Oberfläche und thematisieren nicht die tieferen Probleme von Bündelung und Entkopplung städtischer Funktionen: Die modernen Städte hätten den Charakter von „Kulturstätten" verloren und seien zu „reinen Menschenansiedlungen" herabgesunken. Der Wohnort des Großstadtproletariats käme nur noch einem „zufälligen örtlichen Aufenthaltsraum" gleich. Dies sei in der beruflichen Mobilität des einzelnen, aber auch in der „allgemeinen kulturellen Bedeutungslosigkeit und Ärmlichkeit unserer heutigen Städte" begründet. Hitler beschwört die Vergangenheit alter Residenzen, denen ihrem „bestimmten kulturellen Wert" gemäß auch ein „bestimmtes künstlerisches Bild" zukam. Dagegen seien die heutigen mittleren Städte bloße „Fabrikorte": „Reine Ansammlungen von Wohn- und Mietskasernen, weiter nichts. Wie bei derartiger Bedeutungslosigkeit eine besondere Verbundenheit mit einem solchen Ort entstehen soll, muß ein Rätsel sein. Niemand wird an einer Stadt besonders hängen, die nichts weiter zu bieten hat als eben jede andere auch." Den nachgewachsenen Klein- und Mittelstädten, aber auch den Großstädten wie Berlin fehlten die „das ganze Stadtbild beherrschenden Denkmäler, die irgendwie als Wahrzeichen der ganzen Zeit angesprochen werden könnten. Dies war in den Städten des Altertums der Fall, da fast jede ein besonderes Monument ihres Stolzes besaß." Durch „überragende Wucht und Gewalt" zeichneten sich diese Staatsbauten, Tempel, später die Dome und „Wehrtürme", als „Werke für die Ewigkeit" aus, die selbst heute noch im Römischen Forum, „in den Trümmerhaufen und Ruinenfeldern der antiken Welt als wenige noch aufragende Kolosse" zu bewundern seien, ganz im Gegensatz zur Profanität geduckter und vergänglicher Privatbauten. Insofern ist die auf dem Reichssportfeld inszenierte Archaik auch ein polemischer Vorentwurf zu einer nationalsozialistisch remonumentalisierten Stadt, aber auch eine Art testamentarischer Nachruf auf moderne Urbanität, deren zeit- und zweckverhaftete Zirkulation vor den Ewigkeitsbauten in den Staub fallen sollte. Der eigentliche Größenwahn von Hitlers ästhetisierendem Blick für das Monumentale besteht darin, Architektur in ihrer isolierten repräsentativen Außenwirkung und zentralistischen Massenlenkung vermitteln zu wollen. Die Gebäude sind auf die einschüchternde Isolation massenweiser Einsamkeit angelegt. Ins Überdimensionale gesteigert, siegt die Symbolik der skulpturalen Grenzziehung und der Staatsmacht über die Konzepte der Funktionalität oder Funktionsvernetzung von pluralen gesellschaftlichen oder individuellen Lebensformen. Hitlers Künstlerkomplex, seine Ablehnung als Malerschüler an der Wiener Kunstakademie, mit der angeblichen Begründung, er sei eher „ersichtlich auf dem Gebiete der Architektur" begabt, schlägt nochmals um: Zur Malerei fehlt ihm das künstlerische Talent, zur seriösen architektonischen Skizze das technische und soziologische Wissen. Sein Verhältnis zur Architektur bleibt im schlechten Sinne des Wortes an der „malerischen" Oberfläche eines Postkartenblicks hängen. Dieses Konzept hat Hitler dann als oberster „Architekt des Dritten Reiches" unter Zuarbeit von Albert Speer und anderen nachdrücklich zu realisieren versucht. Die Umsetzung

[1] Vgl. zur Apologie des Stadions aus traditioneller architekturgeschichtlicher Sicht: Tilmann Buddensieg, Olympia 1936 – Olympia 2000. Anmerkungen zum Reichssportfeld. Auf dem Wege zur Metropole Teil 12. In: Der Tagesspiegel, Berlin, 13. 12. 1992. – Zur Notwendigkeit einer breit angelegten und prozeßorientierten Strukturanalyse vgl. u. a. Hajo Bernett, Symbolik und Zeremoniell der XI. Olympischen Spiele in Berlin 1936. In: Sportwissenschaft 16 (1986), H. 4, S. 357-397, besonders S. 359.

verwandelt Städte in stillgelegte Museen und Mausoleen von Macht und Gewalt – noch vor der Ruinierung durch den totalen Krieg.

Die Gewalttätigkeit des faschistischen Blicks beruht darauf, das Modell eines schon damals nicht mehr zeitgemäßen Kunst- und Künstlerbegriffes auf Architektur bis hin zur Verleugnung und Verwerfung ihrer funktionalen, kommunikativen und sozialen Aufgaben und Bedingungen anzuwenden. Gerade an der Architektur und ihrem gesellschaftlichen Wirkungsfeld ist abzulesen, daß solche Ästhetisierung um jeden Preis keineswegs bloß die Angelegenheiten reiner Kunst betrifft. Sie stellt den gesellschaftspolitischen Mißbrauch eines obsoleten Kunstmodells dar, in dem die Kunst und ihre historische Entwicklung auf ein griffiges mythisches Emblem zusammengepreßt wird, das als verallgemeinertes Siegel der Macht allem Bestehenden aufgedrückt wird, während der Prozeß der Modernität in allen Bereichen, außer der Rüstungsproduktion, in eine kontrollierte Stagnation überführt wird. Kunst erweist sich damit im doppelten Sinn als Instrument der Herrschaft: Sie erniedrigt sich selbst und macht so als Machtfaktor des Bestehenden zweifelhafte Karriere. Um sich dienstbar zu machen, muß sie die Autonomie ihrer modernen Entwicklung aufgeben. In ihrer Regressionsform wird sie zum willfährigen Repräsentationsobjekt und Reproduktionsmittel totalitärer Herrschaft.

Hitler hängt einem verballhornten traditionellen Kunstbegriff nach, den Künstler und Intellektuelle wie Walter Benjamin im modernen Zeitalter der technischen Reproduktion längst als obsolet erkannt hatten. Das totalitäre Programm einer gesellschaftsfernen Riesenarchitektur mit hyperskulpturalen Schreckfassaden kann das Unverwechselbare einstiger Größe mit den Mitteln modernster Technik nur beschwören. Mit den Mitteln der materiellen Massenproduktion wird das Hier und Jetzt ebenso austauschbar, wie das einmalige Dasein eines Werkes an einem Orte auf der symbolischen Ebene durch Photographie und Film erschüttert wird. Als totalitäre Kunst „an und für sich" erweisen sich die Produkte nicht nur dadurch, daß sie den Zuschauer zu Ameisen degradieren. Sie führen die Dialektik des Totalitarismus über ihn selbst hinaus. Durch ihre Dimensionierung und Plazierung in vernichtend weiträumigen Achsen, Plätzen und Feldern steht das Unübersehbare im Nirgendwo und das Unverwechselbare im Überall. Der Abriß des Umfeldes schlägt zurück auf den trostlosen Aufbau, dessen Sollbruchstellen als Ruinen schon vorgeplant sind. Aber bereits im Stadium der Unversehrtheit rächt sich die Bezugslosigkeit zum urbanen Umfeld in der Ödigkeit der gleichförmigen Konstruktion. So leicht läßt sich das verstädterte Auge nicht manipulieren. Es versucht, die Vielfalt des urbanen Raumes an der „stillen Einfalt und edlen Größe" des Gebäudedinosauriers abzulesen. Aber der Druck symmetrischer Flächen, der Schub gleichartiger Flügel und der Doppelsog kongruenter Winkel verwandelt jeglichen Richtungsverweis in ein ornamentales „Weder aus noch ein". Die Architektur erweist sich dann als repetitiv in sich selbst. Damit verrät sie ihren industriellen Ursprung.

Im Kontext von Film und Architektur an der Wende zum Faschismus hat Walter Benjamin versucht, einen neuen Kunstbegriff zu definieren, der den Zwängen und Möglichkeiten des Zeitalters der technischen Reproduzierbarkeit gerecht wird. Kaum ein anderer Essay ist so oft zitiert, aber auch mißverstanden worden wie „Das Kunstwerk im Zeitalter seiner technischen Reproduzierbarkeit", weil er in Thesenform drängt, was zugleich komplexe ästhetisch-kulturelle Theoriebildung und gesellschaftspolitische Zeiterfahrung ist. Dieser 1936 im Pariser Exil erschienene Aufsatz wird verständlicher, wenn man nicht nur von der negativen These ausgeht, von der Verabschiedung des klassischen Kunstbegriffs eines unverwechselbaren, auratischen Werks, in das sich der gebildete Bürger kontemplativ versenkte. Denn im Kontext der modernen Künste, insbesondere Surrealismus, Dada, Kubismus und Futurismus, und der ebenfalls schnell als Kunsttechniken begriffenen Reproduktionsverfahren Photographie und Film entsteht nicht nur eine Destruktion der Aura, die Vernichtung des hinc et nunc, die Störung und Verstörung der kontemplativen Ruhe. Alles dies läuft zu leicht auf die alte hegelianisch-marxistische These vom Ende der Kunst, der Aufhebung von Theorie und Kultur in einer Praxis hinaus, als ob diese nicht mehr der Besonnenheit durch Ideen und Konzepte bedürfte.[1]

Das heute noch überzeugende Argument Benjamins besteht eher in der komplementär-dialektischen Erweiterung des traditionellen Kunstbegriffs durch die Möglichkeiten der Kamera. Photographie und Film sind Techniken, unsere alltägliche Wahrnehmung über den Bereich der bisher bewußten „Merkwelt" hinaus in noch unentdeckte, unbewußte Bereiche auszudehnen. Photo- und Filmkamera, Fernrohre und Mikroskope sind gewaltige technische Apparaturen, die operativ wie ein „Chirurg" in das Gewebe der Wirklichkeit dringen und es einer optischen Vivisektion durch raum-zeitliche Schnitte unterziehen. Gerade die technischen Möglichkeiten der entfesselten Kunst der Montage, der Sprung in den Raum und der „Sprung in die Zeit"[2] schaffen Voraussetzungen für eine neue Art von Kunst mit Erkenntnisfunktion aktueller gesellschaftlicher Prozesse, die auch einen neuen Modus der Rezeption, eine „kritische und genießende Haltung" „in der Zerstreuung und durch das Kollektivum" ermöglicht. Benjamins Hauptthese, deren Geltung sich im Medium Film nur katalysatorisch bündelt, aber auf den Gesamtprozeß der künstlerisch-kulturellen Entwicklung bezogen ist, lautet denn auch entsprechend: „Die Aufgaben, welche in geschichtlichen Wendezeiten dem menschlichen Wahrnehmungsapparat gestellt werden, sind auf dem Wege der bloßen Optik, also der Kontemplation, gar nicht zu lösen. Sie werden allmählich, nach Anleitung der taktilen Rezeption durch Gewöhnung bewältigt. Gewöhnen kann sich aber auch der Zerstreute. Mehr: gewisse Aufgaben in der Zerstreuung bewältigen zu können, erweist erst, daß sie zu lösen einem zur Gewohnheit geworden ist. Durch die Zerstreuung, wie die Kunst sie zu bieten hat, wird unter der Hand kontrolliert, wie weit neue Aufgaben der Apperzeption lösbar geworden sind. Da im übrigen für den einzelnen die Versuchung besteht, sich solchen Aufgaben zu entziehen, so wird die Kunst deren schwerste und wichtigste nur da angreifen, wo sie Massen mobilisieren kann. Sie tut es gegenwärtig im Film."[3]

Benjamins Konzept einer modernen Ästhetik der schockhaften Sprengung von Gewohnheiten braucht zunächst einmal einen weiteren Bezugspunkt als das isolierte traditionelle bildnerische Werk im Museum oder den magisch abgezirkelten archaischen Tempel eines Heiligtums.

„Die Ästhetik der mobilisierenden Umgewöhnung bezieht sich auf Kunst und Kultur als konkrete gesellschaftliche Lebensform des einzelnen im Wechselspiel mit dem Kollektiv. Sie ist eine zugleich immanente und doch auch transzendierende Ästhetik des Alltags. Der scheinbar so empiristisch-vulgäre Begriff der ‚Gewöhnung' beinhaltet so viel wie ein eingelebter kultureller Konsens in einen bestimmten Lebensstil, in bestimmte Taktiken des Verhaltens und Strategien der Problemlösung und Konfliktbehebung. [...] Die Ästhetik der mobilisierenden Umgewöhnung ist daher eine dialektische Strategie, durch optische und akustische Bilder gerade in die taktile, also unbewußt eintrainierte Lebenswelt, in die Arbeits- und Kommunikationsräume des Alltagslebens einzudringen und die negativen Folgen falscher Routinebildung durch das ‚Dynamit der Zehntelsekunden' zu sprengen."[4]

Wenn wir diesen Begriff der technischen Kunst zugrunde legen und Ästhetik als Chance der schockhaften Umgewöhnung alltäglicher visuell-taktiler Merkwelten begreifen, so wird auch der assoziative Sprung Benjamins vom modernsten Medium Film zurück zur ältesten Kunst, der Architektur, plausibel: „Die Architektur bot von jeher den Prototyp eines Kunstwerkes, dessen Rezeption in der Zerstreuung und durch das Kollektivum erfolgt."[5]

[1] Zum Ende der Kunst vgl.: Peter Bürger, Theorie der Avantgarde. Frankfurt/ Main 1974.
[2] Vgl. „Sprung in die Zeit". Bewegung und Zeit als Gestaltungsprinzipien in der Photographie von den Anfängen bis zur Gegenwart. Eine Ausstellung der Berlinischen Galerie des Museums für Moderne Kunst, Photographie und Architektur im Martin-Gropius-Bau, Berlin, 20. 11. – 17. 1. 1993. Ars Nicolai Berlin 1992.
[3] Walter Benjamin, Das Kunstwerk im Zeitalter seiner technischen Reproduzierbarkeit. Frankfurt/M. 1963, S. 41.
[4] Peter V. Brinkemper, Mobilisierung der Lebenswelt. Walter Benjamins soziokulturelle Kinotheorie. Unveröffentlichtes Manuskript 1993.
[5] Benjamin, Das Kunstwerk im Zeitalter seiner technischen Reproduzierbarkeit, a. a. O., S. 40.

„Während Architektur die geronnene Gestaltung von urbaneren Zweckzusammenhängen darstellt, artikuliert der Film die kritische Möglichkeit, das Gelingen und Mißlingen von Praxis in einmal gewonnenen Gestaltungslösungen zu dokumentieren und durch kühne, realitätssprengende Schnitte und Montagen bisherige Grenzen und Schranken konkret zu sprengen: Auch Benjamin hat eine Ruinenwerttheorie: Aber sie liefert in den Fragmenten der zersprengten Welt neue konkrete gesellschaftlich-pragmatische Gebrauchswerte zu einer besseren Lebensform, die sich zunächst noch in der chaotischen Form von ‚abenteuerlicher Reise‘ zwischen deren ‚weitverstreuten Trümmern‘ abspielt."[1] Franz-Joachim Verspohl hat überzeugend Walter Benjamins Unterscheidung zwischen visuellen und taktilen Eigenschaften von Raumerleben und Architekturrezeption auf die immer abstrakter werdenden Dimensionen von Stadion und Maifeld angewendet: „Die historische Massenversammlungsarchitektur zu gleichen Teilen prägenden optischen und haptischen Qualitäten werden so verwertet, daß den Teilnehmern eines Massen- oder Stadionereignisses die Möglichkeit genommen wird, eine ‚begutachtende Haltung‘ (Benjamin) einzunehmen." „Die Inszenierung der Architektur verfolgt ausschließlich den Zweck, den am Kollektiv orientierten Realitätssinn des einzelnen auf einen verdinglichten Gesamtsinn zu reduzieren."[2]

In der Struktur des Stadions und seines weiten, stadtlosen Umfeldes triumphiert demnach eine optische Gesamtdefinition, die auf den ersten Fernblick eine traditionell-kontemplative Überblicksperspektive, im Sinne einer scheinhaften Wiederermächtigung traditioneller Kunst als abgrenzbarer Werkskulptur, ermöglicht: Der Führer und die sich mit ihm identifizierenden Zuschauer im Stadion und im Kino erleben in der vororganisierten Distanz eine massenhaft disziplinierte Inszenierung eines einheitlichen Steinkörpers Stadion und des Volkskörpers Masse. Der Nahblick stilisiert in den entscheidenden Momenten die Protagonisten zu Skulpturen. Die Ästhetisierung des Sportes zum Kult eines einheitlichen Massenrituals verdrängt die subversive Leistung des Sports, nicht nur Metapher für Fortschritt zu sein, sondern ein Laboratorium für neue, im Alltag bisher nicht erreichte körperliche Leistungen zu liefern, die doch auf die alltägliche Praxis produktiv zurückwirken können. Damit wird auch das dialektische Potential von architektonischem Raum, seiner sportlichen Nutzung und Erweiterung, sowie der filmischen Darstellung der entsprechenden körperbezogenen Bild- und Merkwelten eingefriedet und auf die Erfüllung vorgeplanter Klischees eingeschworen, statt alte Verhältnisse zugunsten neuer dezentrierter Lebenszusammenhänge aufzusprengen. „Der Faschismus versucht, die neu entstandenen proletarischen Massen zu organisieren, ohne die Eigentumsverhältnisse, auf deren Beseitigung sie hindrängen, anzutasten. Er sieht sein Heil darin, die Massen zu ihrem Ausdruck (beileibe nicht zu ihrem Recht) kommen zu lassen. [...] Hier ist, besonders mit Rücksicht auf die Wochenschau, deren propagandistische Bedeutung kaum überschätzt werden kann, ein technischer Umstand von Wichtigkeit. Der massenweisen Reproduktion kommt die Reproduktion von Massen besonders entgegen. In den großen Festaufzügen, den Monsterversammlungen, in den Massenveranstaltungen sportlicher Art und im Krieg, die heute sämtlich der Aufnahmeapparatur zugeführt werden, sieht die Masse sich selbst ins Gesicht. [...] Massenbewegungen stellen sich im allgemeinen der Apparatur deutlicher dar als dem Blick. Kader von Hunderttausenden lassen sich von der Vogelperspektive aus am besten erfassen. Und wenn diese Perspektive dem menschlichen Auge ebensowohl zugänglich ist wie der Apparatur, so ist doch an dem Bilde, das das Auge davonträgt, die Vergrößerung nicht möglich, welcher die Aufnahme unterzogen wird. [...] Die Massen haben ein Recht auf die Veränderung der Eigentumsverhältnisse; der Faschismus sucht ihnen einen Ausdruck in deren Konservierung zu geben. Der Faschismus läuft folgerecht auf eine Ästhetisierung des politischen Lebens hinaus. Der Vergewaltigung der Massen,

[1] Brinkemper, Mobilisierung der Lebenswelt..., a. a. O.
[2] Franz-Joachim Verspohl, Das Reichssportfeld in Berlin 1936. In: Alkemeyer/Gebauer/König/Kühling/Richartz/Titze (Hrsg.), Olympia – Berlin. Gewalt und Mythos in den Olympischen Spielen von Berlin 1936, a. a. O., S. 27-34; Zitat S 27.

die er im Kult eines Führers zu Boden zwingt, entspricht die Vergewaltigung einer Apparatur, die er der Herstellung von Kulturwerten dienstbar macht.
Alle Bemühungen um die Ästhetisierung der Politik gipfeln in einem Punkt. Dieser eine Punkt ist der Krieg. Der Krieg, und nur der Krieg, macht es möglich, Massenbewegungen größten Maßstabs unter Wahrung der überkommenen Eigentumsverhältnisse ein Ziel zu geben. [...] Die Menschheit, die einst bei Homer ein Schauobjekt für die Olympischen Götter war, ist es nun für sich selbst geworden. Ihre Selbstentfremdung hat jenen Grad erreicht, der sie ihre eigene Vernichtung als ästhetischen Genuß ersten Ranges erleben läßt." [1]

[1] Benjamin, Das Kunstwerk im Zeitalter seiner technischen Reproduzierbarkeit, a. a. O., S. 42 f.

Die 13 Tonnen schwere und 2,60 Meter hohe Olympia-Glocke stellte die größte Stahlglocke der Welt dar und wurde unter der Rubrik der gewichtigsten „Kirchenglocken" an 13. Stelle geführt.[2] Vom Bochumer Stahlwerk aus wurde sie auf dem Schienenwege transportiert und unterwegs immer wieder von der Hitlerjugend und dem Reichsarbeitsdienst feierlich umsäumt. Schon 1934 textete der Mitarbeiter des Reichssportführers frei nach Eckarts Nazi-Appell („Sturm! Sturm! Sturm! / Läutet die Glocke von Turm zu Turm! / Läutet, daß die Funken zu sprühen beginnen, / Judas erscheint, das Reich zu gewinnen [...]"):

Doch wisse, mein Volk, der Glocke Turm / Baute Deutschland! So läutet Sturm! / Der Sturm, der des Führers Atem durchweht, / Wollen entfesselt, Verpflichtung erhöht. / Denn „Deutschland" rufet der Glocke Gedröhne, / Deutschlands Ehre und seine Söhne.

Gegen dieses Machwerk regte sich kein Widerspruch. Über dem eingravierten Motto „Ich rufe die Jugend der Welt" thront auf der Glocke der deutsche Reichsadler mit Hakenkreuz – verbrämt mit den fünf olympischen Ringen und dem Brandenburger Tor. Martin Loiperdinger sieht in der Ikone Olympia-Glocke ein Bildsignal, in dem sich „die ethischen Grundregeln des politischen Lebens im nationalsozialistischen Staat zusammenfassen"[3]. Der Anruf sollte nicht nur den Lebenden gelten, sondern retrospektiv auch den am 10. November 1914 bei Langemarck gefallenen blutjungen Helden. Die durch zwölf Pfeiler geometrisch strukturierte hohe Halle trägt den Ehrennamen Langemarckhalle. Der Glockenturm ragt mit seinem Schaft massiv in die Halle hinein, deren Wände damals sämtliche Fahnen der am Kampf um Langemarck beteiligten 76 Regimenter zierten. Wie eine makabre Pointe wirkt nach, daß sich unter einer Steinplatte des Fußbodens vom flandrischen Totenacker herbeigekarrte blutgetränkte Erde befand.[4] Carl Diem gibt sich in einem Brief an Werner March vom 25. Februar 1957 selbst als Urheber und Gründer der Ehrenhalle aus: „Gewiß stammt dieser Vorschlag seinerzeit von mir, und ich bin auch selbst in Langemarck gewesen und habe Erde von den Gräbern meiner dort gefallenen Freunde geholt."[5]
1947 wurde das kriegszerstörte Gemäuer von der britischen Armee gesprengt und 1963 von Werner March originalgetreu wieder aufgebaut. „Lediglich die damals dort vorhandene Führerkanzel kommt in Wegfall."[6] An den Seitenwänden wurden aber auch die hehren Wandsprüche von Walter Flex und vis-à-vis die von Friedrich Hölderlin wortwörtlich und typografisch genau restauriert:

Ihr heiligen grauen Reihen / Geht unter Wolken des Ruhms / Und tragt die blutigen Weihen / Des himmlischen Königtums. / (Walter Flex)

In diesen fatalen Kontext gezerrt, erfährt Hölderlins Vers eine sinnverfälschende Vereinnahmung durch die Opferideologie der Nationalsozialisten:

Lebe droben, oh Vaterland, / Und zähle nicht die Toten. / Dir ist, Liebes, / Nicht einer zu viel gefallen.

[2] Meyers Lexikon. Band 5, 8. Aufl., Leipzig 1938, Sp. 33.
[3] Martin Loiperdinger, Die XI. Olympischen Spiele in Berlin als Internationaler Reichsparteitag. Manuskript, Gesamthochschule Kassel 1988, S. 3.
[4] Hajo Bernett. In: Frankfurter Rundschau, Nr. 173, 30. Juli 1986, S. 9.
[5] Vgl. Thomas Schmidt, Das Berliner Olympia-Stadion und seine Geschichte. Berlin 1983, S. 254.
[6] Bauakte des Bezirksamtes Charlottenburg, Baubeschreibung vom 11. 9. 1961.

Das Wehrmachtstagebuch vom 11. November 1914 berichtet über die Schlacht vom Tag davor: „Westlich Langemarck brachen junge Regimenter unter dem Gesang ‚Deutschland, Deutschland über alles' gegen die erste Linie der feindlichen Stellungen vor und nahmen sie." Diese Meldung druckte die deutsche Presse am 12. November auf Seite eins. Über die zweitausend gefallenen Jungen wurde kein Wort verloren. „Die Vaterlandslieder, mit denen die Freiwilligenregimenter gegen die feuerspeienden Bastionen von Langemarck, Bixschote und Dixmuiden marschiert waren, verhallten als Geistergesang Jung-Deutschland über den toten Gewässern der flandrischen Ebene." (Werner Stegemannn, Geschichte des Krieges. 1917. Zitiert nach: Wolfgang Dreßen, Kein Denkmalsturz in Berlin, z. B. Langemarck-Halle. In: Museums-Journal Berlin, Januar 1991, S. 16.)

In einer privat organisierten Rauminszenierung hat der Berliner Environmentkünstler Raffael Rheinsberg die hehren Wandsprüche 1988 mit einer Szenerie aus abgelatschten Kommißstiefeln zu ironisieren versucht.

Noch heute legen hier an einschlägigen Gedenktagen rechte deutsche Sportverbände wie die Gemeinschaft der alten Olympier (GdO) Kränze nieder. Nach dem Willen von Werner March sollte die feierliche Halle „über die Olympischen Spiele hinaus den Turm zum Wahrzeichen einer nationalen Gedenkstätte machen und dem Reichssportfeld mit dem Gedächtnis an Langemarck seinen kostbarsten Inhalt ‚schenken'. So werden zukünftig die Wettkämpfe im Angesicht der Gedächtnisstätte der deutschen Jugend stattfinden, die 1914 für Deutschland singend in den Tod gegangen ist."[1] Neben Ypern ist Langemarck eine der nördlichsten belgischen Grenzortschaften. Im Ersten Weltkrieg sollte das französische Militär gemäß dem lange vor Kriegsausbruch feststehenden Schlieffenplan im Vorstoß über Luxemburg, Belgien und Holland nach Süden abgedrängt, eingekreist und besiegt werden. Mit dem deutschen Einmarsch in Belgien wurde der Eintritt des verbündeten Englands in den Krieg provoziert. Im Verlaufe des Krieges wurde Langemarck immer wieder wechselnd von Deutschen und Engländern erobert. Die übersteigerte patriotische Bedeutung dieses langwierigen Kampfes ist auf deutscher Seite verbunden mit den 2 000 Toten der im Sturm auf die Ortschaft eingesetzten jungen Freiwilligen der 6. Reservedivision. Noch nicht voll ausgebildet, ließen sie sich unvorbereitet in das Grauen der mörderischen und selbstmörderischen Massenvernichtung schicken. In der Darstellung der singend in die Schlacht ziehenden Jugend vermengen sich ambivalente Motive: die gefährlich welt- und politikblinde Jugendbewegung, die allgemeine chauvinistische Kriegsbegeisterung in Europa, der noch jüngere, autoritär-antidemokratische deutsche Nationalismus, die Klassengegensätze scheinbar überbrückende Notgemeinschaft und Kameradschaft in den Schützengräben, die Opferbereitschaft des Individuums an einer Front der technischen Materialschlacht. In der Beschwörung von heldischer Vergangenheit soll Zukunftpotential gewonnen werden. Schließlich kommt noch das Ressentiment des insgesamt verlorenen Krieges hinzu, einschließlich der promilitaristisch-antidemokratischen Dolchstoßlegende, die den Komplex der Niederlage in einen Affekt gegen die dann folgende Weimarer Republik umbiegt. Das Pathos um Langemarck ist insofern besonders bezeichnend, weil es von dem Widerspruch zwischen opferbereiter Jugend und der modernen Industrialisierung der Kriegsführung zehrt: Bereits im Oktober 1914 entwickelte sich der Bewegungskrieg zum Stellungskrieg, der die alten militärischen Szenarien auf den Müllhaufen der Geschichte schleuderte. Schon in dem Sammelband faschistischer Propagandapoesie *Rufe in das Reich. Die heldische Dichtung von Langemarck bis zur Gegenwart* im Berliner Verlag Junge Generation aus dem Jahre 1934 wird deutlich, mit welcher agrarromantischen Symbolik eine mythische Kontinuität zwischen den Toten und Überlebenden des Ersten Weltkriegs, der NS-Bewegung und der Gründung des Dritten Reichs hergestellt wird: vom romantischen Topos „Aus zieh ich meiner Jugend buntes Kleid" (Heinrich Zerkaulen) bis zum kitschverklärten Tod im „Morgenrot" (Heinrich Lersch) des erwachenden neuen Deutschlands. Die Kriegsopfer erscheinen als „Frühgesäte" (Herbert Böhme), denn: „erst Gräber / schaffen Heimat" (Ernst Bertram). In diesem Kontext wird das olympische Gelände in Berlin zur gewaltigen Nekropolis im Schnittpunkt einer geschichtslos-antimodernen Vergangenheit und Zukunft. Es stellt damit auch eine Art Kriegstrophäe der alliierten Besatzer, insbesondere des britischen Militärs dar. Auch Reichssportführer von Tschammer und Osten ließ es sich nicht nehmen, den Heldentod als Konsequenz nationalsozialistischer Gesittung zu verklären: Bei ihrer Ankunft in Berlin wird ihm die olympische Glocke „zum ewigen Mahner an den Opfertod unserer Helden und an die Verpflichtung all derer, die durch das Opfer der

[1] Werner March. Zitiert nach: Anna Teut, Architektur im Dritten Reich. Berlin 1967. S. 205.

Gefallenen überleben [...] Wir wollen im Klang unserer Glocken hören das feierliche Taufgeläut unseres ewig jungen, Stahl gewordenen Volkes."[1]

Der französische Botschafter François-Poncet erinnert sich noch deutlich an den Eröffnungsklang im Stadion: „Einzelne Schläge einer tief und ernst hinhallenden Glocke kündeten von diesen feierlichen Minuten [...]"[2]

Werner March selbst hat seine architektonische Leistung bei der Umplanung des Reichssportfeldes nicht nur auf das Stadion bezogen: Dieses sei nur noch ein Sammelbecken, in dem sich „eine Volksmenge von 100 000 zu stärkster räumlicher Geschlossenheit versammelt". Im ganzen sei „die zur Feier versammelte Volksgemeinde der wichtigste und unerläßliche Bestandteil des szenischen Aufbaus"[3]. Er trat in die Partei ein und wurde von Hitler zum Professor ernannt. Der Pädagoge Scholz lobte mit Blick auf die Kriterien „politischer Leibeserziehung": „Das gesamte Reichssportfeld, mit allen seinen Kampf- und Feierstätten, ist symbolisch ausgerichtet auf die nationale Weihe- und Feierstätte am Fuße des direkt in der Ost-West-Achse liegenden 76 Meter hohen Glokkenturms."[4] Bevor Adolf Hitler am 1. August 1936 an der Spitze des IOC in das Stadion schritt, gedachte er gemeinsam mit dem Oberbefehlshaber der Wehrmacht Werner von Blomberg in der Langemarckhalle der gefallenen Toten, um dann unter den Klängen von Richard Wagners Huldigungsmarsch die Treppe zur Führerloge hinaufzusteigen. „Führer-Turm" und „Führer-Loge" im Stadion sind durch unterirdische Gänge und Katakomben verbunden. Hitler konnte also durch das Marathontor einmarschieren und zudem weiter oben in der Querachsenmitte des Stadions plötzlich erscheinen oder verschwinden. Durch die Loge wurde das Stadion wiederum in ein Großtheater verwandelt, zu Nutz und Frommen eines scheinbar einsamen despotischen Herrschers, der beliebig eintreffen und abgehen konnte wie etwa König Ludwig II. bei seinen Wagner-Obsessionen im Münchener Hoftheater. Nach Auskunft eines Zeitzeugen, des Pfarrers i. R. Manfred Engelbrecht, mußte Architekt Werner March die Haube auf der Kapelle des benachbarten Prominenten-Friedhofs der Freisinnigen entfernen, da sie den Nazi-Funktionären die Sicht auf olympische Pracht versperrte und ihre Form ihnen allzu jüdisch dünkte.[5]

Die junge Historikergeneration von heute sieht im Symbolwert der Anlage eine Belastung für eine künftige olympische Nutzung: „Die ‚Jugend der Welt‘ ehrt die Toten von Langemarck, indem sie ihr Opfer im Wettkampf symbolisch nachvollzieht. Diese Totenehrung ist gleichzeitig Initiation, die Nachwachsenden werden rituell integriert in die verpflichtende Tradition heroischen Blutvergießens."[6] Für den die Arena betretenden Zuschauer wird die Ausrichtung des in die Erde eingesenkten Stadions auf den „Führer"-Turm und zur Totenhalle nachvollziehbar. Wenn er am Horizont den Turm ragen sieht, wird das Stadion zum abgeschlossenen und zugleich weiter verweisenden Vorhof des Todes. Auch im Sport erweisen sich die Meister – Paul Celans Versen zufolge – als Todes-Meister aus Deutschland. Speziell dieser Teil der Geschichte und die dominante nationalsozialistische Bedeutungsschicht müssen um so mehr öffentlich hinterfragt werden. Auf dem jüngsten Berliner Kunsthistoriker-Kongreß wußte Norbert Huse zu berichten, daß die „Vorbereitung auf den Kriegstod durch Sport schon ein zentrales Ziel von Carl Diem gewesen" sei, „für den Werner March bereits in den zwanziger Jahren in prä-faschistischen Formen die Reichssportschule gebaut hatte, die dann als Teil des Reichssportfeldes erweitert wurde". 1937/38 verlegte der Blaupunkt-Konzern seine elektronische Rüstungsproduktion ins Stadion und stellte im Marathontunnel Granatenzünder her. Der Großdeutsche Rundfunk richtete ebenfalls im Stadion ein Ausweichquartier ein. Während des Krieges lagerten in der mittleren Tribünenarchitektur des Maifeldes die Reichsfilmarchiv-Bestände. Aus den oberen Rängen des Stadions waren die Flakgeschütze zu vernehmen, die unter der Einflugschneise lagen.

8 Das Reichssportfeld in Berlin 1936

[1] Hans von Tschammer und Osten. In: Märkische Turn- und Sportzeitung, (1936), H. 3, S. 58.
[2] François-Poncet, Botschafter in Berlin, a. a. O., S. 303.
[3] Werner March, Feierraum und Bühne im Reichssportfeld. In: Kunst und Volk 4 (1936), H. 2, S. 38.
[4] Fachblatt NS-Lehrerbund Sachsen.
[5] Manfred Engelbrecht in einem Brief an den Autor vom 30. März 1993. Manfred Engelbrecht war von 1961 bis 1985 Pfarrer der Gemeinde Neuwestend.
[6] Thomas Alkemeyer, Gewalt und Opfer der Olympischen Spiele 1936. In: W. Dreßen (Hrsg.), Selbstbeherrschte Körper. Berlin 1986, S. 60 ff.

Hitler ordnete 1943 an, die Urne mit den Überresten des verstorbenen Reichssportführers Hans von Tschammer und Osten in der Langemarckhalle beizusetzen. Guido von Mengden, der Stabsleiter des NS-Reichsbundes für Leibesübungen, proklamierte dazu: „Mitten unter den Seelen der Freiwilligen schläft er."[1] Noch im März 1945 versammelten sich die Sportführer unter der Leitung Ritter von Halts, um zur „Fortführung des Erbes" verpflichtet zu werden. Am 12. November 1944 wurde, wie im ganzen noch unbesetzten Deutschland, auf zehn Plätzen in Berlin der Volkssturm, ein letztes Aufgebot der 16- und 60jährigen, der Kinder und Greise, auf die Befehlsgewalt des Führers vereidigt. „Tausende von alten und jungen Männern traten auf dem Olympischen Platz unter dem Kommando des kommissarischen Reichssportführers Ritter von Halt an, als dessen Ordonnanzoffizier Carl Diem ihm zur Seite stand. Carl Diem war es dann auch, der im Frühjahr 1945 im Reichssportfeld für dessen Verteidigung durch Hitlerjungen eintrat. Die Zahl der Opfer, die meisten 13 bis 14 Jahre alt, wird auf 2 000 geschätzt."[2] Bernett berichtet, daß Reichsjugendführer Artur Axmann im März 1945 die Hitlerjugend-Division *Großdeutschland* auf das Reichssportfeld kommandiert hat, um die sowjetische Dampfwalze aufzuhalten[3] – „in Liebe und Treue zum Führer und zu unserer Fahne", wie der Hitlerjugend-Eid es befahl. Diem hielt eine „flammende Rede, in der viel von Sparta und Opferbereitschaft vorkam, zum siegreichen Endkampf gegen die deutschen Feinde".[4]

Den Befehl für diese „strategische Operation" soll der Führer am 28. April 1945 persönlich an Reichsjugendführer Artur Axmann gegeben haben, um den Havelübergang und das Reichssportfeld zu verteidigen. Aus der symbolischen Erinnerung an die bei und für Langemarck geopferte Jugend wurde abermals blutiger Ernst: Nachdem die Sowjets die Havel überquert hatten und das Stadion einnahmen, wurde es erbittert umkämpft und wegen seines „Symbolwertes" von beiden Seiten mehrfach zurückerobert. Die 2 000 toten Hitlerjungen auf dem olympischen Schlachtfeld waren der Tribut einer solchen mit Panzerfäusten und Handgranaten erkämpften Wiedereinnahme der Arena. Ein moribundes „Vorbild" hatte die 12. SS-Panzerdivision *Hitlerjugend* beim Endkampf um Frankreich gegeben. Zehntausend 16jährige Jünglinge sind am 6. Juli und am 4. September 1944 bei Caen und Yvoir de Meuse „in aussichtsloser Lage" (General v. Rundstedt) geopfert worden. Bernhard Wicki hat den fehlgeleiteten heroischen Idealismus von Hitlers Jugend in dem Antikriegsfilm *Die Brücke* (1959) thematisiert und die ganze Absurdität jugendlicher Opfergänge mit brutaler Optik vergegenwärtigt: Wie Schüler sich amerikanischen Panzern in den Weg werfen, um noch in den allerletzten Zuckungen des Tausendjährigen Reiches sinnlos zu krepieren. Am Rande des Reichssportfeldes, neben den Stelen mit den Namen aller bisherigen deutschen Olympiasieger, standen die Richtpfähle des Erschießungskommandos für jene, die sich weigerten, in das Sperrfeuer der feindlichen MGs zu rennen.

Mit einer Fläche des Reichssportfeldes von über 120 Hektar wollte das Dritte Reich das Volk beeindrucken und weltweit seinen Machtwillen demonstrieren. Allein Hitlers Aufmarschfeld auf der Maiwiese unterm Glockenturm bietet mit seinen 50 Hektar Platz für 250 000 Marschierer, für die „verschiedenen Formationen der Bewegung, der SA, SS, Arbeitsfront, HJ", um „die große Rede des Führers von seinem Stand unter dem Glockenturm als dem Brennpunkt der gesamten Anlage im Gemeinschaftsempfang" zu übermitteln (March). Das Gelände wurde 1936 verkehrstechnisch optimal erschlossen: 100 000 Menschen innerhalb einer Stunde bei der Schließung des Stadions zurückzutransportieren war keine Affäre. Allein per U-Bahn ließen sich alle Viertelstunde im 2-Minuten-Takt 10 000 Menschen befördern. Insgesamt wurden täglich 2,2 Millionen Besucher mit öffentlichen Verkehrsmitteln zu den Sportereignissen gebracht.[5] Die damals neuen S-Bahn-Olympia-Züge fahren heute noch. Weil der dem Führer vorgestellte

[1] Guido v. Mengden, Unser Erbe – das Werk. In: Verordnungsblatt des NS-Reichsbundes für Leibesübung. Sportgau Ostpreußen, 6. 5. 1943, S. 82.
[2] Norbert Huse am 19. Juli 1992 auf dem 28. Internationalen Kongreß für Kunstgeschichte in Berlin vom 15. bis 20. Juli 1992.
[3] Bernett, Symbolik und Zeremoniell der XI. Olympischen Spiele in Berlin 1936. In: Sportwissenschaft, 16 (1986) H. 4, S. 394.
[4] Schriftliches Zeugnis Reinhard Appels, Chefredakteur des ZDF, vom 28. 4. 1984. Wiedergabe in: sportunterricht 35 (1986).
5 Vgl. Thomas Schmidt, Das Berliner Olympia-Stadion und seine Geschichte, a. a. O., S. 9 ff.

Entwurf von Werner March seinem architektonischen Stilempfinden widersprach, beauftragte Hitler Albert Speer, seine prinzipiellen Einwände etwa gegen die Aseptik verglaster Zwischenwände und gegen allzu massiven Mischbeton entsprechend zu berücksichtigen. Die von Hitler gewünschte monumentale Dimension sollte das Stadion zum Maßstab des Außergewöhnlichen erheben. Speer erinnert sich 35 Jahre später, daß Hitler nach der Besichtigung des Marchschen Modells „zornig und erregt in seine Wohnung [kam], wohin er mich mit Plänen bestellt hatte. Kurzerhand ließ er dem Staatssekretär [Hans Pfundtner, Innenministerium] mitteilen, daß die Olympischen Spiele abzusagen seien. Ohne seine Anwesenheit könnten sie nicht stattfinden, da das Staatsoberhaupt sie eröffnen müsse. Einen solchen modernen Glaskasten würde er jedoch nie betreten. Ich zeichnete über Nacht eine Skizze, die eine Umkleidung des Konstruktionsgerippes mit Naturstein sowie kräftigere Gesimse vorsah, die Verglasung fiel fort, und Hitler war zufrieden. Er sorgte sogar für den Mehraufwand."[1] Architekt March stimmte der rabiaten Umplanung nolens volens zu: „Herr March hat sich bei dieser Umgestaltung in enger Fühlung mit Herrn Speer gehalten und hofft nunmehr, den Anregungen des Führers in vollem Umfange Rechnung getragen zu haben", schreibt Goebbels am 21. Februar 1935 und fügt in seinem Brief hinzu: „Daß wir bei diesem Bauwerk, von dem die ganze Welt einen besonderen Eindruck vom Schaffen des nationalsozialistischen Staates erhalten soll, auf die restlose Zustimmung des Führers entscheidenden Wert legen, brauche ich wohl nicht besonders zu betonen."[2] Schließlich sollte die Staatsarchitektur „gleich den Dornen unserer Vergangenheit in die Jahrtausende der Zukunft" hineinragen.[3]

9 Joseph Goebbels und Hans Schweitzer-Mjölnir bei einem Rundgang durch die Olympische Kunstausstellung. Juli 1936

Alle Repräsentationsbauten des Dritten Reiches, erst recht der nun stark revidierte Entwurf, sollten gegen den „Baubolschewismus" des noch zu Zeiten der Weimarer Republik konzipierten Stadions opponieren und den nationalsozialistischen Baustil als originäre „völkische" Leistung in die Welt setzen. „Wenn Völker große Zeiten innerlich erleben, so gestalten sie diese Zeiten auch äußerlich. Ihr Wort ist dann überzeugender als das gesprochene: Es ist das Wort aus Stein."[4] Naturstein, hier hauptsächlich Muschelkalkstein, schien am besten geeignet, die nationalsozialistische Ideologie der Bodenständigkeit, der Dauerhaftigkeit, der Widerstandsfähigkeit ebenso wie Größe und Macht zu dokumentieren. „Naturwerkstein symbolisierte die unerschütterliche Kraft und die Wehrhaftigkeit der nationalsozialistischen Weltanschauung."[5] Hitlers megalomanischer Wille, ab sofort nur noch eine massive Architektur aus tausendjährigem Stein den kommenden Geschlechtern zu hinterlassen, blieb allerdings nur ein frommer ideologischer Wunsch, der schon technisch in der relativ kurzen Zeit nicht realisierbar war. Die schmucklosen Steinquader als Ausdruck einer zugleich ästhetischen und ideologischen Qualität verblenden die Stahlskelette der originalen Ingenieurkonstruktion mit massivem Schein von Dauer. Es ist Albert Speer gelungen, eine stilistisch nicht nationalsozialistische Baukonzeption durch materiale Camouflage in ein Glanzstück nationalsozialistischer Baupägung zu verwandeln. In dem Maße, wie Herrschaft sich in Baumonumentalität auszudrücken vermag, trägt sie dazu bei, die Mächtigen zu legitimieren. Im Rahmen der städtebaulichen Umgestaltung Berlins wurde die Ost-West-Achse ausgebaut und an ihrem Westende über die Heerstraße mit dem Olympia-Stadion verbunden. Die Achsen der Stadt und des Sportfeldes waren nun gleichmäßig aufeinander bezogen. Nimmt man wiederum das Reichssportfeld als Miniaturmodell für ganz Berlin, so korrespondierte ausgerechnet die Langemarckhalle mit dem historischen Stadtzentrum. Hajo Bernett hat darauf hingewiesen, daß für den Abschluß der Ost-West-Stadtachse eine Hochschulstadt vorgesehen war, deren Wehrwissenschaftliche Fakultät zum Teil realisiert wurde. Auch hier sollte eine „Langemarckhalle" entstehen.[6] Das Olympia-Stadion ist das einzige unzerstört in unsere Gegenwart ragende monu-

[1] Albert Speer, Erinnerungen. Frankfurt/Main – Berlin 1969, S. 94.
[2] Zitiert nach: Klaus Backes, Hitler und die bildenden Künste. Kulturverständnis und Kunstpolitik im Dritten Reich. Köln 1988, S. 135 f.
[3] Adolf Hitler, Nürnberger Kulturrede, Parteitag 1937.
[4] Adolf Hitler in seiner Rede zur Eröffnung der Deutschen Architektur- und Kunsthandwerk-Ausstellung im Münchner Haus der Deutschen Kunst am 22. 1. 1938. Alexander Kluge dokumentiert den Baustil des Dritten Reiches 1962 in dem Kurzfilm *Brutalität in Stein*, Ko-Autor: Peter Schamoni.
[5] Zitiert nach: Thomas Schmidt, Weidleplan. Studie über den Um- und Ausbau des Olympiastadions. Berlin, Februar 1992, Kap. 3 Stadiongeschichte, S. 7.
[6] Bernett, Symbolik und Zeremoniell..., a. a. O., S. 381.

mentale Relikt aus Hitlers untergegangenem Reich. Mit dem umgebenden Sportfeld war es zugleich das erste städtebauliche Großprojekt der Nationalsozialisten, der Nukleus für die Umgestaltung Berlins bis zur utopischen Weltstadt Germania nach dem Kriege unter Hitlers „Generalbauinspektor" Albert Speer – ein Modellversuch im Maßstab 1:1, der dann in Nürnberg und anderen Städten sein jeweiliges Äquivalent finden sollte. Daß diese Plattform späteren NS-Städtebaus unzerstört aus dem Krieg hervorging, ist keine Selbstverständlichkeit: Immerhin haben Hitler und Speer gegen Ende des schon verlorenen Krieges die Zerstörung des Zentrums von Berlin angeordnet, „als könnten sie es nicht erwarten, den Dekor der Tragödie zu besichtigen, an der sie arbeiteten", Berlin sollte, „ehe es noch zum Schlachtfeld" wurde, schon in ein „Trümmerfeld" verwandelt werden.[1] Die Alliierten schonten das Sportgelände, um es später als Basis des Britischen Hauptquartiers zu nutzen. Das Reichssportfeld kombiniert eklektizistisch Bauelemente aus drei verschiedenen Bauperioden zu einem grandiosen organischen Ganzen: „Ihre passigen formalen Repertoires verweisen dabei generell auf die Kontinuitätslinien der Architektur des Dritten Reiches"[2]; diese NS-Relikte gilt es argumentativ zu entsiegeln, um hinter ihrer früheren Bedeutungsschicht die menschenfeindlichen Zwecke bloßzulegen.

François-Poncet beschrieb seinen Eindruck vom Olympia-Stadion folgendermaßen: „Die Nazis errichteten vor den Toren Berlins, in einer von Wäldern und Seen durchzogenen Vorstadt des Westens, ein Riesenstadion, das hunderttausend Zuschauer faßte. Von außen enttäuschte das Gebäude. Es war weniger ausdrucksvoll als das römische Kolosseum, ragte nicht frei genug zum Himmel auf, schien an den Boden gedrückt; der Architekt hatte eine natürliche Niederung ausgenutzt und das Amphitheater tief gelegt. Doch von innen war es von überraschender Schönheit. Breite Zugänge gestatteten einer großen Menge den Eintritt und das Verlassen in wenigen Augenblicken und ohne Gedränge. Das Gebäude war mit allen Bequemlichkeiten ausgestattet: die Räume für Sportmannschaften, die für die Presse vorgesehenen Einrichtungen, die Restaurants, die Regierungstribüne ließen nichts zu wünschen übrig. [...] Hitler war nicht zufrieden. Er bemängelte, wie er mir sagte, vor allem die Eisenbeton-Konstruktion des Stadions. Er schätzte diesen Baustoff nicht. Nie könne er der Schönheit des Steins gleichkommen, und man wisse nicht, ob er der Zeit standhalte. In seiner Jugend glaubte sich der Führer zum Maler berufen. Aber er entdeckte, daß sein eigentlicher Beruf Baumeister war. Kein öffentliches Gebäude, keine noch so einfache Brücke im Reich wurde errichtet, ohne daß er den Plan prüfte. In einem abgelegenen Teil der Nürnberger Arbeitsstätten waren in einer Allee Muster aller in Deutschland vorkommenden Gesteinsarten aufgestellt. Für jedes wichtigere Gebäude wählte der Führer selbst den passenden Stein. Er träumte davon, die großen Städte des Reiches umzugestalten, zu verschönern, vor allem Berlin; sie sollten mit Baudenkmälern geschmückt werden, die seinen Namen verewigten."[3]

Daß es sich bei dem Olympiagelände nicht nur um eine sportarchitektonische Anlage, sondern um das erste urbane Experimentierfeld der Nationalsozialisten für die Konstruktion gleichgeschalteter öffentlicher Räume als militarisierte Zonen – auf Kosten der Kultur als urbaner Lebensform – handelt, wird in einer Kritik Thomas Manns deutlich, die zwei Jahre nach der Ausbürgerung des Dichters und nach den Berliner Spielen entstand und auch ein Licht wirft auf die Zuspitzung der Symbolnamen: das Berliner Aufmarschgelände wurde „Maifeld" genannt, das in Nürnberg geplante „Märzfeld". Hier ist bereits von der projektierten Riesenarena bei Nürnberg die Rede, die wie ein aufgeschnittenes Kolosseum wirke und den von Hitler und March in Berlin vollzogenen Stadioneinschnitt durch das Marathontor drehbühnenartig ausweite, bis einmal mehr die Rollen von Zuschauern und Protagonisten wechseln. „Wie es mit dem Sozialismus der Diktatur bestellt ist, zeigt sehr anschaulich der exaltierte Baubetrieb

10 Kundgebung der Hitlerjugend am 1. Mai 1939 im Berliner Olympia-Stadion

[1] Paul Virilio, Krieg und Kino. Logistik der Wahrnehmung. München – Wien 1986, S. 108.
[2] Reinald Eckert/Wolfgang Schäche, Zu Geschichte und Bestand des ehemaligen Reichssportfeldes in Berlin-Charlottenburg. Hrsg. Senat Berlin (Stadtentwicklung und Umweltschutz), Berlin, Mai 1992, Band 1, Kap. IV.3.
[3] François-Poncet, Botschafter in Berlin, a. a. O., S. 302.

im heutigen Deutschland: Der Drang dieses Regimes, sich in ebenso großmannssüchtigen wie künstlerisch armseligen Prunk- und Riesenbauten zu verherrlichen, ist eine Leidenschaft von stark krankhaftem Einschlage; sie hat etwas Maniakalisches und erinnert daran, daß die Bauwut eine klinisch bekannte Erscheinung ist. Das Geld spielt bei diesen überall angelegten, geplanten oder schon in öder, leer-epigonenhafter Vollendung prangenden Staats- und Kommunalbauten überhaupt keine Rolle; die Ausgaben dafür sind enorm; der ‚innere Kreislauf' scheint es zu erlauben. In Nürnberg – um von den Berliner und Münchener architektonischen Plänen und Taten zu schweigen – erwächst eine sogenannte ‚Tempelstadt', in der die zukünftigen Parteitage sich abspielen sollen. Da gibt es eine steinerne Sport-Arena, die 404 000 Personen fassen soll, also viermal so groß sein wird wie das Olympia-Stadion in Berlin; ein ungeheures Versammlungsgebäude, das von hinten gesehen dem römischen Kolosseum gleicht – wie es vorne aussehen wird, kann ich nicht sagen; einen besonderen Riesenbau für ‚Kulturtagungen', der voraussichtlich besonders reich an Säulen sein wird, hinter welchen dann eine Kultur tagt, die man sich denken kann. Die ‚Zeppelinwiese' bei Nürnberg ist groß genug, daß sie als Schauplatz für die alljährlichen Gefechtsübungen der Wehrmacht mit Tanks und schweren Geschützen dienen könnte. Das genügt nicht. Ein dreimal so großes Aufmarschfeld mit steinernen Wällen wird errichtet, das den cäsarischen Namen ‚Märzfeld' führt und eine Millionen Menschen faßt. Bedenkt man, daß das Berliner ‚Reichssportfeld' fünfzig Millionen gekostet hat, so kann man sich eine ungefähre Vorstellung davon machen, welche Summen das ‚Märzfeld' und überhaupt die Nürnberger Tempelstadt – um nur von dieser zu reden – verschlingen wird. Und dabei herrscht in Deutschland die krasseste Wohnungsnot – in direkter Folge dieser Staatsbauwut, wie sich versteht. Auf amtliche Ziffern gestützt, hat man ausgerechnet, daß es im Lande 950 000 Wohnungen zu wenig gibt. Der Anblick der in den Monstrebauten dargestellten Reichsherrlichkeit muß die Un- und Schlechtbehausten entschädigen. Das nenne ich Sozialismus! Es ist Nationalsozialismus, wohlgemerkt.“[1]

„Die Stadionarchitektur ist zum Paradigma der Gesellschaft geworden“, resümiert Franz-Joachim Verspohl die Genese der Stadionbauten seit der Antike. „Sie zieht die Aufmerksamkeit der Techniker und Designer an, die durch die Realisierung kühner Konstruktionen deutlich machen, wie weit die Menschheit ihre natürlichen Grenzen zurückgedrängt hat […] Die Bedingungen, unter denen heute Architektur realisiert wird, und die massenverachtenden Inszenierungen, denen sie dient, drohen die Errungenschaften zu verschütten, denen die amphitheatralische Architektur der Neuzeit ihre Entstehung verdankt. Die Geschichte der Stadien hat ihre kritische Zeit, in der ihre Form und Verwertung auf Effekte hindrängt, noch nicht überwunden.“[2]

Auf Hitlers Empfehlung sollte im Stadion an die Namen der deutschen Olympiasieger von 1936 erinnert werden. Mit konsekutivem Eifer wurden auf Steinstelen im gleichen Duktus nahtlos auch alle späteren deutschen Olympioniken nachgetragen – einschließlich der Sieger von Barcelona 1992.

11 Vorführungen von 15 000 Berliner Schülern auf dem Maifeld zur Olympiade 1936

[1] Thomas Mann, Vom kommenden Sieg der Demokratie. In: Ders., Essays. Band 2. Politik. Hrsg. von Hermann Kurzke. Frankfurt a. M. 1977, S. 197-221, Zitat S. 210 f.
[2] Franz-Joachim Verspohl, Stadionbauten von der Antike bis zur Gegenwart. Regie und Selbsterfahrung der Massen. Gießen 1976.

Die olympische Kultur der Griechen und die Berliner Olympia-Kultur von 1936

Das Bildwerk nimmt wieder, wie in klassischer Zeit, aus den geformten Kräften sich entwickelnd, alles Herrliche, Verehrungs- und Liebenswürdige in sich auf und erhebt, indem es die menschliche Gestalt beseelt, den Menschen über sich selbst, schließt seinen Lebens- und Tatenkreis ab und vergöttert ihn für die Gegenwart, in der alles Vergangene und Künftige begriffen ist.

Goethe[1]

Albert Speer hat für den Meister des virilen Imperativs, für den Monumentalplastiker Josef Thorak in Baldham bei München ein großdimensioniertes Staatsatelier entworfen. Darin schreiten die Regisseure des Dokumentarfilms *Josef Thorak und seine Plastiken* (1943) Arnold Fanck und Hans Cürlis den vollen Spielraum feierlich aus, um ihrer Dokumentation des Gigantischen das angemessene Volumen zu sichern, für das Thorak Leitern, Hebebühnen und riesige Baukräne bewegte, um seine Gigantomanie auf die Spitze zu treiben. Außer den Köpfen Friedrichs des Großen und eines Rassepferdes widmet sich die Kamera der Bronzegruppe *Kameradschaft*, die für die Pariser Weltausstellung angefertigt wurde. In dieser Allegorie erkannte die damalige Kunstkritik „Männer, die sich die Hand reichen, die im Schritt eins sind und in gemeinsamer Willensrichtung selbstbewußt und siegessicher vorausschauen, die zeigen, daß es auch zu unserer Zeit möglich ist, mit dem Akt zeitnahe und zeitbewegende Themen symbolisch und monumental zu gestalten" (Die Kunst im Dritten Reich, 1941, S. 103).

Hitlers pathologischem Repräsentationsbedürfnis entsprechend, bekommt das olympische Bauwerk durch Kolossalplastiken von Thorak, Breker, Albiker, Wackerle seine ornamentale Komponente, die funktionale Materialmasse wird durch die heroische Gestaltung, die erhabene Inszenierung von ästhetischem Material überhöht. Diese Art von Zwangsvorstellung als „den großen Stil" zu ironisieren, hätte Nietzsche sein Vergnügen gehabt. Die immerhin auf einer Weltbühne in Szene gesetzte Heldenschmiere mit Pappkameraden aus Stein und Bronze konkurriert mit den antiken griechischen Jünglingsskulpturen nachgestellten „Vorbildern", wie sie im Prolog von Leni Riefenstahls Film auftreten. In Charlie Chaplins großartiger Hitler-Parodie *Der große Diktator* (1940) fährt der Führer im Mercedes an jubelnden Massen, an Fahnen und Skulpturen vorbei, darunter ist eine Replik von Rodins bekanntem *Denker*, der im Original den Kopf melancholisch auf den Unterarm stützt: Nun streckt die klassische Figur, wie viele Zeitgenossen auch, den Arm zum Führergruß aus. Ein Slapstickeinfall, der das hohle Pathos einer zum Nazikult wieder aufmarschierten Neoantike trefflich demonstriert. Der inszenatorische Aufwand ruft Analogien zu Schillers Wallenstein-Prolog hervor: „Jetzt darf die Kunst auf ihrer Schattenbühne auch höhern Flug versuchen, ja sie muß, soll nicht des Lebens Bühne sie beschämen." Die Lebensbühne wußten Goebbels' kulturelle Propagandamatadore mit der Schillerschen Effektdramaturgie als Welttheater zu gestalten. Der hellenische Antinous als Muster für den nordischen Helden? Nun, der sagenhafte Gründer der Olympischen Spiele, der Halbgott Herakles, sei schließlich dem nordischen Stamm der Dorer entsprossen, dessen höchstes Ziel, „die vollendete Harmonie von Körper, Geist und Seele", Deutschland in „sein Streben nach kämpferischem Einsatz" einbezogen habe: In den „Kampf des Edlen mit dem Niedrigen".[2]

Herakles war als Sohn des Zeus und der Alkmene kein Dorer, diese „adoptierten" ihn später als einen der Ihren, nachdem er mit Hilfe seiner Sonne den Dorern ihren Besitzanspruch auf den Peloponnes gesichert hatte. Auch Hitler sei vom kulturellen Erbe der Griechen so sehr beeindruckt gewesen, daß er davon überzeugt war, sagt David Welch, „daß der Stamm der Dorer, der aus dem Norden nach Griechenland emigrierte, germanischen Ursprungs war"[3].

Der Halbgott Herakles gilt als der Stifter von Olympia, jenem zentralen Heiligtum des Zeus im antiken Griechenland. Die Gründung der Spiele im Jahre 776 v. Chr. datiert

[1] Zitiert nach: Kurt Lothar Tank, Deutsche Plastik unserer Zeit. München 1942, S. 20.
[2] Willi Fr. Könitzer, Olympia 1936. Berlin 1936, S. 32.
[3] Welch, Propaganda and the German Cinema, a. a. O., S. 115.

also aus der Zeit des Mythos. Olympia kann als das früheste auf ein Jahr genau überlieferte Ereignis der abendländischen Geschichte gelten.[1]

Um die Olympien zu feiern, strömten alle vier Jahre Besuchermassen aus den von Griechen besiedelten Regionen des Mittelmeeres in die olympischen Kultstätten und Sportanlagen, die im Verlaufe des 3. und 2. Jahrhunderts v. Chr. kontinuierlich erweitert wurden. Auch noch dreihundert Jahre n. Chr. wurde die Tradition weitergeführt, im Turnus von vier Jahren die Wettkämpfe zum höheren Ruhme der Gottheit zu zelebrieren. Erst mit der Einführung des Christentums kündete sich das mähliche Ende Olympias an: Die 291. Olympischen Spiele im Jahre 385 n. Chr. waren die letzten historisch bezeugten Wettspiele in Olympia. Mit dem Verbot aller heidnischen Kulte durch den römischen Kaiser Theodosius (379-395), der die katholische Lehre zur Staatsreligion erhoben hatte, wurde 391/92 auch das Ende der Feiern für die Olympien besiegelt. Die Nationalsozialisten hofften durch kopierenden Rückgriff auf edle Ebenmaße der griechischen Antike die ideologische Umschmelzung der Skulpturen zu germanischen Kämpfernaturen zu sanktionieren, die für eine braune Anthropologie benötigt wurden. Hitler sah denn auch keinen Zufall darin, „daß der Funke der hellenischen Kunst im Augenblick der Berührung mit spätnordischen Menschen sofort auf diese übersprang und nun Deutsche, Dänen, Engländer, Italiener und Franzosen usw. in einem Geiste schaffen ließ, der nur volklich geschieden, aber blutmäßig aus einer Wurzel stammt. Denn was spielen zwei- oder dreitausend Jahre in der Menschheit für eine Rolle. Völker kommen und Völker vergehen, die großen Rassenstämme aber bleiben."[2] Und Goebbels begeistert sich im Angesicht des Parthenon: „Auf der Akropolis. Oh, diese erschütternde Schau! Die Wiege der arischen Kultur!"[3] Folgerichtig wurden ein Jahr vor der Olympiade im Deutschen Museum Berlin unter dem Titel „Sport der Hellenen" Originale und Repliken griechischer Antiken gezeigt, und der Festakt für das IOC fand vor der Kulisse des Pergamonaltars statt. „Vielleicht ist deshalb auch unsere Zeit am ehesten wieder fähig, ‚griechisch' zu sein", meint Wilfried Bade 1942 in Deutsche Plastik unserer Zeit. „In diesem Augenblick, in dem das Deutschtum die Überfremdung eines Jahrtausends überwindet und zur reinen Form seiner Existenz zurückkehrt, entstehen nun wieder Werke, die absoluter Stil sind, und daher sind ihre reifsten und edelsten den griechischen ebenbürtig."[4] Hitler ging so weit, nachträglich Sparta als den „klarsten Rassenstaat der Antike" auszurufen.

Walter Benjamin forderte 1936, im Jahre der Inszenierung der Berliner Olympiade, angesichts der nationalsozialistischen Bewegung müsse die Ästhetisierung der Politik mit der Politisierung der Kunst gekontert werden – Hitlers Propagandamatadore haben dies im diametral entgegengesetzten Sinne verwirklicht. Die Phalanx viriler Athleten aus anorganischem Material auf den Kothurnen des Regimes und die höchst lebendigen Champions auf der Aschenbahn wurden zu Konfigurationen der Macht. Die heutige Analyse ihrer polarisierenden Wirkung sollte jene an die heroische Kulisse gebundenen Artefakte als das entlarven, was sie waren: Kunstideale einer gelenkten Kultur, verbrämt als eine ins Ideologische gesteigerte Neuauflage der Antike, denn „nirgends schöner als in Hellas", so Chefideologe Alfred Rosenberg, „tritt uns dieses machtvolle naturale Schönheitsideal entgegen".

In den neuen neo-neoklassizistischen Idealen der Partei kündigte sich ein kulturpolitischer Richtungswechsel an: Überwogen bis 1937 regionalistische, antikapitalistische, ländlich-provinzielle, antiurbane Motive aus Feld und Wiese, Wald und Acker, Heim und Herd, so markierten die internen kulturpolitischen Kämpfe im Vorfeld und während der Olympischen Spiele die Trendwende: die noch bieder-erdigen Blut-und-Boden-Vorstellungen wurden plötzlich gleichsam kriegerisch-hünenhaft aufgerichtet und materialisierten sich in den distanziert-unnahbaren, monumentalen antikischen Kämpfernaturen.

Über Arno Brekers heroische Plastiken haben Arnold Fanck und Hans Cürlis im Auftrag der Riefenstahl-Film-GmbH 1944 einen hymnischen Kulturfilm geschaffen: „Hier kommt das zum Durchbruch", heißt es im Film, „was das ganze Volk erschüttert, innerlich umbricht und neu schafft." Der Kommentar zur Breker-Plastik Bereitschaft soll die ideologische Zuverlässigkeit des Staatskünstlers beglaubigen: „Dieser Kopf erzählt nicht die Geschichte eines Einzelmenschen; er spricht: Ich bin die geballte Manneskraft, ich bin der Grimm gegen das Feige, ich hasse den Feind meines Volkes. Du müßtest sein wie ich!" Zum Hitlerkonterfei wird der politische Auftrag des Künstlers Breker definiert: „Die Zeit ist hart und das Schwert entscheidet die Lebensfragen der Völker. Das Werk des Künstlers wird zum politischen Bekenntnis."

[1] Peter C. Bol, Olympia. Eine archäologische Grabung. Ausstellungskatalog des Liebighaus Museum alter Plastik. Frankfurt/M. 1977, S. 6 u. 7.
[2] In: „Reichstagung in Nürnberg 1934". Hrsg. im Auftrag des Frankenführers Julius Streicher, Berlin, Vaterländischer Verlag 1934, S. 164.
[3] Die Tagebücher von Joseph Goebbels. Band 3, München 1987, Notiz vom 31. 3. 1939, S. 586.
[4] Wilfried Bade. In: Tank, Deutsche Plastik unserer Zeit, a. a. O.

In ihnen reflektierte sich der wachsende innen- und außenpolitische Anspruch eines Nazideutschlands, das bald die Weltherrschaft durch einen Krieg zu ursurpieren versuchte. Die antike Formensprache ist somit wesentlich ein Code der herrschaftlichen Aneignung einer „Weltsprache", in der das Faschistische allgemeiner, funktionaler und mehrdeutiger als nur über das Deutschnationale, Völkische und Regional-Stammesmäßige, nämlich fundamental-rassistisch und global-darwinistisch definiert ist. Hitler und Goebbels gingen auf die Seite der jüngeren und moderneren Parteikarrieristen vom Typ Albert Speer über und nahmen endgültig von den konservativeren Denkwelten der „alten Kampfgefährten" und „Rückwärtsen" Abschied, die im Röhm-Putsch von 1934 ausgeschaltet wurden. In den starren Soldatenkörpern sollte sich der moderne Zukunftswille des Dritten Reiches als unbedingter Ausgangspunkt einer neuen Weltära eindeutig manifestieren.

Der schon in dem präfaschistischen Semi-Dokumentarfilm *Wege zu Kraft und Schönheit* (1925) gefeierte Dichter Gerhart Hauptmann und die Tanzklassiker Mary Wigman und Rudolf von Laban wurden als Exponenten einer völkischen Kultur folgerichtig auch für Olympia 1936 von der Propaganda vereinnahmt. Mary Wigman durfte auf dem grünen olympischen Oval dem weißdrapierten Bewegungswust durch rhythmische Gestaltung den Kunstcharakter leihen, Laban durfte, pünktlich zum Auftakt der Spiele, in der *Deutschen Tanzschrift* rassistische Töne absondern: „Wir müssen den Genius unserer Rasse, unseres Blutes auch im Tanz erleben." Keine Geringere als Leni Riefenstahl hat bei Mary Wigman – im Medium der „vergänglichsten aller Künste" (Wigman) – ihre ersten Schritte gelernt, die sie dann steil bis in den Kreis der Mächtigen führen sollten und „in jenen Antirationalismus", den sich aus Siegfried Kracauers ideologiekritischer Sicht „die Nationalsozialisten dann zunutze machten". Hauptmanns eilfertiger Text für die Olympia-Hymne wurde hingegen verworfen. Für das die Spiele begleitende Kulturspektakel waren die Besten gerade gut genug: Für das Meißeln skulpturaler Analogien zu den Athleten standen Breker (Bronzen eines Jünglings und eines Mädchens), Thorak (*Faustkämpfer*), Kolbe (*Zehnkämpfer*) und Joseph Wackerle (*Rosseführer*) zur Verfügung. Deren Applikationen waren notwendig, weil „die Einförmigkeit der Architekturen und kahlen Spielfelder […] nach rhythmisch verteilten Akzenten [verlangen], nach Gliederung, nach Blickpunkten, vor allem aber nach einer Beseelung des Ganzen, die nur die freie Kunst zu schaffen vermag"[1]. Die musikalische Überhöhung der Wettkämpfe besorgten Richard Strauss, Werner Egk und Carl Orff sowie die Heldentenöre Franz Völker und Julius Patzak. Strauss komponierte die offizielle Olympia-Hymne, die Franz Völker vor der Premiere dem Führer privat vorsingen mußte. Die Solostimme mußte Polyphonie vortäuschen, damit das Werk gefiel. Und Egk schrieb unter dem militanten Titel *Kampf der Körper, Kampf der Künste* eine alternative Hymne für Hitlers Jugend-Olympiade. (Egk erhielt für seine olympische Festmusik die Goldmedaille.) Auf der Dietrich-Eckart-Bühne wurde Händels Oratorium *Herakles* aufgeführt.[2]

Vom vaterländischen Eros und vom völkischen Geist angestiftet, ließ es sich Carl Diem nicht nehmen, für die Jugend der Welt das Weihespiel *Olympische Jugend* zu schreiben. Es wurde von Werner Egk und Carl Orff in verwegene Töne und von Hanns Niedekken-Gebhardt in Szene gesetzt. Diem nahm das Massenspiel zur Arbeiter-Olympiade 1925 in Frankfurt am Main zum Vorbild, von dem sich auch Coubertin begeistert gezeigt hatte. Schon dieses Werk war vom Finale der Neunten Symphonie Beethovens gekrönt worden. Auf die Akte *Kindliches Spiel, Anmut der Mädchen, Jünglinge in Spiel und Ernst, Heldenkampf und Totenklage* ließ er den *Waffentanz* folgen, einen Zweikampf, bei dem beide Protagonisten starben, und somit stand bezeichnenderweise der Tod auf dem Siegerpodest, bevor Beethovens symphonisch-chorischer Jubel nach Schillers hym-

[1] Werner March, Bauwerk Reichssportfeld. Berlin 1936, S. 42.
[2] Zur Rolle der Komponisten und Dirigenten während der Olympiade vgl. Fred K. Prieberg, Musik im NS-Staat. Frankfurt/M. 1982, S. 272 ff.

12

13

14

15

12 Berliner Olympia-Stadion um 1935
13 Reichsakademie. Jahnplatz mit
Schwimmbecken
14 Glockenturm des Olympia-Stadions,
auch „Führerturm" genannt
15 Dietrich-Eckardt-Freilichtbühne. *Herakles*-Aufführung von 1936

16

17

18

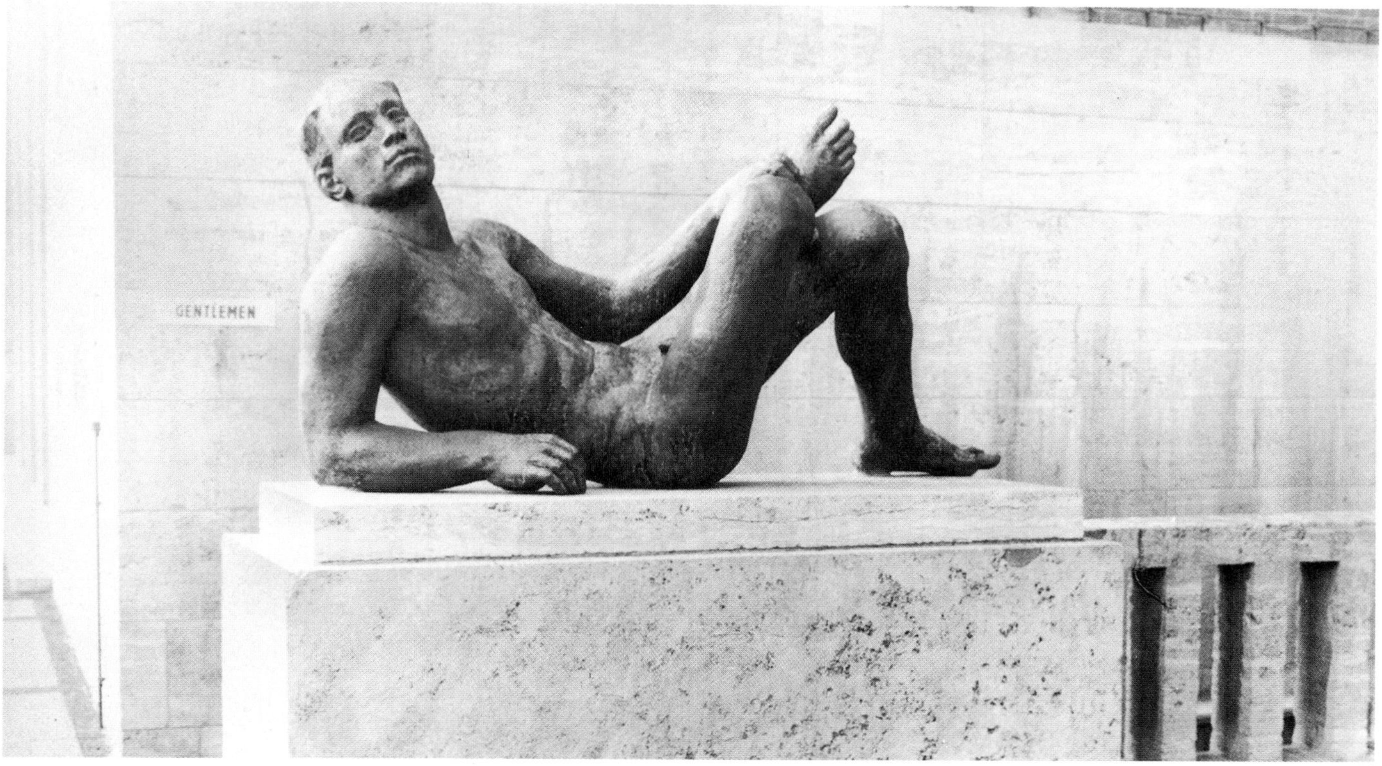

16 *Adler* von Arno Breker (Kunstausstellung München 1944)
17 *Adlerpfeiler* von Waldemar Raemisch (auf einem Steinpfeiler vor dem südlichen Eingang zum Haus des Deutschen Sports)
18 Langemarckhalle mit den Regimentsfahnen. 1936
19 *Ruhender Athlet* von Georg Kolbe (Jahnplatz, vor dem Schwimmhallengebäude)
20 *Boxer* von Josef Thorak (Anger, nordöstlich des Schwimmstadions. 1936)
21 *Falkner* von Paul Wynand (Garten des ehemaligen Dienstwohngebäudes des „Reichssportführers". 1937)

35

22

23

24

25

22 *Diskuswerfer* von Karl Albiker
23 *Kameraden* von Sepp Mages (südlicher Abschluß der Trennlinie von Maifeld und Stadion)
24 *Staffelläufer* von Karl Albiker (Weg zum Schwimmstadion)
25 *Siegesgöttin* von Willy Meller (nördlicher Abschluß der Trennlinie zwischen Maifeld und Stadion)

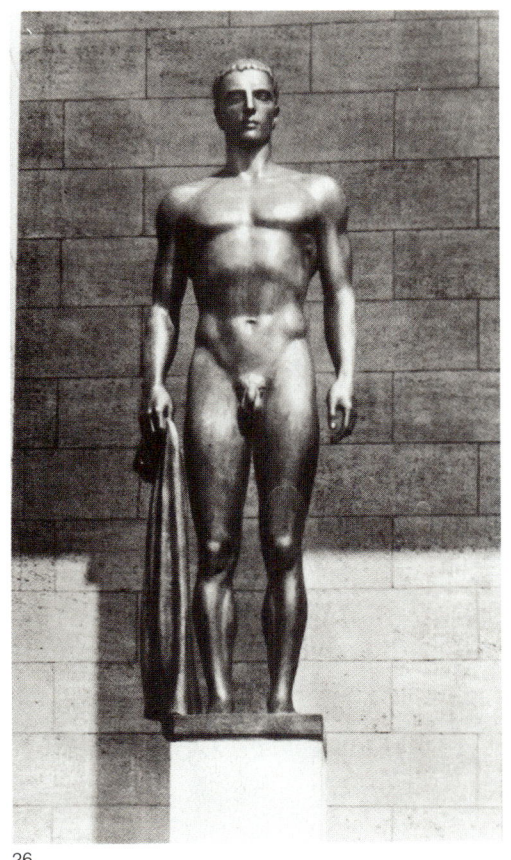

26

27

28

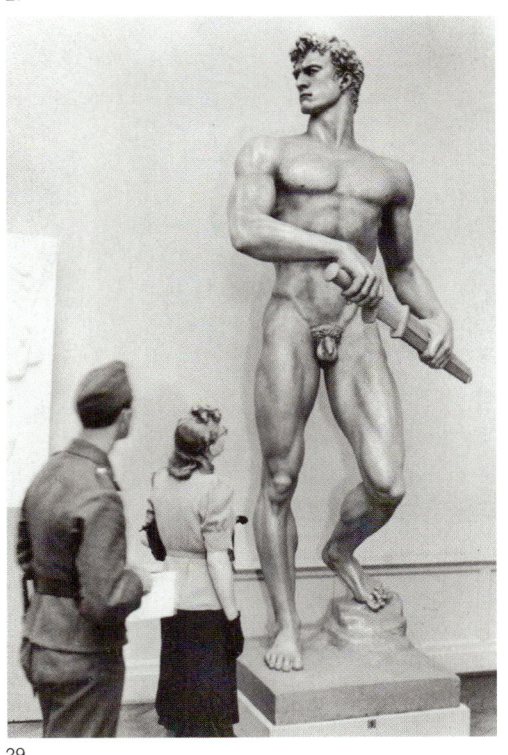

29

26 *Zehnkämpfer* von Arno Breker
27 *Siegerin* von Arno Breker
28 *Rosseführer* von Joseph Wackerle
29 *Bereitschaft* von Arno Breker (Ausstellung im Künstlerhaus Berlin 1940; Bronze, vergoldet)

30

31

32

33

30 *Verwundeter* von Arno Breker
31 *Kameraden* von Arno Breker (Deutsche Kunstausstellung München 1940)
32 *Apoll und Daphne* von Arno Breker (Kunstausstellung München 1944)
33 *Der Rächer* von Arno Breker (Deutsche Kunstausstellung München 1941)

nischen Versen *An die Freude* das Spiel mit 1 500 Sängern verklärend abrunden sollte. Die im 4. Akt aufgeworfene eindeutige Sinnfrage wird ebenso eindeutig mit einer schlechten Faust-II-Imitation beantwortet:

Allen Spiels / Heiliger Sinn: / Vaterlands Hochgewinn. / Vaterlands höchst' Gebot / In der Not: / Opfertod![1]

Immerhin lautete das Motto des Festspiels: „Jugend muß sich selbst darstellen."
Das auch Wagners allumgreifende Opfertode verflachende Konzept war hier um so bedenklicher, als der naturhafte Reifungsprozeß der Geschlechter zwangsläufig im Agon, im militarisierten Zweikampf und tödlichen Opferritual enden sollte – getreu den bereits zitierten Versen. Damit wurde die olympische Idee, den Agon, den Zweikampf, zu pazifizieren und nach friedlichen Regeln auszutragen, wiederum zur allgemeinmenschlichen Kriegsnorm pervertiert.

Olympische Jugend wurde fünfmal im Stadion aufgeführt. Die Darbietung des Weihespiels als allegorisches tänzerisches Bewegungskunstspiel – ferngesteuert mit den damals modernsten Übertragungsmitteln – war als ein Teil der Innovationen des olympischen Rituals zu verstehen, der freilich in dieser Form von späteren Olympischen Spielen nicht übernommen wurde.

Das in einer Auflage von 150 000 Exemplaren gedruckte Programmheft mit einer Opferflamme auf der Titelseite dokumentiert, wie eng verzahnt das ideologische Totenkultstück mit dem offiziellen Festakt war: Der Darstellung Carl Diems zufolge habe Coubertin bereits 1912, als die VI. Olympischen Spiele für 1916 an Berlin vergeben werden sollten, den Wunsch geäußert, den Festteil der Olympiade mit Beethovens Neunter Symphonie und Schillers *An die Freude* zu verbinden. Daher sei das Festspiel keine eigene Idee, sondern ein offizieller olympischer „Auftrag" vom Gründungsvater der Bewegung. Diem sah freilich ein choreographisches Problem darin, die ausgedehnte Symphonie nach dem Einmarsch der Sportler ins Stadion aufzuführen: „Man kann weder die im Innenraum aufmarschierten Sportsleute so lange stehen lassen, noch kann man sie sich hinsetzen, noch weniger sie vorher ausmarschieren lassen." Bezeichnend ist, daß Diem keine feierliche Form erwägt, bei der sich im Zentrum des Stadions auch die Olympioniken hinsetzen können, um sie zu Zuschauern unter Zuschauern zu machen. Die Sportler hatten bis zuletzt im hochmobilisierten „Stillgestanden" auszuharren. „Mit ihrem Ausmarsch wäre zwingenderweise die Feier abgeschlossen." Die pure Präsenz der Sportler reiche jedoch keineswegs zur rituellen Überhöhung der Spiele aus.[2] Als Ausklang der Eröffnungsfeier stand eine konzertante oder rituell unterstützte Aufführung der Neunten zur Wahl. Goebbels sprach sich gegen die Konzertversion aus. In einem Brief vom 11. Juni 1936 an Theodor Lewald wandte sich Diem gegen die rein symphonische Aufführung eines anderen Werkes im Stadion. Beethoven müsse es sein. Aber während schon für Wagner in Beethovens Neunter die Musik sich zum dramatischen Wort gewandelt hatte, mußte für Diem nun die Musik mit leibhafter Aktion im Oval des Stadions verbunden sein, mit einer über eine Theaterbühne weit hinausgehenden Kultaktion, die die Zuschauer anstecke.

So modern uns diese Überlegungen zur Grenzüberschreitung zwischen Akteuren und Zuschauern heute anmuten, so rigide ist nicht nur der ideologische Inhalt des Kämpfens, sondern auch die autoritäre Form der Vermittlung, die das Stadiongeschehen ständig unter Kontrolle halten will: Dabei setzte Diem bezeichnenderweise nun den hehren Kunstbegriff in Opposition zur Ebene von Alltag und Sport: Mit Gründlichkeit müsse „alles ausgemerzt" werden, „was sportlich gut, aber ohne künstlerische Note" sei. Kaum deutlicher als hier vermag sich die Ästhetisierung der Politik als eine kalte Kunst der herrschaftlichen Ordnung zu offenbaren, in der Kunst und Sport, Protagonisten und

34 *Berufung* von Arno Breker (Deutsche Kunstausstellung München 1942, Detail)

[1] Zitiert nach: Claus H. Meyer, Von Berlin in die Irre. In: Süddeutsche Zeitung, 9. 8. 1986.
[2] Carl Diem, Entstehung und Inhalt. In: Olympische Jugend. Festspiel zur Aufführung im Olympia-Stadion am Eröffnungstage der XI. Olympischen Spiele in Berlin 1936, Programmheft, S. 27.

Zuschauer zum Kommandomaterial degradiert werden, über dem der vermeintlich höhere Sinn der Symbole ebenso unerbittlich körperfern wie nebulös-gleichgültig schwebt: „Die Olympischen Spiele verlangen einen künstlerisch geformten Höhepunkt; die Eröffnungsfeier hat ihre Wucht lediglich im Sinngehalt des Geschehens(!), nicht in seiner künstlerischen Gestaltung, denn was geschieht, ist nicht künstlerisch geordnet – es ist ein Einmarsch unregelmäßiger Kolonnen(!), ein Aufmarsch und wieder Ausmarsch, und nur an einer Stelle(!), beim Erklingen der Olympischen Hymne, entsteht für einige Minuten ein Kunstgenuß(!). Der immer ersehnte künstlerische Ausdruck des Olympischen Spiels wird von Deutschland erwartet(!) und [ich] glaube keiner Selbsttäuschung zu unterliegen, wenn ich behaupte, daß das Festspiel, wie es jetzt gedacht ist, diese Aufgabe völlig erfüllt, den Höhepunkt der Spiele darstellt(!) und eine einmalige Gelegenheit ist, der Welt einen Begriff von deutscher Gestaltungskraft(!) zu geben. Fehlt die IX. Symphonie, so bleibt das Festspiel eine sportliche Vorführung in künstlerischem Gewand, als solches etwas sehr Gutes, aber doch etwas Alltägliches. Nur wenn das Festspiel gewissermaßen den sinfonischen Auftakt für den Schluß der IX. Symphonie bildet, diesmal ein sinfonischer Auftakt geistiger Art, der sich an das Auge wendet, nur dann wird dieser Höhepunkt erreicht, von dem ich glaube, daß alle ihn erwarten, in dem Bewußtsein, daß keine Nation etwas Gleiches bieten kann!"[1]

35 Hitler auf seiner täglichen Fahrt ins Stadion

Für die ästhetische Überhöhung dieses düsteren Totentanzes unter dem Speerschen Licht-Dom aus 36 Flakscheinwerfern wurden die Star-Choreographen Mary Wigman (*Totenklage*) und ihr ehemaliger Schüler Harald Kreutzberg (*Schwerterkampf*) gewonnen. Gret Palucca choreographierte 10 000 Akteure: 3 400 Kinder führten einen Reigen auf und formierten sich zum Bewegungslied *Olympische Fahne*, ihm folgten das mit 2 300 Keulen und Reifen schwingenden Mädchen besetzte Wiener Walzer-Ballett, über 4 000 Jünglinge, zum Teil auf 500 Zelte verteilt oder mit 1 000 Fahnen ausgestattet, sangen und tanzten im Stadionrund Folklore. Dabei wurde der Krieg zu einem unabwendbaren Schicksal mythisiert. Auch die folgenden 60 Tänzerinnen und 80 Tänzer, im Zentrum die Waffentänzer Harald Kreutzberg und Werner Stammer, deren Tod Mary Wigman beklagen wird, hatten sich „in einen Staat einreihen lassen, an dessen Ende die Zerstörung des Wunsches nach ‚Weltenfriede' und ‚Jugendglück' stand"[2]. Carl Diem verteidigte das kulturell verbrämte rituelle Brimborium mit sakralisiertem Schwulst: „Über dem modernen Geschehen der Olympischen Spiele liegt der Zauberkreis des Geschichtlich-Alten und des Göttlich-Frommen [...] Was die Feier einleitet: Glockenklang – Fanfaren – Eid – Fahnen – Tauben – Lichtsymbol, alles bedeutet Weihung, einem kirchlichen Feste gleichgeordnet, ohne ihm nachgebildet zu sein, über allem liegt tiefe Ergriffenheit, einer religiösen Feierstunde vergleichbar."[3] Vom eigenen Redeschwall entflammt, schwelgte auch Goebbels bei der olympischen Jugendfeier im Berliner Lustgarten in höchsten Tönen: „Heilige Flamme, glüh, glüh, glüh und verlösche nie." Wie raffiniert-emotional Künste und Politik miteinander verschwistert wurden, zeigte die pompöse Apotheose zum Ausklang: Beethovens erhebendes Chorwerk *Opferlied* (*Die Flamme lodert*) wurde durch ritualisiertes Fahnenwehen auch optisch affektiv instrumentiert; während die Olympiafahne eingeholt wurde, strahlten Scheinwerfer sie an, und „aus der Ferne donnern die Kanonen ihre Abschiedsgrüße, schwer und getragen hallen die Glockenschläge der olympischen Glocke vom Turm"[4].

Hitlers Olympiade hat gehalten, was seine Propagandisten sich von dem aufwendigen Überrumpelungstheater versprochen hatten: eine größere Akzeptanz der Führung in breiten Bevölkerungsschichten, deren durch die Schmach von Versailles ramponiertes Nationalbewußtsein in der uneingeschränkten internationalen Anerkennung kompensiert worden war, nicht nur durch die glanzvoll inszenierte Schau, sondern auch durch die vielen Medaillen deutscher Sportler.

[1] Carl Diem an Theodor Lewald. Brief vom 11. Juni 1936. Akten des Carl-Diem-Instituts Köln, S. 2.
[2] Hedwig Müller, Der Tanz als Körperspiegel der Geschichte. In: Werkstatt Olympia Journal, Berlin, Nr. 3/ Oktober 1992, S. 11.
[3] Zitiert nach: Hans Lenk, Werte, Ziele, Wirklichkeit der modernen Olympischen Spiele. Schorndorf 1964, S. 19.
[4] Die Olympischen Spiele 1936. Band 2, Altona – Bahrenfeld 1936, S. 161.

Man war wieder stolz, ein Deutscher zu sein. Brachliegende Potentiale der deutschen Jugend wurden durch die ihr nahegebrachten Vorbilder sowohl für den Breitensport als auch für die individuelle Körperertüchtigung reaktiviert: Sport als neu entdeckter Identifikationsfaktor mit dem Staat. Die so stimulierte sportive Mobilität und spontane Leistungsbereitschaft der Jugend konnten mühelos in wehrsportliche und dann in vormilitärische Aktivitäten umgelenkt werden.

Außenpolitisch waren die Spiele auch insofern ein Erfolg, als durch breite Medienstreuung die Welt teilhatte an einem als sympathisch vermittelten friedlichen Fest, mit einem lächelnden Führer, einer Feier also, die sich als geniales Täuschungsmanöver selbst den professionellen Deutschland-Kritikern kaum zu erkennen gab. Die Realität jenseits des Schaufensters war schließlich ausgeblendet. Das latente Mißtrauen gegen die braune Diktatur mit ihrem im Antisemitismus kulminierenden Rassismus und ihrem aggressiven Expansionsstreben wurde durch den friedlichen Augenschein wenn schon nicht widerlegt, so doch verdrängt. Deutschland – mit seinen vielen Siegern, mit seiner Vollbeschäftigung, seinen Autobahnen, mit seiner neuen Ordnung – wurde wieder ernst genommen.

Der Schirmherr der Spiele und der Führer der Nation akzeptierte gern die öffentliche Lobeshymne des Präsidenten Graf de Baillet-Latour über den Beitrag Deutschlands zur Kultur der Menschheit: „Ich bin sicher, daß die gewaltige Anstrengung, die Deutschland zugunsten der Olympischen Spiele gemacht hat und die in der Organisation dieser Wettkämpfe so edel zum Ausdruck kommt, ein unvergängliches Zeugnis des Beitrags sein wird, den Deutschland für die Kultur der Menschheit geleistet hat. Alle diejenigen, die in sich die heilige Flamme fühlen, die von Olympia nach Berlin getragen wurde, hegen auch Ihnen, Herr Reichskanzler, gegenüber die tiefste Dankbarkeit dafür, daß Sie nicht nur die Vergangenheit mit der Gegenwart verbunden, sondern daß Sie auch zur Förderung der Olympischen Idee in der Zukunft beigetragen haben.“[1]

In der führenden französischen Sportzeitung *L'Auto* steigerte der greise Graf seine blinde Begeisterung exegetisch im Sinne der Nazi-Propaganda: „Die Olympischen Spiele entstellt? Die olympische Idee geopfert? Das ist vollkommen verkehrt! Der grandiose Erfolg der Berliner Spiele hat dem olympischen Ideal gedient.“[2] Hitler hatte auf Anregung von Graf Baillet-Latour rechtzeitig vor Beginn der Spiele mit einer „Ehrengabe von 10 000 Reichsmark“[3] dem Baron de Coubertin aus akuten finanziellen Engpässen herausgeholfen. Theodor Lewald überreichte den Scheck in Lausanne. „Coubertins Grußwort an die Olympischen Spiele 1936 ist auch unter diesem Aspekt der Ehrengabe zu sehen.“[4]

Das visuelle Komprimat des „deutschen Beitrags zur Kultur der Menschheit“ multiplizierte Leni Riefenstahls *Olympia*-Film millionenfach bis in die fernsten Winkel der Welt. Mit ihrer künstlerischen Strategie der isolierten Stilisierung kraftvoller menschlicher Körper unterwarf sie Natur der höheren Idee schöner Impressionen. Damit verweigerte sie direkte anthropologische Auskünfte, weil kulturelle oder ethnische Implikationen sie nicht interessierten und weil soziale Aspekte die Idealisierung des Athletisch-Schönen und dessen optimale Erscheinungsformen nur eingeschränkt hätten. Im Gewande der Ästhetisierung hat sich der propagandistische Zeitgeist dennoch um so effektiver eingeschlichen. Leni Riefenstahl machte die Kamera zum Äquivalent eines Bewußtseins, das durch die Kinobilder erst erzeugt und geprägt wird.[5] Aus der Summe visueller Engramme entstanden viele gemeißelte Erinnerungsbilder „für die Ewigkeit“, die noch heute den Entwurf der olympischen Ambitionen Berlins für das Jahr 2000 erschweren. Hindert das Riefenstahlsche Erbe Berlin daran, eine ganz neue olympische Zukunft zu gewinnen?

Heute kassieren die Sieger bestimmter Disziplinen (Rekordläufer und -schwimmer)

Während die USA 1932 in Los Angeles mit über einhundert Medaillen die athletische Weltspitze einnahmen, kehrte die amerikanische Equipe 1936 mit „nur“ 57 Medaillen heim. Deutschland war mit 101 Medaillen die Nummer eins (davon 38mal Gold).

36 Tilly Fleischer (Deutschland), Olympiasiegerin im Speerwerfen mit Lorbeerkranz und Eichenbäumchen

[1] In: Willi Fr. Könitzer, Olympia 1936, a. a. O., S. 38.
[2] Zitiert nach: Willi Ph. Knecht, 100 Jahre Olympische Spiele der Neuzeit. Band 1920-1932, München 1991, S. 271.
[3] Knecht, 100 Jahre Olympische Spiele der Neuzeit, a. a. O., S. 271.
[4] Karl Adolf Scherer, Der Männerorden. Die Geschichte des Internationalen Olympischen Komitees. Frankfurt/ Main 1974, S. 32.
[5] Hilmar Hoffmann, Und die Fahne führt uns in die Ewigkeit. Propaganda im NS-Film. Frankfurt/Main 1987/1988, S. 143 ff.

und Nobeldisziplinen (Reiter, Tenniscracks) als Werbeträger der Sportindustrie nicht nur Millionenbeträge. Heute macht es den Rausch des Sports aus, „daß er *beides* enthält: typische Eigenschaften unserer Zivilisation und ihr gerade Entgegengesetztes". Er vereinigt „die Kälte des Geldverdienens mit den Leidenschaften des Körpers, die Techniken der Bewegung mit den Emotionen des Kampfes, das Artifizielle der Sportarten mit der primitiven Lust des Stärkerseins".[1] – „Das Ungewisse verbindet sich im Sport mit der Gewißheit, die die Regeln geben."[2]

In der Antike wurden die Sieger z. B. von Phidias für die Ewigkeit und zum höheren Ruhme ihrer Polis in Stein gehauen oder von Dichtern vom Range eines Pindar durch eine Ode verherrlicht: „Ehre das Preislied, das der Brauch / Bestellt hat für Olympiasiege, / Und den Mann, der mit der Faust / Gedeihen hat gefunden."[3]

Freilich war schon zu Pindars Zeiten der Sport zur Profitätigkeit herabgesunken. Bei Hitler bekamen die Sieger einen eingetopften Eichenpflanzling. Er stellte den Gastgebern zufolge „deutsches Wesen, deutsche Kraft, deutsche Stärke und deutsche Gastfreundschaft" dar und war mit dem Spruch versehen: „Wachse zu Ehre des Sieges, rufe zu weiterer Tat." In den Gärten einiger der Sieger von damals wirft heute eine mächtige deutsche Eiche riesige Schatten. Dabei bedienten sich die Organisatoren bei ihrer Umwertung der Preise eines symbolischen Mittelgliedes: Indem sie bei der Bekränzung den traditionellen Ölzweig durch Eichenlaub ersetzten, frönten sie einem deutschnationalen Turnersymbol. Die olympische Kontinuität wahrte man wiederum dadurch, daß der Analphabet Spyridon Louis, der Sieger im Marathonlauf der ersten Olympischen Spiele der Neuzeit 1896 in Athen, in altgriechischer Tracht Hitler einen Ölzweig aus dem „heiligen" Hain Olympias übergab. Die Eiche war im Kontext der urbanen Ambitionen um das Reichssportgelände keineswegs nur ein Symbol, sie war ein Zeichen für Siedeln und Pflanzen im neuen Kolonialstil, wie ihn Albert Speer für das Nürnberger Nachfolgemodell andeutete: „Das Aufmarschgelände war nur die erste Stufe und der Mittelpunkt des Ganzen. Eichhaine waren schon angelegt oder vorgesehen. In ihnen sollten alle möglichen Bauten sakralen Charakters entstehen: Monumente zur Feier der Idee und der Siege, Erinnerungsstätten an herausragende Persönlichkeiten."[4]

Wie sehr diese nationalsozialistischen Rückgriffe auf die prägende demiurgische Schöpferkraft der griechischen Antike geeignet sind, heutige Künstler zu inspirieren und dem mythologischen Zierat ironisch erhellende Lichter aufzustecken, zeigte Klaus Michael Grüber in den elegischen Bildern einer Schaubühnen-Inszenierung von Hölderlins Fragment *Hyperion oder der Eremit in Griechenland* (1797) in eisiger Winternacht Anfang Dezember 1977 im Berliner Olympia-Stadion.[5] Unter dem Titel *Winterreise*[6] wurde Hölderlins Briefroman – eine Reflexion über den aus der Antike bis in unsere Zeit verlängerten Titanenkult – dramatisiert: „Es ist besser, zur Biene zu werden und sein Haus zu bauen in Unschuld, als zu herrschen mit den Herren der Welt, und wie mit Wölfen, zu heulen mit ihnen."[7] In Grübers Inszenierung haben auch diverse Berliner Sportler mitgewirkt: Von den Athleten habe sich „niemand dabei als Exote oder Statist gefühlt".[8]

Für Zwecke der semantischen Entlarvung der Ereignisstätte Olympia-Stadion war das Stück trefflich gewählt: In der Langemarckhalle prangt Poesie an der Stirnwand in frecher Runenschrift „Ihr heiligen grauen Reihen, geht unter Wolken des Ruhms und tragt die blutigen Weihen des heimlichen Königtums". Der markige Text von Walter Flex degradiert Hölderlins in Stein gemeißelten Vers: „Lebe droben, o Vaterland, und zähle nicht die Toten. Dir ist, Liebes, nicht einer zuviel gefallen" sinnverfälschend zum Hymnus auf den vaterländischen Opfertod, den Flex in seiner heroischen Lyrik ins Religiöse transzendiert. Die NS-Propaganda versuchte durch den unzulässigen Kontext,

Walter Flex: geboren 1897, von der Jugendbewegung geprägter idealistisch-nationalistischer Erzähler, dessen Kriegserinnerungen *Wanderer zwischen zwei Welten* (1916) im Dritten Reich weit verbreitet waren, ist 1917 auf der estnischen Ostsee-Insel Ösel gefallen.

[1] Gunter Gebauer/Gerd Hortleder (Hrsg.), Sport – Eros – Tod. Frankfurt/Main 1985, S. 9.
[2] Thomas Alkemeyer, Erinnern und vergessen. Zwischen Realität und Illusion. In: tanz/AKTUELL, Berlin, Februar 1992, S. 13.
[3] Zitiert nach: Dirk Schümer, Sport ist Sport. In: Frankfurter Allgemeine Zeitung, 10. 8. 1992.
[4] Albert Speer, Spandauer Tagebücher. Frankfurt/M. – Berlin – Wien 1975, S. 477.
[5] Vgl. Peter Iden, Vergrößerung, die Verkleinerung ist. In: Frankreich Rundschau, Nr. 238, 6. 12. 1977; Günther Rühle, Irrwege unter dem Nachthimmel. In: Der Tagesspiegel, 3. 12. 1993; Dietmar N. Schmidt, Tod, Tor und Theater – eine Winterreise. In: Deutsches Allgemeines Sonntagsblatt, Nr. 50, 11. 12. 1977.
[6] Unter dem Deckwort „Winterreise" wurde 1974 die erste bundesweite Radikalen-Fahndung eingeleitet. Neben der Ruinen-Kulisse des Anhalter Bahnhofs hing an einer Würstchenbude das aktuelle Plakat der Terroristenfahndung.
[7] Das Olympia-Stadion wurde nicht aus theatralischen Überlegungen gewählt, sondern wegen seiner für eine solche (Winter-) Reise extrem reichen, sichtbaren Historizität.
[8] Ellen Hammer. Zitiert nach: Peter von Becker. In: Theater heute, Berlin – Zürich, 2/1978, S. 17 ff.

den vielzitierten Hölderlin-Vers auf das Niveau eines moralischen Imperativs für Hitlers moribunde Zwecke herabzuwürdigen. In Grübers Interpretation wird Hölderlins Hyperion-Rede über den Staat und über Deutschland zu Hitlers kolossalem Staatstheater in Analogie gesetzt, das vor über 40 Jahren im Olympia-Stadion als Weltereignis inszeniert wurde. Die Gespenster betreten die Szene in neuer Kostümierung. Die Aufführung endet apotheotisch mit dem symbolischen Verbrennen einer heldischen Breker-Figur aus Wachs, deren Original das Stadion damals ideologisch belagerte. *Winterreise* spielt in einem geisterhaften Ruinendekor, wahrscheinlich als Persiflage auf Albert Speers grauenhafte „Ruinenwerttheorie"; in die monumentale Naziarchitektur sollte die Ewigkeitsgarantie implantiert werden, um Hitlers Ruhm fortzuzeugen in mit Efeu überrankten pittoresken Ruinen. In dieses Ruinen-Grau mochten wohl nicht einmal die Eulen der Minerva zum Flug sich aufschwingen. Die Idee, daß jeweils allem Neuen der Keim der Zerstörung innewohnt, nahm der englische Maler William Turner in seiner Darstellung der von Ludwig I. in Auftrag gegebenen Monumentalarchitektur der Walhalla in Regensburg (Architekt: Leo von Klenze) vorweg: Die Nachbildung des Parthenons von Athen als Ruhmestempel für den musischen Bayernkönig hat er in dem Gemälde *The Opening of Walhalla* (1845) in einen Ruinenzustand versetzt und damit ein Sinnbild für Vergänglichkeit und Erneuerung geschaffen.

37 Naoto Tajima (Japan), Olympiasieger im Dreisprung mit Lorbeerkranz und Eichenbäumchen

Das Olympia-Stadion ist übrigens die einzige Kolossalarchitektur der Nationalsozialisten, die uns Speer nicht als Trümmermasse hinterließ – seit 1966 durch Denkmalschutz samt Kunstobjekten respektvollst zur Tabu-Zone erklärt. „Die Aura des Massiven" beim Olympia-Stadion gehöre endlich aufgebrochen, forderte dagegen Thomas Alkemeyer auf dem Berliner Philosophenkongreß im Oktober 1992.[1]

Die unreflektierte Euphorie, mit der Hitler, seine Bildhauer und Regisseure wie Leni Riefenstahl im Griechentum ihr Rasse-Ideal verkörpert wähnten, um darin ihr bedingungsloses Führerprinzip zu sanktionieren, gründet auf fundamentalem Irrtum: Die Fragen der nationalsozialistischen Gegenwart ließen sich mitnichten im fernen Mythos der Antike durchspielen und schon gar nicht im Sinne von Diktatur und Indoktrination beantworten. Der Althistoriker Christian Meyer hat herausgearbeitet, wie sehr die antike Kultur eine Institution der Öffentlichkeit war. In ihrer Blütezeit, im 5. Jahrhundert nach Christus, wirkten neben der Bildhauerkunst vor allem die Tragödien von Aischylos, Sophokles und Euripides für die Bürgerschaft der damals mächtigsten Stadt der mediterranen Welt als Forum der kulturellen Öffentlichkeit: Es war die Zeit, als Athen gerade dem athenischen Adelsrat, dem Areopag, die Macht entrissen hatte. Wie andere Völker waren auch die Griechen damals darauf angewiesen, „jenen ganzen umfassenden Apparat von Institutionen und Vorstellungen, jene Weltbilder, jenen Glauben, jenen Sinn auszubilden, ohne den eine höhere, differenzierte Zivilisation nicht sein kann; und sie mußten auch formulieren, wer sie sind"[2].

38 Fahneneinmarsch bei den Jugendvorführungen auf dem Maifeld zur Olympiade 1936

Unter solch offenen Rahmenbedingungen waren es keine Monarchen, keine Tyrannen, die das Gemeinwesen zusammenhielten, nur „die Bürger untereinander konnten das Zentrum des Ganzen sein"; dabei half ihnen die „öffentliche Diskussionskultur", mit deren Hilfe sich die „ethische Ausstattung" und die „mentale Infrastruktur" zum Segen der athenischen Stadtrepublik entwickelten.

Die vor breitem Publikum gespielten Tragödien artikulierten u. a. die Frage, „wieweit der Mensch wirklich die Quelle seiner Handlungen ist". Da politische Veränderungen in Athen „unendlich viele Spannungen" produzierten und große Probleme aufwarfen, wurden diese von der Tragödie aufgegriffen und öffentlich diskutiert; die Bühne vermochte ungehindert „vieles derart durchzuspielen", „daß es sehr viel klarer in allgemeine Zusammenhänge gerückt und diskutiert werden konnte". Der „Orientierungsnot" wurde am unmittelbarsten in der Kultur des Diskurses begegnet, ja sie konnte sowohl „Sinn-

[1] Thomas Alkemeyer. Zitiert nach: Neue Zeit, Berlin, 7. 10. 1992.
[2] Christian Meyer, Die politische Kunst der griechischen Tragödie. München 1988, Dresden 1990, S. 228 f.

kredit" auffrischen als auch „mentales Training" sein.[1] Eine freie kulturelle Öffentlichkeit war dagegen im Dritten Reich bei KZ-Androhung verboten!

Aber auch wenn man die olympische Idee in vordemokratische und vorklassische Zeiten von Kult und Opfer zurückverfolgt, läßt sich keineswegs die faschistische Instrumentalisierung der Antike rechtfertigen: Vielmehr wird deutlich, daß die Grenzziehung zwischen Hellenismus und Barbarei – hier nicht im territorialen Sinne verstanden – eine mühsam abgerungene kulturelle Leistung darstellt, die in der Sublimierung von Opferriten in symbolische Kulte und in der Ersetzung kriegerischer Auseinandersetzung durch sportliche Wettkämpfe Schritt für Schritt ihren Ausdruck fand. Eigentümlich ist, daß die bekannte Konfliktzone zwischen göttlich-kosmischer Ordnung und der menschlichen Hybris, dem Übermut, dazu dient, alte „barbarische" Erfahrungen, grausige Elemente, Angst, Tod, Schuld und Versagen zu erinnern und durchzuspielen. Sie werden weder programmatisch verdrängt noch, infolge der Verdrängung, in blutigen Exzessen an anderem Ort systematisch exekutiert – wie dies im Faschismus geschieht. Die Selbstunterwerfung und Selbstvergottung der Nazis wären den Griechen als eine unerhörte Form der Hybris erschienen.

Den Reiseberichten des Pausanias und der „Gymnastik"-Abhandlung des Sophisten Philostratos zufolge ging an Stätten wie Olympia die kultische und die sportliche Praktik Hand in Hand: Man opferte den Göttern und trieb Sport. Die grausige Ambivalenz der Opferriten. Nur bei Homer, in der *Ilias*, wird der Sport mit der Totenfeier für den gefallenen Helden Patroklos verbunden. Die Stadienbahnen in Olympia liefen auf den Zeusaltar zu, nach Philostratos entzündete der Sieger das Feuer auf dem Altar. Danach fand der Agon, der Wettkampf zwischen Schlachtung und Verbrennung des Opfertieres, zwischen Vorbereitung und Festmahl der Götter statt. Nicht nur Göttervater Zeus, auch Pelops, der Stammvater der aus den klassischen Tragödien bekannten Atriden und Sohn des Tantalus, sowie Herakles als olympischer Gründungsheros werden in Olympia verehrt. Bekanntlich geriet der beliebteste Heros der Hellenen mit dem Lichtgott Apollon in einen heftigen Streit, als dessen Delphisches Orakel ihm die Auskunft verweigerte. Erst Zeus, der illegitime Vater des ritterlichen Helden mit der Keule, schlichtet den Kampf um den pythischen Dreifuß, das Kultinstrument für den olympischen Göttervater. Pelops ist die interessanteste olympische Kultfigur. Einmal erscheint Pelops als zerstückeltes Menschenopfer, das von seinem Vater gegen die Ordnung des Kosmos den Göttern dargebracht wird; in einem anderen Mythos erscheint er als betrügerischer Sieger im Wagenrennen gegen den mörderischen Brautvater Oinomaos, um dessen Tochter Hippodameia zu erlangen. In seiner ersten *Olympischen Ode* lehnt Pindar die kannibalistische Mythenfassung ab und vereint die Sage von der Entführung des schönen Knaben Pelops mit dem Wagensieg und der Hochzeit mit Hippodameia. Insgesamt kreisen alle Varianten dieses Mythos nicht nur um Alter, Geschlecht, Generationenfolge, Leben und Tod, sondern um die Initiation eines Jugendlichen, der sich im Spiel und Kampf als Sieger, als lebens- und überlebensfähig für die Welt der Erwachsenen erweisen muß. Walter Burkert hat darauf aufmerksam gemacht, daß die griechischen Bezeichnungen „Heros" und „Opfer" somit eine andere, verwickeltere und lebensnähere Bedeutung aufweisen als die faschistisch abstrakten Phrasen des staatlich verordneten „Heldentodes".[2] Die Griechen bezogen sich auf den ungeschminkten, höchst ambivalenten Zusammenhang zwischen Tod und Leben, Sieg und Niederlage, Erfolg und Scheitern, Altern und Jugend, Ordnung und Chaos. So sind olympischer Held und Göttervater keineswegs lupenreine Lichtgestalten, sondern sie setzen sich auch mit List und Betrug, wie Odysseus, über alle möglichen Widrigkeiten hinweg. Und das eigentliche Menschenopfer erscheint der abgeklärteren griechischen Götterwelt bereits als unzuträglicher Frevel aus Menschenhand. Das Opfer selbst dient somit ebenso wie der

39 Feuer aus Olympia. Szenenfoto aus Olympia. Fest der Völker von Leni Riefenstahl (Detail)

1 Christian Meyer, Die politische Kunst der griechischen Tragödie, a. a. O., S. 236 f.
1 Walter Burkert, Heros, Tod und Sport. Ritual und Mythos der Olympischen Spiele in der Antike. In: Olympia – Berlin, a. a. O., S. 87-99.

Sport der Beschwichtigung und Zähmung des im überlieferten Mythos und Ritus angelegten Grauens und Erschreckens, der mimetischen Bändigung und Befriedung. Die antiken Griechen begegnen der Gewalt – die im Nationalsozialismus zum alles durchdringenden Terrorinstrument wird – durch sakrale Kulthandlungen, Opferrituale in Verbindung mit Sportveranstaltungen, um in immer neuen Anläufen konkrete Grenzziehungen und Konfliktregelungsrituale zwischen den rivalisierenden Stadtstaaten und ihren wechselnden Bündnissen aufzubauen. Opfer und Sport dienten der symbolischen Eingrenzung und Überwindung kriegerisch ausgetragener Krisen und Konflikte.

Dem gegenüber steht das faschistische Szenario des „totalen Krieges", wie es Goebbels 1943 im Berliner Sportpalast – die Wehrmacht war bereits in der militärischen Defensive – formulierte: als totalisiertes Szenario nicht nur an der lokalisierbaren Front, sondern als Zustand überall und jederzeit in einem von den alliierten Bomberverbänden „heimgesuchten" Deutschland. Mit der Totalisierung des Krieges zum universellen Alltag enthüllte der Faschismus ein Grundkonzept, auf dem er immer schon basierte: das allgegenwärtige Freund-Feind-Bild im Sinne des globalen Bürgerkriegs als Grundzug aller Gesellschaft und Politik, wie dies ihr Haustheoretiker Carl Schmitt betonte, in der Entgrenzung der Gewalt und der ebenso mörderischen wie selbstmörderischen Universalisierung des Begriffs des Opfers, der in einer ressentimenthaft aufgeladenen Tötungsspirale apokalytische Dimensionen annimmt und Hekatomben auftürmen wird – in einem ebenso fatalen wie völlig profan-desillusionierten „Schicksalszusammenhang". Diese triviale, technische und mentale Totalisierung des Krieges ist im sozialdarwinistischen und biologistischen Konzept des Nationalsozialismus bereits angelegt. Durch die totale Entgrenzung wird die Ausnahme zur Regel, der Exzeß zum herbeikommandierbaren Szenario. Alles geschieht im Dienst des Führers und für Deutschland. Die Sportler tun ihre Pflicht fürs waffenstarrende Vaterland, die Geschichte ihrer eigenen Selbstüberwindung und glücklichen Selbstfindung wird für fremde Zwecke ausgeschlachtet. Die Ausnahme wird normalisiert und völlig profanisiert. Die talmireligiösen Gesten können angesteckt werden wie das Parteiabzeichen. Während der Grieche das Heilige in Opfer und Sport als grenzüberschreitende und konfliktüberwindende Feier versteht, die doch die Grenzziehung und Bescheidung des Humanen voraussetzt, ist für den faschistischen Größenwahn alles instrumentalisierbares Opfer, weil ihm nichts mehr heilig ist, da sein hybrider Blick der uneingeschränkten Normalisierung nur noch Materialien für menschenverachtende und glaubenslose Strategien der Verwüstung kennt.

Noch heute, in den friedlichen Wettkämpfen, liegt in der Logik des Siegens die Balance von Anstrengung, Opfer, Krise und Heiligung. Aber der aus dem griechischen Kultus übernommene Sinnzusammenhang ist in die individuelle Psychologie des Sportlers eingelassen. Der Spitzensportler ist Subjekt eines Mythos und eines Rituals in einem. Es geht ihm darum, sein mit dem Körper verbundenes Selbstbild einer krisenhaften Steigerung auszusetzen, bis zu jenem problematischen Punkt, an dem er, aufgrund seiner Kondition, seiner mentalen Einstellung im Wettkampf mit den anderen verliert oder siegt: sich als außerordentliches Individuum an der Spitze der Leistungen exponiert oder in die schnell vergessene Schar der Teilnehmer zurückfällt. Sein Opfer besteht darin, sein reales Ich einem anzustrebenden Ideal-Ich zu widmen und alle Anstrengungen zur Erreichung des Idealzustandes aufzubieten. Seine Heiligung ist der individuelle Moment, wo ihm das Erträumte, der Sieg und der Rekord, gelingt. Damit ist der Sportler immer auch im Widerstreit mit sich selbst. Die olympische Idee erweist sich somit auch als modernes Szenario: Sie zielt auf die Utopie der Transformation des eigenen Selbst, des eigenen Körpers, der Individualität durch Konkurrenz und Selbstüberwindung.[1]

40 Fackellauf in Griechenland. Szenenfoto aus Olympia. Fest der Völker von Leni Riefenstahl (Detail)

[1] Vgl. Gunter Gebauer, Das Begehren des Athleten. In: Hortleder/Gebauer (Hrsg.), Sport – Eros – Tod, a. a. O., S. 167-187; ders., Größenphantasien des Sports. In: ebenda, S. 216-230.

„Die Menschheit, die einst bei Homer ein Schauobjekt für die olympischen Götter war, ist es nun für sich selbst geworden", sagt Walter Benjamin im olympischen Jahr 1936 und fügt prognostisch hinzu: „Ihre Selbstentfremdung hat jenen Grad erreicht, der sie ihre eigene Vernichtung als ästhetischen Genuß ersten Ranges erleben läßt. So steht es um die Ästhetisierung der Politik, welche der Faschismus betreibt."[1]

41 Vorführungen von 15 000 Berliner Schülern auf dem Maifeld zur Olympiade 1936

Eine wissenschaftlich-kritische Studie über den vielzitierten Olympischen Frieden (die Ekecheiria) in der griechischen Antike sowie deren widersprüchliche und durch moderne Vorstellungen verzerrte Rezeption in der olympischen Bewegung der Neuzeit hat Manfred Lämmer im Umfeld des 11. Olympischen Kongresses in Baden-Baden 1981 veröffentlicht. Aufgrund einer sorgfältigen Analyse der einschlägigen Originalquellen widerspricht der Autor der gängigen Lehrmeinung, die die antiken Spiele als Vorbild für die neuzeitliche Idee des friedensstiftenden sportlichen Wettkampfes der Völker in Anspruch nimmt. Lämmer zieht vielmehr den gegenteiligen Schluß, wonach die antiken Olympischen Spiele sich fundamental von den modernen Pierre de Coubertins unterscheiden, „bei denen Internationalität und friedensfördernde Zielsetzung grundlegende Wesenszüge sind. Die Feste der alten Hellenen sind in gewisser Weise mit den Deutschen Turnfesten (insbesondere vor der Gründung des Deutschen Reiches 1871), den Sokol-Festen der slawischen Nationalbewegung, den jüdischen Makkabiaden oder den kommunistischen Spartakiaden zu vergleichen, weil sie die einen verbinden und andere bewußt ausschließen. Sie standen aber nicht im Dienste einer organisierten politischen Bewegung."[2]

Zu ergänzen bliebe, daß auch die Natur und die Elemente selbst die Konkurrenz sein können, die es mit Selbstüberwindung zu besiegen gilt. Am publikumswirksamsten haben dies heutzutage u. a. Reinhold Messner und sein Kletterkollege Fuchs unter Beweis gestellt. Sie kämpfen nicht nur gegen diverse Achttausender oder gegen die Antarktis, sondern inzwischen publikumsträchtig auch gegeneinander.

[1] Benjamin, Das Kunstwerk im Zeitalter seiner technischen Reproduzierbarkeit, a. a. O., S. 51.
[2] Manfred Lämmer, Der sogenannte Olympische Friede in der griechischen Antike. In: Stadion. Internationale Zeitschrift für Geschichte des Sports und der Körperkultur. Sankt Augustin 1982/1983, H. VIII/IX, S. 47-82, Zitat S. 69.

42

42 – 51 Wege zur Kraft und Schönheit
von Wilhelm Prager und Nicholas
Kaufmann

43

44

45

46

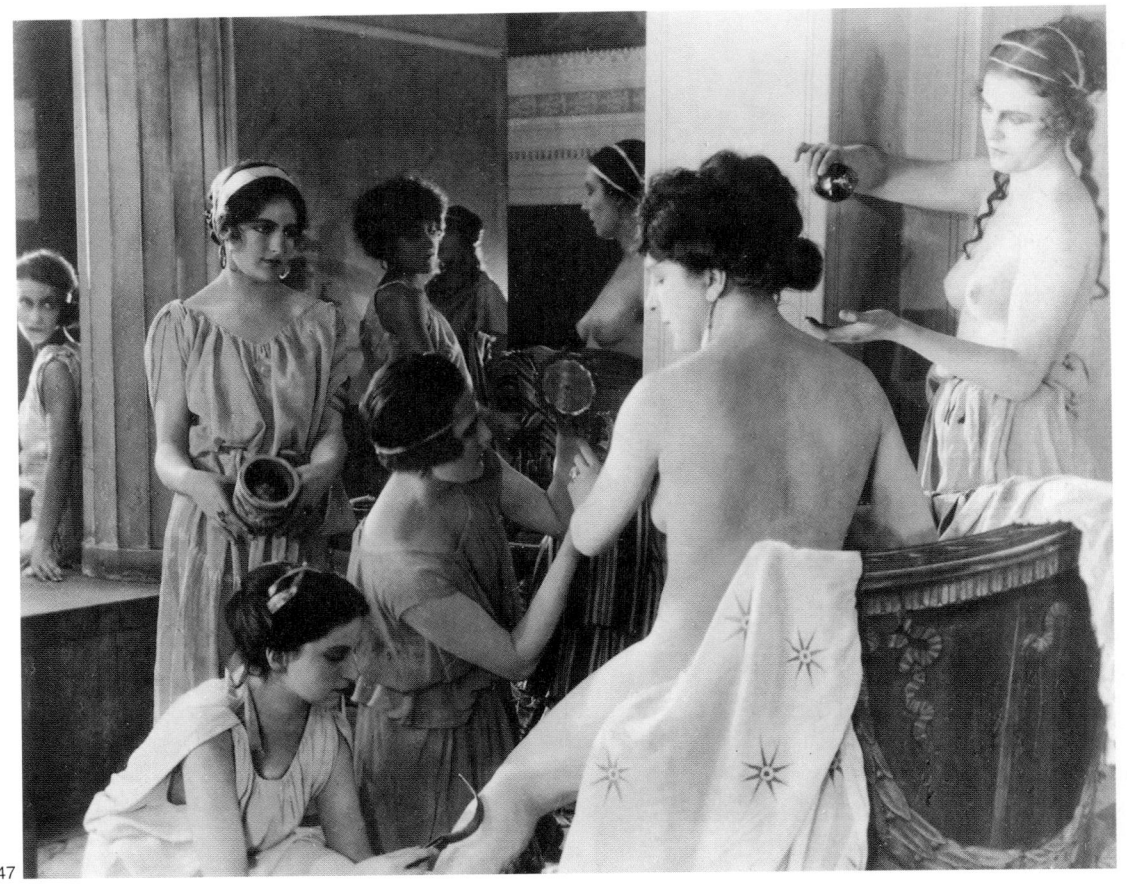

47

48

49

50

Faschistische Sportfilme

„Wege zu Kraft und Schönheit" (1925)

Jede wahre Kunst muß ihren Werken den Stempel des Schönen aufprägen, denn das Ideal für uns alle hat in der Pflege des Gesunden zu liegen. Alles Gesunde aber ist richtig und natürlich. Alles Richtige und Natürliche ist damit schön.

Adolf Hitler[1]

Die Inhaltsangabe zu *Wege zu Kraft und Schönheit*, welche die Filmpremiere begleitet, gerät zum Zeitzeugnis, wenn zu lesen ist: „Dieser Kulturfilm will in unserem Zeitalter [...] aufrufen zur Pflege des Leibes und will zeigen, wie wichtig für jeden die Erhaltung und Durchbildung eines gesunden Körpers ist. Der Satz der alten Griechen, daß in einem gesunden Körper auch ein gesunder Geist wohnt, gilt auch heute noch [...] Vor dem Kriege wurde fast allein durch die militärische Erziehung unsere männliche Jugend körperlich durchgebildet, der weiblichen Jugend ermangelte eine solche Durchbildung leider völlig. [...] Die Bestrebungen einer zweckmäßigen Pflege und Ausbildung des Körpers setzen sich immer mehr durch. Die Wege zu diesem Ziel will uns dieser Film zeigen. Wir sehen auf der einen Seite die Folgen einer Vernachlässigung unseres Körpers, auf der anderen Seite erblicken wir an Beispielen, bis zu welcher Vollendung unser Körper durchgebildet werden kann. Kraft ist hier gleichbedeutend mit Schönheit. Die Schönheit formvollendeter menschlicher Körper, wie sie durch die verschiedenen rhythmischen Schulen der Gegenwart erreicht werden kann, wird gezeigt. Diesen Ansätzen moderner Körperkultur, die in den Leistungen berühmter Tänzerinnen sowie hervorragender Sportsleute ihren Höhepunkt ersteigt, wird vergleichsweise die Körperkultur der Antike an die Seite gestellt."[2]

Und so haben denn auch Filme dieser Art ihre Rolle in der Vorbereitung auf Hitlers Nationalsozialismus gespielt. Interessant sind unter den „Vorläufern" weniger jene ausdrücklich als Propaganda-Filme der NSDAP ausgewiesenen Streifen aus den Jahren vor 1933, sondern vielmehr eine Reihe der sich als „objektiv" empfehlenden „Kulturfilme", die bis zum Jahr der Machtergreifung die Kinoleinwände verschmutzten.

In ihnen zeichnet sich bereits ab, daß unter Körperkultur keine sinnlich-leibliche Ergänzung einer zur Sterilität neigenden Hochkultur des Geistes verstanden wurde, sondern vielmehr eine Entdifferenzierung und Primitivierung der Kultur zugunsten eines einheitlichen und autoritären Drills am Leibe. Indem der Turnplatz zum Ort entindividualisierter Bewegung und gleichgeschalteter Motorik wurde, konnte der Leib zum Politikum gemacht, als potentielles Staatseigentum unterworfen werden. Im Zerrbild eines solchen Sportes zeichnet sich das Erfordernis einer differenzierteren Ethik und Ästhetik im Umgang mit dem eigenen Körper und dem des anderen ab. Dieses Projekt verlangt auch eine erweiterte Konzeption von Kultur als Lebensform – über den Sonderstatus von Hoch- und Expertenkultur hinaus.[3]

In den „Resonanzbeziehungen und Echoverhältnissen zwischen unterschiedlichen Bereichsdiskursen der Gesellschaft" bildeten sich erst jene Verhältnisse heraus, die zur Faschisierung der Weimarer Gesellschaft und vor allem zum Erfolg des Totalitarismus auf sportlichem Gebiet führten, stellt Wolfgang F. Haug fest. Zu den besonderen Verstärkungseffekten gehörten gerade die psychologischen, ärztlichen und pädagogischen

Der Analyse von *Wege zu Kraft und Schönheit* liegt die stark erweiterte Vorlesung des Autors an der Universität Marburg vom 15. 10. 1991 zugrunde.

Wege zu Kraft und Schönheit
Drehbuch und wissenschaftliche Bearbeitung: Dr. Nicholas Kaufmann
Regie: Wilhelm Prager
Musik: Giuseppe Becce, Ernö Rapée
Kamera: Friedrich Weinmann, Eugen Hřich, Friedrich Paulmann, Max Brink, Kurt Neubert
Zeitlupenkamera: Jakob Schatzow, Erich Stöcker
Trickzeichnungen: Hanns Büchel
Aufnahmeleitung: Arthur Ohme
Künstl. und wissenschaftl. Beratung: Carl Ebbinghaus, Arthur Kampf, Fritz Klimsch, August Koester
Hergestellt von der Kulturabteilung der Ufa
2.558 m (35 mm)
1.030 m (16 mm)
Zensur: 16. 2. 1925
Uraufführung: März 1925 im Berliner Ufa-Palast am Zoo

[1] Zitiert nach: Erziehung und Unterricht in der Höheren Schule. Amtliche Ausgabe des Reichs- und Preußischen Ministeriums für Wissenschaft, Erziehung und Volksbildung. Berlin 1938, S. 132.
[2] In: Reichsfilmblatt, Berlin, Nr. 12/1925, S. 36.
[3] Vgl. Hilmar Hoffmann, Kultur als Lebensform. Frankfurt/M. 1990.

Instanzen. Durch die mündliche Praxis des Erteilens von Ratschlägen und die weitverbreitete Literatur der Ratgeber wurden die Diskurse der Normalität, des guten Beispiels und des Vorbildes etabliert, aber auch die Diskriminierung des Abweichenden, Entgegengesetzten. Haug beschreibt, daß schon in der populären Ratgeberliteratur um die Jahrhundertwende eine rassistische Normbildung grassierte, die primär eine Ideologie visueller Oberflächenschönheit gewesen sei. Damals wie heute werden z. B. Idealmaße für Schultern, Brust und Hüfte angegeben, die unauflöslich mit dem Prädikat „schön" verkoppelt sind, einem Prädikat, das dann als Überprüfungsmarke der Deckung von Soll- und Istwerten Glied für Glied zu- oder abzusprechen ist. Dennoch suggeriert selbst die autoritäre Mechanik der Ratgeber eine Antwort auf eine berechtigte Frage: nämlich darauf, wie einer richtig und vor allem glücklich lebt. Der Ratgeber scheint die alte Frage nach der Lebenskunst wiederaufzunehmen, die konkret auf den Körper bezogenen Diskurse der Medizin und die Praktiken für jedermann zusammenzubringen. Die Untersuchungen von Georges Canguilhem und seinem bekannteren Schüler Michel Foucault zur Etablierung des „Normalen" und des „Pathologischen", des „Gesunden" und des „Kranken" haben die historische Wandlungsfähigkeit und die Machtbedingtheit der Eingrenzung des Normalen wie der Ausgrenzung des Anormalen im medizinischen und psychologischen Bereich aufgezeigt. Da für das individuelle Leben ein ideales Muster empfohlen wird und womöglich die Mittel der Realisation gleich mitgeliefert werden, fühlt sich das ratlose Individuum zunächst gut versorgt. Aber indem es sich der Wohlfahrt der Erzieher, Trainer, Ärzte, Psychologen und Ideologen widerspruchslos überläßt, wird es durch fremde Vorstellungen normiert und in seinem Gesamtverhalten kontrolliert. Abweichungen werden mit Sanktionen belegt. Gerade im Wohlfahrtsstaat wird somit das Problem der „Biopolitik" sichtbar, „des massiven Eingriffs und der tiefgreifenden Überformung des eigenen Lebens durch das politische System. [...] Die vereinheitlichte, von zentraler Herrschaftsgewalt gesteuerte Biopolitik ist das Szenario, in dem Leibes-Erziehung, Unterwerfung und rassistisches Normalitätsdenken zu einem Syndrom verschweißt werden."[1]

Auf die Propaganda einer staatlich gelenkten Biopolitik laufen auch die hier besprochenen Filme hinaus. In jedem Moment der Beschreibung muß ihnen das Gegenkonzept einer Lebensführung und Lebenskunst entgegengehalten werden, wie sie Foucault vom einzelnen her zu denken versucht hat: „Gegen die Regierungskunst, die sich unter dem Vorwand, den Individuen die Sorge um sich abzunehmen, ihres Lebens bemächtigt und ihre Lebensweise zu bestimmen sucht (Biopolitik, Biomacht) entsteht historisch die Differenzierung von Staat und Gesellschaft, die Instituierung des Rechtsstaates, die kritische Haltung der Nichtunterwerfung, die in der Gegenwart eine neue Qualität erreicht [...] Anstelle der Machtbeziehung, durch die das Subjekt unterworfen wird, tritt nun die Beziehung zu sich selbst in den Mittelpunkt der Aufmerksamkeit, die ‚Sorge um sich', die Führung seiner selbst. Der Macht, die die Individuen zu dominieren sucht, tritt das Individuum gegenüber, das sich selbst zu konstituieren weiß."[2]

Das Neue an dieser von Wilhelm Schmid eindringlich rekonstruierten Ethik der Selbstregierung eines jeden einzelnen besteht freilich darin, daß die Vernunft und Kultur nunmehr nicht nur als Instanzen rein geistiger, aber real folgenloser Autonomie verstanden werden dürfen; sie sind auch als formative und transformative Praktiken der Selbstgestaltung, der Gestaltungen des Selbst gegenüber der Gesellschaft definiert – gerade auch durch das Medium des Körpers und der Macht. Wo sich einzelne Individuen ihres eigenen Macht- und Gestaltungsspielraumes bewußt sind und ihn auch einzusetzen wissen, wird es gar nicht erst zum Machtvakuum oder zur herrschaftlichen Machtballung kommen, zu jenen auch für die Weimarer Zeit so charakteristischen Extremzuständen, sondern statt dessen zu einer für jede Soziokultur notwendigen Minimierung von Herr-

[1] Wolfgang Fritz Haug, „Der arische Leib". Zurichtung und Vernichtung des Körpers im Nazismus. In: Olympia – Berlin, a. a. O., S. 67 ff.
[2] Wilhelm Schmid, Auf der Suche nach einer neuen Lebenskunst. Die Frage nach dem Grund und die Neubegründung der Ethik bei Foucault. Frankfurt/M. 1991, S. 69.

schaft und Reglement, also zur Dezentrierung der Macht und zur Teilnahme aller an ihren Spielräumen.

Im Jahr 1933 stellte sich die Kinosituation für die Nazis durchaus nicht etwa als „Stunde Null" dar. Die Goebbelssche Filmpolitik war nur die konsequente Fortsetzung dessen, was faschistische gesellschaftliche Kräfte im Weimarer Staat mit massiver Unterstützung der Filmindustrie, besonders der Ufa, schon ab Mitte der zwanziger Jahre als raffinierte Versuche hervorgebracht hatten, um die nationalsozialistische Ideologie zu ästhetisieren und zu popularisieren. Der reaktionäre deutschnationale Medien-Zar Alfred Hugenberg (*Deutschland, wach auf!*) hatte durch politische Finanzmanipulationen die UFA vollständig unter seine Kontrolle gebracht, um vor allem bei Schichten des Mittelstands gegen die verhaßte Weimarer Republik Stimmung zu machen. Zusammen mit der größten Pressekonzentration im Scherl-Konzern, dessen Hauptaktionär ebenfalls Hugenberg war, stellte er den damals einflußreichsten Informationshändler dar.

Er besetzte alle wichtigen Posten mit nationalistisch gesinnten Anti-Demokraten: Zum Beispiel hievte er den Generaldirektor seines Scherl-Verlages, Ludwig Klitzsch, auf den Präsidentenstuhl der „Spitzenorganisation der Deutschen Filmindustrie" (Spio). Die 1927 bankrott gegangene Phoebus-Film hatte der aus dem Reptilienfonds der Reichswehr finanziert, ein Skandal, den wiederum Hugenberg dadurch bereinigte, daß er kraft ungebrochenen Einflusses den Reichswehrminister kurzerhand austauschen ließ. Schon einige Jahre bevor Goebbels die endgültige Kontrolle über die Filmindustrie gewann, sickerte also nationale Ideologie in die Strukturen der Filmproduktion ein.

Die Wurzeln des Totalitarismus reichen bis tief ins Kaiserreich zurück. Das in reaktionären Traditionen gefangene Denken hielten frustrierte Militärs, militante Kriegervereine, verblendete deutschnationale Verbände wie der „Stahlhelm" und das rechte Parteienspektrum während der Weimarer Republik lebendig. Dolchstoßlegende, Versailler „Schanddiktat", Rheinlandbesetzung wurden mit Hilfe von Alfred Hugenbergs Medienimperium via Ufa-Filme, Wochenschauen und rechtslastiges Pressemonopol als Traumata der deutschen Seele latent im Bewußtsein gehalten. Es waren vor allem aber die durch eine weltweite Wirtschaftskrise heraufbeschworene Arbeitslosigkeit (1932: sechs Millionen Menschen) und soziale Not, welche die davon unmittelbar Betroffenen millionenfach in Hitlers Arme trieb. In ausweisloser Lage wurde dem Volk unter umfassendem Einsatz entsprechender Propagandamittel der Glaube vermittelt, der Faschismus unter Hitlers Herrschaft werde alle Probleme lösen.

Mit seinem Schönheitskult und vielen sportiven Elementen stellte Kaufmanns Film aus dem Jahre 1925 in gewisser Hinsicht einen Vorläufer für Leni Riefenstahls Erfindung einer faschistischen Ästhetik dar.

Die im Dritten Reich entstandenen und jeweils als Vorprogramm zu Spielfilmen zwangsverordneten Dokumentarfilme sind Legion. Sie lassen sich thematisch in ein grobes Raster fassen: Führermythos, Deutschtum, Brauchtum, Blut und Boden, Erntedank, Deutscher Wald, Volksgesundheit, Sport, Kunst, Kultur und „Kraft durch Freude", Reichsparteitage, Erfolge der Partei, die verschiedenen NS-Organisationen, Hitlerjugend, Bund Deutscher Mädel, vormilitärische Ausbildung, Rüstung, der deutsche Soldat in Frieden, Manöver, Krieg, „Volk ohne Raum", Weltfeinde, Volksfeinde, Antisemitismus, Erbkrankheiten, Euthanasie, späte Siege über Versailles, Hitlers Feldzüge, NS-Totenkult.

Der inzwischen anachronistische Begriff „Kulturfilm" war im Ersten Weltkrieg von Ludendorff erfunden worden. Nachdem Ludendorffs Propagandafilme trotz massenhafter Verbreitung die erhoffte Effizienz vermissen ließen, wurde nach dem Ende des Ersten Weltkrieges der Kulturauftrag der Ufa auf naturwissenschaftliche, medizinische, technische oder künstlerische Themen umgewidmet; es sollten nach damaligem Ver-

Ufa: Abkürzung für Universum Film AG, 1917 von Erich Ludendorff, dem Ersten Quartiermeister des obersten Kriegsherrn Kaiser Wilhelm II., gegründet, um mit Hilfe von Filmen den eisernen Durchhaltewillen an der Front und in der Heimat zu propagieren. Die Ufa war das größte deutsche Filmunternehmen mit eigenen Ateliers in Neubabelsberg und Tempelhof, mit eigenen Verleih- und Kinoketten, Wochenschau- und Kulturfilmproduktion, sie gehörte ab 1927 dem Hugenberg-Konzern. 1937 erwarb das Deutsche Reich die Aktienmehrheit.

ständnis „Aufklärungsfilme" entstehen. Alle unter dem damaligen Ufa-Produktionsleiter hergestellten Aufklärungsfilme wurden nun kurzerhand „Kulturfilme" genannt.

Da die meisten Kulturfilme ihre Ästhetik an wissenschaftliche *Spezialthemen* verschwendeten und oft Marginales wie die Zellteilung der Amöben zu Schicksalsfragen der Nation aufbauschten, ermangelte es ihnen an breitem Publikumsinteresse. Kulturträchtige Titel wie *Es werde Licht* (1937), *Opium* (1919), *Der Hirschkäfer* (1920/21), *Der Ameisenstaat* (1934), *Unsichtbare Wolken* (1932) waren Legion. Andere Filme wollten selber Kultur sein, darunter auch einige l'art-pour-l'art-Filme. Der Arzt Dr. Nicholas Kaufmann, später einer der wichtigsten Kulturfilm-Regisseure der Ufa, wechselte 1919 von der berühmten Berliner Charité zur Ufa, um mit Hilfe des Mediums Film zunächst medizinisch-wissenschaftliche Themen zu gestalten und diese nicht nur im Kino zu verbreiten, sondern auch nichtkommerziell unter die aufzuklärende Menschheit zu bringen. Zu einer Anzahl kurzer braver Filme wie *Menschen-Kräfte und ihre Schonung*, *Die Geschlechtskrankheiten und ihre Folgen*, *Röntgenstrahlen* oder *Das Blut und seine Kraft und Schönheit* gesellte sich ein abendfüllender Kulturfilm, den Nicholas Kaufmann und Wilhelm Prager in additiver Kompositionsweise hergestellt hatten: *Wege zu Kraft und Schönheit*.

52 *Wege zu Kraft und Schönheit* von Prager, Kaufmann, Szenenfoto (Detail)

Dieser Film hat zunächst allein dadurch Aufsehen erregt, daß er erstmals ausgiebig „nackte Frauen und beinahe nackte Männer im Darstellen antiker Vorbilder" auf die Leinwand bringt.[1] Als Apologet der Nacktheit übersetzte Kaufmann das griechische Wort „gymnos" natürlich wörtlich mit „nackt"; er fühlte sich dadurch etymologisch legitimiert, die menschliche Natur öffentlich in unverhüllter Gestalt in Erscheinung treten zu lassen und unter viel Kunstlicht auch die Körperseele. Der Film sollte dem Zuschauer die ethische, die „religiöse Bedeutung der Körperkultur" vor Augen führen.[2] Kaufmann hatte sich vorgenommen, über „zweckvolle Körperertüchtigung" aufzuklären: Nach eigener Bekundung wollte er die damals notwendige Forderung filmisch begleichen, „die deutsche Nachkriegsjugend in Ermangelung eines Wehrdienstes und sonstiger Möglichkeiten von der Straße wegzuholen und sie dem Sport bzw. der Körperertüchtigung zuzuführen"[3].

Im Zusammenhang mit der Abbildung nackter Menschen hatte Kaufmann allen Anlaß, die damalige Zensurbehörde zu loben, die angesichts sogenannter Körperkultur-Filme im allgemeinen relativ großzügig verfuhr und jedenfalls in seinem Fall keinerlei Schnittauflagen forderte.

Denn, so heißt es im Zensurprotokoll von 1927 verständnisvoll, Nacktheit sei „nur dann geeignet, entsittlichend zu wirken, wenn sie in lüsterner, die Sinne erregender Form dargeboten wird. Sie setzt daher Dezenz in der Darbietung und das Fehlen eines sexuellen Einschlages voraus".[4] Auch Siegfried Kracauer befand über die rein „optischen Anleitungen", diese seien zum „vernunftgemäßen leiblichen Dasein" der Beherzigung wert.

Durch Kaufmanns ständige Selbstbeherzigung, ausschließlich funktionale Schönheit anzubieten, wurden viele Bilder nicht verwendet, auf die bigotte Philister insgeheim spekuliert hatten. Tatsächlich ist nichts Sündhaftes auszumachen, kein Sinnenkitzel verstellt dem Betrachter den Blick bei der Visualierung des Filmmottos „Mens sana in corpore sano": „Die ganze starke werbende Kraft dieses Films für den Gedanken der Körperkultur ist die Schönheit seiner Menschen. Er beweist, daß wir so edel und schön gebildet sein könnten wie die alten Griechen, denn er zeigt, daß die besten unter unseren Athleten und Gymnasten, unter unseren Licht- und Sonnenfreunden durch ihre gymnastische Arbeit und ihre Rückkehr zur Natur tatsächlich klassisch schön sind."[5] Der Film wußte nackte Haut so facettenreich darzubieten, daß ihm ein großer Kassenerfolg beschieden war. Gefragt werden muß, welche Komponente in dem altehrwürdigen

[1] Stuttgarter Nachrichten, 29. 5. 1970, anläßlich des Todes von Nicholas Kaufmann.
[2] Felix Hollaender, Schönheitssinn und Volksgesundung. Berlin 1925, S. 7.
[3] Zitiert nach: Friedrich von Zglinicki, Der Weg des Films. Berlin 1956, S. 576.
[4] Zitiert nach: Wolfgang Petzel, Verbotene Filme. Frankfurt am Main 1931.
[5] Nicholas Kaufmann. In: Curt Moreck, Sittengeschichte des Kinos. Dresden 1926, S. 154.

Erziehungsmotto die Oberhand gewinnen sollte? Der gesunde Körper über den gesunden Geist? Oder doch der ideologische Geist der Gesundheit, den jemand anderes für die jugendlichen Körper autoritär vordefiniert hatte? Nicholas Kaufmann hat Hitlers Maxime aus dem ein Jahr zuvor veröffentlichten *Mein Kampf* mit damals beeindruckenden ästhetischen Mitteln in das Medium Stummfilm übersetzt, dem zufolge nur einem gesunden Körper auch ein gesunder Geist innewohne.

Zur politischen Aussage des Films merkt Oskar Kalbus an, daß der „kranken Zeit der Weimarer Republik" hier ein „gesunder Film" den Kampf ansage. Kracauer hingegen argumentiert ideologiekritisch, wenn er sagt, der Film lenke die Zeitgenossen „vom eigenen Elend [ab], das auch keine Körperpflege zu heilen" vermöchte. Und der *Völkische Beobachter* befindet am 21. August 1942: „Am ursprünglichsten in ihrem Bekenntnis zu allem Gesunden im Leben ist immer die Jugend. Und so sind denn auch die impulsiven, aus einem heißen Herzen strömenden und an Kaufmann herangetragenen Bitten aus jugendlichem Munde, mitarbeiten zu wollen am Kulturfilm, weit die schönsten Zeugnisse für seine Arbeit."

Die „Wege zu Kraft und Schönheit" beginnen in Kaufmanns Film mit dem eingeblendeten Titel: „Die antiken Griechen und die modernen Zeiten". Der damit unterstellte Gegensatz wird aber nicht sofort ins Bild gebracht, sondern nach einem Goethe-Zitat folgen zunächst Bilder eines antikischen Architekturmodells und einer antiken Skulptur. Noch hat sich die Antike nicht belebt, sondern wird als akademisches, „totes" Wissen der Archäologie, als bildungsbürgerlicher Schatz zitiert. Um so praller der negativ dargestellte Gegensatz der Gegenwart: Ein Fettwanst von der Statur Heinrich Georges bemüht sich verzweifelt, den Kragenknopf seines Vatermörders in den Griff zu bekommen. Verhuschte, gegenüber diesem groben Klotz verängstigte Hausmädchen assistieren ihm – vergeblich. Es folgt grelles Hupen knatternder Großstadt-Automobile. Schon im ersten Tableau wird der Gegensatz zwischen positiv bewerteter Antike und negativ besetzter Gegenwart ausgespielt.

Das „mens sana"-Zitat, zwischen die beiden Bildfolgen gesetzt, belegt die unmittelbar folgenden Bilder der dickbäuchigen Unfähigkeit für die einfachsten Verrichtungen der Zivilisation um so nachdrücklicher, weil die Antike vorher als unbezweifelbares Ensemble „klassischer" Kunstwerke und Zitate vorgeführt wird. Johann Joachim Winckelmanns auf Troja gemünztes Wort „die Griechen mit der Seele suchen" drängt sich auf, auch wenn der akademische Rekurs auf die Antike zunächst fortgesetzt wird: Auftritt der Philosophen per Schrift, aus dem Off, als etymologische Ableitung. „Plato und Aristoteles lehrten im Gymnasion"; dieser Terminus impliziert den Ort, „wo nackte Männer und Frauen Gymnastik trieben".

Doch jetzt wird es lebendig: Im Atrium eines griechischen Gymnasions sehen wir nackte Faustkämpfer ihre Schläge austeilen. Im Lichthof verstellen ihrer drei die Sicht auf die übrigen – „nackte Jünglingsleiber mit wirklicher antiker Ephebenschönheit", anhand derer „sich ein neues Schönheitsideal des sportlich durchgebildeten Gegenwartsmenschen aufstellen ließ".[2] Dieses Bild bleibt so lange stehen, bis das Kinopublikum einen bleibenden Eindruck von deren makellosen Rückenpartien gewonnen hat. Im Bildaufbau dieser ersten „belebten" Szene werden kompositorische Topoi der abendländischen Kunstgeschichte zitiert – ein Rechtfertigungsmechanismus, dem wir in diesem Film noch öfter begegnen werden.

Die gestikulierenden Rückenfiguren, teils stehend, teils sitzend, fungieren nicht nur, etwa im Sinne barocken Bildaufbaus bei Rubens oder Caravaggio, als „Vermittler" zwischen Betrachterraum und Bildraum, sondern in diesem Falle, erneut durch die Art ihrer Gestik ebenso wie durch ihre Kleidung und Bewegungsdramaturgie, als möglicherweise unbewußter Rekurs auf die „klassische" Wirkung nachantiker Bilderfindun-

1927, nachdem Nicholas Kaufmann die Leitung der Ufa-Kulturabteilung übernommen hatte, schrieb er gemeinsam mit Dr. med. Curt Thomalla das Drehbuch für einen medizinischen Aufklärungsfilm über latente Gefahren von Geschlechtskrankheiten *Falsche Scham* (1928). Während Kaufmann mit Beginn des Zweiten Weltkriegs sich in die Schweiz absetzte, weil seine akademisch objektivierende Art, Filme zu machen, nicht mehr gefragt war, hat Dr. Thomalla das Dritte Reich nicht überlebt. Von Dr. Goebbels zum Rapport ins Propaganda-Ministerium bestellt, hat er sich mit dem Minister derart überworfen, daß er danach Selbstmord beging.

Trotz seiner Meriten und obwohl Kaufmanns Film für Leni Riefenstahls Schönheitswahn die Folie lieferte, aus der sie bedenkenlos bestimmte präfaschistische Elemente herauskristallisierte, wurde Kaufmann als Leiter der Kulturabteilung der Ufa alsbald nach der Machtergreifung kaltgestellt. Kaufmanns Filme waren keine positiven ideologischen Glaubensbekenntnisse an sich, wohl aber, wenn auch nicht unmittelbar, plakativ gegen die „Systemzeit" der Weimarer Republik gerichtet.

In seinem Monumentalwerk *Der Weg des Films* begeistert sich Friedrich von Zglinicki noch 1951 an Kaufmanns fanatischer Bewegungsorgie auf die deutsche Jugend: „Im Gegensatz zu einer verweichlichten oder verrohten Jugend traten die Repräsentanten eines neuen Geschlechtes auf, denen Körperpflege das Dasein bedeutet."[1]

Pierre de Coubertin hat sich schon in seinem Vortrag am 11. April 1891 (vor dem Internationalen Verein Christlicher Junger Männer) von jenen großzügigen Clubs im Amerika fasziniert gezeigt, die das antike Gymnasion neu zu begründen versuchten, dessen „Lebensstil- und Erziehungsangebot von Sport bis Musik und Literatur" er als beispielhaft beschreibt. Er würdigt in den „kultivierten Wettkämpfen die Lehre einer gleichzeitig physischen und moralischen Erziehung des Einzelnen" und beschwört darin das grie-

1 Friedrich v. Zglinicki, Der Weg des Films, a. a. O., S. 576.
2 Curt Moreck, Sittengeschichte des Kinos. Dresden 1926, S. 154.

chische Vorbild. In dieser Rede Coubertins erkennt der Kölner Sportwissenschaftler Dietmar R. Quanz den „eigentlichen Gründungstext der Modernen Olympischen Spiele" (Dietrich R. Quanz, Die Gründung des IOC im Horizont von bürgerlichem Pazifismus und sportlichem Internationalismus. Köln 1993, S. 12 und 13).

Diese rasend schnelle visuelle Verwirrung ist übrigens schon zwei Jahre vor Walter Ruttmanns berühmt gewordenem Montage-Wirbel in dem Avantgarde-Film *Berlin – Symphonie einer Großstadt* (1927) entstanden. Als Fußnote zur Filmgeschichte gilt es also Ruttmanns Vorbild in *Wege zu Kraft und Schönheit* (1925) zu entdecken.

gen, z.B. der berühmten *Schule von Athen* von Raffael in den vatikanischen Papstgemächern. Es sind dies Körperhaltungen und Gesten antiker Rhetorik, die, in der Renaissance wiederaufgegriffen, im Grunde neuentdeckt wurden, im Klassizismus wiederum zur Geltung gekommen waren und selbst hier noch ihre offenbar epochenunabhängige Überredenskraft demonstrieren – als Körper und Lehrkörper in einem.

Auch die nackten Diskuswerfer demonstrieren ihre an antiken Vorbildern vermessenen paradiesischen Proportionen aus großer Nähe.

Wir erleben hier ins Bild gesetzt das nach, was Jürgen Habermas „Regressionen einer ihrer selbst überdrüssigen Vernunft in voraufklärerischen Paradiesen" genannt hat. Da es sich um ein Stummfilmprodukt handelt, werden die aufklärenden Botschaften in Form von Schrifttafeln eingeblendet. Die Inserts füllen dramaturgisch perfekt das Vakuum zwischen den Schnitten. So erfährt der Kinogänger durch die Disziplin „Ringkampf", wie in jenen Tagen die Schüler Gymnastik noch als ihre Hauptangelegenheit begriffen und mit dem Sport überhaupt gleichsetzten. Demgegenüber sei „auf dem Kontinent" das Wort Gymnasion zum Synonym fürs Humanistische Gymnasium zweckentfremdet worden. Zum Beweis der Denaturierung des Begriffs demonstrieren gestellte Szenen sogleich die körperschädigenden Folgen von Grammatik: Uns werden zur Abschreckung mitleiderregende Pennäler mit rachitisch gekrümmtem Kreuz vorgeführt, die über ihrer Klassenarbeit brüten: Weil „überall in Europa in den Gymnasium genannten Gebäuden Grammatik das Hauptfach ist", werde zwischen Büchern und Maschinen der Körper ignoriert.

In einer gespielten Szene wird bei geschlossenen Gardinen eine Spitzweg-Imitation in krankhaft gekrümmter Haltung vorgeführt. Als Allegorie auf den *Bücherwurm* soll sie die Zivilisationskritik ersetzen. Kultur-Karikatur versus Körperkultur lautet denn auch der dramaturgische Leitfaden bis ans Ende des Films.

Als böser Feind des Körperkults wird die Zivilisation als grundsätzlich degeneratives Moment der Selbstentfremdung an den Pranger gestellt: Mit entzauberndem soziologischem Blick ist dem Film unter Verwendung großstadttypischer Elemente eine formal sogar grandiose Überblendungs- und Montage-Sequenz gelungen: Wir erkennen eine Montagehalle, Straßen- und Eisenbahnen, Menschengewimmel, Massenverkehr, Polizisten, Maschinen, müde Tipsen in Massenbüros usw. Solche Momentaufnahmen vom „Liniengewirr eines Schnittmusterbogens" (Kracauer) werden in rasanter, aber keineswegs richtungslos Raum und Zeit durchmessender Folge komprimiert, um eine zivilisationskritische Metapher zu gewinnen. Die Großstadtmassen wurden literarisch eindrucksvoll schon von Baudelaire, Joyce und Poe als Alptraum beschrieben. In *Wege zu Kraft und Schönheit* finden wir dazu die kinematographische Entsprechung. Im Film sind es nicht die angeprangerten Zivilisations-Syndrome, die Kaufmann Kritik abnötigen; es ist vielmehr die Zivilisation selber, die Oswald Spengler bekanntlich als Verfallsstadium der Kultur zu denunzieren nicht müde wurde. Um in der negativen Gleichsetzung von Großstadt und Zivilisation die wachsende Entfremdung von den Bedingungen des naturverbundenen kreatürlichen Lebens zu behaupten, hier symbolisiert in der rhythmisierten Freikörperkultur, wird in einem Nachtclub halbseidenes Highlife vorgeführt – als eine Art Generalprobe auf den Untergang des Abendlandes: In leichtgeschürzten Kleidern räkeln Lebedamen der Gattung Demimonde sich auf Barhockern. Alkohol und Rauchen werden als Todsünden ausgemacht; auf eng an eng frequentiertem Tanzboden Flitter und Flirt nach Mitternacht: In dieser fiebrigen Luxusgesellschaft, im dekadenten Ambiente, lauert Gevatter Hein seinen potentiellen Opfern auf. In ihrer erheiternden Banalität bringt sich die synthetische Sequenz aber um die erhoffte abschreckende Wirkung. Die mehrmals drohend groß ins Bild ragenden und jeweils auf die volle Stunde vorrückenden Uhrzeiger sollen symbolisieren, wie diese morbiden Typen ihre Zeit vergeuden, wie schnell kostbare Lebenszeit verrinnt, ja, wem buchstäblich die Stunde schlägt: Die beiden Uhrzeiger verwandeln sich mit Hilfe der Tricktechnik in bizarr skelettierte Finger, die der Menschheit ihr Stundenglas vor Augen führen. Dieses penetrante Endzeit-Sinnbild mündet in die naive Warnung: „Deine Sünden werden Dich finden!" Filmästhetisch hat die Tugend den Kampf mit zügelloser Libertinage fortschreitender Zivilisation jedenfalls nicht gewonnen.

Nicholas Kaufmann unterscheidet, anders als in der romanischen und angelsächsischen Semantik, streng zwischen Kultur und Zivilisation. Körperkultur wird hier im Vorgriff auf die Fetischisierung des Sports im Dritten Reich zur Weltanschauung stilisiert. Tabellarische Plus-Minus-Vergleiche exemplifizieren Volksaufklärung zumeist an Beispielen, die an den Haaren herbeigezogen werden. Ein angeblich fünfzigjähriger Mann, nicht sporttreibend, mit Bowler und Nickelzwicker als Mensch der großstädtischen „Systemzeit" charakterisiert – der visuelle Seitenblick auf die anglo-amerikanischen Börsenmakler mit leicht jüdischem Habitus in der Physiognomie ist wohl kaum zufällig –, bis zur Hinfälligkeit gebückt, stolpert in einen sportlichen Radfahrer, der, angeblich 62 Jahre alt, auf seinem Drahtesel nicht nur raucht und damit seine Gesundheit offenbar nicht gefährdet, sondern der, um seine haushohe Überlegenheit zu demonstrieren, nach dem kleinen Unfall vor dem Gestürzten auch noch eine hämische Pirouette auf dem Rad vollführt, bevor er sich unbekümmert entfernt. Die Börsenjobber und Kriegsgewinnler, die zeitungsbewehrten Brillenschlangen, die Intelligenzbestien der „Systemzeit" schlechthin – so die visuelle Botschaft dieser Sequenz – gehören überfahren und liegengelassen und, am Boden liegend, verhöhnt. Ein solches Exempel wird mit folgendem Kommentar eingeführt: „Herr Gottschling aus Brieg, 59, Gewinner vieler Marathonläufe. Er läuft barfuß fünfzehn Meilen am Tag, sommers wie winters, um in den Fluß zu tauchen." Wir sehen ihn laufen und laufen, begleitet von einer fahrenden Kamera in gleicher Geschwindigkeit: Wir (die Zuschauer) halten mit, sind gleich auf. Den Repräsentanten der anzuklagenden besseren Gesellschaft, verfettet bis verkrümmt durch ihre zivilisatorischen, ganz und gar unsportlichen Tätigkeiten, begegnen wir nun erneut – ausgerechnet im Museum. Hinter griechischen Statuen lauern ihnen dort deutsche Binsenweisheiten auf wie: „Es genügt nicht, daß solche Leute die Werke der griechischen Antike studieren und bewundern." Die Kamera wandert mehrere zur Karikatur verzeichnete Alte bürgerlicher Provenienz ab, die hörrohrbewaffnet an den Museumswänden, wie aufgereiht, ins Nichts zu starren scheinen: Aus einer Gruppe wohlgestalter Aphroditen aus antikem Marmorgestein entpuppt eine nicht minder schöne, fleischliche Nackte ihr klassisches Profil in die Kamera. Hier haben wir es mit reziproker Mimesis zu tun: Die Natur ahmt die Kunst nach, denn „wir müssen danach streben, jenen antiken Griechen nachzueifern". Die vom Film verabreichte Moral von der Geschichte: „Verbinde Tugend mit Schönheit." Aber, so hinterfragt die Schrifttafel edukatorisch: „Welcher ist der Weg zurück zu klassischer Kraft und Schönheit?" Die Antwort erteilt der pädagogisierende Teil II des Films. Teil II ist mit dem Postulat „Körperlicher Drill um Deiner Gesundheit willen" schroff überschrieben. Diesen aus dem Ersten Weltkrieg resistenten Werten als für die Juden „nicht richtige Form der Körperpflege" hatte J. Hirsch in den *Mitteilungen des Jüdischen Turnvereins Bar Kochba Berlin* scharf widersprochen: „Aus dem ‚deutschen Turnen' ist jener Geist entstanden, gegen den heute eine Welt in Waffen steht. Sicher haben sich große Kreise unter den Juden unwillkürlich gegen diesen Geist gesträubt und konnten sich nicht mit einem System befreunden, das das Individuelle so ganz in den Hintergrund schiebt."[1]

Auf Hirschs Ressentiment gegen funktionalisiertes Turnen hin haben deutschnationale Sportfunktionäre ihr Vorurteil zu sanktionieren gehofft, daß die jüdische Natur der germanischen weit unterlegen sei.

[1] J. Hirsch. In: Bar Kochba-Blätter. Mitteilungen des Jüdischen Turnvereins Bar Kochba, Berlin, 1. 1. 1918. Zitiert nach: Hans-Jürgen König, Die Anfänge der jüdischen Turn- und Sportbewegung. In: Beiträge zu einer Tagung des Deutschen Sportbundes (7.-10. Nov. 1988). Hrsg. Manfred Lämmer, Sankt Augustin 1989, S. 21.

Weil alles Leben mit gymnastischer Hygiene beginnen sollte, trainiert ein gewisser Major Neumann-Neurode in SA-ähnlicher Montur seine Methode schon an Kleinkindern. Im Kriechgang üben die Einjährigen metronomisch gesteuerte Bewegung. In der Schule folgen Reihenuntersuchungen, triftige Röntgenbilder liefern angstmachende Negativbefunde. Der Methode eines gewissen Professors Klapp verdankt der Zuschauer schöne Bilder von Bodenturnerinnen im Evakostüm, deren makellose Proportionen näher zu bewundern die Zeitlupe mit lustvoller Präzision günstige Gelegenheit verschafft. Durch die künstliche Langsamkeit der Bewegungen wird der Drill zur Ekstase hypostasiert.

Eine tief in ihr Nadelwerk verstrickte 40jährige wird in der gleichen gebeugten Haltung durch ihr eigenes nacktes Ebenbild überblendet, um Zivilisationsschäden eindrucksvoll zu veranschaulichen. Die beabsichtigte Vivisektion mit Hilfe der Überblendungstechnik mißlingt auch in der Anschlußsequenz, die einen arg verkrümmten Gelehrten mit Paletot und Bowlerhut mit seiner zerrütteten nackten Existenz überblendet, bekleidet nur mit einer Aktentasche vorm Geschlecht. Die wahrlich komische Wirkung war so sicher nicht gewollt. Auch die folgende Sequenz zum Zusammenhang von Stehen, Sitzen und richtiger Atmung wird mit Einblicken in „gläserne" Menschen verdeutlicht. Während beim stehenden Mann die sichtbar gemachten Lungenflügel allerliebst „tremolieren", ist der sitzende „Bürohengst" auch hier arg benachteiligt: Nur sehr verquält vermag die Luft am verkrümmten Skelett vorbeizustreichen. Fortschrittliche schwedische Gymnastik an der Sprossenwand verspricht probate Prophylaxe.

Zu einer Zeit, als Damen ihre wuchernden Pfunde noch hinter Korsettstangen zu verbergen hofften, mögen die Zeichentrickbilder über die bösartigen gesundheitlichen Schäden der Freßsucht vielleicht sogar Sinneswandel bewirkt haben, zumal diese Schäden auch hier „durchsichtig" gemacht werden, diesmal mit dem unappetitlichen Gekröse von Darmschlingen.

Zweifellos möchten auch die Dicken, suggeriert der Film, lieber jene natürliche Schönheit zur Schau tragen, wie sie der Film in jenen beiden hüllenlosen Grazien konstativ entfaltet, die nun, am Klippenrand in unberührter Natur umeinandertänzelnd, von libidinöser Kamera umschwelgt werden. Diese ästhetisch schöne Selbstreferenz pathetischer Leibhaftigkeit ging damals als exemplarisches Kunstprodukt per Ansichtskarte um die Welt: Die Haut als kosmopolitische Botschaft. „Die harmonischen Proportionen des Körpers waren das Ideal der alten Griechen!" heißt es dazu im Film.

53 *Wege zu Kraft und Schönheit* von Prager, Kaufmann, Szenenfoto (Detail)

Von der Natur mit Idealmaßen bevorzugt reichlich ausgestattete Nacktmodelle sollen diesen anthropozentrischen Glaubenssatz in Szene setzen, indem sie jenes berühmte allegorische Gemälde *Das Urteil des Paris* im Genre der Hirtenromantik nachstellen. Als keuscher Hirtenknabe posiert Paris vor den berühmten drei mythologischen Grazien, die im Ambiente bukolischer Künstlichkeit ihre schöne Haut zu Markte tragen, um als Liebestrophäe den begehrten Apfel zu ernten.

Kaufmann weiß Sinnenverlust in die Gefälligkeit asketisch schöner Bilder zu übersetzen, denn da pralle Sinnlichkeit nicht mitinszeniert werden durfte, gleichen die drei Aphroditen eher spröden Nackedeis in FKK-Magazinen.

Von der Über-Sinnlichkeit des Films waren die realen Modelle wohl nicht völlig überzeugt. Denn der genaue Blick am Schneidetisch offenbart ein damals von der Regie wohl übersehenes Detail: Die mittlere der drei Grazien-Darstellerinnen nämlich spielt wie unabsichtlich, während sie ihr Gewand nach dem Abstreifen züchtig vors Geschlecht drückt, mit ihrem Schamhaar. Um zu beglaubigen, wie sehr Grazie „Ausdruck von Schönheit im Zustand der Bewegung" sei, wird mit diesem Zitat Friedrich Schiller als Kronzeuge dieser Art von Ästhetik vereinnahmt.

Daß die Schönheit der Bewegung mit der Schönheit der Form einhergehen müsse,

54

55

54 – 61 *Wege zu Kraft und Schönheit*
von Prager, Kaufmann, Szenenfotos

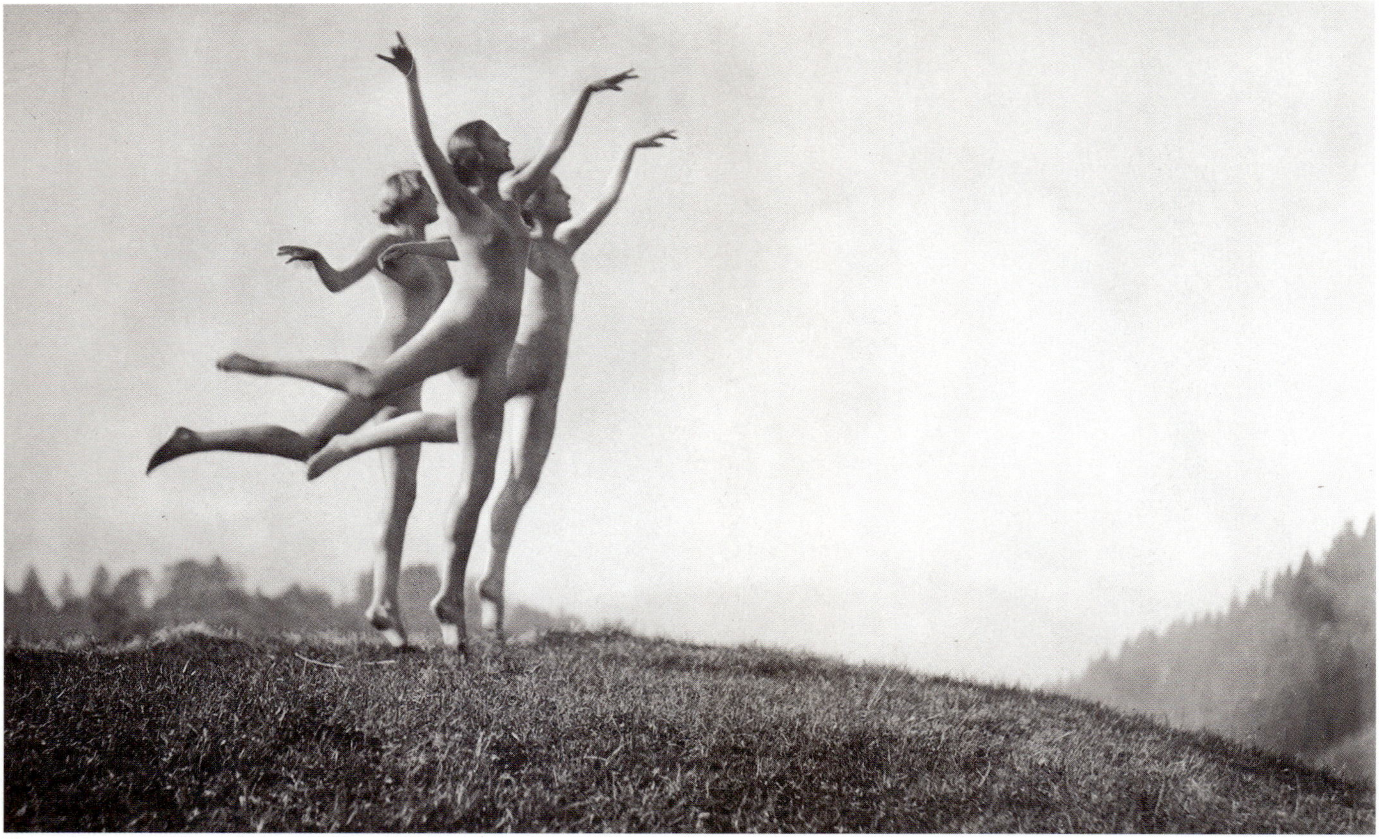

56

57

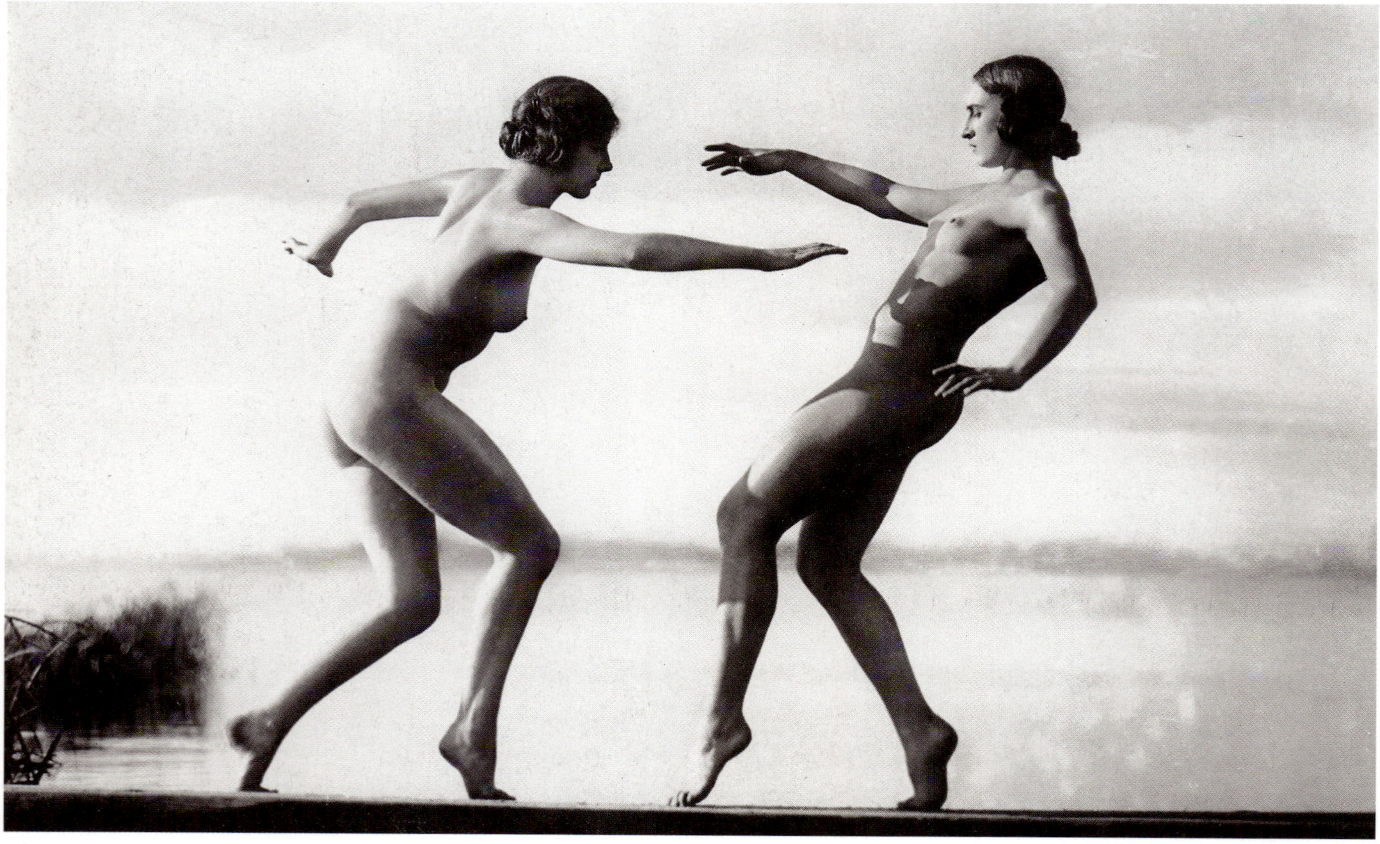

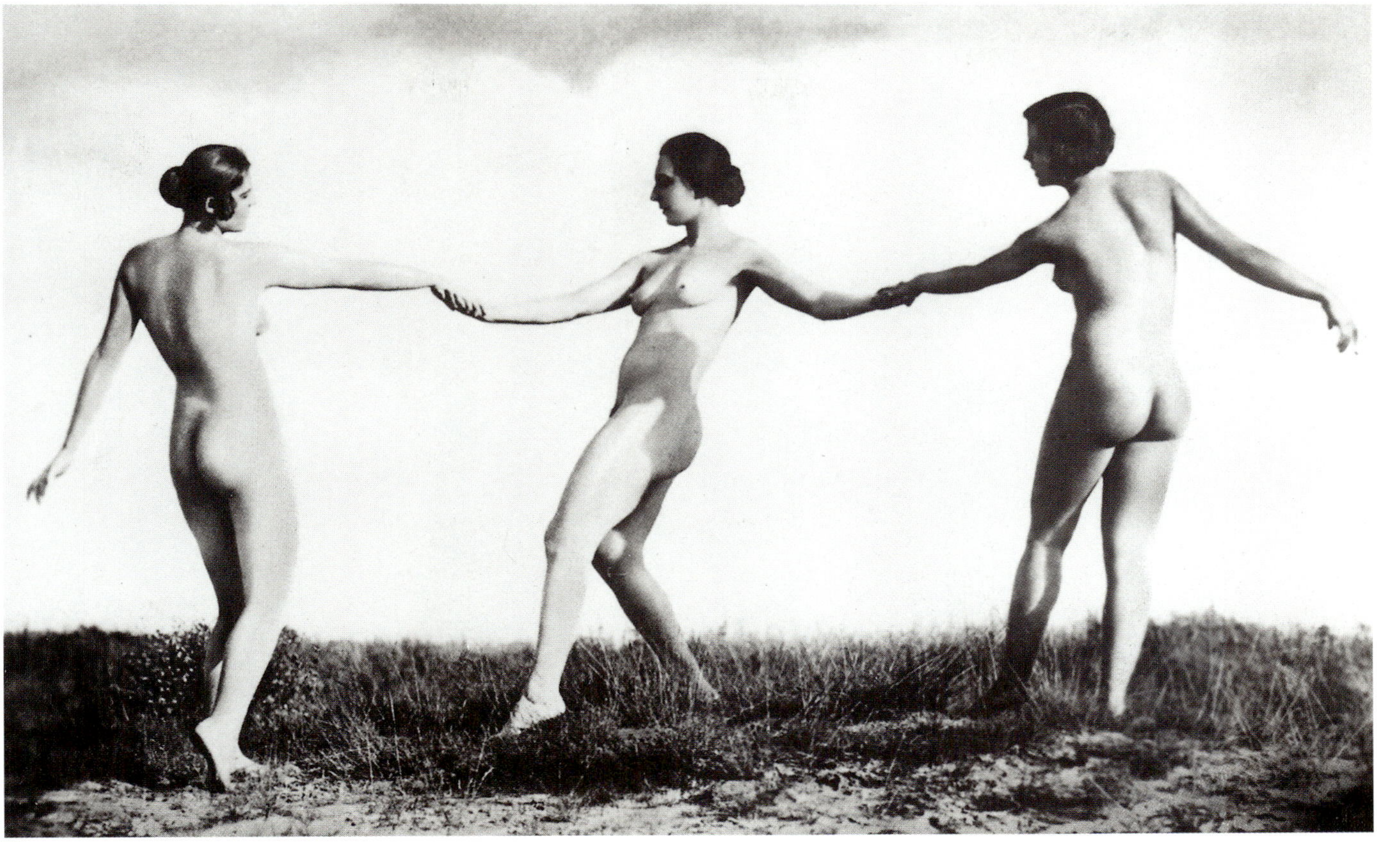

58

59

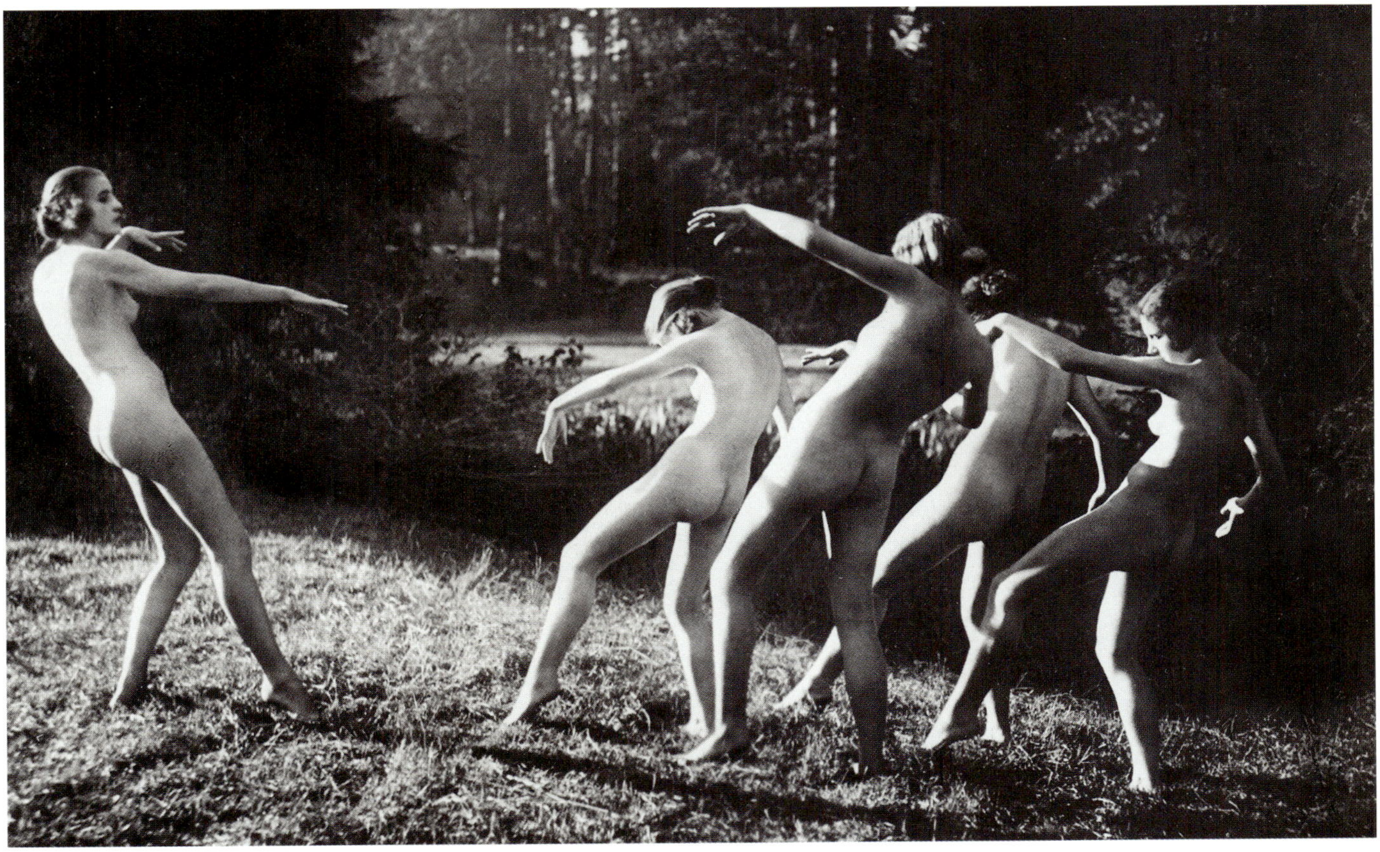

60

61

möchte uns Dr. med. Kaufmann als Flaneur mit der Kamera versichern, der mit diesem Credo Teil III einleitet: Die Kamera malt schwelgerische Bilder einer im gleißenden Sonnenlicht schwingenden Landschaft und bewegten Natur: Schäumende Meereswellen und wogende Kornfelder vereinigen sich mit den am flirrenden Firmament hinsegelnden Zirruswolken zum gemeinsamen Horizont: In der symbolischen Bedeutung für Harmonie wird der Horizont zum naturphilosophischen Requisit. Wie flüchtige Duftnoten verströmen sich ätherische Naturbilder in impressionistische Erscheinungen. Dann wieder kraftvolle Szenen: Mit Zeitdehner-Effekt werden Hirschsprünge eindrucksvoll jener Metamorphose unterworfen, mit deren eleganter Ästhetik der Film einmal mehr an seinen Titel erinnert. Den harmonisch reinen Bewegungselementen der animalischen Geschöpfe folgen solche der menschlichen Natur, aber diese sind nicht solche einer individuell-spontanen Freizügigkeit, sondern disziplinierte, gleichgeschaltete Abläufe, die Kaufmann allein als geeignet ansieht, dem höhergearteten Ziel der Volksgemeinschaft zu dienen.

Auf Kaufmanns Film läßt sich gut anwenden, was Hans Dieter Schäfer im Zusammenhang mit nationalsozialistischen Gebrauchsformen über die propagandistische Verwertung eines neuen penetranten Körpergefühls schreibt: eines Körperbewußtseins, „das durch das Mittel der Eindeutigkeit dem Betrachter seine Freiheit raubt und ihn an das biologische Denken, nachdem ein gesunder Leib die Voraussetzung jeder völkischen Wiedergeburt sei, zu fesseln versucht"[1].

In seinem abendfüllenden Film läßt Kaufmann sich Zeit, seinen kompilatorischen Ehrgeiz zu entfalten, um sein biologisches Denken in den klassischen Kanon des Schönen, in optischen Rausch zu übersetzen. Konsequent vereinnahmt er alle damals relevanten Tanz- und Rhythmus-Elemente der Protagonisten und hofft, ohne kritische Distanz sie alle in ihren Schulen und Methoden zu beglaubigen, obwohl die meisten nur körpergestische Marionetten darstellen. Der schweizerische Musikpädagoge Emile Jacques Dalcroze möchte auf Schloß Laxenburg bei Wien mittels harmonischer Töne den Sinn für Körper-Rhythmus entwickeln. Sein Prinzip „Führen und Gehorchen" wird schon den Kindern in der Gymnastikschule Hellerau bei Dresden eingebleut. Vor dem klassizistisch anmutenden Mittelrisalit dieses Baus mit schmucklosen, strengen Pfeilern von Heinrich Tessenow, einem der Lehrer von Albert Speer, rückt Kaufmann eine rhythmische Inszenierung ins Bild, welche die „freie" Harmonie tanzender Mädchen mit militärischer Präzision in die Symmetrie zwingt: Zunächst tanzen zwei Dreiergruppen von den Seiten her gleichzeitig in die Mitte der Leinwand, um dann sofort von einer frontal aus dem Haupteingang der Schule kommenden, in getragenem Gleichschritt agierenden Gruppe verdrängt zu werden. Diese vermischt sich, im raumgreifenden Schrittmuster wiederum streng symmetrisch, mit den gelockerten Figurationen und zwingt ihnen ernste Getragenheit auf.

Im Gegensatz zur körperlichen, mathematischen Linienführung beim Tanz der Hellerau-Schule weiß Rudolf von Laban das Improvisatorische zu schätzen. Labans Grazien balancieren mal nackt, mal im unsichtbaren, hautversiegelnden Gazetrikot, auf schmalen Sockeln oder auf allerkleinster Insel der Seligen; äußerst raumsparend bewegen sie sich wie Stilfiguren einer manieristischen Kunst nuancenreich noch auf der Stelle, als hätten sie anthroposophische Signale zu versenden. Im Gegenlicht denaturieren ihre gekünstelten Gestikulationen zur schattenrißartigen Existenz.

Man müsse die Tiefe verstecken, rät Hugo von Hofmannsthal – in Anlehnung an Nietzsche – und fragt nach: „Aber wo?" – „An der Oberfläche!" Kaufmanns Film hält sich an dieses Rezept. Mit unkritischem Gleichmut werden Konzepte und Methoden der rhythmisch-musischen Tanzerziehung von der Nordsee bis zum Märkischen Land abgespult, ob mit Übungen am Strand, in den Dünen oder auf Wiesen des Mittelgebirges.

[1] Hans Dieter Schäfer, Das gespaltene Bewußtsein. München – Wien 1981, S. 137.

Aber bei allen Exempeln gerät das vorgeblich sensibel-poetische Agieren zum sportlichen Drill: Der präzise Gleichklang der Bewegungen wirkt in seiner choreografischen Rigidität eher militärisch als musisch. Teil IV eröffnet mit artifizieller Naturkulisse: Im nebelverhangenen Alraunen-Gezweig imitieren Nackte stürmische Baumbewegungen mit einer Überblendungstechnik, die der Großstadt-Sequenz im ersten Teil ähnelt. Doch die „Rheingold"-artigen Feen sind lediglich der naturmystische Auftakt zum Exkurs über den Zusammenhang von Tanz und Sinnlichkeit. Dieser niedere Zusammenhang wird selbstverständlich zunächst bei anderen Rassen und in anderen Ländern gesucht. Urtümliche Tanzrhythmen steigern barbusige Afrikanerinnen zur exotischen Ekstase. Indem sie von ihren Stammesbrüdern auf hochgereckten Händen durch Plantagenschwüle geschaukelt werden, kulminiert das kunstreich und kraftvoll dokumentierte Bildgeschehen im wilden Stammesritual. In arte voluptas! In dieser Sequenz umlungert die Kamera fiebrige schwarze Haut: Indem die Regie nun sinnliche Momente zuläßt, schiebt sie sie den farbigen Tänzern als ihnen immanente Triebnatur zu, der die zuvor inszenierte nordisch-kühle Keuschheit entgegensteht. Mit dieser exotischen Komponente wird die sensuelle Sehnsucht nach und in dem Andersartigen bedient; gleichzeitig kommt im Film erstmals erotisches Flair auf. In einer weiteren Sequenz vereint die Zeitlupe einen schwarzen und einen weißen Athleten im pas de deux des Boxtrainings. Ernst Bloch stufte das visuelle Ritardando als „sehr angenehm" ein, so wirke „das verlangsamte Leben leicht und friedlich: Boxer streicheln sich, der Kinnhaken landet als Liebkosung".[1] „Tanzen war das erste Instrument der Menschheit. Jede Nation hat daher ihre charakteristischen Tänze", die im Film mit Beispielen aus Hawaii, Indien, Spanien und Japan belegt werden. Bayern bietet, was Holzhackerbuben auch unter Hitler zeigen werden: Tänze in krachledernen Seppelhosen, fingerhakelnde Kraftmeierei, lustiges Hosenbodenklopfen; eine dynamisch polternde Bewegungsgaudi.

Nach dem Tanz als Ausdruck „primärer Instinkte" folgen nun Beispiele der sublimeren Form. Niddy Impekoven beeindruckt mit ihren hochartifiziellen pantomimischen Sketchen *Das Leben der Blume* und *Der Tod*; ihre verstohlenen Gesten, ihre verhaltene Mimik und leisen Reflexe fesseln den Blick. Das mystisch-verklärte Gesicht der Tänzerin ist auch heute noch ausdrucksvoll – ein bleibendes Dokument.

Die Personifikation und Begründerin des absoluten Tanzes, Mary Wigman, ist mit ihrer ästhetisch übersättigten Choreographie zu *Exodus* (Ausschnitt) in wallenden Gewändern und mit meditativen Gesten zu sehen. Ihre elegischen Kammergesänge gelten als außergewöhnliches Ereignis jedenfalls für jene, die „metaphysische Spekulationen" schätzen. Worüber man nicht reden kann, darüber muß man tanzen. Dokumentarisch wichtig ist auch der Spitzentanz der russischen Diva Tamara Karsavina als sterbender Schwan. Doch vor dem scheinbar mühelosen Erfolg der Primaballerina steht harte Arbeit. Kaufmann zeigt die Tänzerin auch im Übungsraum an der Stange und präzisiert mahnend auf der Texttafel: „Sie übt drei oder vier Stunden am Tag." So endet der Teil über den Tanz, der mit dem antizivilisatorischen Bezug auf die Tanzinstitute begann, konsequent erneut mit dem Hohenlied des Drills.

Unter dem Titel *Wege zur Kraft und Schönheit* würdigt der Teil V endlich auch sportartistische Muskelspiele und olympiareife Leistungen: Lendenstarke Boys wie der Amerikaner Larry Brown überspringen zu den Olympischen Spielen 1924 in Paris mühelos die Latte in der Höhe von ein Meter fünfundneunzig. Wir sehen einen Charlie Paddock ähnelnden Akrobaten slow-motion-like und normal mit dem Bambusstab in die Höhe springen und Rudolf Kobs 1923 in München seine Kür am Reck ins Extreme treiben – beiden ist in der Dehnung der Zeitlupe ihre äußerste Anspannung anzumerken. Man erkennt genau, wer warum damals der Beste war. Ferner treten Charlie Hoff, Harald Osborn und der deutsche Houben auf, damalige Leichtathletik-Champions. Die Regie

[1] Ernst Bloch, Zeitraffer, Zeitlupe und der Raum. In: Ders., Verfremdungen II. Frankfurt/Main 1964.

erfaßt die sportiven Elemente in einer raum-zeitlichen Dimension, innerhalb derer die entkleideten Körper gelegentlich zu ästhetischen Raumzeichen werden. Die Zeitlupe vermittelt nicht nur, wie Kraft und Schönheit sich zur physiologischen Ästhetik paaren: Sie macht in der Darstellung der athletischen Leistungen auch minutiös deren Komponenten Kunst und Können sichtbar, die der Film schließlich als die ästhetische Dimension der in Schönheit kontrollierten Kraft vermitteln möchte.

Aus komfortabler Sesselsicht bekommt das Kinopublikum noch vielerlei nacheifernswerte Exempel zu studieren: In Hechtsprüngen über fünf Gäule zeigen als alte Germanen kostümierte Artisten ihre Kunst. Ein nachgemachter Teutone grölt in die Reckenrunde: „Noch ein Pferd!" Als filmische Quintessenz germanischen Urgesteins gemeint, liefert diese Einlage nichts weiter als eine bagatellisierende Clownerie unter einer riesigen deutschen Eiche.

Der Film erhebt den Zeigefinger: Derjenige, der über sechs Pferde zu springen vermag, sei damals zum König erhoben worden. Aber was taugen die langen blonden Mähnen, die reichlich gefüllten Methörner und die Helme, wenn die plumpe Körpergestik siegt? Der Slapstick erreicht seinen Höhepunkt im ungläubigen Staunen der zuschauenden und richtenden Altgermanen, die dem Sieger zujubeln, als er auf den Schultern seiner Sportskollegen in den Bildvordergrund getragen wird. Rechts und links Fanfarengeschmetter auf Ochsenhörnern.

Kaufmann benutzt hier Verhaltensweisen und Erfahrungsmuster der Gegenwart: Rituale aus dem Massensport des 20. Jahrhunderts und solche aus politischen Aufmärschen werden germanophil ausgeschmückt. Graue Vorzeit wird damit den Zuschauern leicht eingänglich gemacht, weil der Darstellungsmodus sich zeitgenössischer Alltagserfahrungen bedient. Genau darin aber liegt auch die unfreiwillige Komik dieser Königsmacher-Sequenz. Auch andere moderne Sportarten werden vorgeführt: Fußball, Tennis, Rudern, Schwimmen, Turmsprung. Dabei sticht die Tennis-Sequenz insofern hervor, als in einer Art Blow-up-Verfahren die diesem Sport innewohnende Eleganz demonstriert wird: Eine gepflegte Damenhand fängt varietéreif und mühelos gleich vier ihr zugeworfene Tennisbälle nacheinander auf. Sportliches Können, gar Meisterschaft liegt nicht zuletzt auch in der Beherrschung scheinbar nebensächlicher Details.

Und ebensolche „Feinmechanik" kennzeichnet die folgenden Bilder zum „Nutzen des Sports". Ein Kind droht zu ertrinken. Nicht der Herr der Schöpfung, sondern die ihn begleitende Dame, durch das Attribut Tennisschläger als sportiv ausgewiesen, rettet durch mutigen Sprung von der Brücke das Kind. Und nach der italienischen Fechterdynastie der Nadis – schon Fünfjährige kreuzen die Klingen höchst elegant und zeigen so den Nutzen ihrer Körperbeherrschung und einen Ausflug ins Reich des Schattenboxens – rückt wie im IV. Teil Japan erneut ins Blickfeld, diesmal mit der Kampfsportart Jiu-Jitsu. Wie im No-Theater, werden die Kämpfenden zunächst eher als kraftstrotzendes Ballett gezeigt, umzingelt von Zuschauern im Schneidersitz und vor einem Bildausblick agierend, der wie ein „Bild im Bild" japanische Gartenbaukunst und die traditionelle japanische Papier-Holz-Architektur thematisiert. Doch die ästhetische Sublimierung der Kampfinstinkte wird sofort unter die „Nutzen"-Maxime gestellt: Nachdem der Film versucht hat, nachzuweisen, daß die Methode des Jiu-Jitsu weniger auf Kraft als auf Klugheit beruhe und reichlich zeitlupengerecht die Technik erklärt hat, folgt die praktische Anwendung auf dem Fuße: Frau schlägt potentiellen Vergewaltiger in die Flucht, Mann im Park verteidigt sich schlagkräftig gegen Räuber. Dieser slapstickartige Nachschlag amüsiert, vor allem, weil der Mann nach erfolgter Abwehr dem am Boden liegenden Räuber mit dem pädagogischen Zeigefinger droht.

Nach dem Erfolg so vieler Spitzenkräfte im Sportdress flimmert in Teil VI wiederum die blanke Nacktheit: Ein unbekleideter Hammerwerfer lehrt mit seinen profilstarken

Muskeln in der Zeitlupe das Staunen; für Sekunden blitzen die primären Geschlechtsmerkmale von fünf kugelstoßenden Mannsbildern auf, die dem Publikum ihre Blöße jedoch nur per Rückenansicht bieten, ein züchtiger Schnitt, dem Anblick hat sich die keusche Turnhose hinzugesellt.

Mit Hilfe der Großaufnahme und des Zeitdehners wird beim Medizinballtraining lehrreich Muskelstudium offeriert: Bei der Zeitlupe fände sich „die menschliche Erscheinung mehr oder weniger ihrer Geistigkeit beraubt", argwöhnt Jean Epstein. „Der ganze Mensch ist nur noch ein Wesen mit glatten Muskeln, das in einem dichten Medium schwimmt."[1]

Und nach der etwas schrillen schottischen Sportart des Baumstammwerfens folgt, wieder textilfrei, ein abkühlendes Schneebaden nach der Müller-Methode.

62 *Wege zu Kraft und Schönheit* von Prager, Kaufmann, Szenenfoto (Mussolini auf seinem täglichen Spazierritt)

Unter der Überschrift: „Die Führer der Nation geben gute Beispiele" empfiehlt die folgende Sequenz einige Größen der Welt als sportliche Vorbilder: Englands Premier David Lloyd George (er trat zeitweilig für Hitler ein!) spielt beherzt Golf; auch der damals reichste Mann der Welt, John D. Rockefeller sen., golft mit der verwitterten Physiognomie seiner 85 Jahre über die grüne Piste, und ein Mitglied der norwegischen Königsfamilie schwebt vorbildhaft von der Sprungschanze herab. Benito Mussolini im Cut mit Melone statisch hoch zu Roß. Von bleibendem dokumentarischem Wert ist vor allem die sich allerdings verselbständigende Sequenz mit Gerhart Hauptmann, dem Dichter des Naturalismus: Der geistige Repräsentant der Weimarer Republik entsteigt ausgerechnet am Ufer von Rapallo einem Ruderboot. Über die steilen Felstritte hinauf bleibt ihm die Linse auf den Fersen. Der Nobelpreisträger von 1912 hat sich leger ins weiße Frotteetuch gehüllt und setzt die entblößte linke Schulter der Sonne aus. Hauptmann blinzelt der Regie zuliebe gedankenschwer in die gleißenden, übers Meer verteilten Lichtreflexe. Über das zum Horizont schweifende Dichterauge hebt er die flache Hand, zum Sonnenschutz: Ja, „in der Ferne ist alles Poesie" (Novalis).

Die Ferne ist romantisch wie alles, was fern ist und fern bleiben soll. Kaufmanns visuelle Romantisierung der leib-seelischen Harmonie kommt den kleinbürgerlichen Gemütern im Kino als Abwehrmaßnahme entgegen. Kein Zweifel soll den Glauben an die Unantastbarkeit einer Lebensbasis erschüttern, die auf Kraft und Schönheit ihre Lebensperspektive gründet. Heile Welt also, wie prekär auch immer die Lebensumstände dieser Masse denn seien. Für kleinbürgerliche Mentalität hat nur das, was unmittelbar vor der Haustür liegt, Realität. Aber diese vermeintliche Geborgenheit existiert nur als eingebildete Idylle im Kopf. Den Kleinbürger definiert Béla Balázs nicht als eine homogene soziologische Schicht; dessen Mentalität niste vielmehr auch „in vielen Proleten, in sehr vielen Intellektuellen und Großbürgern"[2]. Sie fänden sich im Kino alle in *einem* Gefühl vereinnahmt. Da der so charakterisierte Kleinbürger nicht alles von vornherein ablehnen wird, was seinen sozialen Interessen und politischen Gefühlen widerspricht, wird diese beeinflußbare Spezies die ideale massenhafte Klientel für Hitlers Verführungskünste bilden.

Im Trachtenanzug wirft Hauptmann später einen heroischen Blick ins Objektiv zum rührenden, unwiederbringlichen Selbstporträt. Für Walter Laqueur war Gerhart Hauptmann in der Weimarer Republik der „heimliche Kaiser Deutschlands, ein Olympier, ein moderner Goethe, das Gewissen der Nation"[3]. Im Dritten Reich wird Hauptmann bekennerisch auf Hitlers Seite stehen.

Doch die Sonne, so die folgende Texttafel, „scheint für alle", auch der Badespaß ist nicht dem Dichterfürsten vorbehalten. Ein bißchen enger aber geht es schon zu: Die Berliner Badeanstalt, wimmelnd überfüllt mit teilweise ausgemergelten Kindern beiderlei Geschlechts, wirkt – gerade im Kontrast zur unmittelbar vorhergehenden heroischen Vereinzelung des Dichterbades unter mediterraner Sonne – wie ein in die Freikörper-

[1] Jean Epstein, Cinema. Paris 1955. Vgl. auch Pierre Leprohon, Histoire du Cinéma. Vie et Mort du Cinématographe. Paris 1961, S. 245 f.
[2] Béla Balázs, Schriften zum Film. Berlin 1984, S. 187.
[3] Walter Laqueur, Die Kultur der Republik. Frankfurt/M. 1977, S. 152.

kultur projiziertes Zille-Milieu. Aber zum Glück gibt es ja – so der Film weiter – sportive Klubs im Grünen für jene Bedauernswerten, die „ihren Lebensunterhalt in großen Städten verdienen müssen". (In der englischen Fassung des Films heißt es wörtlich: „Club for those who earn their living in big cities.") Dieser unterschwellig perfiden Visualisierung einer Kritik an der urbanen Gesellschaft der Weimarer Republik folgt ein erneuter Legitimationsrückgriff auf die Antike, diesmal auf Rom, um den Gedanken der Volksgesundheit und seine die Zeiten überdauernde Gültigkeit zu belegen: „Baden spielte in alter Zeit eine größere Rolle im sozialen Leben als heute. Die großen Ruinen in Rom zeugen davon", z. B. die berühmten Thermen des römischen Kaisers Caracalla.

Vom Berliner Archäologischen Museum konzipierte, nachgespielte Szenen im Caracalla-Bad führen vor, wie damals die Haut gesalbt wurde, um sie bis ins Alter faltenfrei zu konservieren. Die Entblößung des Busens der Domina dient nicht nur der Blickkonzentration, ihre fünf Dienerinnen entkleiden sie zugleich ihrer Vornehmheit. Deren eine exponiert dabei, ganz nebenbei, ihre eigene schwerkraftlose beachtliche Oberweite in die empfängliche Linse. Während drei hübsche Gespielinnen neckisch Wasser in das schöne Antlitz ihrer Domina plätschern, soll der Zuschauer spüren, wie sehr römische Herrinnen daran gewöhnt waren, Nacktbaden als physische Quelle des Wohlbefindens und seelische Wonne zu genießen. Der Versuch, die Szene des Gesundbrunnens auch zur ästhetischen Zeremonie zu sublimieren, scheitert allerdings an der mangelnden Reflexion der Autoren.

Alte Archivaufnahmen vom Geschliffenwerden auf Exerzierfeldern und von stupiden Paraden in breiten Reihen sollen die Behauptung stützen, im Produktionsjahr 1925 gelte anstelle von seelenlosem militärischem Drill allein der Sport als Kraftfeld der Nation. Jenes kristalline Prologbild mit griechischen Jünglingen, welches im ersten Teil als verlebendigtes Gymnasion erschien, wird im Finale zur Überblendung auf athletische deutsche Jungs wieder herbeigezogen: Denn „was das griechische Schönheitsideal unsterblich sein läßt, ist die wundervolle Verbindung herrlicher körperlicher Schönheit mit strahlendem Geist und edelster Seele"[1].

Dann formiert sich im Laufschritt den Hang hinunter ein Wald aus bunten Fahnen zum heroischen Gemälde, dessen kunsthistorische Vorbilder allerdings auf zeitgenössisch progressive Revolutionen verweisen: Französische Revolution, Russische Revolution, Amerikanische Befreiungskriege, Mexikanische Revolution, Weberaufstand – Goya, Delacroix, Géricault, Manet, Deineka, Majakowski, Kollwitz. Diese hülsenhafte Übernahme einer eher progressiven Bildtradition wird jedoch in der nächsten Einstellung sofort wieder deutschnationalem Pathos angepaßt: Denn der Weg vom Hügel hinunter, der Fahnenlauf, mündet in ein vollbesetztes Sportstadion. Als visuelle Klammer über die Zeiten hinweg wird der Zug angeführt von einem schneidigen Standartenträger hoch zu Roß.

Zur Apotheose wird aus der Requisitenkammer ein vergilbtes Porträt vom Turnvater Jahn als vaterländisches Vorbild reaktiviert: Seiner ikonographischen Präsenz zollen die turnenden Massen im großen Stadionrund gehörigen Tribut: Die Begeisterung für disziplinierten Sport schafft standardisierte Massenemotionen.

In seinem Denken und Fühlen eng verschwistert mit der Glaube- und Schönheit-Ideologie der Körperformung, präfabriziert Kaufmann reine Nazi-Kunst, vielleicht ohne es zu wissen. Immerhin zählt Fritz Klimsch zu Kaufmanns Beratern, ein später im Dritten Reich gefeierter Bildhauer. Ausschlaggebender ist der eigentümliche Zwiespalt des Konzeptes: Kaufmanns Dramaturgie changiert zu sehr zwischen analytischer Sachlichkeit und ästhetischer Stilisierung, als daß ein komplexes, zwischen Geist und Leib vermittelndes Kunstwerk hätte entstehen können. Der Film ist ein Hoheslied auf die

[1] Adolf Hitler, Mein Kampf, a. a. O., S. 453.

Schönheit des Körpers und ganz im Ton des Nackten komponiert, dessen öffentliche Darstellung im Wilhelminischen Deutschland tabuisiert worden war. Der Film wirbt für das problemfreie Verhältnis des Menschen zum eigenen nackten Körper und seine Unbefangenheit gegenüber anderen Nackten beiderlei Geschlechts „in Gottes freier Natur". Er plädiert für eine bewußte Lebenshaltung und Daseinsgestaltung, in der durch den Elan der Lebenskräfte die körperliche Gesundheit und die körperliche Leistungsfähigkeit gesteigert werden, um die Grundlagen eines breiteren Reservoirs an leib-seelischen Spannkräften zu bilden und ein glücklicheres und ein sittliches Leben zu bilden.

Nackte Menschen gelten populär-soziologisch als „sozial ortlos", als gesellschaftlich nicht lokalisierbar. Deshalb soll das entsinnlichte Gemeinschaftserlebnis der Nacktheit als hilfreich empfunden werden, für eine Strategie, die Klassenschranken einebnet, auch wenn dem distanzierten Blick von heute manchmal Elemente der Filmbildgestaltung aufscheinen, die eine, wenn auch rudimentäre Kritik bestehender Unterschiede denkbar erscheinen lassen. Doch die zeitgenössische Wirkung und Strategie des Films war wohl eindeutig: Ihrer durch soziale Statussignale markierten Persönlichkeit entkleidet, bildet die Homogenität der Nackten die entindividualisierende Fraktion einer obskuren Volksgemeinschaft. Allerdings möchte Kaufmann das genaue Gegenteil erreichen, nämlich die gesellschaftliche Selbstentfaltung des einzelnen Subjekts.

Diese Absicht hofft der Apologet taufrischer Schönheit mit den im Film selektierten jungen, wohlproportionierten Menschen zu erreichen; denn Ältere und Alte verwandeln sich als Nackte nur in bloßes Fleisch, ihre Körper sind nicht ästhetischen Spielregeln, sondern Gesetzen der Gravitation unterworfen. Damit ist das Schöne durchaus nicht mehr ein menschlich generationierungsfähiges Symbol des sittlich Guten, das prinzipiell allen Menschen zukommt (Kant). Ebenso geht ihm der Charakter freier, versöhnender Anmutung ab. Es nimmt die Gestalt einer präskriptiven Norm an, an der Geister und Körper sich scheiden lassen sollen und aus der uniforme Bewertungsmaßstäbe der Lebensgestaltung abgeleitet werden. „Die Schönheit, welche ursprünglich als eine humanistisch positive Bestimmung in der idealen Nacktheit zur sinnlichen Anschauung kam, hatte nun allein die Funktion, das durch sie als häßlich relativierte reale Leben zu negieren."[1]

Kaufmann möchte die Nacktheit aber auch verstanden wissen als Symbol selektiver Reinheit.

Mit welcher Perfidie die Propaganda der Nationalsozialisten den Begriff der Reinheit später umzuwerten wußte, ist in den entsetzlichen Folgen bekannt. In der genormten Denkschematik nationalsozialistischer Familienplanung wurde die Reinheit der deutschen Frau und Mutter in ihrer Reduktion auf die Funktion einer Gebärmaschine pervertiert, die dem Führer viele künftige Soldaten schenken und dafür das Mutterkreuz aus Blech und Emaille bekommen sollte. Es setzte sich fort mit dem eugenischen Zucht- und Ausleseprogramm „Lebensborn": Ausgesuchte blonde SS-Männer sollten mit blonden Germaninnen den blauäugigen Nachwuchs zeugen. Der Übergang vom präskriptiven Schönheits- zum selektiven Reinheitsbegriff vollendet sich in den industriellen Zucht- und Tötungstechniken einer rassischen Biologie, die keine menschliche Freiheit und keine unberührbare Natur mehr kennt. Hier haben wir das perverse Gegenbild jener freien sittlichen Bestimmung des Menschen, der allein in der generativen Potenz nicht unterworfener Natur „Schönheit entgegenblüht".[2]

Die Umwertung aller Werte endete schließlich mit der Pervertierung des Ethos von der Reinheit ins tödlich Ideologische, als mit der Proklamation der Reinheit des Blutes durch die Nürnberger Rassegesetze der Ahnenpaß über Leben und Tod entschied. Mit schrecklichem Zynismus ließen Hitlers Folterknechte alle jene grausam im Konzentrationslager enden, die ihre Vorfahren nicht als Arier beglaubigen konnten. Dieses un-

[1] Klaus Wolbert, Die Nackten und die Toten des Dritten Reiches. Folgen einer politischen Geschichte des Körpers in der Plastik des deutschen Faschismus. Gießen 1982, S. 241, siehe Inszenierung der Macht. Ästhetische Faszination im Faschismus. Redaktion Klaus Behnken/Frank Wagner, Neue Gesellschaft für Bildende Kunst (NGBK), Berlin (West) 1987.
[2] Hans Georg Gadamer, Die Aktualität des Schönen. Stuttgart 1977, S. 40.

rühmlichste aller Kapitel deutscher Geschichte, den Holocaust, gilt es als bleibendes Menetekel auch bei der Reflexion jener Filme bewußt zu halten, die wie Kaufmanns *Wege zu Kraft und Schönheit* den Weg in den Nationalsozialismus unmittelbar planieren halfen, gerade weil sie nicht plakativ eindeutig ideologisch, sondern vorgeblich entpolitisiert daherkommen.

Zusammenfassend bleibt zur Ästhetik dieses Films, die der Schönheit der unverhüllten menschlichen Natur geschuldet ist, festzuhalten: Innerhalb eines unreflektierten Prinzips von Schönheit und Reinheit ist speziell die Ästhetik und Pädagogik der Bewegung vorrangiges Movens für die Überzeugungs- und Gestaltungsarbeit am eigenen Körper. Denn „das Leben besteht in der Bewegung", wußte uns schon Schopenhauer – im Rückgriff auf Aristoteles – zu vermitteln. Die Materialstruktur dieser Ästhetik der Bewegung besteht aus realistischen Elementen, der Körperarbeit und ästhetischen Komplementen der Erscheinungsweise. Im Spiel der frei schweifenden Kamera werden mit der individuellen Körperbewegung und Gestik, der partnerabhängigen korrespondierenden Bewegung, der Bewegung der Gruppen verschiedene Bewegungskomponenten erfaßt, die in eine Montage aller drei Komponenten zu einer das Ganze dynamisierenden Einheit führen.

Der programmfüllende Kulturfilm *Wege zu Kraft und Schönheit* fand ein einhellig positives Presse-Echo: „Entwicklung der Schönheitskultur" (*Volkszeitung* vom 18. 3. 1925), „die Hochziele einer Elite unseres Volkes zu eigen gemacht" (*Börsen Zeitung* vom 17. 3. 1925), „Ewigkeitswert" (*Neue Zeit* vom 18. 3. 1925), „Sensationsfilm erster Klasse" (*Der Film*, Nr. 12 vom 22. 3. 1925), „Rauschender Hymnus auf den schönen Menschenkörper" (*Die Zeit* vom 18. 3. 1925), „Eine neue Lebensauffassung, einen neuen Epos" (*Vorwärts* vom 22. 3. 1925) und schließlich: „Die überaus reizvollen Szenen zeigen, wie die höhere unbefangene Anschauung der menschlichen Nacktheit siegreich triumphiert über das Übel der dunklen Triebe im Sinnenvorgang" (*Berliner Lokal-Anzeiger* vom 18. 3. 1925). Wiewohl auch zwei so katholische Blätter wie die *Rheinische Volkswacht* und der *Bayrische Kurier* in das gleiche Horn stießen, muckte allein die unter dem Titel „Münchner Lebensretter" vereinte Prüderie der Turner und Sportler dagegen auf; die vereinigte Spießergemeinde forderte vor den Sendlingertor-Lichtspielen den Boykott des Ufafilms, weil dieser „in raffinierter, zum Teil kitschiger Weise auf die Erotik spekuliert"[1]. Diese Gemeinde wollte ihren Turnvater Jahn nicht in einem vermeintlich obszönen Kontext plaziert sehen.

Die Erstzensur vom 16. Februar 1925 (Prüf. Nr. 9825) hat die Gesamtlänge des Films von 2.587 m auf 2.558,02 m gekürzt, und zwar um folgende Teile: Im 6. Akt nach Titel 36 („Auch das Altertum kannte bereits das Busenband") die Szene, in der einer Römerin, die rechts im Bilde vor dem Bade sitzt, das Busenband abgewickelt wird. Das Abnehmen der allerersten Wicklung durfte bleiben. Ferner die Szene nach Titel 40 („Das kalte Bad"), in der sich zwei junge Römerinnen an einer Hecke ankleiden, indem sie ihre Kleider über den nackten Rücken und die nackte Brust nehmen. Trotz dieser Schnitte stellte die schon damals sittenstrenge bayerische Regierung bei der Filmoberprüfstelle den Antrag, die Zulassung des Films zu widerrufen. Die Oberprüfstelle entschied den Antrag dahingehend, daß die durch Entscheidung der Berliner Prüfstelle vom 16. Februar und 13. Juni 1925 ausgesprochene Zulassung (Nr. 9825) in den folgenden zwei Filmteilen widerrufen wurde: „Im Akt II nach Titel 26: Die Darstellung des Urteils des Paris. Länge 14 Meter. In Akt VI nach Titel 33: Das Bad einer vornehmen Römerin, von dem Bild der Vorhalle des Bades ab, an deren Säule eine nackte Sklavin lehnt [...] bis zu dem Augenblick, wo die Römerin sich nach der Salbung auf ein Ruhebett niederlegt und von einer Sklavin in Schlaf gefächert wird [...] Länge 138,50 Meter."[2] Die Zensur operiert als Schnittstelle zwischen Moral und

[1] Der Film, Nr. 21/1925, S. 10.
[2] Lichtbild und Bühne, Berlin, Nr. 195/1925.

Klasse. Dabei lag die Zensur durchaus auf der grundsätzlichen Linie des Films, die Nacktheit unter externen Zwecken zu pädagogisieren und abweichende Verhaltensweisen aus dem „Trainingsfeld" auszusondern: Insofern ist die Zensur der Liebes- und Herrschaftsverhältnisse in den angeführten Szenen ein zweideutiger Schritt unterdrückender Gleichschaltung, in der die subversiven Spielräume des persönlichen Eros und der individuellen Macht zugunsten des uneingeschränkten Dienstes am Körperprogramm abgeschafft werden: Die Utopie der Nacktheit implizierte einen herrschafts- und eros-freien Raum, der um so leichter von außen politisiert werden konnte. Die passenden Uniformen würden schon eintreffen.

Dennoch waren weitere Proteste nicht zu verhindern. Aber nicht nur in Bayern, auch im Preußischen Landtag in Berlin riefen so viele Nackte im Film zahllose selbsternannte Tugendwächter auf den Plan, zumeist aus der Zentrumspartei. Die Zeitschrift *Lichtbild + Bühne* reagierte dagegen ausgesprochen scharf auf die Berliner „Sittlichkeitsschnüffler": „Eine regierende Staatspartei kann sich nicht auf die biedere Weltfremdheit eines besorgten Dorfpfarrers zurückschrauben lassen." Die Zeitschrift folgerte weiter, daß „dieser verjährte Eifer" dem Zentrum nur schaden könne, und fragte: „Wie viele Stimmen mag Marx verloren haben bei Leuten, die nicht übersehen konnten, daß im Zentrum auch heute zelotische Kräfte vergangener Epochen konserviert sind?" Schließlich riet das Blatt den Mitgliedern der Zentrums-Partei, sie sollten „einen Erziehungskurs für seine hitzigsten Kapläne einrichten".[1]

Dem muckerischen bayerischen Staatsministerium des Innern paßte die nach dessen Meinung „trickhafte Unterstreichung des sexuellen Moments" nicht in den staatlichen Sittenkodex. Aber nicht nur die Bilder von den nackt abgelichteten Männern waren ihnen ein Dorn im Auge; vor allem jener beim Anblick der nackten Domina „lüstern grinsende Sklave" galt den Ministerialbeamten als ein entsittlichend wirkender voyeuristischer Akt. Da aber die Produzenten inzwischen selber erhebliche (freiwillige) Schnitte vorgenommen hatten, denen z. B. die Massage-Szenen in Akt II, das Gemeinschaftsbad nackter Familien in Akt VI und bei dem Bad der vornehmen Römerin einige zu voluptuös ins Auge springende Busenelemente zum Opfer gefallen waren, insistierte die bayerische Bürokratie nicht länger auf Verbot. „Jetzt präsentiert sich der Film in grundlegend veränderter Gestalt. Weit mehr als die Hälfte der Bilder ist vollkommen neu."[2]

Auch das *Reichsfilmblatt* tröstet das potentielle Publikum: „Das Werk ist jetzt aller Absichtlichkeiten entkleidet."[3]

Die gelenkte Pädagogik der Körper hatte über die eigenwillige Erotik der Körper angeblich gesiegt. Der Zensur konnte diese Sichtweise nur recht sein. Die Behauptung der Neuheit durchweg gleicher Nacktaufnahmen, die Metapher der „Entkleidung" von falschen Absichtlichkeiten ist bezeichnend für die Koalition von Pädagogik und Zensur im Dienste uniformer Disziplinierung des nackten Menschen.

Der Film *Wege zu Kraft und Schönheit* hatte einige Nachläufer, die sich bis weit in die Kriegsjahre hinein dessen vorgeblich apolitische Verbindung von Ästhetik, Volkserziehung und bildungsbürgerlichen Legitimationsrückgriffen zu eigen machten – mit zunehmend politisch eindeutigerer Argumentationsrichtung.

Jener disziplinierende Ertüchtigungs-Topos, der bei Kaufmann mit antikischer Form und Zucht unterlegt ist, sollte sich in den Filmen von Leni Riefenstahl zur militarisierten Apotheose der führerzentrierten Volksgemeinschaft zum Sport als Kriegsersatz vereindeutigen. Auch wenn manche der Bilder und Tableaus von Kaufmann, wie etwa die furiose Großstadt-Montage des ersten Teils, filmhistorisch nach wie vor zu beeindrucken vermögen – selbst Fritz Langs *Metropolis* (1927) mag hierdurch beeinflußt sein –, so müssen wir doch von heute aus festhalten, daß Kaufmanns Film geschichtlich ein Vorläufer nationalsozialistischer Filmästhetik gewesen ist: in seiner Inanspruchnahme

[1] An die Sittlichkeitsschnüffler. In: Lichtbild und Bühne, Berlin, Nr. 72/1925, S. 3.
[2] Wege zu Kraft und Schönheit vor der Filmoberprüfstelle. In: Lichtbild und Bühne, Berlin, Nr. 193/1926, S. 4.
[3] F. x. H-t, „Wege zu Kraft und Schönheit". In: Reichsfilmblatt, Nr. 24/1926, 2. 13.

63

64

63 – 69 Wege zu Kraft und Schönheit
von Prager, Kaufmann, Szenenfotos

65

66

67

68

69

„historischer", abendländisch-antiker bis germanophiler Vorbilder für zeitgenössische Absichten, in seiner Disziplinar-Pädagogik, seinem latenten Militarismus, der via ästhetisch geadelte Körperertüchtigung kulturell erträglich erscheint, in seiner Zivilisationskritik, die direkt bis indirekt die Weimarer „Systemzeit" verdammt; in seiner moralinhaltigen Zeigefingerpädagogik, die sich nicht scheut, die Erfahrungswirklichkeit der damaligen Zuschauer als obsolet und minderwertig zu erklären, schließlich in der pseudowissenschaftlichen Aufbereitung der „Mens sana in corpore sano"-These.

Die Wirkungsmächtigkeit solcher Argumentationsmuster im Film, und nicht nur dort – sondern über den Faschismus hinaus bis in unsere Zeit –, ist eindeutig und oft untersucht worden. Die Perfidie dieser Rhetorik liegt gerade darin, daß sie ihre (krypto-)faschistische Indienstnahme nicht ex verbis thematisiert und um so kontinuierlicher auch anderen Zwecken dienstbar zu machen ist. Die vorgebliche „Natürlichkeit" in ihrer Künstlichkeit durch genaue Analyse zu entziffern muß deshalb Aufgabe bleiben: „der Mythos ist eine Sprache, in der mehr von einer anderen spricht" (Roland Barthes). Die Botschaft lautet mit Bertolt Brecht: der Schoß ist fruchtbar noch…

„Unsere Fahne ist die Treue" (1935). Film zur 75-Jahr-Feier der Deutschen Turnerschaft

Der Junge, der in Sport und Turnen zu einer eisernen Abhärtung gebracht wird, unterliegt dem Bedürfnis sinnlicher Befriedigung weniger […] so muß die ganze Erziehung darauf eingestellt werden, die freie Zeit des Jungen zu einer nützlichen Ertüchtigung seines Körpers zu verwenden. Er […] soll nach seinem sonstigen Tageswerk den jungen Leib stählen und hart machen.

Adolf Hitler[1]

Zur idyllischen Einstimmung entbietet der Film einen Postkartenblick auf die oberfränkische Veste Coburg; sie thront seit dem 14. Jahrhundert vor den Toren der heutigen Turnerstadt auf sanftem Hügel; ein Insert informiert darüber, daß Coburg 1860 „in deutscher Werdezeit Deutsche Turnerschaft geboren" habe.

Unter der nichtssagenden Reminiszenz „In Glück und Not für Volk und Vaterland" bietet der Film diverse Schrägansichten von Türmen, Toren und Gemäuern der Veste auf, jeweils halbnah. 1935, also bald nach Hitlers Machtergreifung, habe Coburg „Schritt gefaßt zu neuem Vormarsch". Diese allerwichtigste Aussage beglaubigen bildfüllend flatternde Fahnen mit Turner-Emblem sowie Hitlerjungen beim Appell aus der Hinteransicht; die Fahnen, die auch über ihren Köpfen wehen, unterstellen sie symbolisch dem Nationalsozialismus.

Im Zeltlager blasen Fanfaren zum Flaggenhissen. In ausgeklügelten Einstellungen springen die Jungen über festgezurrte Zeltseile und über die am Boden operierende Kamera, die in der Anschlußsequenz zeigt, wie die Bundschuhe aus dem Bild herauslaufen. Mit feierlichem Pathos registriert die Linse das Hissen der schwarzweißroten Fahne, der Turnerfahne und der Hakenkreuzfahne. Ehrfürchtige Kamerafermate auf dem flatternden Triptychon, damit es im Bewußtsein der Zuschauer zu einer symbiotischen Einheit verschmelze.

Der Film kommt mit dem „Turntag" zum Wesentlichen, zur „Ankunft der Abgeordneten". Die Turnerflagge verstellt so lange den Blick auf die Turnhalle, bis die Kamera eine Perspektive erwischt, aus der sie wirkungsvoll die beiden weißgekleideten Fahnenriegen zur Geltung bringt, die auf die Kampfstätte zumarschieren. Der in vielen

Unsere Fahne ist die Treue
Leitung: Willi Wagner
Hersteller und Bild: Hans Wüstmann
173 m – stumm

[1] Hitler, Mein Kampf, a. a. O., S. 277 f.

Sequenzen ambitionierten Montage gelingt hier ein Paradebeispiel für (unbeabsichtigte?) Satire durch Kontrastierung: Die einmarschierenden, ziemlich korpulenten Funktionärs-gladiatoren im dunklen Staatshabit werden jeweils einzeln aus der Untersicht porträtiert und zwischen die kerngesunden ebenmäßigen Gesichter der Hitlerjungen geschnitten, die aus sympathisierender Augenhöhe aufgenommen wurden. Dieser visuellen Auskunft zufolge taugen die Funktionäre von Sport und Partei jedenfalls wenig als Legitima-tionsfiguren für nationalsozialistische Auslese. Ein Insert kündigt die „Ehrung Herzog Ernst II., des mutigen fürstlichen Schirmherrn der Turner im Jahre 1860" an, und die Regie wiederholt, hier im Requisit eines Kranzes, ihren Einfall, Bewegung bis ans Objektiv herankommen zu lassen, um sie nach einem Schnitt dann vom Objektiv sich wieder entfernen zu sehen. Der Kranzniederlegung wohnt von hohem Sockel der guß-eiserne Herzog auf hohem Roß majestätisch herablassend bei.

Die „Wettkämpfe auf dem alten Anger von 1860" sollen durch bildfüllende Fahnen interessant gemacht werden; ordnungsfanatische Massengymnastik als miniaturisieren-de Totale: Der einzelne als Subjekt schrumpft in der Menge zum Komparsen. „Wenn den Leib wir schwingen, stählen Herz und Hand: Über allen Dingen stehst Du, Vater-land!" Fürs Vaterland also überwinden die Turner alle noch so hoch getürmten Hin-dernisse, klettern Steilwände hoch, kriechen platt am Boden. Auch die asthmatischen Funktionäre stoßen für die Kamera den Medizinball oder suchen am Barren ihr popu-listisches Heil.

Beim „Festzug" Fahnen und immer wieder Fahnen: Manna fürs Gemüt. Die Fahne als Ariadnefaden durchs Labyrinth des Turnerfestes. Kein Zug ohne Fahnen, keiner ohne Fahne im Zug, darunter en masse phantasievolle Traditionsfahnen mit bunten Bordüren als klirrende patriotische Symphonie: „Führer und Fahnen" – „Das Bundesbanner" – „Fliege, Du Fahne, flieg uns kühn voran!" – „Fahnen – im Gleichschritt marsch!" – heißen die einschlägigen Zwischentitel. Fahnen sind hier mehr als bloß „sichtbar ge-machter Wind", auch wenn Elias Canetti darin die unsichtbaren Massen symbolisch repräsentiert sieht, auch die Massen der gefallenen Toten.[1] Klaus Theweleit erkennt statt „Bewegung in der Fahne" vielmehr „den Ausdruck von Bewegung" in der Fahne, sozusagen das sichtbar gemachte Triebleben derer, die der Fahne folgen.[2] Das ehrenvolle Tragen der Fahne war bei Turnern wie Nationalsozialisten ausschließlich dem Manne vorbehalten. Im martialischen Kontext der Fahnen ist kein Platz für Frauen. Fahne und Sport verschmilzt der Film zur ideologischen Allegorie. Als optischer Höhepunkt wälzt ein unendlicher Fahnenwald sich aus diagonaler Kamerasicht über die Leinwand, als ob alle Fahnen des Reiches hier versammelt wären. Indem ihnen der Film alle ideo-logische Ausdruckskraft aufbürdet, haben sie nicht mehr nur rein ornamentale Funktion. Der permanente Rückgriff auf Fahnen erlaubt Rückschlüsse auf eine einzige Tendenz: Die Metaphorik der Fahnen und Standarten wird bald in eine des Kampfes übergehen. Das Motto des Films, „Volkes Kraft ist Deutschlands Stärke", vermittelt der Film statt argumentativ nur appellativ; die Regie materialisiert den Spruch in gymnastischer Mas-sendressur, wobei der einzelne nicht bloß optisch in der Gemeinschaft aufgeht; geformt wird das Kollektiv. Es formiert sich zur Truppe, die je nach Kommando in unterschied-lichen Stellungen der Gleichförmigkeit antritt. Der Kopf von Hitlers Sportsprachrohr, Hans von Tschammer und Osten, groß im Bild. Er palavert leinwandfüllend aus der Untersicht Oberflächliches: „Für Volk und Reich und unseren Führer – Sieg Heil!" Lorbeergekrönte Turnerhäupter recken die Rechte zum Hitlergruß. Zur Schlußapotheose überlappt die Hakenkreuzfahne symbolisch die traditionelle Turnerfahne, nun Zierat einer vergangenen Zeit.

Diese Symbolik kapiert jeder Pimpf. Das schwarze Hakenkreuz auf weißer Scheibe im roten Tuch ist das allgegenwärtige Zeichen, unter dem jetzt Sport getrieben, mar-

[1] Elias Canetti, Masse und Macht. Frankfurt/Main 1960, S. 95.
[2] Klaus Theweleit, Männerphantasien. Basel – Frankfurt/Main, S. 329 f.

schiert und gekämpft wird. „Draußen hängen Flaggen aus allen Fenstern", kommentiert Erika Mann die Situation dieser flatternden Allgegenwart. „Das Kind fragt nicht weswegen [...] es weiß, daß keine Woche vergeht, ohne daß alle Menschen ihr Hakenkreuz zum Fenster hinaushängen müssen. Das Kind geht durch die Nazi-Straßen als Nazi-Kind".[1]

Damit die Symbolkraft zur normenbildenden Kraft werde, bleibt das Bild lange vor den Augen des Zuschauers stehen. Hier werden Fahnen als Dolmetsch einer Ideologie eingesetzt, indem der Film sie in affektbetonten schönen Bildern transportiert und sportliche Symbole in nationalsozialistische umformt.

Nebenbei bemerkt, scheint dieser Film auch dazu gemacht, die Untilgbarkeit von Redundanzen zu beweisen. Freilich gehört das Prinzip einhämmernder Wiederholung zur nationalsozialistischen Rhetorik. Die Kunst des Weglassens hätte Regisseur Willi Wagner von Leni Riefenstahl lernen können, ebenso die Ästhetik der Überhöhung durch Distanzierung vom Material.

Die volks-charakterologische Dimension des „Turnens" wurde schon im Wilhelminischen Deutschland erkannt, das Turnen als eminenten staatserhaltenden Faktor in der Erziehung des Menschen verankerte; Turnen wurde als sittliche Norm und Praxis vaterländischer Gesinnung gewürdigt. Turnen, dem auch gemeinschaftsbildende Kräfte zugesprochen wurden, galt als wirksames pädagogisches Mittel mit sozialtherapeutischer Wirkung bei der ganzheitlichen Erziehung des Menschen: Körper und Geist, Charakter und Seele, der ganze Mensch sollte durchtrainiert werden. Turnen avancierte zum Bildungskanon der Zeit. Die höhere Stufe, das Geräteturnen, wurde 1896 zur olympischen Disziplin erklärt.

Zur autonomen gesellschaftspolitischen Größe avancierte das Turnen durch Turnvater Jahn. Zu Beginn des 19. Jahrhunderts hatte er das Turnen mit dem Argument zum Erfolg geführt, gegen die Feindherrschaft Napoleons Kräfte zu mobilisieren, um sie in den Dienst der nationalen Wiedererweckung zu stellen. Die sportiven Energien sollten in chauvinistische verwandelt werden.

Das erste überregionale Turnertreffen fand bereits 1841 in Frankfurt am Main statt. Eine einheitliche Organisation erhielten die deutschen Turner jedoch erst 1860 beim ersten Deutschen Turnfest in Coburg. Während damals nur etwa eintausend Besucher teilnahmen, wurden mit der Gleichschaltung des Sports 1933 in Stuttgart über eine halbe Million gezählt.

Nachdem die Turnfunktionäre der 1868 gegründeten Deutschen Turnerschaft die inkorporierten Verbände unter der scheinneutralen Metapher „deutsch" für ihre deutschnationalen Ziele einzuspannen hofften, schlossen sich die Arbeiter-Turner 1893 zu einem unabhängigen Arbeiter-Turner-Bund zusammen, der sich später zum Arbeiter-Turn-und-Sport-Bund erweiterte und 1933 wie alle übrigen Sportverbände verboten bzw. innerhalb des Reichsbundes für Leibesübungen gleichgeschaltet wurde.

In ihrer ideologischen Argumentation gegen Verweichlichung und Verzärtelung der Jugend mißbrauchen die Nationalsozialisten die Kulturkritik Nietzsches, der den Niedergang menschlicher Charaktere, den Zerfall gesellschaftlicher Ordnung und die allzu bequeme Lebensweise der modernen Zivilisation sezierte.

Die Tatsache, daß Nietzsches Kritik ausging von dem unabwendbaren Prozeß des Nihilismus, der Entwertung überlieferter Werte, wußten die nationalsozialistischen Ideologen aus ihrem Talmi-Traditionalismus auszublenden. Die propagandistische Vereinnahmung der Nietzscheschen Gesellschaftsdiagnosen führt geradewegs zu Hitlers Pervertierung der Gesundheitspolitik durch dessen Ideologie der rassischen Leibvergottung, die schließlich in der Auslieferung des menschlichen Körpers an den Staat kulminiert: Die wehrtüchtigen Männer und die gebärfähigen Frauen werden quasi zu Leibeigenen der Diktatur dena-

[1] Erika Mann, Zehn Millionen Kinder – Die Erziehung der Jugend im Dritten Reich. München 1986. Vgl. Meine Schulzeit im Dritten Reich. Hrsg. von Marcel Reich-Ranicki, München 1982; Kindheit und Jugend unter Hitler. Hrsg. von Helmut Schmidt, Einführung von Wolf Jobst Siedler. Berlin 1992.

turiert. Hitler hat in vielen Äußerungen unmißverständlich das Primat des Körpers vor dem Intellekt betont. In dem, was Hitler als die verfallende Moral der Weimarer „Systemzeit" zu denunzieren meinte, vermochte er nichts als libidinistische Entartungserscheinungen zu erkennen, „als ob die Behandlung seines Körpers jedes einzelnen Sache selber wäre". Die Summe der gesunden Körper konstituiert den gesunden Volkskörper, ein Politikum der obersten NS-Kategorie. „Die heutige Zeit arbeitet an einem neuen Menschentyp. Ungeheure Anstrengungen werden […] vollbracht, um das Volk zu heben, um unsere Männer, Knaben, Jünglinge, die Mädchen und Frauen gesünder und damit kraftvoller und schöner zu gestalten. Und aus dieser Kraft und aus dieser Schönheit strömen ein neues Lebensgefühl, eine neue Lebensfreude."[1]

In dem Buch *Arzt im Kampf* (1934) wird diese Entwicklung pseudowissenschaftlich mit dem Argument bekräftigt, der Nationalsozialismus habe „mit der liberalistischen Auffassung der Systemzeit, wonach jeder mit seinem Körper machen kann, was er will, aufgeräumt". Mit polemischen Seitenhieben auf angeblich entsittlichende Emanzipationsverheißungen der Weimarer Republik bestätigt das Buch die Rosenbergsche „Rassentheorie": „Diese frühere individualistisch-liberalistische Grundthese steht im krassen Gegensatz zu jeder völkischen Weltanschauung, die den Fortbestand von Volk und Rasse zum Inhalt hat."[2] Den für den „Fortbestand von Volk und Rasse" als tauglich befundenen heroischen Körper überhöht die einschlägige Propaganda zur Metapher für den Führungsanspruch der neuen germanischen Elite. „Die Transzendenz wird leider oft so verstanden", sagt Hugo Ball nach den Erfahrungen des Weltkrieges 1919, „daß das Übersteigen der Körperwelt ein Hinwegsteigen über Leichen ist."[3]

„Gesunde Jugend – starkes Volk" (1937)

Das Himmelreich erringen keine Halben, die Freiheit erlangen keine Feigen, und die Zukunft gehört dem Mutigen allein!
Vorspanntext zum Film „Gesunde Jugend – starkes Volk"

Gesunde Jugend – starkes Volk
Regie: Hans Wüstemann
Musik: Walter Winnig
Produktion: Infra-Film GmbH Berlin
Zensur: 9. 10. 1937
606 m

„Kameraden! Euer Leben wird voll Taten sein, auf Eure Schultern wird mehr gelegt werden, als je eine Jugend trug; aber Euch wird mehr beschieden sein als jeder anderen Generation: In Euren Händen liegt das Vollenden. Es wird und muß gelingen! Aber nur dann, wenn Ihr stärker und härter werdet, als je eine Jugend gewesen ist, entschlossener und einiger lebt, als je in Deutschland gelebt wurde und gläubiger und freudiger kämpft, als je in dieser Welt gekämpft worden ist!" Dies ist das zweckgerichtete Vorwort zu *Pimpf im Dienst,* dem 350seitigen NS-Katechismus für das zehn- bis vierzehnjährige Jungvolk, den ab 1934 jeder Junge auf seinem Nachttisch liegen haben sollte, der ein ganzer Mann, und das hieß damals ein guter Nationalsozialist werden wollte. Denn „weil wir einst ein Volk von Männern sein wollen, stehen wir heute schon als Jungen in Reih und Glied und tun unsere Pflicht", schreibt Baldur von Schirach den Pimpfen in ihr Stammbuch. Deshalb „erwarte ich von Dir, daß Du das Vertrauen erfüllst, mit dem Adolf Hitler Dich beschenkt hat und daß Du Dir der Ehre bewußt bist, die der Dienst auch für den kleinsten Jungen bedeutet. Deutschland sieht auf Dich! Heil Hitler!"[4] Am 28. Juli 1936 hatten der Reichsjugendführer und der Reichssportführer einen Vertrag über die Eingliederung der Sportjugend in die Hitlerjugend unterschrieben.[5] Wer nicht Mitglied in einer der Gliederungen der Staatsjugend war, konnte so ab 1936 praktisch keinen Vereinssport betreiben. Das Auge Deutschlands, das auf die Jugend blickt, war im verallgemeinerten Sinne das Kinoauge. Nicht nur in den zahlreichen speziell dem

[1] Adolf Hitler, Ansprache zur Eröffnung der *Großen Deutschen Kunstausstellung* im Münchner Haus der Deutschen Kunst, 1937. In: Völkischer Beobachter, 19. 7. 1937.
[2] Kurt Blome, Arzt im Kampf. Leipzig 1934, S. 217.
[3] Hugo Ball, Die Flucht aus der Zeit. Luzern 1946, S. 271.
[4] Baldur von Schirach, Brief vom 8. 8. 1934. In: Pimpf im Dienst. Berlin 1934.
[5] Vgl. Hans-Christian Brandenburg, Die Geschichte der HJ. Köln 1982, S. 179 u. 305.

Jungvolk und der Hitlerjugend gewidmeten Filmen, sondern in fast allen Dokumentarfilmen des Dritten Reiches wurde ihr „Leben voll Taten" exemplarisch vorgeführt und auch die Annahme „beglaubigt", daß in Hitlers Deutschland „gläubiger und freudiger gekämpft" wird als je zuvor. Das zeigt einmal mehr, daß „die faschistische Strategie der Entdifferenzierung und Ästhetisierung mit der Herstellung fiktiver Einheitsbilder und neuer, in der Regel reaktionär-moderner Sinngebung eng verbunden ist"[1].

In *Gesunde Jugend – starkes Volk* folgt Hans Wüstemann weitgehend der normativen Dramaturgie nationalsozialistischer Jugendfilme, wie sie sich aus den hier zitierten Vorworten des Abteilungsleiters für „Ertüchtigung und Schulung" der Reichsjugendführung und des Reichsjugendführers ableitet. In ihren braunen Uniformen oder im einheitlichen Sportdress mit Nazi-Emblem auf stolzer Brust werden Kinder und Jugendliche als Objekte der Rassenlehre inszeniert. Die Schönheit makelloser juveniler Körper karessiert die Kamera bei den verschiedensten Bewegungsarten von Sport und Spiel, in Luft und Sonne, am Strand, im Schwimmbad, auf dem grünen Rasen. Ihr athletisches Können an Barren und Reck, beim Fechten oder Turmspringen entspricht dem neuen Ideal von kerniger Gesundheit und stählernem Kampfeswillen. Die in der Zeitlupe verfremdete turnerische Orgie am Hochreck verselbständigt sich zur impressionistischen Etüde und damit zum Fremdkörper in einer ansonsten linearen Filmdramaturgie.

Auf die Kommentierung der sportiven Szenen konnte der Film verzichten, da sie für sich selber sprechen. Wo Akzentuierung den visuellen Eindruck steigern soll, assistiert der übliche Blasmusikrhythmus. Die in markiges Pathos gesteigerten Blechfortissimi präludieren die obligaten vormilitärischen Übungen; für den Handgranatenwurf hatte man sich im ersten Teil des Films paramilitärisch beim Speer- und Ballwurf eingeübt und für die Überwindung steiler Geländehindernisse vorher den Hürdenlauf trainiert.

Da die deutsche Jugend zur Hälfte auch aus dem weiblichen Geschlecht besteht, wird ihm in einem Film dieses kategorischen Titels ihre geschlechtsspezifische Rolle zugewiesen. Wüstemann hat sich die jungen Turnerinnen bei ihren Leibesübungen als optische Leckerbissen für den Höhepunkt der dramaturgisch-ästhetischen Spannungskurve aufgespart. In ihren „Bestformen", mit knappen weißen Höschen und adretten weißen Trikots, entsprechen sie schon rein äußerlich dem Glaube-und-Schönheits-Wahn, der beim hüftenschwingenden Ballreigen, bei bieg- und schmiegsamer Reifengymnastik und ausgreifenden Fechtschritten seinen elementaren Ausdruck gewinnen soll. Das Kantische „Sich an sich selbst Zeigen" wird zum realen Schein. Erst recht im kollektiven Tanzreigen erscheinen die jungen Frauen als physische Objekte, nicht als individuelle Subjekte von auch emotionaler Schönheit. Hier stehen Subjekt und Objekt als Getrennte einander gegenüber, die beide aber filmtechnisch ideologisch verschwistert werden. So wird das Symbol (die reine deutsche Frau) mit derjenigen gleichgesetzt, die es symbolisiert. Die jungen Frauen werden zu Objekten der Bewegung im doppelten Wortsinn denaturiert; als autonome Individuen dürfen sie sich nicht behaupten. Schönen Marionetten gleich bewegen sie sich in einer Pseudorealität, als gehorchten sie einer mechanisch aufgezogenen Spieluhr: Sie haben keinen Herzschlag, man spürt nicht ihren Puls. Obwohl sie thematisch „beseelten Ausdruck" vortanzen, scheint ihre Seele durch Glauben ersetzt. Ihre tänzerische Hingebung an ein frei über ihnen schwebendes, ideologisiertes Schönheitsideal wirkt in den gewählten geometrischen Strukturen gekünstelt und unfreiwillig komisch, teilweise auch kitschig. Die erstrebte Dialektik von Schönheit und Ordnung zerfällt in ihre Elemente, die unorganisch nebeneinander existieren und den individuellen Leib in der Gruppenformation gleichgültig übergehen.

Die deutschen Mütter von morgen ringelreigen sich auf dem Rasen gesund, damit sie dem Führer ein erbgesundes Geschlecht, ein „starkes Volk" heranzüchten. Als leibhaf-

[1] Peter Reichel, Der schöne Schein des Dritten Reiches. München 1991, S. 270.

tiges Medium des „Gesunden und Lebensfähigen" illustrieren sie ihr biologisches Stadium der Hoffnung: Die Mütterkreuze warten darauf, verteilt zu werden! „Das deutsche Volk dieses 20. Jahrhunderts", ruft Adolf Hitler der Jugend zu, „ist das Volk einer neuerwachten Lebensbejahung, hingerissen von der Bewunderung des Starken und Schönen und damit des Gesunden und Lebensfähigen. Kraft und Schönheit sind die Fanfaren dieses Zeitalters."[1]

„Gesunde Frau – gesundes Volk" (1937)

Ich glaube, wenn unsere gesunden, unverdorbenen Frauen in diesen Tagen den Marschkolonnen zugesehen haben, diesen strammen und tadellosen jungen Spatenmännern, so müssen sie sich sagen: Was wächst hier für ein gesundes, herrliches Geschlecht heran!

Adolf Hitler auf dem Nürnberger Parteitag 1935

Gesunde Frau – gesundes Volk
Regie: Gösta Nordhaus
Bild: Kurt Stanke
Musik: Hans Ebert
UFA-Herstellungsgruppe Dr. Nicholas Kaufmann unter Mitwirkung der Organisationen „Mutter und Kind", „Mädeldienst im Deutschen Reichsbund für Leibesübungen", Arbeitsdienst, Musterturnschule, Gymnastikschule
Zensur: 18. 8. 1937
309 m (35 mm)
120 m (16 mm)

Der als Lehrfilm eingestufte Kurzfilm visualisiert das durchgehende Leitmotiv „Ein gesunder Geist in einem gesunden Körper". Zur Illustration werden typische Beispiele des Frauensports und einer rhythmischen Gymnastik für Mädchen im BdM-Alter vorgeführt. Dabei soll neben Schönheit, Anmut und Kraft das soziale Engagement der Frau und künftigen Mutter als nachahmenswerte Tugend weitervermittelt werden.[2]

Diffuses Gegenlicht simuliert den Eindruck, die den Film eröffnende Frauenskulptur mit sportivem Gestus figuriere auf einem naturalistischen Aktfoto: In arte voluptas! Der Text unter diesem einstimmenden Vexierbild wurde im Dritten Reich schon in der Sexta gepaukt: Mens sana in corpore sano. – Nach der Verheißung „Gesunder Geist im gesunden Körper" wird der Kinobesucher alsbald über die vornehmsten Pflichten der deutschen Frau aufgeklärt: „Darum gehört die Schulung des Körpers zu den täglichen Aufgaben der Frau [...] Rekorde brechen ist Sache der Männer: der Sport der Frau soll ihr aber nicht allein Kraft und Anmut geben. Die sportliche Organisation des neuen Deutschland ermöglicht es jeder Frau, die für sie besten und gesündesten Übungen und Sportarten zu pflegen." Energiegeladene sympathische junge Frauengesichter bebildern leinwandfüllend den Text. Die Anmut wird an ästhetisch-exemplarischen Statuen demonstriert, deren klassisch schöne Details wie Schenkel, Schultern, Brüste auf ausgewählte Entsprechungen der hüllenlosen weiblichen Natur überblendet werden.

In der faschistischen Ästhetik sollte beim Anblick starker Muskeln und edler Schönheit immer auch deren Gegenteil mitgedacht werden können: das degenerierte Schlaffe, das jüdisch Dekadente. Im Angebot der nordischen Auslese ahmt Kunst hier nicht das Leben nach, sondern umgekehrt richtet sich das Leben nach der Kunst.

Zu welcher Funktion der Nationalsozialismus die anmutige deutsche Frau vorherbestimmt, das verraten die Anschlußsequenzen: Mütter mit ihren Kleinkindern treiben gemeinsam Gymnastik am Boden, mit ihren niedlichen Zuchtergebnissen spielen sie neckische Spielchen.

Kompilatorischer Ehrgeiz führt alle damals für typisch gehaltenen Frauensportarten unter freiem Himmel vor, vor allem solche, bei denen die Frau am Ball ist: Unter einem hohen Horizont begleitet die Kamera dekorative Läufe durch unberührte Heidelandschaft, wie von Hermann Löns beschrieben. Der filmischen Absicht, mit der reinen Natur eins zu werden, widersprechen unter kunstvollen weißen Persilröckchen aseptisch und clean erscheinende Rassegestalten.

[1] Adolf Hitler, Ansprache zur Eröffnung der *Großen Deutschen Kunstausstellung* im Münchner Haus der Deutschen Kunst, 1938. In: Frankfurter Zeitung, 11. 7. 1938.
[2] 1939, bei Kriegsbeginn und auf dem Höhepunkt ihrer vormilitärischen Ausbildung, war die Hitlerjugend mit 8,7 Millionen Zehn- bis Achtzehnjährigen die größte Jugendorganisation der westlichen Welt. Die Mitgliedschaft der entsprechenden Altersjahrgänge war durch das „Gesetz über die HJ" mit Wirkung vom 1. Dezember 1936 Pflicht. Die männliche und weibliche deutsche Jugend war damit in den „Rang" der Staatsjugend erhoben worden. Dem Reichsjugendführer der NSDAP wurde somit die Erziehung der gesamten deutschen Jugend im Sinne nationalsozialistischer Prinzipien überantwortet.

Oberstes Prinzip dieser Zurück-zur-Natur-Ideologie des Nicholas Kaufmann (Produktionsleitung) ist die Vermittlung einer Nazi-Ästhetik, die im schöngestalteten Körper und im Einklang der Bewegung Harmonie zu visualisieren weiß – vom Knie-beugt bis zum Hindernislauf, von Übungen an Schaukel und Reck bis zur idyllischen Kanutour auf dem Dorfteich. Sonnenanbetende Exerzitien mit Reifen und Keule sollen ebenso wie die in der Zeitlupe zur Schönheit der Bewegung zerdehnten Sprünge bis dicht vor das Objektiv das lebensbejahende Element zur Gestaltung bringen. Beim obligaten Seilspringen, streng diszipliniert in Reih und Glied, soll eine Solonummer im Verzicht auf den lästigen BH die gewisse pikante Note einer „vorgetretenen Freiwilligen" beisteuern. Heute erzeugen diese altbacken choreografierten Ringelreihen mit anthroposophischer Verklärung Gelächter. Wie ein Lipizzanerpferd zu typischer Manegemusik fürs Zirkusrund, trippelt eine Schöne in Weiß (mit Medizinball auf vorgestreckten Armen) um einen sprudelnden Brunnen daher, jenes unsägliche Goebbelswort von der Frau als „Zuchtstute" der Volksgemeinschaft assoziierend. Die Volksgemeinschaft wird zur magischen Stätte des Lebenssinns. Der Lebenssinn wird zur Lebenslüge, einer Lüge, durch die man lebt und stirbt. Zur unvermeidlichen Kulturfilmapotheose edler Verlogenheiten werden die erfolgversprechenden, sattsam bekannten Reminiszenzen summiert – als visueller stummer Glaubenssatz: Die weit ausholenden Laufschritte und olympischen Gebärden dieser Schönen der Bewegung fetischisiert die exzellente Kamera von Kurt Stanke in der malerischen sanften Hügeligkeit der Dünen zum elementaren faschistischen Ideal. Die Kamera als Malerin des Zwielichts hat ihre große Stunde. Im dekorativen Gegenlicht von Schäfchenwolken landen drei gertenschlanke Grazien ihre Speere zielbewußt im hellen Fließsand genau auf den Punkt. Nicht nur in dieser Sequenz, aber in ihr exemplarisch für alle übrigen, soll der Bewegung als Urstoff des Films, als dessen wichtigstem dynamischem Element kulinarische Wirkung verschafft werden. Der einstudiert-gezirkelte Sprachduktus der Gesten und Gebärden konstituiert hier allerdings gerade nicht jenes metaphysische „Reich der Gebärde", das Gerhart Hauptmann gern als „ein kosmisches Reich" auszurufen wünschte.

In der ästhetischen Transformierung mittels einer gleichsam taktilen Zeitlupe denaturiert Körperkultur zum Kunstgewerbe: Das formalästhetisch sauber verabreichte Körpergefühl wird zur penetranten biologischen Metapher. Schon Oscar Wilde hielt „reine" Kunst für „vollständig sinnlos", weil sinnentleert. Als sich selbst plagiierende Darstellung springen die aparten Schönen ins Schlußbild, nun ohne Speere und Textilien, stilvoll den Strand hinunter, um als nordische Aphroditen in den Brandungswellen des Meeres abzutauchen: Das feuchte Element als Metapher der Reinheit und der Fruchtbarkeit. „Wird aus den schäumenden Möglichkeitswellen", wie Vilèm Flusser hofft, „eine neue Aphrodite und mit ihr eine neue projektive Schönheit auftauchen"?

Es darf vermutet werden, daß die schaumverlorenen drei Grazien bald wieder kerngesund und gebärfreudig aus dem regenerativen Element auftauchen werden, um in Haus und Hof, an Herd und Wiege ihre verordnete Pflicht und Schuldigkeit zu tun zur Zucht von Helden für Hitlers kommende Kriege.

Der Film möchte die Gestalt von Hitlers schönen Säulenheiligen durch das nachgestellte Pathos antiker Gebärden ins Ewige steigern. Die im Film versprochenen Heilsgewißheiten löste aber nicht das Leben ein, als Versprechen wurden sie in die Ewigkeit vertagt. Anders als Leni Riefenstahl, die ihre mythisch infiltrierten Figurationen dem nationalsozialistischen Schönheitswahn dienstbar zu machen wußte, bleibt hier die deskriptive Ästhetik epigonal und im sich selbst verpflichteten Formalismus bloß sinnenblasse Präsentation.

Das Kardiogramm der physischen Befindlichkeiten und das Ideogramm der Gesinnung der im Film vorgeführten Selektion liiert die Synthese von Glaube und Schönheit, von handfestem Körperkult und abstrakter Ideologie zum reinen Propagandazweck. Dessen unbeabsichtigten kinematografischen Befund legt die Instrumentierung des Films aber erst für uns Heutige bloß; damals dürfte das Propagandakonstrukt die erhoffte narkotische Wirkung durchaus erzielt haben.

Zu sehr viel mehr als zu Schillers „drinnen waltender züchtiger Hausfrau" war die Frau nach Reichsintendant Fritz Hipplers misogyner Einschätzung wohl auch kaum zu gebrauchen, weil sie „einen relativ kleineren Kopf hat, leichteres Gehirn, geringer differenzierte Gehirnwindungen: sie ist ins Unbewußte, in den noch formlosen Untergrund rassischen Wesens zu weisen"[1].

Reichsinnenminister Wilhelm Frick, verantwortlich auch für die Rassengesetze, hat schon am 9. Mai 1933 den Länderministern folgende Anweisungen erteilt, die der deutschen Jugend Leitschnur sein sollte: Körperliche Ertüchtigung „ist eine unentbehrliche Voraussetzung unserer völkischen Dauer. Keine noch so große Gelehrsamkeit kann unserem Vaterlande eine Zukunft sichern, wenn ihm nicht immer von neuem gesunde und kräftige Menschen geboren und erzogen werden, die dem Lebenskampfe seelisch und körperlich gewachsen sind."[2]

Die buchstäbliche wie die tendenzielle Optik des Films mit seinen (aber kontraproduktiv) entsexualisierten Anschauungsobjekten sollte auf ihre Urbestimmung als deutsche Mutter verweisen: Deren zum nationalen Ethos erhobene Prädestination war, sich für die Mutterschaft körperlich und seelisch vorzubereiten und fitzuhalten, wozu der ganze Aufwand an „körperertüchtigungsrelevanten" Exerzitien diente. Der Führer gab jedem deutschen Mädchen imperativisch zu bedenken, „daß Du eine deutsche Mutter werden sollst! In meinem Staate wird die Mutter die wichtigste Staatsbürgerin!" Damit es möglichst wenige den Führerwillen verweigernde kinderlose Ehen geben sollte, im Nazi-Jargon „Fehlehe" genannt, wurde am 16. Dezember 1938 als Ansporn fürs Familienglück das dreistufige „Mutterkreuz" gestiftet für Mütter, die mit mehr als vier Kindern gesegnet wurden.

Bei Kriegsbeginn brachte Heinrich Himmler, Erfinder des obskuren Ausleseprojekts „Lebensborn", die „sittliche" Verpflichtung zur Mutterschaft mit seinem obszönen „Zeugungsbefehl" vom 28. Oktober 1939 auf den Punkt, als er sich auch verbal unverstellt als widerlicher Zyniker empfahl: „Jeder Krieg ist ein Aderlaß des besten Blutes. Hierbei ist der leider notwendige Tod der besten Männer, so bedauernswert er ist, noch nicht das Schlimmste. Viel schlimmer ist das Fehlen der während des Krieges von den Lebenden und der nach dem Krieg von den Toten nicht gezeugten Kinder. Über die Grenzen vielleicht sonst notwendiger bürgerlicher Gesetze und Gewohnheiten hinaus wird es außerhalb der Ehe für deutsche Frauen und Mädel guten Blutes eine hohe Aufgabe sein können, nicht aus Leichtsinn, sondern in tiefstem sittlichem Ernst Mütter der Kinder ins Feld ziehender Soldaten zu werden, von denen das Schicksal allein weiß, ob sie heimkehren oder für Deutschland fallen."[3]

Himmlers als sexueller Freibrief verstandene offiziöse Zurichtung, „jeder SS-Mann soll, bevor er ins Feld geht, ein Kind zeugen"; provozierte scharfe Kanzelschelte und bischöfliche Hirtenbriefe gegen einen „neuheidnischen Naturalismus und die allgemein sichtbar werdende Zuchtlosigkeit, besonders auf sexuellem Gebiet". Die katholische Kirche setzte dem ethischen Mißbrauch der Nazis und der damit verfallenden Moral das Gebot der „vorehelichen, jungfräulichen und ehelichen Keuschheit"[4] entgegen.

In Himmlers schon 1936 gegründeten Heimen der „Lebensborn e. V." sollte rassisch einwandfreier und erbbiologisch wertvoller Nachwuchs herangezüchtet werden. In Lebensborn-Heimen sollten auch unverheiratete Frauen ihre Kinder gebären können, sofern sich die Erbmasse als einwandfrei arische nachweisen ließ. Ja, für die Zeugung unehelicher Kinder wurde mit Kriegsbeginn bei rückläufigen Geburtenraten appellativ

Das „Vorbild" war der Blut-und-Boden-Utopie des Schriftstellers Willibald Hentschel entliehen, der 1923 das Modell einer reinrassigen nordischen Enklave entworfen hatte, eine „Mitgart" genannte Brutstätte, in der stahlharte Kämpfernaturen mit rassereinen Mädchen gekreuzt werden sollten, um Heldennachwuchs in die Welt zu setzen. Vgl. Peter Adam, Kunst im Dritten Reich. Aus dem Amerikanischen von Renate Winner. Hamburg 1992, S. 24.

[1] Zitiert nach: Frieda Grafe/Enno Patalas, Im Off. Filmartikel. München 1974, S. 172.
[2] Zitiert nach: Ursache und Folgen. Vom deutschen Zusammenbruch 1918 und 1945 zur staatlichen Neuordnung Deutschlands in der Gegenwart. Band 9, Berlin o. J., S. 446 f.
[3] Befehl des Reichsführers SS vom 28. Oktober 1939, BA: NS 20/30.
[4] Zitiert nach: Johannes Weber, Die klare Quelle der Germanen. Der Zweck der legendenumwobenen SS-Institution ‚Lebensborn'. In: Frankfurter Rundschau, Zeit und Bild, 7. 12. 1985.

geworben. Schon bald nach der Machtergreifung hatte sich eine gewisse sexuelle Libertinage im Interesse der Gewinnung von biologisch sauberem Nachwuchs angekündigt: „Ein ungeheures Heer von Ledigen spottet da unsrer Erwägung um den drohenden Volksschwund. Die gute Hälfte der gebärfähigen Frauen ist gewerbtätig. Kinder hätten wir nötig, so nötig wie Brot. Und das riesengroße Brachfeld von Frauen ist da, aber es wäre wider die Sitte, uns bei unseren Sorgen um den ungenügenden Nachwuchs seiner auch nur zu erinnern. Welch ein Wahnsinn! Frauen genug sind da; sie brauchten nur zu gebären. Wir aber lassen sie abseits von der Kette der Ewigkeit und gehen lieber zugrunde. Wenn spätere, sehr baldige Zeiten notgedrungen einen Gesetzgeber ernennen werden, der den Volksschwund in letzter Stunde noch aufhalten soll, der wird gewiß nicht an diesen ungeheuren Brachfeldern vorbeigehen, ohne deren prangende Tragfähigkeit auszunützen."[1]

[1] Schmidt-Klevenow, Das uneheliche Kind in der Volksgemeinschaft. In: Deutsches Recht, H. 7/8 1937, S. 149.

Filme über die Olympischen Winterspiele 1936

Nur der kraftgestählte, gesunde Körper ist schön. In ihm lebt das natürliche, unverbildete Verständnis für Schönheit und ein sicheres Kunstempfinden. Leibesübungen, die immer wiederholten Übungen des Leibes, entwickeln Gewandtheit und mit zunehmender Beherrschung männlich-kraftvolle und weiblich-gelöste Anmut. Der leibesfrohe Mensch und seine Gemeinschaft sind die Pflanzstätte kultureller Werte.

Hans von Tschammer und Osten
(Reichssportführer)

Olympische Winterspiele finden seit 1924 im jeweiligen Olympiajahr statt, zum ersten Male in Chamonix (Frankreich) und gegen den Widerstand Pierre de Coubertins.
In Vorbereitung der Spiele von 1936 hatte das Olympische Komitee strikt darauf bestanden, daß es zu keinerlei antisemitischen Aktionen käme, um insbesondere die Beteiligung der USA nicht zu gefährden. Deshalb gab Rudolf Hess, Hitlers Stellvertreter, Mitte August 1935 an alle Gauleiter der NSDAP einen Befehl heraus, der folgende Warnung enthielt: „Der Führer hat am gestrigen Tage erneut befohlen, durch die zuständigen Parteidienststellen seien alle wilden Einzelaktionen gegen Juden zu unterbinden.“[1] Am 27. Januar 1936 ordnete Joseph Goebbels an: „Mit Rücksicht auf die Winter-Olympiade wird strengstens untersagt, in Zukunft über Zusammenstöße mit Ausländern und tatsächlichen Auseinandersetzungen mit Juden zu berichten. Bis in die lokalen Teile hinein sollen derartige Dinge unter allen Umständen vermieden werden, um nicht noch in letzter Minute der Ausländerpropaganda Material gegen die Winterolympiade in die Hand zu geben.“[2]
Gleichwohl organisierten bayerische SA-Leute aggressive antisemitische Kampagnen. Sogar an amtlichen Gebäuden provozierten Sätze wie „Juden unerwünscht“ oder „Juden Zutritt verboten“. Auch Schilder mit Aufschriften wie „Für Hunde und Juden verboten“ wurden nicht entfernt. Sie forderten den Protest des IOC heraus. Avery Brundage gibt folgenden Dialog wieder, den der belgische Graf Baillet-Latour während seiner Visite bei Hitler mit dem Schirmherrn der Olympiade führte: „Herr Reichskanzler, die Schilder, mit denen die Besucher der Spiele begrüßt werden, verstoßen gegen die olympischen Prinzipien.“ – „Herr Präsident, wenn Sie in das Haus eines Freundes eingeladen sind, dann sagen Sie ihm doch wohl nicht, wie er es führen soll, oder?“ – „Entschuldigen Sie, Herr Reichskanzler, wenn die Flagge mit den fünf Ringen im Stadion gehißt wird, heißt dieses Haus nicht mehr Deutschland, sondern Olympia, und wir sind Gastgeber.“[3]
Weil die SA-Führung solche Ausschreitungen offensichtlich nicht unterbinden konnte und versagt hatte, wurden die SA-Kämpen ausgerechnet von Reinhard Heydrich, Gestapo- und Sipo-Chef und Mitglied der „Reichsführung SS“, mit dem Befehl zur Raison gebracht, daß „judengegnerische Tafeln und Aufschriften, die einen strafrechtlichen Tatbestand erfüllen oder streifen, unter allen Umständen entfernt werden.“[4]
Aus dieser Panne wurden Lehren gezogen: später, während der Sommerspiele, sah man in Berlin weder Hetzparolen noch das Schmierblatt *Der Stürmer*. „Ein Regime, das sich befestigen will, legt sich die Zurückhaltung auf, die notwendig ist, eine Welt zu

[1] BA Koblenz, NS 6/220.
[2] Zitiert nach: Arnd Krüger, Sport und Politik. Vom Turnvater Jahn zum Staatsamateur. Hannover 1975, S. 199.
[3] Avery Brundage, Die Herausforderung. Übersetzt aus dem Amerikanischen von Hans Klein. München 1972, S. 125.
[4] Zitiert nach: Hans Mommsen, Der nationalsozialistische Polizeistaat und die Judenverfolgung vor 1938 (Dokumentation). In: Vierteljahreshefte für Zeitgeschichte, 10 (1962), H. 1, S. 7.

täuschen. [...] Der kluge Terror beugt vor; zum großen Fest sollen keine rebellischen Flugzettel flattern."[1]

In Berlin sah man allerdings nicht nur keine rebellischen Flugblätter, man sah auch keine Roma und Sinti.

Reichsinnenminister Wilhelm Frick hatte rechtzeitig vor Beginn der Spiele am 5. Juni 1936 einen Runderlaß „Zur Bekämpfung der Zigeunerplage" herausgegeben und den Polizeipräsidenten angewiesen, einen allgemeinen „Landfahndungstag nach Zigeuern" vorzubereiten und zu exekutieren. Schon eine Woche später werden etwa 600 Sinti und Roma von ihren „ungeordneten Zigeunerlagern auf privaten Grundstücken" nach Marzahn verbracht, wo sie auf einem ehemaligen Fäkalienfeld zu kampieren gezwungen wurden. Berlin sollte sich für die ausländischen Olympiagäste „sauber" und „zigeunerfrei" präsentieren.[2] Das Garmischer Organisationskomitee der 4. Winterspiele war von Nazis und Militärs dominiert.

Die Spitzensportler hatten nicht nur ihr Trainingssoll zu absolvieren, sie wurden auch zu „sportpolitischer Schulung" einberufen. Schließlich waren sie „aufgerufen, sich den Kämpfer im braunen Ehrenkleid zum Vorbild zu nehmen". Die Mitglieder der deutschen Equipe hatten sich 1936 moralisch zu verpflichten, „meinen Willen und meinen Körper zu schulen und zu härten, mich ganz hinzugeben für das eine große Ziel: würdig zu sein, für mein Vaterland kämpfen zu können; ich unterstelle mich vorbehaltlos dem Reichssportführer".[3]

An den von Karl Ritter von Halt organisierten Spielen in Garmisch-Partenkirchen, die vom 6. bis 16. Februar 1936 stattfanden und die Adolf Hitler eröffnete, beteiligten sich 28 Nationen in 17 Disziplinen.

„Jugend der Welt" – Die IV. Olympischen Winterspiele Garmisch-Partenkirchen im Film (1936)

Die bildfüllende Olympiaglocke mit ihrer Inschrift „Ich rufe die Jugend der Welt" überblendet schemenhaft eine Weltkugel, die wiederum in ein Fahnenpotpourri der 28 Nationen zerfließt.

Ästhetisch ambitionierte Bilder hoch über dem Werdenfelser Land sollen auf den Ort sportiven Weltgeschehens einstimmen. Gemütstiefe Naturphilosophie wechselt mit nicht minder fotogenen Naturgewalten. Rührende Sofabilder von munteren Hirschsprüngen in freier Wildbahn unter träumerisch verschneiten Tannen wechseln mit anderem Postkartenkitsch. Das auf der Bergspitze in naturschönem Panorama unverzichtbare Christuskreuz figuriert als von den Nazis beschlagnahmte übermächtige Devotionalie, als gelte es, Caspar David Friedrich mit der Kamera zu enteignen. Der Wind wirbelt feinsten Schneestaub vor die Linse und verfremdet alles Irdische zu kristallenen Sphären, Abfahrten und Slalom-Pisten mit verfrühter Aureole bekränzend. „Diese olympische Welt war so schön", begeistern sich die Autoren des offiziellen Olympia-Albums von 1936 und fragen rhetorisch nach: „Das alles sollte nur von Menschenhand geformt [...] sein? Unmöglich! Alle guten Götter hatten ihre freundlichen Hände im Spiel [...] Das Herz wurde weit, die Augen tranken und konnten sich nicht sattsehen an allen diesen wunderbaren Bildern eines Olympia, wie es schöner kaum im Märchen sein konnte."[4]

In seiner letzten Regiesitzung in der Villa Clara-Maria in Garmisch-Partenkirchen gab der künstlerische Oberleiter Hans Weidemann seinem Stab, zu dem 40 Kameramänner,

Mitglieder dieses Komitees waren: Hans v. Tschammer und Osten, Arno Breitmeyer, Generalleutnant Walter v. Reichenau, Generalleutnant Wilhelm Keitel, (1946 hingerichtet), Chef der Ordnungspolizei Kurt Deluege (1946 hingerichtet), Leiter der Geheimen Staatspolizei Reinhard Heydrich (1942 in Prag bei einem Attentat ums Leben gekommen), Christian Carstensen, Erwin Ketterer u. a.; Generalsekretär war Baron Peter le Fort. Präsident des Organisationskomitees war Karl Ritter von Halt, seit 1929 Mitglied des IOC.

Jugend der Welt
Auftraggeber: Reichsministerium für Volksaufklärung und Propaganda
Produktion: Reichspropagandaleitung (RPL) der NSDAP, Propaganda-Ausschuß für die Olympischen Spiele
Gestaltung: Carl Junghans, Dr. Herbert Brieger (nur nominell)
Idee und künstlerische Oberleitung: Hans Weidemann
Kamera: Sepp Allgeier, Hans Ertl, Hugo O. Schulze, Kurt Neubert, Walter Frentz, Heinz von Jaworsky, Uli Ritzer, Tesch, Wenng, Atelier Sven Noldan, Wochenschauen der Ufa, Bavaria, Fox, Paramount
Aufnahmeleitung: Walter Traut
Produktionsleitung: Eberhard Fangauf
Musik: Walter Gronostay
Zensur: 28. 5. 1936
1016 m (35 mm), 361 (16 mm)

[1] Gerhard Zwerenz, Nachwort zum unveränderten Nachdruck des offiziellen Olympia Albums von 1936. Frankfurt/Main 1972.
[2] Karin Kerner, Zigeunerfrei zur Olympiade. Die Einrichtung des Lagers Marzahn. In: Broschüre für Musik und Kulturtage der Sinti und Roma. Berlin 1992, S. 34.
[3] Zitiert nach: Karl Adolf Scherer, 75 Olympische Jahre. München 1972, S. 84.
[4] Die Olympischen Spiele 1936. Berlin 1936, Band 2, S. 4.

Operateure und Assistenten gehörten, letzte Anweisungen zur optimalen Dokumentation der Eröffnungszeremonie und zur Vorwegnahme von Emotionen: „Beim Einmarsch der Fahnen aufpassen, daß alles klappt! Fahnen und Köpfe groß, Bild gefüllt! Kamera auf Schlitten montiert fährt langsam an den Fahnenträgern vorbei!"[1] Das filmische Ergebnis ist entsprechend, die Fahnen vor schneeweißem Hintergrund stimulieren, was *Der Deutsche Film* später „eine Symphonie vom sportlichen Ringen der Nationen" nennt, „ein tiefes Erleben vom wahren Geschehen, erhöht durch die Kunst des Films".[2] Um Film-Kunst zu produzieren, war ein Organisationsteam von 120 Mitarbeitern, darunter 25 Kamera-Operateuren, verpflichtet worden, und das Resultat ist den oftmals waghalsig operierenden Kameramännern, vor allem dem sensiblen Montagekünstler Carl Junghans zuzuschreiben. Der Endmontage am Schneidetisch war die Kopfmontage der Filmstruktur vorausgegangen, die, statt die Wettkämpfe in chronologischer Reihenfolge zu zeigen, eine Mischung vornahm, so daß aus vielen kleinen Spannungseinheiten ein verklammernder großer Spannungsbogen entstehen konnte: das „symphonische Poem" (Junghans) eines prosaischen Sujets. Junghans folgt hier Benjamins poetischer Verfahrensweise, indem er visuell-identifizierbare in hintergründig-dramatische Bilder überführt – jenseits nationalsozialistischer Beweiszwänge. Im Verzicht auf die Idealisierung einzelner Personen nimmt er zugleich den Verlust des Auratischen und die Entwertung der Einmaligkeit in Kauf. Im Wirbel flirrender Reflexe in bestimmten Montagesequenzen (z. B. die Skipatrouille oder das Bobfahren) verwischen sich die individuellen Siegerphysiognomien zum physiognomischen Ganzen der Olympischen Spiele. Übrigens hat Hans Weidemann, der „künstlerische Oberleiter", das Produkt erst gesehen, nachdem es fertig war. Er hat deshalb an diesem Meisterstück des dynamisch montierten Kompilationskinos keinen Anteil.

70 Sonja Henie (Deutschland), Olympiasiegerin im Eiskunstlauf im Gespräch mit Arthur Viereck

Gleich zu Beginn, beim Einzug der Nationen, zeigt Junghans, daß der Schneidetisch mehr als ein technisches Instrument sein kann: Er montiert die Delegationen so raffiniert, daß der Zuschauer den Eindruck gewinnt, alle Nationen absolvierten den Hitlergruß. Tatsächlich entboten ausgerechnet die Briten ihrem Gastgeber den „deutschen Gruß": „Spontaner Jubel durchbrauste die olympische Stätte, denn die Menge erkannte, was hier in einer vielsagenden Geste entgegenkommend zum Ausdruck kam. Olympia verwischt Grenzen und künstliche Schranken."[3]

Bei der Eröffnungsfeier der Olympischen Sommerspiele in Berlin wurde übrigens auch den Franzosen der „Faschistengruß" unterstellt. Dagegen konnte Martin Loiperdinger feststellen, daß es in Wahrheit der sogenannte olympische Gruß war, bei dem der „Arm seitlich vom Körper weggestreckt" wird, „mit nach oben gedrehter Handfläche". Auf größere Entfernung war dieser Unterschied aber nur schwerlich auszumachen.[4]

Da allen Nationen *eine* Tonspur unterlegt ist, sie fast alle im weißen Dress an der Führer-Tribüne vorbeidefilieren und Zwischenblenden die Anschlüsse der internationalen Formationen verwischen, konnte der Film den Eindruck erwecken, alle Welt ehre Hitler mit dessen Gruß.

Wenn die Hakenkreuzfahne auf die Olympiafahne geschnitten wird, läßt der Garmisch-Film die Massen dazu jubeln, und wenn der deutsche Olympionike Willy Bogner sen. die Eidesformel vor der Feuerschale spricht, berührt seine linke Hand nicht die olympische, sondern die Hakenkreuzfahne. Eine Hakenkreuzfahne im Anschnitt dominiert optisch die Olympiafahnen im Hintergrund: So behauptet die braune Wirklichkeit ihre Omnipräsenz auch beim winterlichen Olympia. Als Hitler die Menge durchschritten hat, soll der Schnitt auf die ihre Gewehre reichswehrmäßig präsentierende Kompanie (aus seitlicher Sicht) auf den militärischen Kontext verweisen, in dem in Deutschland der Jugendsport seinen besonderen Stellenwert beansprucht. Die Filmgestalter lassen es sich denn auch nicht entgehen, den Oberbefehlshaber des

[1] Zitiert nach: Der Deutsche Film, Berlin, Nr. 1/1936.
[2] Der Deutsche Film, Berlin, Nr. 1/1936.
[3] Die Olympischen Spiele 1936, a. a. O., S. 5.
[4] Martin Loiperdinger, Die XI. Olympischen Spiele in Berlin als internationaler Reichsparteitag. Zur Inszenierung der Eröffnungsfeier in Leni Riefenstahls Olympia-Film „Fest der Völker". In: Olympia – Berlin, a. a. O., S. 167-176; Zitat S. 172.

Heeres, Generaloberst von Blomberg, ins Bild zu holen, wenn er jenen Soldaten gratuliert, die aus *nicht*olympischen Militär-Disziplinen als Sieger herausragen oder wenn er der italienischen Militärpatrouille die Trophäe überreicht. Die Reichskriegsflagge weht mit den anderen um die Wette. Mindestens zehnmal wird Hitler allein in die Eröffnungssequenz hineingeschnitten.

Die Nationen werden mit ausgewählten Physiognomien in derart rasantem Wechsel vorgeführt, daß kein Bild greift und kaum einer der vielen Olympioniken sich identifizieren läßt. Der 18-km-Ski-Langlauf wird zum Teil durch die auf Skier montierte subjektive Kamera intermittiert oder durch den dramatischen Kollaps eines Läufers in seiner Eigendynamik durchbrochen. Die Strapazen des 50-km-Ski-Marathons dokumentiert die Kamera affektlenkend durch die frontal auf ihre unerbittliche Optik zulaufenden Gesichter der Skandinavier in extremer physischer und psychischer Anspannung. Indem sie die Kämpfer derart suggestiv präsentiert und Millionen Menschen im Kino ihnen in die Augen schauen ließ, fühlen alle sich als unmittelbar dabei gewesen.

Die subjektive Kamera beim Eisschnell-Lauf oder beim Slalom bezieht auch den Wettkämpfer emotional mit ein, indem sie seinen Blickwinkel zu dem des Zuschauers macht und die Ängste und Hoffnungen eines Siegeslaufes zum mitvollziehbaren Publikums-Erlebnis werden läßt. Der Sieger Elis Viklund ist ein auch im Film willkommener blonder, nordischer Typ aus Schweden. Die Gefahrenmomente der Bobrennen, besonders an der gefürchteten Bayernkurve, werden dreimal durch über die Kurvenkante geschleuderte Bobs dramatisiert und in Zeitlupe als besonders schauerlich vorgeführt, auch hier fährt die Kamera mit; sogar aus der Untersicht begleitet eine Kamera das Rennen.

Paarlaufen im Eisstadion gibt der Kamera Gelegenheit zu lustigen Spielereien: Sie wirft Schlemihlsche Schatten vom Pirouettendrehen aufs Zelluloid. Auf dem Eis errang Deutschland eine von den insgesamt nur drei ausgelobten Goldmedaillen (Maxie Herber und Ernst Baier). Vom Pas de deux überblendet die bildfüllende Hakenkreuzfahne auf die Anschlußsequenz, das Tuch fungiert im doppelten Wortsinn als Blende. Auch die nach jedem Sieg immer wieder groß ins Bild geholten Nationalfahnen sollen demonstrieren, daß hier nicht nur Nationen, sondern Systeme wettstreiten. Als Christel Cranz für Deutschland die zweite Goldmedaille erringt (Kombination Abfahrtslauf/Slalom), wird das Hissen der Hakenkreuzfahne nicht nur optisch, sondern auch akustisch ausführlich und pathetisch zelebriert. Beim Slalom sind die an allen Gefahrenpunkten postierten Kameras körpernah am Geschehen und vermitteln spannend und anschaulich die Schwierigkeit der Disziplin. Während des Abfahrtslaufes bedienen die Objektive das Voyeuristische im Kinozuschauer, indem sie, um die Monotonie zu durchbrechen, alle dekorativen Stürze einsammeln, und dicht neben dem Ziel, seitlich von der Schlußbahn, läuft der Apparat des Kameramanns „auf einer etwa 10 bis 15 m langen Holzschiene, so daß er den in wilder Fahrt heranbrausenden Läufer in jeder Phase des Endspurts verfolgen konnte".[1]

Die Sprungschanze war natürlich auch bei diesen Olympischen Winterspielen die Hauptattraktion, sie lockte 130 000 zahlende Besucher an. Die Kamera hält die Ski-Springer unwirklich lange in der Schwebe; hoch segelnde Bergdohlen, mit ihren aufgespannten Flügeln zur optischen Analogie ästhetisiert, werden zwischen die Flüge der Champions geschnitten. Die aus der Menge eingesammelten Gesichter scheinen dieser gewaltsamen Überflieger-Metapher zu akklamieren. Der Start des ungenannten Springers mit der Nummer 34 wird durch detaillierte Bilder miterlebbar gemacht, seinen schwerelosen Höhenflug zelebriert die Kamera genüßlich, um, wie die assoziative Montage nahelegt, von Hitler und Göring mit Feldstecherblick gewürdigt zu werden. Das sportliche Finale wird in additiver Dramaturgie gestaltet; viele frei wie Vögel vom Schanzentisch durch

71 Maxie Herber und Ernst Baier (Deutschland), Olympiasieger im Paarlaufen

Da professionelle Skilehrer 1936 ausgeschlossen waren, reduzierten sich für die Schweizer und Österreicher die Medaillenchancen erheblich (Scherer, 75 Olympische Jahre, a. a. O., S. 89).

[1] W. N., Licht – Bild – Bühne, 15. 2. 1936.

72 Guzzi Lantschner (Deutschland), Silbermedaillengewinner in der Kombination Abfahrt – Slalom (später Kameramann bei Leni Riefenstahls *Olympia*-Film)

Uli Ritzer wirkte in Max Obals Lustspielfilm *Abenteuer im Engadin* (1932) als skifahrender Darsteller mit, ebenso wie der Innsbrucker Kameramann Guzzi Lantscher (später Olympiazweiter im Abfahrt/Slalom 1936).

1 W. N., Licht – Bild – Bühne, 15. 2. 1936, S. 46 f.
2 W. N., Licht – Bild – Bühne, 15. 2. 1936.
3 Zitiert nach: Hajo Bernett, Jugend der Welt. In: Publikationen zu wissenschaftlichen Filmen, Göttingen, Serie 5, Nr. 1/1980, S. 4. Aus Bernetts informativer Analyse wurden weitere technische Daten übernommen.
4 Der Deutsche Film, Berlin, Nr. 1/1936.
5 Licht – Bild – Bühne, 15. 2. 1936.

den Äther schwebende Springer werden zu anonymen Ikaruswesen einer L'art-pour-l'art-Luftnummer verbraucht.

Mit olympischem Feuerwerk und irisierenden Fackelfluten endet der Film. Das olympische Banner wird vom Mast geholt und von Skiläufern an seinen Zipfeln in der Horizontale gehalten, um mit ihm dekorativ durchs Ziel zu wedeln und dann „in sausender Fahrt in das geisterhaft erleuchtete Tal" zu entschwinden. Die sich langsam vom olympischen Feuer auf dem Gudiberg entfernende Kamera läßt die Flamme im Dunkel der Nacht verdämmern.

„Deutschlandlied und Horst-Wessel-Lied quellen in tiefer Ergriffenheit aus den Kehlen der Hunderttausend empor… Dumpf rollt das Echo des letzten Schusses über die ehrfürchtig versunkenen Massen dahin."[1]

Dies ist nicht der Schluß-Kommentar des Films, sondern das Schlußwort des offiziellen Olympia-Buches. Der Film verzichtet nämlich, bis auf die Eröffnungsformel, durchgehend auf jede verbale Kommentierung, wohl auch deshalb, weil dieses „Kulturdokument über die ganze Erde gehen soll und wird"[2] und Synchronisationen eingespart werden konnte.

Jugend der Welt ist vor allem dank seiner durchgehend vorzüglichen Kameraarbeit und seiner exzellenten Schnitt-Technik zu einem künstlerischen Dokumentarfilm geworden. Leni Riefenstahl sah den Film, bevor sie ihren eigenen begann, und sie äußerte sich darüber mit neidischer Ironie: „Trotz sehr schöner Aufnahmen, trotz aller Förderungen, die diesem Film durch das Propagandaministerium zuteil wurden, blieb ihm jeder Erfolg versagt."[3] Das stimmt natürlich nicht: *Jugend der Welt* wurde mehr als 750 000mal in 40 Ländern gezeigt.

Sepp Allgeier und dessen Kamerakollegen haben nicht alles „authentisch" gedreht: Nicht nur die dekorativ in den Schnee gestellten Tannenbäume sind eine Täuschung, auch Teile des 50-km-Patrouillenlaufs sind schon vorher aufgenommen, wofür sich auch schwedische, finnische und französische Läufer bereitwillig zur Verfügung stellten: „Unsere Olympiakämpfer werden wie Stars geschminkt. Nach den Gongschlägen des Tempos 88 fängt die Kamera an zu laufen. Ein wildes Jagen auf den Schneeschuhen hebt an. – Jetzt kommt der Finne vor, kommt groß ins Bild – letzte Kampfphase. Der Finne steht wieder lächelnd vor uns. – ‚Danke, die Aufnahmen sind beendet.'"[4]

Da die Wettkämpfe besonders gegen Ende der Spiele derart dicht aufeinander drängen, „daß für Großaufnahmen, Einzeleinstellungen der Sieger usw. keine Zeit mehr bleibt", werden diese Aufnahmen unmittelbar nach Beendigung der Olympischen Spiele gesondert gedreht, „und zwar nach Sinn und Rhythmus der von Walter Gronostay bereits vor Drehbeginn vollendeten Musikschöpfungen"[5].

Nach Auskunft von Junghans haben Hans Ertl und Heinz von Jaworsky die nachgestellten Aufnahmen gedreht. Beide werden, wie auch Sepp Allgeier, später für Riefenstahls *Olympia*-Film die Kamera führen.

Gestellte Aufnahmen im Dokumentarfilm sind nicht grundsätzlich gelogen. Sie können, wie in Robert Flaherty *Man of Aran* (1934) oder Joris Ivens *Misère au Borinage* (1934), typische Aspekte betonen oder ein anders nicht zu gewinnendes spezifisches Ambiente schaffen. Erst die Wahrheit verfälschende Korrekturen, Hinzufügungen oder Weglassungen verweisen den Dokumentarfilm ins Fiktionale.

Im Olympia-Dokumentarfilm wurden mit neuen Kamera-Typen (Konamo, Debrie, Askania, Bell & Howell) neue Techniken getestet, zum Beispiel die erste Zeitlupenschwenkaufnahme am letzten Kampftag im Skistadion; oder die auf einen Ski geschraubte Kamera, mit deren Hilfe erfahrene Skiläufer wie Uli Ritzer den Abfahrtsläufern hinterherjagen konnten: Hans Ertl gelangen mit einer beim Schanzensprung umgeschnallten Bell & Howell wahrhaft authentische Sprungbilder, welche die Sprünge von der Schanze zu einem ästhetischen Erlebnis werden lassen. Im Kampf um die Hockeymedaillen Canada – Großbritannien ist eine Kamera sogar am Hockeyschläger angebracht, das mechanische Auge der Kamera verfolgt den rasenden Eislauf der Hartgummi-Scheibe aus der Schlägerperspektive, und natürlich ist diese zwischen das authentische Spiel geschnittene Sequenz nachgedreht worden. Aus kilometerhoher Vogelperspektive schießt Ernst Udet, Träger des Ordens Pour le mérite aus dem Ersten Weltkrieg, diesmal vom Segelflugzeug aus mit eingebauter Kamera und nicht wie im Luftkampf mit dem Maschinengewehr. Dabei sollen ihm mehrere Totalen vom Eisstadion und vom Riessersee gelungen sein, die in der 16 mm-Fassung des Bundesarchivs allerdings nicht enthalten sind. Es fehlt die gesamte Eishockey-Sequenz, die nach der Premiere mit folgenden Worten beschrieben wurde: „Die eiligen Läufer, scheinbares Durcheinander, Kampf um das Tor, werden gezeigt. Das ganze Eisstadion braust mit vergnügtem Lachen auf, als das Tor umfällt und den Torwart unter sich begräbt.“[1] Außerdem wurden die entbehrlichen Reden Karl Ritters von Halt bei der Eröffnung und Hans von Tschammers und Osten bei der Abschlußfeier herausgeschnitten.

Goebbels gratuliert Hans Weidemann telegraphisch zum „Olympia-Pokal“ für den Olympia-Film, den ihm das italienische Institut am 1. September 1936 verliehen hatte, weil „gerade ein Angehöriger meines Ministeriums diese internationale Ehrung erfahren durfte“[2]. Als Weidemann sich ein Jahr später weigerte, „die ausnahmslose Verdammung der Modernen mitzumachen, wurde ihm bald darauf eine untergeordnete Tätigkeit innerhalb des Ministeriums zugewiesen“[3].

Obwohl in der Stabliste des Olympia-Films als künstlerischer Gestalter ausgewiesen, tendiert sein kreativer Anteil gegen null, wie aus dem folgenden Brief von Carl Junghans hervorgeht: „Nachdem Frl. Riefenstahl die Herstellung dieses Films abgelehnt hatte, weil ‚sie noch keinen Stil für einen solchen Film hatte‘, übernahm Herr Weidemann die Produktion. Der vorgesehene Cutter, Herr Ostermann, stand vor einer unlösbaren Aufgabe. In Zeitdruck wandte sich Herr Weidemann an mich, und ich übernahm die Gestaltung des Filmes in Bild und Ton unter der Voraussetzung, daß ich die Arbeit frei von jeglicher Beeinflussung beenden könnte. Herr Weidemann hielt sein Wort. Ich schnitt und synchronisierte den Film in Neubabelsberg (Tonmeister Thiery). Herr Weidemann sah *nur* den fertigen Film und zeigte ihn Herrn Goebbels, der ausrief: ‚und wo bleiben wir?‘ Ich zeigte Hitler nur mit einem einzigen Satz bei der Eröffnung. Goebbels‘ Laune änderte sich, als der Film im Ufa-Palast am Zoo den Hauptfilm *Hans im Glück* verdrängte und dann allein vier Monate lief. Der Luce-Pokal und ein Longrun im ‚Normandie‘ am Champs-Elysées waren weitere Erfolge. Leni Riefenstahl fand ihren Stil. Eine angebotene Mitarbeit am Sommer-Olympiafilm lehnte ich ab, wie ich Jahre vorher, durch Béla Balázs eingeladen, eine Mitregie am *Blauen Licht* abgelehnt hatte. Die Montagen des Viererbobrennens, mit neuartiger Verwendung des Tones, des Eiskunstlaufs und Skispringens scheinen mir auch heute noch nicht überholt. Im Rahmen des damals Möglichen habe ich das Äußerste versucht, integer zu bleiben. Dies ist mein Standpunkt, der natürlich nicht Ihre Kritik beeinflussen möchte, aber zu einer Beurteilung aus der Zeit vielleicht einige Hinweise gibt.“[4] Bei der Uraufführung im Berliner Ufa-Palast 1936 lief der Film noch zusammen mit dem Märchenfilm *Hans im Glück* (1936) von Robert Herlth – er besorgte als Architekt übrigens auch die filmtechnischen Bauten für die beiden Teile von *Olympia* – und Walter Röhrig, ein schwaches Elaborat, das nicht nur bei der Premiere ausgelacht wurde. Später wurde wohl deshalb *Jugend der Welt* zusammen mit dem Propagandafilm *Sport und Soldaten* (1936) vorgeführt, dessen Titel Analogien zum Olympia-Film nahelegen soll. Entsprechend bescheinigt der Berliner Lokal-Anzeiger dem Junghans-Film die „Idee des Kampfes“ sowie „blutvollen Siegeswillen“.

Hans Weidemann war ursprünglich Maler mit expressionistischen Anleihen. Er wurde 1928 Mitglied der NSDAP und in jungen Jahren bereits stellvertretender Gauleiter von Essen (1932). 1933 holte Goebbels den ehrgeizigen Mann als Hauptabteilungsleiter für Propaganda nach Berlin, wo er 1935 Reichsfilmdramaturg der NSDAP und Vizepräsident der Reichsfilmkammer wurde. Nebenbei war Weidemann auch noch Kulturamtsleiter der „NS-Gemeinschaft Kraft durch Freude“ in der Deutschen Arbeitsfront.

[1] In: Staatspolitische Filme, Heft 2, Jugend der Welt – Sport und Soldaten. Hrsg. im Auftrag der Reichspropagandaleitung von Walter Günther. Berlin 1937, S. 5 f.
[2] Völkischer Beobachter, 3. 9. 1936.
[3] Albert Speer, Erinnerungen, a. a. O., S. 41.
[4] Brief von Carl Junghans an Hilmar Hoffmann (damals Oberhausen), 8. 11. 1969.

Der *Film-Kurier* preist *Jugend der Welt"* als *"eines der Musterbeispiele filmischer Arbeit in Deutschland"*.[1]

Carl Junghans, 1897 geboren, ist durch einen einzigen Stummfilm bekannt geworden, den er 1929 aus Kostengründen in der Tschechoslowakei gedreht hat: *So ist das Leben.* Dieser Film ist in Milieu und Stil der Tradition des proletarischen Kinos verhaftet und wurde mit der Erfindung des Tonfilms von der Leinwand gefegt.

Carl Junghans hatte seine beim Olympia-Film unter dem Begriff „Symphonischer Schnitt" vielgerühmte Montagekunst, die über 700 Einstellungen zu einem rasanten komprimierten Ganzen verdichtet, bereits in seinem stummen Spielfilm zur signifikanten Handschrift entwickelt. Schon bald nach seiner Mitarbeit an diesem Olympia-Film, die Weidemann gegen Bedenken von Goebbels durchgesetzt hatte, mußte Junghans emigrieren.

„Winterolympiade in Garmisch-Partenkirchen" (1936/37)

Diese stereotypen Sportaufnahmen, die man bereits kennt, bevor man sie noch gesehen hat, sollen zweifellos nicht nur die fachmännischen Interessen des Publikums befriedigen, sondern auch jene Haltung verfestigen, aus der die bedenklichen Übertreibungen des Sports hervorbrechen.

Siegfried Kracauer[2]

Im Bundesarchiv Koblenz wird der Film unter dem Arbeitstitel *Die olympischen Winterspiele 1936* geführt.

Der kurze Dokumentarbericht (129 Meter) über die Olympischen Winterspiele 1936 macht mit einer bildfüllenden Olympiaflagge auf, die zu den Klängen des Prinz-Eugen-Marsches als steiles Segel die eingewobene Botschaft ins Bewußtsein des Zuschauers transportieren soll. Nach dieser einstimmenden Fermate gibt das weiße Tuch mit den fünf ineinander verschlungenen Ringen den Blick frei auf die mit 2713 Meter wahrhaft olympischen Höhen des Watzmann, dem imposanten Wahrzeichen der Berchtesgadener Alpen, wo Adolf Hitler auf dem Berghof Urlaub zu nehmen pflegte.

Der festliche Einmarsch der Nationen wird eher unfeierlich additiv dokumentiert. Ohne Umschweife wohnen wir dem 3,8 km langen „kombinierten Abfahrtslauf für Herren" bei, heruntergekurbelt in elender Wochenschaumanier. Auch fast alle folgenden Sequenzen erheben Lustlosigkeit zum Stilprinzip.

In die Sequenz über die Abfahrt vom Kreuzeck sind diverse Einstellungen mit Publikum an den Steilhängen geschnitten. Neben dem „Ziel"-Transparent prangt unzulässig eine Hakenkreuzfahne. Übergangslos folgen die Slalomfahrt, auf dem Gudiberg vereinzelte Wettkämpfer halbnah, unter ihnen der Deutsche Franz Pfnür (Goldmedaille), der „kombinierte Abfahrtslauf für Damen" mit ausschließlicher Erwähnung der beiden deutschen Hoffnungsträgerinnen Käthe Grassegger und Christel Cranz (Gold), dem damaligen Sportidol der Nation.

Außer sporadischem Namedropping bleibt der Kommentar konkrete Hinweise auf die jeweilige Wettkampfsituation schuldig. Lakonische Ansagetexte von der Art: „Der Eishockey-Kampf Österreich – Schweden 0 : 1" sind die Regel. Die Dramatik des harten Spiels wird an den Reaktionen des (sitzenden) Publikums veranschaulicht, statt den Entscheidungskampf mit visuellen Mitteln zu kommentieren. Die Kamera hält Distanz, die Gummilinse (Zeitdehner) bleibt im Koffer. Fast alle Orte sportiver Ereignisse sind beliebig und austauschbar: Die „österreichische Militärpatrouille" beim Start auf Skiern mit Marschgepäck und Karabiner in Richtung Ziel (hierbei handelt es sich nicht um eine olympische Disziplin, sondern um einen Demonstrationswettbewerb): „Unsere Patrouille (also die deutsche) benötigte nur drei Schüsse für die drei Ballons." Als gehe es um besonders bemerkenswerte Höhepunkte, werden die liegend abgefeuerten Schüsse auf Luftballons extra gefeiert. Dann wird „die siegreiche Militärpatrouille Italiens" vorgestellt, aber statt im Kampf lediglich als Team in Siegerpose, umjubelt von italie-

[1] Film-Kurier Berlin, 4. 7. 1936.
[2] Siegfried Kracauer (1931): Kino. Frankfurt/Main 1974, S. 14.

nischen Fans. Wiederum übergangslos folgt der Ski-Sprunglauf der Norweger, welche die drei ersten Plätze belegen. Übliche Reportagebilder auch vom Schanzenspringen, wechselnd aus Obersicht und aus der Bodenperspektive des Landens und Stürzens. Im Kunsteisstadion läuft zu Foxtrottrhythmen die österreichische Eisprinzessin Emmy Putzinger, deren Kür der Film zur randständigen Bedeutung deklassiert (sie belegte „nur" Platz 7). Überblendung auf die Bobbahn (die allein 1,25 Millionen gekostet hatte) mit dem lapidaren Bildhinweis: „Viererbob-Rennen. Sieger: Schweiz". In einfallsloser Reihung werden die Jungs des amerikanischen Bobsports vorgeführt und dann die französische Equipe, jeweils beim Start. In der Steil-Kurve sind die Asse Englands und der Schweiz zu sehen, ausnahmsweise per Zeitlupe, auf deren technische Möglichkeiten der genaueren Berichterstattung so wenigstens einmal hingewiesen wird. Dramaturgisch unmotiviert folgt die Einblendung der Olympiaflagge, damit wird „Nr. 24 Österreich" unverhältnismäßig exponiert vorgestellt. Der schnellfertigen Wahrnehmung ausgeliefert, hat „Weltmeister Karl Schaefer überlegen im Eiskunstlauf gesiegt", bevor es richtig losging, und eine Goldmedaille für Österreich errungen. Kontrastiv ganz in schwarz auf weißem Eis absolviert er seine filmisch eher bieder vermittelten Pirouetten.

Ehe der Betrachter mit dem Film richtig warm geworden ist und er nur einen Bruchteil der 17 Disziplinen in Augenschein nehmen durfte, lädt schon der feierliche Abschluß der Winterolympiade mit schmissiger Marschmusik einer Militärkapelle zur Apotheose ein: Fahnendefilee der 28 teilnehmenden Nationen. Über dem Siegerpodest steigen drei Flaggen gegen den Abendhimmel überm Bergmassiv bis zur halben Bildhöhe und hellen die Trennlinie zwischen Schnee und Himmel auf: Panoramablick auf finales Ambiente mit dekorativ vom Hang aus die Szene illuminierenden Fackelträgern, von nah martialische Hinteransicht auf deutsche Stahlhelme. Um filmische Dynamik vorzutäuschen, sind alle Einstellungen extrem kurz geschnitten. Die Fahne mit den olympischen Ringen wird eingeholt und ein überdimensionales Olympiatuch, am linken und rechten Saum von Skifahrern gehalten, segelt in voller Fahrt die Schanzenlandebahn hinunter, vorbei an flankierenden Olympioniken, auf deren verschiedene Disziplinen entsprechende Schilder verweisen. Mit unscharfem Kamerablick auf Fahnenträger und Jubelkulisse endet die elliptische Kompilation so abrupt und kunstlos, wie sie begann.

Die ästhetische Enthaltsamkeit bei diesem Filmdokument über die Winterspiele 1936 steht im krassen qualitativen Mißverhältnis zur Dominanz des Ästhetischen im Gegenstück von Carl Junghans mit seiner perfekten Dramaturgie der Effekte und des Affekts. Die Kritik, die Riefenstahls Ästhetik des Schönen als Kunstideal einer gelenkten Kultur provoziert, etwa wenn die den Grenzen von Zeit und Raum entrückten Athleten unter einer fotogenen Folie auch noch ihre Menschlichkeit einbüßen, kann für diesen Film nicht gelten. Andererseits versäumt der ambitionslose anonyme Winterspiel-Film die Chance, sie seinerseits in positive Werte umzumünzen. Mit seiner die sportiven Höhen und psychologischen Tiefen der Wettkämpfe egalisierenden Kamera-Arbeit, ohne Raum oder Distanz schaffende Tiefenschärfe, ohne den Gebrauch der Brennpunkte focussierenden Gummilinse und ohne dynamisierende Kamerafahrten bewegt sich die Film-Montage auf dem Niveau linearer Klebearbeit. Vor allem aber in seiner faden Indifferenziertheit gegenüber dem großen olympischen Thema erzeugt die Resultante aus der Wiederkehr des immer Gleichen im Film nichts als mißfällige Interesselosigkeit.

Während es Leni Riefenstahl mit dem hochfliegenden Kunstanspruch ihres Sommerspiel-Films gelingt, Ideologie gut verbrämt zu lancieren, verspielt dieser Winterspiele-Report die vorhandene Chance, im sympathischen Verzicht auf moralisierende Verdächtigungen, ohne humanitäres Pathos und ohne NS-Parteilichkeit gesteigerte Aufmerksamkeit für die olympische Idee zu wecken. Mit seinem einzigen Vorzug der relativen Objektivität erzielt der anonym gemachte Film aber mangels kontrapunktischer Spannung keinerlei Kinowirkung. Was der Streifen dem bildersatten Zuschauer heute als aufhebenswert überliefert, sind unwiederbringliche Dokumente von inzwischen verblichenen Olympioniken vorzüglich deutscher und österreichischer Staatszugehörigkeit. Da aber das Außergewöhnliche nur in der symbiotischen Kombination, hier: einer hohen Sportkultur und ihrer filmästhetischen Vermittlung, der Erinnerung gehört, ist der große Rest im gnädigen Vergessen gut aufgehoben.

„Olympia-Fanfaren – ein unvergeßliches Zeitdokument" (1936/37)

Wie sehr sich NS-Organisationen in die internen Strukturen angeblich politikfreier Olympischer Spiele eingemischt haben, läßt sich am Beispiel des Dokumentarfilms *Olympia-Fanfaren* nachweisen. Exakt über die gleiche Vorführzeit wie der anonyme Winterspiele-Film informiert dieses Elaborat mit 129 Meter Länge über nichts anderes als die aktive Mitwirkung der viele Millionen Mitglieder starken NS-Organisation *Kraft durch Freude* bei der Strukturierung und Gestaltung der Spiele. Allein im Jahre 1938 hat der KdF-Sport über 20 Millionen Menschen auf Sportplätzen und in Turnhallen zum Mitmachen aktiviert.[1]

Dafür erhielt der KdF-Sport 1938 vom IOC den Olympischen Pokal. Wie raffiniert die Interessen des Nationalsozialistischen Staates hier zur Massen-Effizienz gebündelt wurden, verdankt sich der personalen Konstellation: Hitlers Reichssportführer Hans von Tschammer und Osten war zugleich auch für die Sektion Sport bei der NS-Gemeinschaft „Kraft durch Freude" verantwortlich, jener gigantischen Organisation für Massentourismus und Freizeit im Dienst der politischen Lebensfreude. Ein anderes Hauptkonzept firmierte populistisch unter dem Begriff „Schönheit der Arbeit". Unter Schönheit war ein rassisches Auslesemuster zu verstehen, wie Konrad Lorenz es formuliert hatte, als er 1943 eine wissenschaftlich sanktionierte Rassenpolitik forderte, um die „Minderwertigen" auszumerzen, „die Ausfalltypen innerhalb der modernen Großstadtbevölkerung".[2] Die Massenorganisation „Kraft durch Freude" war offiziell auch für Planung und Bau von Sportstadien zuständig. Ohne diese Melange von Propaganda und echten sozialen Leistungen wäre die Akzeptanz des Nationalsozialismus wohl weit weniger erfolgreich geblieben. Für den englischen Historiker David Welch war die Olympiade denn auch „eine bombastische Feier der verschiedensten Elemente nationalsozialistischer Weltanschauung, besonders in Hinblick auf den arischen Körper und auf ‚Kraft durch Freude'".[3]

Hans von Tschammer und Osten, in Dresden geboren. Seit 1932 SA-Gruppenführer, wurde am 19. Juli 1933 von Hitler zum Reichssportführer ernannt. Ab Januar 1934 leitete er außerdem die Sektion Sport der NS-Gemeinschaft „Kraft durch Freude". Er hatte die Volksgenossen durch „Spiele" bei Laune zu halten. Seine Sportpolitik sollte nach der Gleichschaltung des deutschen Sports die Wehrtüchtigkeit der Jugend stärken und durch Hochleistungen deutscher Athleten bei internationalen Wettkämpfen die rassische Überlegenheit demonstrieren. Er starb 1943.

[1] Zitiert nach: Peter Reichel, Der schöne Schein des Dritten Reiches, a. a. O., S. 261.
[2] Konrad Lorenz (1943). Zitiert nach: Klaus Wolbert, Die figurative NS-Plastik. In: Bernd Ogan/Wolfgang W. Weiß (Hrsg.), Faszination und Gewalt. Zur politischen Ästhetik des Nationalsozialismus. Nürnberg 1992, S. 221.
[3] Welch, Propaganda and the German Cinema 1933-1945, a. a. O., S. 114.

Olympia
Der offizielle Film von den XI. Olympischen Spielen Berlin 1936 (1936-1938) von Leni Riefenstahl

Hinweise zur Ästhetik einer politischen Inszenierung[1]

Wer leben will, der kämpfe also, und wer nicht kämpfen will in dieser Welt des ewigen Ringens, verdient das Leben nicht.

Adolf Hitler [2]

Erinnerungsarbeit

Ohne Erinnerung gibt es keine Kultur und keine Geschichte.

Wenn ich also aus Anlaß der Bewerbung Berlins um die Olympischen Spiele im Jahr 2000 an die im nationalsozialistischen Deutschland 1936 veranstalteten Spiele der XI. Olympiade erinnere, die das Selbstverständnis des Dritten Reiches auf dem Gipfel seines internationalen Ansehens demonstrierten, so mag das dem einen oder der anderen gerade in Berlin als *Nestbeschmutzung* vorkommen und in der allgemeinen Euphorie der Vorbereitung als kontraproduktiv erscheinen. Gerade aber weil sowohl diese 1936er Spiele wie auch ihre filmische Dokumentation den Charakter eines historischen Monuments angenommen haben, scheint es notwendig, diese Klischee-Urteile zu überprüfen und zu differenzieren. Sport und Kultur, Musen und Muskeln sind damals eine pervertierte Verbindung eingegangen, die unser Land dann allerdings 1972 in München sowohl durch die leichte, demokratische Architektur (Günter Behnisch) wie durch das olympische Kulturprogramm *Spielstraße* im Sinne eines demokratischen *Fairplay* wirkungsvoll konterkariert hat.

An München gilt es anzuknüpfen, wenn auch mit veränderten Vorzeichen. Wenn Sport und Kultur aufeinandertreffen, liegt es nahe, das Wettkampfprinzip des Sports auf die Künste zu übertragen. Doch liegt diesen wohl nichts so fern wie jene meßbaren Unterschiede des „schneller, höher, weiter". Allenfalls kann und sollte es in der Kultur um einen (wohlverstandenen) Wettkampf der Qualität gehen. Künstlerische Äußerungen sind, trotz oder gerade wegen ihrer gesellschaftlichen Bindungen und Bedingungen, immer radikal subjektiv, indem sie Weltverständnis und Weltinterpretation als Ausdruck einer individuellen Psyche gestalten. Nichts scheint für die Künste schädlicher zu sein als ihre Indienstnahme für politisch-ideologische oder wirtschaftliche Zwecke. Im ersten Fall degenerieren sie zur Propaganda, im zweiten zur Werbung, zum Styling, zur Public Relation.

Die politisch-ideologische Usurpation der Kunst anläßlich einer Olympiade kann wohl kaum schlagender belegt werden als durch Leni Riefenstahls zweiteiligen *Olympia*-Film.

Olympia
I. Teil: Fest der Völker (3.429 m)
II. Teil: Fest der Schönheit (2.722 m)
Gesamtleitung und künstlerische Gestaltung: Leni Riefenstahl
Musik: Herbert Windt, Walter Gronostay
Sprecher: Paul Laven, Johannes Pagels, Rolf Wernicke, Henry Nannen
Hersteller: Olympia-Film GmbH
Herstellungsleitung: Walter Traut
Prolog-Aufnahmen: Willy Zielke
Kamera: Hans Ertl, Walter Frentz, Guzzi Lantschner, Kurt Neubert, Hans Scheib, Andor von Barsy, Wilfried Basse, Wolf Hart, Franz von Friedel, Hans Gottschalk, Walter Hege, Heinz von Jaworsky, Ernst Kunstmann, Karl Vass und sieben weitere Kameraleute
Verleih und Weltvertrieb: Tobis Filmkunst GmbH
Uraufführung: 20. 4. 1938
Zensur: 14. 4. 1938

[1] Ein stark gekürzter Vorabdruck dieser „Hinweise zur Ästhetik einer politischen Inszenierung" erschien in: Tribüne. Zeitschrift zum Verständnis des Judentums, Frankfurt/Main, 31 (1992), H. 123, S. 188-202.
[2] Motto der Sondernummer *Olympia 1936*, Die Woche, Berlin.

73 IOC-Präsident Henri de Baillet-Latour und Carl Diem 1935 in Döberitz, am Ort des Olympischen Dorfes von 1936

Eine genaue Analyse des Films, seiner Ästhetik und Techniken, seiner Botschaft scheint mir auch und vor allem deshalb nötig, weil nicht nur die damaligen Kommentare des Auslandes, sondern auch die Nachkriegs-Wertungen den Riefenstahl-Film als apolitischen, unter rein künstlerisch-ästhetischen Gesichtspunkten zu würdigenden Dokumentarfilm rezipierten.

Es gibt keinen eindrucksvolleren, aber auch keinen entlarvenderen Beleg für die immer wieder sich erneuernde Auffassung, daß faschistische Ästhetik den Vergleich mit allen anderen Zeugnissen der Kunst allemal standhalten könne – sieht man einmal vom Bau der „Casa del Fascio" von Guiseppe Terragni in Italien ab, der ebenfalls als „masterpiece of modernism" rehabilitiert ist, oder vielleicht noch von Gabriele D'Annunzios faschistoiden Traumwelten, an die dann etwa Pier Paolo Pasolini anknüpfte.

Riefenstahls Film, seine „semantischen Potentiale" (Habermas) haben entschieden das mitbefördert, was heute als „Faschismus-Nostalgie" fortwirkt – von der „Führer"-Faszination der sogenannten Hitler-Welle bis zu Viscontis Nazi-Melodram *Die Verdammten* (1968), Lilliana Cavanis *Nachtportier* (1974) oder Ingmar Bergmans *Schlangenei* (1977) – und zwar primär emotional, nicht rational.[1]

Ich denke, daß die Wirkungsmächtigkeit der Filmbilder nur durch eine genaue Analyse zu relativieren ist. Am Ende meines Analyseversuchs werde ich die Rezeptionsgeschichte des Filmes erneut aufgreifen.

Voraussetzungen, Vorbilder, Parallelen

Heute ist das Griechentum nicht unerreichbares Vorbild, sondern lebendige Wirklichkeit.

Kurt Lothar Tank[2]

Das IOC verpflichtet seit 1912 jedes Organisationskomitee eines veranstaltenden Landes, von den jeweiligen Olympischen Spielen ein Filmdokument für die Nachwelt anzufertigen. Bis einschließlich 1932 wurden aber nur künstlerisch belanglose Streifen produziert. Nicht nur die außergewöhnliche Länge wie die ungewöhnliche Ästhetik des Riefenstahl-Films, sondern seine dynamische Ereignisstruktur in der ausgeklügelten Kombination von Realität und Meta-Realität erklären dessen weltweite Akzeptanz und den internationalen kommerziellen Erfolg. Die Begeisterung des IOC ging so weit, Leni Riefenstahl für ihren Film 1939 mit dem Olympischen Orden auszuzeichnen. Seine bis heute ungebrochene internationale Resonanz verdankt er einer raffiniert kombinierten Ästhetik, deren „Geheimnis" darin besteht, daß die Regisseurin im Prolog und in beiden Teilen – *Fest der Völker* und *Fest der Schönheit* – das motorische Material der athletischen Wettkämpfe, die Schönung sportlich gestählter junger Körper und das faschistische Pathos des Siegens mit Hilfe selektierender Montage meisterhaft strukturiert. Vertraut mit der Atmosphäre des Sports und mit sportiven Leistungsprinzipien in den Bergfilmen Fancks und Trenkers, ist Riefenstahls *Olympia*-Film außerdem überzogen vom ausgeprägten Sinnengeschmack seiner Schöpferin.

[1] Vgl. Volker Fischer, Ästhetisierung des Faschismus. NS-Nostalgie im Spielfilm. In: Die Dekoration der Gewalt. Kunst und Medien im Faschismus. Hinz/Mittig/Schäche/Schönberger (Hrsg.). Gießen 1979, S. 251 f.
[2] Tank, Deutsche Plastik unserer Zeit, a. a. O., S. 12.

Das olympische Zeremoniell: Zum Selbstverständnis der olympischen Bewegung zwischen kosmopolitischem Internationalismus und Medienglobalisierung

Die Menschheit, die einst bei Homer ein Schauobjekt für die Olympischen Götter war, ist es nun für sich selbst geworden. Ihre Selbstentfremdung hat jenen Grad erreicht, der sie ihre eigene Vernichtung als ästhetischen Genuß ersten Ranges erleben läßt. So steht es um die Ästhetisierung der Politik, welche der Faschismus betreibt.

Walter Benjamin[1]

Der Erfolg von Riefenstahls Olympia-Film ist auch dadurch zu erklären, daß die Spiele 1936 in Berlin die erste Medienolympiade darstellen. Es gab bereits Versuche mit Fernsehkameras im Stadion, deren verschneit wirkende Bilder in Berliner Fernsehstuben zugänglich wurden. Aber die eigentliche Faszination des Ereignisses übertrug sich über das Medium Radio. Neben anderen Rundfunkgeräten war der Volksempfänger vom Typ VE 301 1933 weit verbreitet. Insofern konnte Riefenstahls Film den weltweiten Nachholbedarf an bewegten Bildern vollauf befriedigen und in der filmtechnischen Weiterverarbeitung und Montage die realen Ereignisse noch einmal mythologisch überhöhen.

Seinen olympischen Offenbarungscharakter konnte der Film gegenüber dem IOC auch deshalb untermauern, weil er zum erstenmal umfassend dokumentierte und stilisierte, was die olympische Bewegung an den Berliner Spielen so schätzte: den beeindruckenden, massenbezogenen Ausbau des olympischen Szenarios zu einem – lang ersehnten, aber immer wieder durch Unzulänglichkeiten bei den vorherigen Gastgebern verhinderten – „vollkommenen", gigantischen Ritual repräsentativen Weltformats: In ihm verstärkten sich alte und neue Elemente gegenseitig; internationales olympisches Protokoll und nationalsozialistische Symbolik verschmolzen zur zweideutigen Anstrengung. Die propagandistische Fusion des olympischen Stilisierungswillens und der faschistischen Machtdemonstration bildete gleichsam die protokollarische Basis für Riefenstahls frei variierende Symphonie der schönen Körperbilder.

Für die Rezeption des Films sind Kenntnisse über den damaligen historischen Stand des olympischen Zeremoniells von entscheidender Bedeutung.[2] *Das Protokoll von Berlin übernahm Elemente von früheren Olympischen Spielen, sie wurden teilweise umgedeutet, neues wurde hinzugefügt, das später beibehalten, modifiziert oder wieder abgestreift wurde. Seit dem Pariser Kongreß von 1894 erhob das Internationale Olympische Komitee jenen Vorschlag Coubertins zur formalen Zielsetzung, die olympische Idee im Vierjahreszyklus wiederzubeleben, um die Spiele und ihren festlichen Rahmen im Geiste der „ruhmreichen Antike" zu perfektionieren. Ein generöser Ausbau der Organisation sollte die Entfaltung des modernen Sports praktisch und ideell ermöglichen. Vielleicht wäre die von Coubertin initiierte Bewegung nicht geworden, was sie heute ist, hätte sie ihre Philosophie nicht als athletische Religion verstanden und die Feierlichkeiten nicht als kultische Demonstration. Aber im Rahmen der französischen Aufklärung und ihrer politisch-sozialen Verbundenheit mit der Antike mußte die Metapher vom olympischen Feuer und Geist keineswegs in irrationale Bereiche entschwinden. Dennoch schwankte die erneuerte Idee des friedlichen Wettkampfes und seiner kultischen Einrahmung seltsam unentschieden zwischen einem kosmopolitischen Internationalismus*

[1] Benjamin, Das Kunstwerk im Zeitalter seiner technischen Reproduzierbarkeit, a. a. O., S. 44.
[2] Zur folgenden Darstellung vgl. Hajo Bernetts grundlegende Studien: Die Symbole und das Zeremonielle der Spiele von Berlin 1936. In: Olympia – Berlin, a. a. O., S. 3-11.
Ders.: Symbolik und Zeremoniell der XI. Olympischen Spiele in Berlin 1936. In: Sportwissenschaft 16 (1986), H. 4, S. 357-397.

und der verklärenden Hingabe an nationalstaatliche Symbole – eine Zweideutigkeit, die bis heute die olympische Kultur belastet. Bereits 1894 in Paris kündigte sich der Stil der von Coubertin initiierten olympischen Renaissance an: Die Eröffnungsversammlung wurde durch die Anwesenheit berühmter Repräsentanten des öffentlichen Lebens bereichert. Die kurz zuvor wiederentdeckte delphische Inschrift, zur „Hymne an Apoll" umgedeutet, erklang prächtig vertont in Gabriel Faurés Komposition für Chöre, Solostimmen und Harfen. In diesem musikalischen Auftakt steckte schon der Keim für die später von Coubertin gewünschte Aufführung des chorischen Finales von Beethovens Neunter Symphonie mit Schillers Ode An die Freude. Bereits bei den ersten neuzeitlichen Spielen in Athen 1896 war das Protokoll in seinen Grundzügen ausgebildet.

Der griechische König eröffnete die Spiele mit der bis heute unveränderten Formel. Die Wettkämpfe fanden in der Siegerehrung mit dem Hissen der jeweiligen Nationalfahne ihr rituelles Finale. Von diesem strikten Protokoll sind die aus dem Traditionskreis höfischer Feste übernommenen Elemente zu unterscheiden: Kanonendonner, Taubenflug, Chorwerk bereicherten die Eingangsinszenierung.

74 Hitler spricht die Eröffnungsformel zur Olympiade 1936 in Berlin

Schritt für Schritt bildete sich als Kern Coubertins Symbol der olympischen Ringe heraus, die nach seinem Entwurf 1914 erstmals als Sinnbild für fünf vereinigte Erdteile vorgestellt wurden. Freilich sollte nach den Spielen von Stockholm 1912 erst 1920 Antwerpen wieder die Ehre der Spiele zuteil werden, als symbolische Stätte in dem Land, das vom deutschen Kaiserreich im Ersten Weltkrieg gegen alle Regeln des Völkerrechts angegriffen worden war. Bis zu den Spielen von Paris 1924 und Amsterdam 1928, bei denen Coubertin zum letzten Mal persönlich zugegen war, hatten sich der olympische Schwur, die Fahne mit den fünf Ringen und schließlich die Schlußfeier mit der Hissung dreier Fahnen zum Ausklang und zur Ankündigung der nächsten Spiele eingebürgert. Die olympischen Ringe sind bis heute das einzige juristisch ausgewiesene Emblem – mit allen seinen aktuellen Vermarktungsmöglichkeiten.

Die Modernität von Coubertins olympischer Idee besteht nicht im Wettkampf der besten Sportler aus aller Welt, sondern vor allem in dem alle vier Jahre an einem anderen Ort wiederholbaren olympischen Ritual, das den Wettkämpfen erst jene besondere symbolische Überhöhung verleiht.

„In der inhaltlichen Ausformulierung der olympischen Idee begnügte sich Coubertin mit vagen Einzelaussagen, denn ganz unterschiedliche gesellschaftliche Gruppen und Systeme sollten sich in ihr wiederfinden können. Er richtete sein Augenmerk statt dessen auf die formale Gestaltung, auf den ästhetischen und rituellen Kontext – die Regelung der eigentlichen Wettkämpfe überließ er den Sportverbänden. Im bewußten Gegensatz zur intellektuellen Wort- und Schriftkultur schwebte ihm ein ‚Gesamtkunstwerk' vor."[1] Indem die Symbole und Rituale vor den Kämpfen, während der Siegerehrungen und zum Abschluß der Kämpfe interpretierbar bleiben, stellt sich die Frage, ob es zur Stärkung der olympischen Idee nicht eine intern-olympische politische Diskussion zum Zwecke der Präzisierung des Programms geben sollte; es geht schließlich darum, die Idee eines weltweiten sportlichen Wettbewerbs auf der Grundlage einer humanen Ethik und Ästhetik des Umgangs mit dem eigenen Körper und dem anderer auszuarbeiten. Nur durch eine solche Besinnung könnte der politisch-ideologischen Besetzung des Rituals von damals ebenso entgegengearbeitet werden wie der heutigen Ökonomisierung des Protokolls, wie sie etwa besonders deutlich in Los Angeles, Seoul und Barcelona ins Auge sprang. Mit dem Wechsel der IOC-Leitung von Brundage über Lord Killian (1972-1980) auf Juan Antonio Samaranch expandierte die olympische Organisation zu einem „modernen Großbetrieb mit wachstumsorientiertem Management"[2].

Das alte Ritual wird so zum Auffangbecken einer gigantischen Medienpolitik und eines

[1] Thomas Alkemeyer/Alfred Richartz, Olympia – Berlin – Seoul. Zur Entwicklung der Massenpsychologie der Olympischen Spiele. In: Olympia – Berlin, a. a. O., S. 266-279, Zitat S. 266.
[2] Alkemeyer/Richartz, Olympia – Berlin – Seoul, In: Olympia – Berlin, a. a. O., S. 274.

riesigen Bündels von Marketingstrategien. Schon Goebbels erlaubte während der Spiele unterm Hakenkreuz die Einfuhr einer Getränkemarke, allerdings in beschränkter Stückzahl, die für uns heutige Zeitgenossen eher als Symbol von Einfluß und Reichtum über den Spielen zu schweben scheint: Coca Cola.

Der Profanisierungsprozeß des Rituals wirft vor allem ein Licht darauf, wie modern die Idee der immer wieder neuen, weltweiten Durchführung der Spiele bei unverändertem rituellem Kontext im Lichte der Globalisierung der Medien, der weltweiten Ausstrahlung von Sendungen und Produktwerbungen geworden ist. Walter Benjamins Grundsatz, wonach die moderne Reproduktionstechnik „das Reproduzierte aus dem Bereich der Tradition" ablöst und somit der Aktualität und der Erschütterung zugleich entgegenarbeitet, gilt besonders im Falle des olympischen Rituals.[1]

Und wenn er die Einzigartigkeit des klassischen Kunstwerkes im traditionellen Zeremoniell eines „Rituals" fundiert sieht, so ist in der Moderne die Authentizität von Kunst durch eine Revolution ihrer gesellschaftlichen Funktion zu gewährleisten: „An die Stelle ihrer Fundierung aufs Ritual tritt ihre Fundierung auf eine andere Praxis: nämlich ihre Fundierung auf Politik."[2]

Diese Politisierung darf freilich nicht als externe Unterwerfung unter eine Ideologie mißverstanden werden. Sie verdankt sich der kulturkritischen und gesellschaftstheoretischen Reflexion darauf, welche Funktionen Massensport und Leistungssport innerhalb moderner Zivilisationen haben. Kult- und Unterhaltungswert erweisen sich als Vordergrundfunktionen der Sehnsucht nach körperlichem Ausgleich, ganzheitlicher Lebensweise und hochindividualisierter Selbstdarstellung durch Spitzenpositionen in speziellen Leistungsdisziplinen. Aber im Hintergrund reflektiert der Sport im Zusammenhang eines größeren kulturellen und künstlerischen Experimentierfeldes ein Reservoir für neue, bisher unerprobte Techniken der Bewegung, der Kraft, der Kondition und ihrer effektiven Verwendung oder freien spielerischen Gestaltung in Einzel- und Mannschaftsdisziplinen.

Die unter internationalem Anspruch stehende, weltweit vermarktete olympische Idee steht somit heute mehr denn je unter dem zweideutigen Szenario der Medienglobalisierung. Dieses Szenario verläuft grob in zwei Varianten: Nach der „amerikanischen" Variante artet es aus in die Beliebigkeit allseitiger Vermarktung von Kultur und Sport als Rohstoff für die alle Inhalte über einen Leisten schlagende Medien- und Werbeindustrie. Im Rahmen eines „europäischen" Konzeptes, das bis auf wenige Ausnahmen bisher bloß in Forderungen nach alternativen Aufführungsmodi und Sendeformen existiert, sollte der autonome Anspruch einer verantwortlichen Ethik und spielerischen Ästhetik des Körpers vertreten werden; nur so läßt sich der rein technischen Steigerung und Verwertung ein nicht industrialisierbarer Rahmen setzen.

Die symbolische Besetzung des olympischen Rituals durch die NS-Politik ist ein Lehrstück für die Instrumentalisierung des Sports: Der Einmarsch der Mannschaften wurde 1936 mit minutiöser Präzision durch Wehrmachts-Major Feuchtinger, Regimentskommandeur in Berlin, auf dem Podest eines Befehlsstandes an der Aschenbahn geleitet. Einzelne Mannschaften entboten den seit 1924 nur zögerlich durchgesetzten olympischen Gruß mit seitwärts ausgestrecktem Arm. Allerdings stellt das olympische Protokoll jeder Equipe frei, das Staatsoberhaupt oder andere Ehrengäste nach Art des Landes zu grüßen. Seit 1920 wurde der olympische Eid zur Respektierung des Reglements geleistet. Coubertin erblickte in ihm die Reprise des athletischen Schwurs am antiken Zeusaltar und die Vollendung des Zeremoniells, mit dem er damals noch den Amateuren eine glänzende Zukunft zu eröffnen versprach. Der Eid wurde auf nationaler Ebene, vom Deutschen Olympischen Ausschuß unter der Leitung des Reichssportführers Hans von Tschammer und Osten ergänzt: 1934 versammelte sich die „Kernmannschaft" in der Deutschen Oper Berlin zum rundfunkübertragenen Nazischwur auf die Haken-

[1] Benjamin, Das Kunstwerk…, a. a. O., S. 13 f.
[2] Benjamin, Das Kunstwerk…, a. a. O., S. 18.

kreuzfahne – organisiert vom Pressereferenten im Reichssportamt, Guido von Meng-
den. Mengdens Verse verdoppeln noch einmal den nationalistischen Blick auf die
Hakenkreuzfahne, statt ihren Symbolwert nun der höheren olympischen Idee zu
unterstellen:

Angetreten unter dem Tuch, / von Herzblut rot, dessen Mitte erhellt / heilig das Zeichen
im weißen Feld, / so steht die Mannschaft zum Schwur bereit.

75 Rudolf Ismayr spricht 1936 den olympischen Eid auf die Hakenkreuzfahne

Das Hakenkreuz stand in fortwährender Konkurrenz zu den olympischen Ringen und
drängte sie außerhalb der eigentlichen Sportstätten sogar in die Defensive. Auch das
im olympischen Protokoll vorgesehene Ableisten des eigentlichen olympischen Eids auf
die Fahne des Gastgeberlandes ist in diesem Zusammenhang durchaus als Unterwer-
fungsgeste interpretierbar. In einer politischen Montage verfremdet John Heartfield,
der im Londoner Exil lebende deutsche Künstler Helmut Herzfeld, die friedensstiftenden
Ringe satirisch zu Kanonenrohren und Halterungen für Henkerbeile. Als der Haken-
kreuzfahne unwürdig, durften Mitbürger jüdischen Glaubens nur die olympische Flagge
aus dem Fenster hängen. Kriegsfotos erinnern daran, daß die olympischen Ringe zwi-
schen den Eingangspfeilern des Stadions abmontiert waren, während die Hakenkreuze
blieben. Nach 1945 kehrten die Ringe wieder zwischen die Torpfeiler zurück.
Das erstmals 1928 in Amsterdam entzündete olympische Feuer interpretierte Carl Diem
für Berlin als Wiederkunft des „ewigen Feuers" am Pan-Altar im Prytaneion Olympias.
Der in der Antike geläufige Kontext eines konkreten Mythos und Opferrituals wurde
durch Diems eigenwillige Auslegung einer Totalisierung und Idealisierung unterzogen,
um aus dem Feuer ein allzu vieldeutiges Rauchzeichen zu machen. Dieser globalisie-
renden Interpretation entspringt auch die seit 1936 übliche feierliche Entzündung des
Feuers in Olympia, damals durch einen Hohlspiegel aus den Jenaer Zeiss-Werken, und
seine Überführung nach Berlin – über sieben Länder durch dreitausend Staffelläufer,
die während örtlicher Weihestunden von den jeweiligen NOKs empfangen wurden. Der
Einfall der Feuerübertragung von Olympia nach Berlin wurde Carl Diem zugeschrie-
ben, stammt aber vermutlich vom Ministerialrat Haegert aus dem Propagandaministe-
rium. Coubertin begrüßte die Fernstaffel als willkommene Erweiterung des olympischen
Rituals. Leni Riefenstahl inszenierte die Idee für den Prolog ihres Films effektvoll,
wobei antik drapierte, geradezu philologisch bemühte Interpretation wiederum durch
Diem geleistet wurde. Während die Ankunft des Feuers in Wien zu einer Feststunde
der Austrofaschisten ausuferte, wurden die Fackelträger in Prag behindert und ge-
schmäht. Goebbels leitete den großangelegten SA-Empfang des Feuers im Berliner
Lustgarten nach Art heidnischer Sonnwendfeiern. Erst danach wurde die Fackel ins
Stadion getragen und mit ihr das Feuer auf dem stilisierten Dreifuß durch den Schluß-
läufer Fritz Schilgen entzündet, der in Carl Diems Erinnerung als „Lichtgott" erschien.
Er wurde ausgewählt wegen seines eleganten Laufstils, seines „Schwebeschrittes" (K.
A. Scherer). Dieser bis heute faszinierende olympische Feuerritus ist nach wie vor von
seiten des IOC unbestimmt und daher ideologisch leicht zu besetzen. Der Widerstands-
kämpfer Anton Haushofer reimte im Gefängnis Moabit: „Die Fackel flackert. Lodern
wird die Welt."[1]
Daß Deutschland 1933-1936 durch die Vertretung Theodor Lewalds im IOC alle
Chancen hatte, die Vorbereitung zu den gigantischen Weltspielen als bleibende Spur
im olympischen Protokoll zu verankern, zeigt die olympische Hymne. Lewald pro-
testierte bei der Wiener Tagung 1933 gegen den Plan, die von Kerby und Keeler
stammende Hymne von Los Angeles künftig für verbindlich zu erklären, schließlich
sei Deutschland das „eigentliche Musikland". Also komponierte Richard Strauss
die Hymne. Das IOC lehnte Wilhelm von Scholz' Siegfried-Dichtung als unsachge-

---

[1] Anton Haushofer, Moabiter Sonette.
2. Aufl., Berlin 1947.

mäßen Text ab. Da ein populärer Dichterwettbewerb nur magerste Resultate brachte, sollte der leicht veränderte Text des arbeitslosen Rezitators Erich Luban aus der Verlegenheit helfen:

Ehre sei dem Völkerfeste! / Friede soll der Kampfspruch sein.

So lautete das Original, die Naziideologen tauschten kurzerhand die Wörter am Beginn jeder Zeile gegeneinander aus:

Friede sei dem Völkerfeste! / Ehre soll der Kampfspruch sein.

Dem Fest wird nun von außen ein Friede wie auf Abruf zugemessen, und die Ehre soll der Spruch eines militarisierten Kampfes sein.

Im weißen Frack dirigierte Richard Strauss bei der Eröffnung das Werk mit einem Chor von tausend Sängern, und die Hymne wurde durch einen IOC-Beschluß für alle Zeiten verbindlich im Protokoll verankert. Weil Strauss in der gleichgeschalteten Musikkultur des Dritten Reiches anfänglich seinen Platz behielt, nahm das IOC 1956 die Entscheidung wieder zurück. Es blieb bei der Hymne von 1896. Oberstleutnant Paul Winter, später Divisionskommandeur an der Ostfront, komponierte eine kriegerisch instrumentierte Olympiafanfare, die zugleich als Sendezeichen für die Olympia-Übertragungen diente. Winter verstand das olympische Ideal als „Einheit von Schönheit und Mut, von Leier und Schwert, von musischer und soldatisch-gymnastischer Art". Im Pathos von Theodor Körners Ideal der Freiheitskriege verschmolzen bei Winter „Tanz, Marsch und Kampf" zu einem Rhythmus.

76 Im Olympia-Stadion wird die „Führerstandarte" aufgezogen

Seit 1896 in Athen gehört der Taubenflug zum Eröffnungszeremoniell. In Berlin ließ die Wehrmacht zusätzlich 25 000 Brieftauben vom Militärsportplatz in Spandau aufsteigen, der schnellste Vogel der vom Maifeld, vom Sportfeld und aus dem Stadion aufsteigenden hunderttausend Vereinstauben erhielt eine goldene Olympia-Plakette. Die Entweihung der symbolischen Botschaftergestik durch eine Art militärisch organisierter Taubenzuchtolympiade liegt auf der Hand. Als Teil des Siegerpreises wurden der antike Öl- und Lorbeerzweig (neben Medaille und Diplom, die später in den Vordergrund traten) durch das Eichenlaub der Deutschen Turnerschaft und kleine Eichenpflanzlinge ersetzt. Die Namen der Sieger wurden seit 1928 auf Gedenktafeln eingraviert. In Berlin meißelte man sie, wie auf einem Ehrenfriedhof, in die Seitenwände des Marathontores. Bezeichnenderweise ließ sich Hitler als der eigentliche Sieger gleich mit verewigen – diese Geste der Usurpation wurde nach 1945 wieder getilgt. Die deutschen Olympioniken aller Spiele bis 1936 wurden durch neun vierkantige Stelen den ausländischen Siegern gegenüber nationalistisch privilegiert: Diem verteidigte diese besondere Herausstellung der deutschen Olympiasieger über „den Rest der Welt als persönlichen Vorschlag des Führers und Reichskanzlers, der an Ort und Stelle wie eine Eingebung entstand"[1].

Die zugunsten der Deutschen gereinigte Dokumentation aller Olympischen Spiele sollte eine ebenso gereinigte Fassung zukünftiger Spiele vorbereiten. Nicht nur die Hitlerplakette ist heute aus dem Stadion entfernt: Auch der Verweis auf die „Eingebung des Führers" ist in der vom Kölner Carl-Diem-Institut bereinigten Ausgabe von Diems Gesammelten Werken eliminiert worden.[2] Darin wird ein Brief angeführt, in dem Werner March sich die Errichtung der Stelen zuschreiben muß, entgegen seiner eigenen Darstellung aus dem Jahre 1936, der Vorschlag stamme von Hitler. Zur Begründung wird March veranlaßt zu schreiben: „Die Errichtung der Stelen ist meine eigene Idee in dem Wunsche, den Rhythmus der Pfeiler des Stadionumgangs noch einmal außen zu wiederholen."[3]

Deutsche Olympia-Sieger nicht nur der Wehrmacht, sondern auch des öffentlichen

[1] Carl Diem, Olympische Siegersäulen. In: Olympische Rundschau 1 (1939), H. 4, S. 12.
[2] Vgl. Carl Diem, Der Olympische Gedanke. Reden und Aufsätze. Hrsg. v. Carl-Diem-Institut. Schorndorf 1967, S. 17.
[3] Werner March, zitiert von Hajo Bernett, Symbolik und Zeremoniell der XI. Olympischen Spiele in Berlin 1936, In: Sportwissenschaft 16 (1986), H. 4, S. 377.

Dienstes wurden befördert, eine staatstragende Vorform heutiger wirtschaftlicher Vergütungspraktiken.

Die Architektur des Reichssportfeldes brachte auch insofern eine Erneuerung des olympischen Zeremoniells mit sich, als über isolierte Sportstätten hinaus ein fragwürdiger architektonischer Gesamtzusammenhang geschaffen wurde, der im Führerturm über der an den Ersten Weltkrieg erinnernden Langemarck-Halle gipfelte: Olympia, ideologisch umfriedet von totalitären Aufmarschplätzen, militärischen Exerzierfeldern und einer Heldengedenkstätte. Und so war denn auch die zur Eröffnung läutende Olympia-Glocke ambivalent besetzt, sie war Rufer der Jugend der Welt und Totenglocke zugleich. In der weiteren olympischen Bewegung verlor die Glocke zwar diesen Doppelsinn, dagegen setzten sich die inszenatorischen Impulse des Stadion-Massenbewegungsspiels „Olympische Jugend", das im „heiligen Opfertod" der Jünglinge gipfelte – im Unterschied zum nur ehrenvollen Soldatentod reifer und erfahrener Männer –, bei späteren folkloristischen Massenspektakeln fort. Freilich hatte Coubertin den Berliner Spielen mit dem Motto „Ver sacrum", dem „heiligen Frühling der Völker", ein ambivalentes Schlagwort verordnet, dessen heidnisch-kriegerische Untertöne vielerlei Umdeutungen erlaubten – erinnert sei zum Beispiel an das 1913 in Paris uraufgeführte Ballett „Le Sacre du Printemps" von Diaghilew und Strawinsky, das mit seinen ungeschminkt dissonanten Kriegsspielen Heranwachsender in einem imaginären heidnischen Rußland zum Skandal wurde. In den Variationen und Einbettungen des olympischen Protokolls hatte Leni Riefenstahl also bereits eine fragwürdige Partitur vorliegen, die sie nun durch die optische Inszenierung der sportlichen Körper im Wettkampf ad libitum instrumentieren konnte.

77 Leni Riefenstahl im Stadion

So nimmt es kaum wunder, wenn diese fragwürdige Partitur nach der weltweit positiven Resonanz der Riefenstahlschen Verfilmung für Carl Diem im Zeichen des Krieges endgültig im Sinne des nationalsozialistischen Totalitarismus eindeutig wird: *aus Athleten im Wettkampf werden Soldaten im tödlichen Krieg, aus der Jugend für einen zukünftigen Weltfrieden werden potentielle Opfer des Weltkrieges, und aus dem internationalen Völkerfest wird eine Nationalolympiade im Riesenstadion von Nürnberg, bei der man zur Demonstration der Überlegenheit der eigenen Rasse sicherheitshalber unter seinesgleichen bleibt. Als Direktor des Internationalen Olympischen Instituts erblickt Diem ausgerechnet im Zweiten Weltkrieg einen zeithistorischen Kontext, der die olympische Idee nun aufs äußerste erprobt. Im Zeichen eines vereinten Europas unter deutscher Hegemonie legt er Coubertins Gedankenwelt eindeutig faschistisch aus, um damit auch das besetzte Paris zu bekehren:* „Im Zeitalter der Moderne lebt der militärische Geist der Olympischen Spiele wieder auf. Coubertin, ihr Neubegründer, hatte das Soldatenblut in seinen Adern. Er verabscheute den Pazifismus und sämtliche nebulösen Friedensutopien." *Diem wird nicht müde zu behaupten, er habe in Coubertins Nachlaß jenes bis heute nicht nachgewiesene Zitat gelesen:* „Krieg war immer Erfüllung des Manneslebens, und Sport und Olympische Spiele Vorbereitung dazu..." *Wen wundert es da, wenn Diem als Prediger an den Kriegsfronten die Olympischen Spiele von Berlin 1936 so interpretiert, als lege er nun, mitten in Kampf und Tod, ihre eigentliche, damals noch hinter dem IOC-Protokoll verborgene Bedeutung frei:* „Und so klagen im Herzen meiner Hörer die Töne der Olympischen Glocke auf zeitgemäße Weise: ich rufe die Jugend – zur soldatischen Pflicht!"[1]

Bei Diskussionen über Kunst, Kultur und Politik im öffentlichen Raum wird immer noch die Bedeutung einer vitalen, frei fluktuierenden Öffentlichkeit unterschätzt, einer unreglementierten Demonstrationskultur einerseits, aber auch die Minutiosität von Pop-Konzerten oder die Logistik totalitärer Aufmärsche wie zu Zeiten der NSDAP. Das

[1] Carl Diem, Ausgewählte Schriften. Hrsg. v. Carl-Diem-Institut. 3 Bände, St. Augustin 1982, Band 2, S. 296 ff.

belegt eine von Albert Speer erinnerte Szene aus dem Jahre 1938, also in der unmittelbaren Nachwirkung der Olympischen Spiele. Ihre Authentizität spricht dafür, daß schon bei der Planung und Realisation der Berliner Olympiade die gesamte Inszenierung bis auf den letzten Zuschauersitz durchkonstruiert war und daß man durch die ständige Ausfeilung der repetierten Rituale durchaus die Dosierung der Wirkungen zu optimieren trachtete. Das olympische Protokoll war dann nur noch Oberflächenthema einer abstrakteren Musik, die aus dem Untergrund heraus viel tiefer wirken und durchgreifen konnte:

78 Hitler beim Hissen der olympischen Fahne

„Einige Kundgebungen", so erklärte Hitler zwei Jahre später Albert Speer, „haben bereits ihre endgültige Form gefunden: dazu zähle ich die Veranstaltungen der Hitler-Jugend, den Aufmarsch des Reichsarbeitsdienstes und die Nachtkundgebung mit den Anwaltern auf dem Zeppelinfeld. Auch die Totengedenkfeiern der SA und SS in der Luitpold-Arena zählen dazu. An diesem Ablauf dürfen wir nichts mehr ändern, damit die Form, so lange ich noch lebe, zum unabänderlichen Ritus wird. Dann kann später niemand daran rühren. Ich habe Angst vor der Neuerungssucht derer, die nach mir kommen. Irgend ein Führer des Reiches verfügt- vielleicht einmal nicht über meine Wirkungen, aber dieser Rahmen wird ihn stützen und ihm Autorität verleihen." Speer sei „bei dieser Festlegung, ja fast Kanonisierung des Rituals" erstmals bewußt geworden, wie wörtlich die Rede vom tausendjährigen Reich auch im Bereich der „Aufmärsche, Umzüge, Weihestunden" als Ausdruck einer „nationalsozialistischen Prozession" und „Gründung einer Kirche" seit der Fixierung der NS-Totengedenkfeier an der Münchener Feldherrenhalle zum 9. November 1923 im Jahre 1936 zu nehmen war.[1]

Angesichts des damals engen „Resonanzspielraums"[2] zwischen olympischem und nationalsozialistischem Ritual müssen mehrere Ansichten relativiert werden: Erstens war Leni Riefenstahl keineswegs die widerständige oder die mißbrauchte oder die zu Unrecht belastete Regisseurin. Zweitens drehte sie keineswegs einen „wirklichkeitstreuen" Dokumentarfilm, der dann als Propagandawerk mißbraucht wurde. Der Olympia-Film ist ein propagandistischer Dokumentarfilm und ein dokumentarischer Propagandafilm in Reinkultur. Er wirbt für mehreres zugleich. Der Fall Riefenstahl wird nur deshalb komplizierter, weil die Berliner Spiele von 1936 und das olympische Protokoll mit den Naziritualen untrennbar verzahnt waren. Der nationalsozialistische Ästhetisierungsprozeß, der das humane Potential der olympischen Idee schwächte und die ambivalenten Seiten eines höchst interpretationsbedürftigen Zeremoniells in einen faschistischen Kontext umbog, wurde in Riefenstahls Film konsequent weitergeführt. Insofern ist ihr Film auf der stilistischen Ebene wiederum dokumentarisch und propagandistisch in einem, die getreue Stimme eines Sports, dem Willen ihres Herrn und Führers unterworfen, dem sie schon drei Parteitagsfilme gewidmet hatte. Wegen dieser Filme erhielt sie schließlich ihren Auftrag für den Olympia-Film direkt vom Propagandaministerium. Aber damit ist auch der Mythos von der völlig eigenständigen Künstlerin absurd, die, sich von den Gesetzen der Wirklichkeit und Politik abstoßend, allein im zeitlosen Raum und in der raumlosen Zeit immanenter Filmästhetik ihre eigene Olympiade der Körper- und Bewegungsschönheiten erschaffen habe. Stilbildend konnte Riefenstahl mit ihrer damaligen Kinoästhetik auch deshalb werden, weil sie genau und perfekt die Interpretationsangebote bediente, die der vorgegebene, sowohl olympische wie nationalsozialistisch durchkreuzte Inszenierungsrahmen bereithält.

Deshalb konnten sich auch beide Interessengruppen durch dieses ästhetisierend semi-dokumentarische Produkt bestätigt sehen: in einem faschisierten, hochmobilisierten Olympismus, der verdächtig politikblind über die Kriegsmentalität des Zeitgeistes und das nationalsozialistisch umgedeutete Zeremoniell hinwegsah, und in einem olympisierten, weltfähig gewordenen Faschismus. Der auf diese Weise sanktionierte Olympis-

[1] Albert Speer, Spandauer Tagebücher. Frankfurt am Main, Berlin, Wien 1975, S. 403.
[2] Vgl. zum Begriff der Resonanz: Wolfgang Fritz Haug, „Der arische Leib". Zurichtung und Vernichtung des Körpers im Nazismus. In: Olympia – Berlin, a. a. O., S. 67-76.

mus nahm noch einmal Anlauf im mürbe gewordenen Ritual eines friedlichen sportlichen Wettkampfes, um danach den Zweiten Weltkrieg zu entfesseln. Die Analyse von Riefenstahls Olympia-Film bietet zugleich den Testfall für die Kritik an einer erblindeten olympischen Kultur und für die propagandistische Unterwerfung des Sportes und der olympischen Rituale unter die Propaganda der Medien und die Macht einer Gewaltherrschaft.

Riefenstahls Symbiose wäre ohne adaptierende Kenntnis und Bewunderung früher deutscher Kulturfilme so wirkungsvoll wohl nicht gelungen.

Erstmals im deutschen Film holte der abendfüllende Stummfilm *Wege zu Kraft und Schönheit* (1925) von Nicholas Kaufmann und Gerhard Prager hüllenlose Menschen vor die Kamera und wurde damit zum Wegbereiter eines neuen nackten Schönheitsideals, das aus epidermischer Glätte seine Reize zog. Kaufmann entdeckte den Körper als Medium für den Film um seiner selbst willen und die durch sich selbst geadelte Nacktheit als Ausdruck autonomer Selbstverkörperung. Er entblößte seine langbeinigen Schönheiten für die Zwecke „natürlicher Körperbewegung" und orientierte seine Sicht von meditativem Ausdruckstanz, Körperpflege und Wehrertüchtigung an antiken Vorbildern. Doch hatten die Protagonistinnen dieses neuen sublimeren Nacktheitskults schon damals den spröden Charme eines Reformhauses, das Knäckebrot-Reklame als sinnliche Überredung zelebriert. Die zeitgenössische Presse begeisterte sich gleichwohl an Kaufmanns Film und schrieb: „Endlich einmal nach so vielen unanständigen ein anständiger Film, ein sittlicher nach so vielen unsittlichen." Gerade aber bei diesem Film sind die Parallelen zu Riefenstahls *Olympia*-Epos evident: Ebenso wie bei ihr sind auch bei Kaufmann die weiblichen Gestalten auf klinische Weise keimfrei, die Profile sind verschliffen. Da in einer marginalen Rolle auch die junge Tanzelevin Leni Riefenstahl in diesem Streifen auftritt, muß sie den Film gut gekannt haben.[1]

Man riecht die Kernseife förmlich. Mit dieser Ästhetik wird die nationalsozialistische Vorstellung, sexuelle Energien in geistige – und das heißt ideologische – Kräfte zu transformieren, vorweggenommen. Körperlichkeit soll allein jenen diffusen Idealen dienen, die sich zur „Volksgemeinschaft" addieren lassen. In den Adaptionen von Kaufmanns Ästhetik feiert und überhöht Leni Riefenstahlt zusätzlich das, was Walter Benjamin als „die ewige Wiederkehr des Neuen" ironisierte.

Auch die stilprägenden Parallelen der nationalsozialistischen Kunstideologie mit den ins Idealistische und Naturheilige gesteigerten Frauenbildern der zeitgenössischen Skulptur und Malerei haben für die Apotheose des schönen weiblichen Körpers zu diesen unterkühlten, artifiziell-kreatürlichen Gestaltungen beigetragen, vielfach orientiert an Modulen griechischer Plastik.

Die Bildhauer Fritz Klimsch (*Anadyomene*), Joseph Wackerle (*Venus*), Arno Breker (*Kniende*), Georg Kolbe (*Junges Weib*) oder Josef Thorak (*Das Urteil des Paris*), aber auch Maler wie Adolf Ziegler (*Terpsichore*), Karl Ziegler (*Leda*), Ivo Saliger (*Urteil des Paris*), Hans Makart (*Jagdszenen der Diana*), Oskar Martin Amorbach (*Bauerngrazie*) erfüllten ihr ideologisches Auftragssoll. „Die nationalsozialistische Mädchenerziehung wird vorsorglichsten Wert darauf legen, durch straffe körperliche Ertüchtigung das Mädchen in Blut und Seele gesund und froh zu machen, damit ihm in dem späteren Leben die Pflicht und die Aufgabe der Mutterschaft leicht werde."[2] Die Entzauberung des weiblichen Aktes war der unmittelbare Ausdruck von Unkultur.

In seinem Buch *Leibeskult und Liebeskitsch. Erotik im Dritten Reich* hat Udo Pini die Doppelmoral der Herrenmenschen anschaulich gemacht: In ihrer männlichen Perspektive richteten sie die deutsche Frau so zu, daß sie umstandslos von Staatskünstlern in faschistische Allegorien der Demut und der Unterwerfung übersetzt werden konnte. Die idealisierten Frauenstatuen seien durch die monumentale Leblosigkeit ihrer „na-

79 Leni Riefenstahl bei den Dreharbeiten zu ihrem *Olympia*-Film

[1] Klaus Kreimeier, Die Ufa-Story. Berlin 1992, S. 296.
[2] Paula Silber, Die Frauenfrage und ihre Lösung durch den Nationalsozialismus. Berlin – Wolfenbüttel 1933, S. 22.

türlichen" Posen aller dekadenten Erotik und subversiven Individualität enthoben. Das „verkameradschaftlichte" und aufgenordete deutsche Frauenbild sollte dem sinnenfreudigen, ausschweifenden Weiberbild der Weimarer Republik widersprechen, das mit seiner entsittlichenden Liberalität und seinen chaotisierenden Emanzipationsbemühungen der Gesellschaft den Keim des moralischen Zerfalls eingepflanzt habe. Für die NS-Propaganda hatte die deutsche Frau und Mutter in der sie entwürdigenden „entarteten" Kunst, der „Verfallskunst", wie Hitler sie nannte, ihren negativen Ausdruck gefunden.[1]

Den Skulpturen der gut zwei Dutzend Künstler, die für das Reichssportfeld für würdig befunden wurden, hehre Kunst zu produzieren, wurden später auch nichtnationalsozialistische dreidimensionale Kunststücke hinzugesellt.

Denn vor allem im Reichssportfeld sollte „sich die Verbindung von Sport und Kunst (verwirklichen). So, wie die ganze Anlage ein Kunstwerk ist, würdig der hehren Aufgabe, dem Vaterlande durch Körperzucht zu dienen, so bietet die Anlage auch im einzelnen eine Reihe schöner Kunst- und Erinnerungsmale:[2] Wie Hugo Lederers Ringer-Skulptur aus dem Jahre 1908 wurde auch Paul Peterichs schon für das Olympiastadion 1913 konzipierte Plastik *Knabe mit der Siegerbinde* von der nationalsozialistischen Kunstrepräsentation der Spiele von 1936 vereinnahmt. Den am Tunnelhaus Ost die Besucher grüßenden Knaben hat Peterich Polyklets Vorbild *Diadumenos* (um 420 v. Chr.) abgerungen. Aus der Antike stammen auch weitere originale Modelle des Heroischen, die so „außerordentliche Maßstäbe (setzen), denen sie nur mit einem Gehalt von hoher Idealität gerecht werden konnten"[3]. Die Kopien dieser „außerordentlichen Maßstäbe" stehen im Olympiastadion: Es war Albert Speers Ehrgeiz, „der Skulptur, die so lange in die Säle der Museen und die Häuser der Sammler verbannt war, wieder zu ihrem Recht auf den Plätzen und Alleen zu verhelfen". Es „überrascht" Speer, daß „heute in diesen Läufern, Bogenschützen und Fackelträgern nur die martialische Geste gesehen wird".[4]

Die Kopie des *Speerwerfenden Poseidon* (wahrscheinlich 2. Jh. v. Chr.) aus dem Nationalmuseum Wien mustert die im Forum-Becken schwimmenden Athleten. Aus dem Wiener Museum kommt die Replik des *Athleten mit dem Schabeeisen aus Ephesus* (4. Jh. v. Chr.) und aus dem Theatermuseum Rom der Abguß des *Faustkämpfers* (1. Jh. v. Chr.). Die beiden letztgenannten standen eine Zeitlang in der Ehrenhalle vor dem Kuppelsaal. *Der Faustkämpfer* ist eine Schöpfung des griechischen Bildhauers Apollonius, das Original wurde bei Ausgrabungen des Palazzo Colonna entdeckt. Die 234 Bruchstücke des bei Ephesus gefundenen jungen Athleten wurden 1896 ausgegraben, zusammengesetzt, ergänzt und schließlich kopiert. Heute steht die Figur auf den Terrassen vor dem Haus des Sports an der Charlottenburger Jesse-Owens-Allee, wo auch der *Faustkämpfer* und der überlebensgroße bronzene *Diskuswerfer* von Wolfgang Schaper ihre vorläufig letzte Bleibe gefunden haben. Schaper hatte die Figur Anfang der zwanziger Jahre im Auftrage der Firma Reemtsma geschaffen. Die speziell für die Spiele von 1936 in Auftrag gegebenen „tektonischen" Plastiken wurden wegen der erhofften weithin sichtbaren Signalwirkung überdimensional konzipiert. Denn „die Einförmigkeit der Architekturen und kahlen Spielfelder, die Straffheit der Straßen- und Wegführung verlangen nach rhythmisch verteilten Akzenten, nach Gliederung, nach Blickpunkten, vor allem aber nach einer Beseelung des Ganzen, die nur die freie Kunst zu schaffen vermag"[5]. Diese Beseelung hat Leni Riefenstahl in ihrem Film durch Weichzeichner und Licht-Schatten-Betonungen zur „einschüchternden Wirkung" gesteigert.

Für die skulpturale Überhöhung lebender Menschen gibt es einen filmischen Vorläufer. 1928 hatte Curt Oertel den später mit einer Goldmedaille in Venedig preisgekrönten Kulturfilm *Die steinernen Wunder von Naumburg* als Option auf die kommende herr-

Um die drei Millionen Besucher der Olympischen Spiele von 1936 expansiv mit Kunst zu umstellen, die das Bild vom Nationalsozialismus als ein positives mitprägen sollten wurden neben den später führenden Nazi-Bildhauern Arno Breker (zwei Bronzestandbilder auf dem Jahnplatz), Josef Thorak (*Faustkämpfer*, Max Schmeling nachempfunden, und Führerbüste) und der schon berühmte Georg Kolbe (*Ruhender Athlet* vor der Schwimmhalle) und eine Reihe bis dahin weniger bekannter, dafür linientreuer Bildhauer mit Staatsaufträgen versorgt: Joseph Wackerle (*Rosseführer* vor dem Marathon-Tor), Willy Meller (*Siegesgöttin* an der Maifeldtangente Nord), Sepp Mages (*Jünglinge*), Adolf Wamper (Hochreliefs vor der Dietrich-Eckart-Bühne, die auf die doppelte Bestimmung der Anlage „für musisches Spiel und vaterländische Feier" hinweisen sollten), Willy Meller (Flachreliefs überlebensgroßer Athleten), Waldemar Raemisch (vergoldete Bronzeadler) u. a.

[1] Udo Pini, Leibeskult und Liebeskitsch. Erotik im Dritten Reich. München 1992.
[2] Führer durch das Reichssportfeld, Berlin 1942 (nicht paginiert).
[3] Werner March, Bauwerk Reichssportfeld, a. a. O., S. 42.
[4] Speer, Spandauer Tagebücher, a. a. O., S. 538.
[5] Werner March, Kunst und Technik im Stadionbau. In: Zentralblatt der Bauverwaltung, Berlin, 53 (1933), H. 42, S. 465-486.

schende Rasse des nordischen Menschen komponiert. Schon als Kameramann des 1926 von Georg Wilhelm Pabst gedrehten expressionistischen Films *Geheimnisse einer Seele* hatte Oertel mit Überblendungstechniken und mit Doppel- und Dreifachbelichtungen brilliert. Pabst und ihm war eine filmhistorisch gewürdigte Verbildlichung freudianischer Analysen, vor allem von Schuldträumen, gelungen. Zwei Mitarbeiter Freuds waren für diesen Film als Berater tätig, sie lehnten den fertigen Film dann allerdings ab.

Durch die Arbeit an *Geheimnisse einer Seele* schien Oertel prädestiniert, aus den ins Monumentale gesteigerten Gesichtern frühgotischer Domskulpturen die gewünschten Physiognomien nordischen Typs herauszupräparieren. Er führte dies an Figuren des Westchors und des Westlettners des Naumburger Domes vor. Zum Zeitpunkt des Riefenstahl-Films war es auch in der Gattung der Malerei üblich geworden, daß Mitglieder des NS-Künstlerbundes wie Johann Schult, Julius Engelhardt, Ivo Saliger und vor allem Adolf Ziegler ihre Art der Frauendarstellung klassischen Vorbildern entlehnten. Alle offiziösen Nazimaler verband ein gemeinsamer Fetisch: Sie malten Frauen nackt, aber nicht in realistischer, sondern in heroischer Weise. Folgerichtig lehnten sie kategorisch ab, was sie als die „gewollte Deformation des menschlichen Körpers" ansahen und als Frevel an ihrer Art von Männlichkeitsmythos und Heroisierung des kämpferischen Menschen begriffen.

Aber auch wenn man Ludwig Harigs Wort *Weh dem, der aus der Reihe tanzt* auf diese Art der Gleichschaltung anwendet, bleibt wahr, daß gerade diese Künstler keinerlei Berufsverbot unterworfen waren, bewahrte sie doch ihr vorauseilender Gehorsam vor Repressalien.

Die Reichskulturkammer honorierte ihnen ihre bedingungslose Konformität mit komfortablen Ateliers und Staatsaufträgen. Die Ziegler und Thorak residierten wie weiland die barocken Malerfürsten in Antwerpen oder Rom. Als „unersetzliche Künstler" blieben die Breker, Thorak und Kolbe während des Krieges von ansonsten streng gehandhabter Rationierung kriegswichtiger Materialien verschont, um ihren Schaffensdrang nicht einzuschränken.

Im „Beweismaterial" der abstrakten Kunst, des Expressionismus und der Neuen Sachlichkeit erkannten sie Auflösungstendenzen und eine Brechung oder Verfremdung des klassischen Formenkanons: ein in ihren Augen entsetzliches Sakrileg an der strengen Formschönheit und am neoklassizistischen Stil. Andere Künstler hingegen, die, statt den makellosen heroischen Typus zu feiern, den darzustellenden Menschen als Subjekt würdigten und in seiner differenzierten Individualität begreifen wollten, wurden durch die Nazis kaltgestellt. Indem Nay, Hartung, Beckmann, Dix, Barlach, Kirchner oder Kollwitz den Menschen ausdrucksstark und in seiner individuellen Psychologie darstellten, d. h. hinter der äußeren Erscheinung das Innere sichtbar machten, brachten sie sich in einen tödlichen Gegensatz zur herrschenden Doktrin; individuell dargestellte Menschen beanspruchen auch das Recht individuellen, nicht gleichgeschalteten Handelns und Denkens für sich, auch und gerade im politischen Raum.

Im Verzicht auf äußere Wirklichkeiten, auf das flächige naturalistische Abbild, tritt die abstrakte Kunst selbst als unmittelbare, wahrgenommene Wirklichkeit auf. Es gehört zu den ideologisch-politischen Treppenwitzen der Kunstgeschichte, daß der Verzicht auf eine wirklichkeitskonforme Darstellung keineswegs jenen formalistischen Willkürakt darstelle, wie er den „entarteten" Künstlern von nationalsozialistischen Kunstapologeten denunzierend unterstellt wird. Im Gegenteil, die politisch benutzbaren Erzeugnisse der „Meister des deutschen Schamhaares" lieferten selber die trivialsten Beispiele für einen Verzicht auf äußere Wirklichkeiten. Die nationalsozialistische Malerei ist alles andere als realistisch, die Akte und Kriegsdarstellungen, die Kämpfer und Krieger sind in ihrer Darstellung ideologisch determiniert, sie sind Ausdruck des bekannten „Blut und Boden"-Mythos. Einem überdies noch mißverstandenen Klassizismus verpflichtet, verdeutlichen die malerischen Sprachgebärden eines Adolf Ziegler, Paul Padua oder Ivo Saliger anschaulich die Flucht aus der Wirklichkeit in kleinbürgerliche Mythologien: Saligers *Paris-Urteil* stellt die drei Göttinnen als BDM-Mädel und den trojanischen Helden als SA-Mann dar; Paduas *Leda mit dem Schwan* ist eine (scham-)haargenaue Darstellung aus dem deutschtümelnden Bilderkosmos der Nazis. Beide Bilder entblößen im doppelten Wortsinne die tatsächliche Deformation des Menschenbildes durch die NS-Malerei; sie sind letztlich nichts anderes als Ausgeburten eines ästhetisch nur dürftig verbrämten pornographischen Voyeurismus.

So war es im Sinne des offiziellen Staatsziels nur konsequent, die Menschendarstellungen von Expressionismus und Neuer Sachlichkeit dem Verdikt der „Verfallskunst" zu unterwerfen. Es konnten von den Propagandisten einer Kunst und Kultur, deren statusvermittelnde Funktion es ja gerade war, die gewünschte heroische und harmonische gesellschaftliche Realität abzubilden, keine ablenkenden Gegenbilder geduldet werden. Klaus Wolbert bringt in seiner 1982 erschienenen Studie *Die Nackten und die Toten des Dritten Reiches* die Konfrontation auf den Begriff, wenn er sagt, daß allein jenem in den Statuen des Dritten Reiches „erscheinenden nackten Ideal zeitüberdauerndes Leben zukam, während der reale Mensch seinen Körper zu opfern hatte".[1] Und es wäre hinzuzufügen: zuerst in der Arena des sportlichen Wettkampfs, später in der Arena des Krieges. Für die nationalsozialistischen Kunstexegeten hatte die Aktdarstellung vorzüglich der Sache des „blutvollen Lebens" zu dienen.

Die „deutsche Kunst" wollte in der Aktdarstellung „die gesunde körperliche Basis, den biologischen Wert der Person als Voraussetzung jeder völkischen und geistigen Neugeburt vor Augen stellen".

Ihr ging es um Leiber, „um Bestformen, um rein durchgebildeten Gliederbau, um rassige Straffheit, um gut durchblutete Haut, um den angeborenen Wohllaut der Bewegung und um sichtbare vitale Reserven, kurz um eine moderne und deshalb fühlbar sportliche Klassizität", wie F. A. Kauffmann in seinem 1941 erschienenen Buch *Die neue deutsche Malerei* präzisierte. Und er fährt fort: „Dem neuen Deutschland ist in der Tat jede gesunde Glücksmöglichkeit ein willkommener Beitrag zu seinem Programm nationaler Lebensfreude; es pflegt sie insbesondere da, wo sie die Leistungen von Mann und Frau in ihren Urpflichten zu steigern verspricht, also den kämpfenden Geist und die Fruchtbarkeit."[2]

Die in den schönen Künsten zur Folie, zur bloßen Form entwirklichte deutsche Frau und der in die gleiche Schablone gepreßte SA-Mann oder Hitlerjunge sollten zum Träger eines neuen synthetischen Typs von Menschen werden: synthetisch im Sinne einer aus fragwürdigen Idealkomponenten zusammengesetzten und der nordischen „Bestform" entsprechenden, „gut durchbluteten" Art arischer Wesenheit. Als ideologische Kurtisane Hitlers hat Leni Riefenstahl mit ihrem Talent zur politischen Prostitution wesentlich dazu beigetragen, daß der Film als Ganzes im Dritten Reich zur Dirne der Macht verkam. Ihre hohe sensuelle Begabung, ihr sicherer ästhetischer Instinkt, ihr untrügliches Gefühl für Rhythmus und Zeitökonomie sowie ihr klinisches Auge für den wesentlichen Moment, wie sie in Leni Riefenstahls Persönlichkeit harmonisch zur Wirkungssymbiose verschmolzen, wären einer humaneren Sache würdig gewesen.

Georg Seeßlen, Kenner der Pop-Mythologie des Kinos, hat versucht, vier geschichtliche Varianten zur Rolle der Person und der Künstlerin Leni Riefenstahl im Dritten Reich zu unterscheiden: den linken, den rechten, den liberalen und den anarchisch-popkulturellen Mythos. Während die „linke" Filmgeschichte die Riefenstahl als Mitläuferin des Systems und als künstlerische Realisatorin der nationalsozialistischen Propaganda anklage, versuche die „rechte" die unpolitische Künstlerin in ihrem eigenen ästhetischen

[1] Klaus Wolbert, Die Nackten und die Toten des Dritten Reiches, a. a. O.
[2] F. A. Kauffmann, Die neue deutsche Malerei. Deutsche Informationsstelle „Das Deutschland der Gegenwart", Nr. 11, Berlin 1941, S. 26 ff.

Anspruch vom externen Mißbrauch durch den Nationalsozialismus freizusprechen. Die liberale Geschichtsschreibung vereinige beide Positionen zu einem gespaltenen Bild: zur verdammenswerten Kollaborateurin einerseits und zur heute noch respekterheischenden Künstlerin andererseits. Seeßlen favorisiert freilich die vierte Fassung, den anarchischen Pop-Mythos, der sich über die allzu einfältig moralisierenden Grenzziehungen zwischen politischer Zeitgeschichte und Filmgeschichte hinwegsetzt. Seeßlen bewegt sich damit nicht mehr auf dem Terrain von Ogan und Friedländer, die die imaginative Verarbeitung der Faszination der faschistischen Gewaltherrschaft und ihrer Symbolik und Ästhetik in den bisher primär politisch und moralisch orientierten Diskurs der Vergangenheitsbewältigung hineinnehmen wollen, sondern er setzt sich eher mit dem zunächst ungefährlich erscheinenden Größenwahnsinn und Totalitarismus der Pop-Industrie auseinander, die in bestimmten Wellen alle Medien und Produkte und Rezeptionsweisen auf einen Star hin auszurichten versucht. Wenn er dabei als Gewährsleute die von der Riefenstahl photographierten Mick und Bianca Jagger oder Susan Sontag anführt, so muß er eingestehen, daß der politisch immunisierte Blick auf Riefenstahls Werk als eine Nazi-Pop-Kultur, Made in Germany, allein „aus einem Gefühl der politischen Sicherheit" geführt werden kann. Dieses Gefühl ist ebenso trügerisch, wie es die Gefühls-Dauer-Laugen der Pop-Kultur sind.

Wenn man Seeßlens Überlegungen zur Pop-Kultivierung des Riefenstahl-Mythos wiederum politisiert, dann ergeben sich freilich umgekehrt weitreichende Folgerungen: Zur moralisch-politischen muß die ästhetisch-symbolische Bewältigung der NS-Bewegung hinzutreten, beide Aufarbeitungsformen bedienen sich eines sich wechselseitig steigernden Phänomens: gleichgeschaltete Kunst als Spiegel einer progressiv ästhetisierenden Politik, die jedes humane Maß hinter sich läßt und in der Katastrophe endet. Die scheinbar so zeitlos-ewige NS-Botschaft und ihre Symbolik erweisen sich als Produkte einer Traumfabrik, die ähnlich funktionierte wie die Kulturindustrie Hollywoods. Damit ergibt sich einerseits die Forderung, die faschisierenden Impulse der Unterhaltungs- und Lifestyle-Branche zu reflektieren – bis hin zu den zeitgenössischen Body-Werbe-Skulpturen eines Wolfgang Joop; andererseits muß die ästhetische Analyse fragen, wie weit faschistische Bildwelten durch den über die Verwertungszusammenhänge der Kultur- und Werbeindustrie aufgeklärten Konsumenten ihrer eigenen Lüge überführt werden können. „Während der linke Mythos argwöhnt, der Nürnberger Reichsparteitag sei für den Film *Triumph des Willens* inszeniert worden, während der rechte Mythos umgekehrt beschwichtigt, Leni Riefenstahl habe nur das, und in übrigens bewundernswerter Manier, „dokumentarisch" festgehalten, was in der Wirklichkeit geschah, und während der liberale Mythos einen Reichsparteitag einen Reichsparteitag und eine Schnittfolge eine Schnittfolge sein läßt, entzündet sich der Pop-Mythos an dem Gedanken, Leni Riefenstahl habe ihren Reichsparteitag sozusagen ganz allein erfunden, als eine erotisch-ästhetische Vision."

Seeßlens Kritik geht über das meiste bisher Geäußerte weit hinaus, wenn er feststellt, daß die Riefenstahl in ihren Filmen ihre eigene Politik einer drakonischen Schönheit ausübe, eine Politik, die ihr Material unnachgiebig aus der Wirklichkeit herausselektiere. In einer Art subversiven Opportunismus habe die weibliche Künstler-Amazone somit die Wahrheit des männerdurchherrschten Systems auf den Punkt gebracht: „Leni Riefenstahl dreht sozusagen Anti-Dokumentarfilme, Filme, deren Ziel die Vernichtung der Wirklichkeit ist. Nur wer oben, erfolgreich, stark ist, erhält ihre Bewunderung, alles, was unten, weich, sanft ist, was weiblich, demokratisch, skrupulös ist, erregt ihren Ekel. Ihre Filme müssen so noch weiter nach oben gelangen, sich als noch stärker erweisen, noch mehr Triumphe erzielen als die dargestellten Ereignisse. Sie sind, um es in einem scheinbaren Paradox auszudrücken, noch faschistischer als der Faschismus, und sie erreichen dabei einen Grad stilistischer Abstraktion, ein Grundmuster faschistischer Wahrnehmung, der insofern ‚Unschuld‘ für sie requirieren kann, weil sie ja nie ‚Verlangen nach Realität‘ umfaßte.“[1]

Wo die ästhetische Kompetenz ihre moralische Komponente schuldig bleibt, kann eine Symbiose aus sportlichen, kinematographischen und akustischen raumzeitlichen Bewegungen nur im rein formalen Sinne gelingen. Zum absoluten ästhetischen Kunstprodukt gehört aber nicht nur die Wahrheit der zusammenwirkenden Elemente der Verzeitlichung, sondern auch die inhaltliche Wahrhaftigkeit. Das griechische Wort aisthesis für Wahrnehmung interpretiert Leni Riefenstahl für sich als Recht auf subjektive Gewichtung von Ereignissen und Erscheinungen, die sie durch ihre ideologische Brille für die spätere Wahrnehmung durch das Publikum verfügbar macht, oktroyierendes selektives Material, das allein ihren höheren Zwecken dient: Der Inthronisierung des idealtypischen neuen Menschen, Ideologieträger par excellence, die Hitler, wie er selber fordert, als Speerspitzen für seine Kriege braucht: „Die heutige Zeit arbeitet an einem neuen Menschentyp. […] Sport-, Wett- und Kampfspiele stählen Millionen jugendlicher Körper und zeigen sie uns nun steigend in einer Form und Verfassung, wie sie vielleicht tausend Jahre lang nicht gesehen, ja kaum geahnt worden sind.“ Dieses Idealbild des neuen Menschentypus sah Hitler bei den Olympischen Spielen „in seiner strahlenden, stolzen, körperlichen Kraft in Erscheinung treten“.[2] Mit Hilfe von Riefenstahls Olympia-Film wird dieser Mutant eines neuen Menschen über die affektgelenkte Wahrnehmung von vielen Millionen eben diesen als Vorbild empfohlen. Diese Perspektive der Blickverengung auf ein subjektives Menschenbild unterwirft nicht nur den ahnungslosen Zuschauer ihrem einzigartigen Blick: Sie zieht auch den Kenner in ihren Bildersog.

Das Kunstschöne, die Politik, die Widersprüche

Ein Volk von Gelehrten wird den Himmel nicht erobern, ja nicht einmal auf dieser Erde sich das Dasein zu sichern vermögen. Ein verfaulter Körper wird durch einen strahlenden Geist nicht im geringsten ästhetischer gemacht. […] Was das griechische Schönheitsideal unsterblich sein läßt, ist die wundervolle Verbindung herrlichster körperlicher Schönheit und strahlendem Geist und edelster Seele.

Adolf Hitler [3]

Während Leni Riefenstahls visualisiertes Ideal vom Schönen sich mühelos aus ihren bewegten Bildern deduzieren läßt, bleibt ihr theoretischer Schönheitsbegriff diffus. Dabei gilt es allerdings zu unterscheiden zwischen dem Idealporträt des schönen neuen Menschentypus und den Menschen als idealer Summierung erhabener Kraft, wie sie die Regisseurin in Formationen und Kolonnen und deren am liebsten geometrischen Bewegungen in den Parteitagsfilmen in Szene setzt. Der Begriff der summativen Schönheit, sowohl als qualitative wie quantitative Addition, meint freilich eine Verfallsform des klassischen Begriffs von Schönheit als Individuell-Allgemeines, als phänomenaler Realisierung und Vorstellung eines freien Spiels von Elementen. Am einzelnen oder an den vielen summierte Schönheit verletzt den Traum der Anmut, die sich des Begriffs, der Kontrolle, der Herrschaft entzieht. Die Schönheit wird zur Mechanik aus der Traumfabrik. Die klassischen Vorstellungen einer natürlich-genialen Originalschöpfung des

[1] Georg Seeßlen, Das Mädchen, das Krieger sein wollte. Zu Leni Riefenstahls Filmen und Bildern – aus Anlaß des 90. Geburtstags. In: Der Tagesspiegel, Berlin, 22. August 1992. – Vgl. auch Hilmar Hoffmann, Triumph des Willens. In: 111 Meisterwerke des Films. Hrsg. Günter Engelhard/Walter Schobert in Zusammenarbeit mit Rheinischer Merkur/Christ und Welt. Frankfurt/M. 1989, S. 129-132.
[2] Adolf Hitler zur Eröffnung des Hauses der Deutschen Kunst am 18. Juli 1937. Zitiert nach: Völkischer Beobachter, Münchner Ausgabe, 19. 7. 1937.
[3] Adolf Hitler, Mein Kampf. Kapitel Erziehungsgrundsätze des völkischen Staates, a. a. O., S. 452 f.

Schönen auf der Produzentenseite und der Schönheit als Gegenstand des interesselosen Wohlgefallens (Kant) auf der Rezipientenseite werden zu Masken, zu stilistischen Kampfstrategien und Emblemen eines kulturellen und politischen Theaters verdinglicht. Daher kommen die Strategien der Schönung und die Politik der Lenkung der Massen einander unentwegt ins Gehege. Leni Riefenstahls Maßstäbe für die Inszenierung des Schönen und Erhabenen suchen im Klassizismus ihre Urbilder, als noch Symmetrie, natürliche Proportionen und Harmonie den Kanon des Kunstschönen konstituierten. Sie kosmetisiert, was sie aus den Vorbildern gebrauchen wollte, mit Elementen der Kraft sowie mit dynamischen Fermenten zum schönen Schein. Riefenstahl hat wie kaum ein Regisseur vor ihr – abgesehen von Griffith, Abel Gance und Eisenstein – die virtuelle Schönheit der Massen entdeckt, nicht der statischen, sondern der ornamenthaft in Bewegung versetzten Menge, wodurch sich die Raumwahrnehmung völlig verändern kann. Noch die Geometrie der anonymen Marschkolonnen und Menschenquader wird in ihren Filmen sinnlich faßbar und für den Rezipienten als mitreißende ästhetische Qualität erfahrbar, die die politische impliziert. Zwischen den Aufnahmen auf dem Parteitagsgelände und ihrer Montage im Schneideraum hat es keine Klima-Umschwünge gegeben. Sie hat die Zurichtung des Materials und dessen Inhalt ins Eigene gewendet und mit ihrer Gefühlsdichte imprägniert.

Exkurs

Der filmische Blick und seine Verknüpfung mit Theorien der Massenbildung

Das dionysische Erlebnis, von dem diese Worte künden, finden wir erniedrigt wieder im kollektivistischen Rausch, in der rein egoistisch-genußhaften, im Grunde nichts Reelles verbürgenden Lust des jungen Menschen am Marschieren im Massentritt unterm Singen von Liedern, die eine Mischung von heruntergekommenem Volkslied und Leitartikel sind. Die Jugend liebt das allem persönlichen Lebensernst enthobene Aufgehen im Massenhaften um seiner selbst willen und kümmert sich um Marschziele nicht viel. Aufgefordert, das Glück, das sie dabei findet, etwas näher zu bestimmen, legt sie nicht gerade viel Neigung zu konkreten Einlösungen und Verwirklichungen an den Tag.

Thomas Mann[1]

Gilles Deleuze hat in seiner Kinophilosophie Hitchcocks suspense, Eisensteins Schocks und Abel Gance' Erhabenes als Modelle einer seriösen Massenkunst bestimmt, deren konstruktive Bildersprache sich noch ernsthaft an die Massen als emanzipatorisches Subjekt wende. Sie ringen noch darum, Individualität und Menge miteinander dialektisch zu vermitteln, in der konkreten Utopie eines politischen Prozesses im öffentlichen Raum. „[...] die Massenkunst und die Behandlung der Massen, die nicht getrennt werden durfte von der Wandlung der Massen zum wahrhaften Subjekt, ist der Propaganda und der staatlichen Manipulation verfallen: einer Art Faschismus, der Hitler mit Hollywood und Hollywood mit Hitler vereinigte. Der geistige Automat wurde zum faschistischen Menschen. Serge Daney zufolge waren es ‚die großen politischen Inszenierungen, die zu lebenden Bildern gewordene Staatspropaganda, die ersten Massentransporte' und, im Hintergrund, die Lager, welche das Kino als Bewegungs-Bild in Frage stellten. Sie haben den Ambitionen des ‚alten Kinos' die Totenglocke geläutet. Es waren nicht oder

[1] Thomas Mann, Achtung Europa! Rede 1935. In: Ders.: Essays. Band 2: Politik. Hrsg. Hermann Kurzke, Frankfurt/M. 1972, S. 162-172, Zitat S. 164.

nicht allein die Mittelmäßigkeit und Vulgarität der herrschenden Produktion daran schuld, eher Leni Riefenstahl, die keineswegs mittelmäßig war."[1]

Nach Paul Virilio, dem Urbanisten und Medienforscher, betreiben die bewegten Bilder des Kinos immer schon eine technische Aufrüstung der Sinne, eine Bewaffnung der Wahrnehmung, die den Krieg simuliere und in die technische Kriegsapparatur von der Luftaufklärung bis zum Computerkrieg tief eingelassen sei. Im Gegensatz zu Deleuzes Verfallstheorie der Kunst des Bewegungsbildes sei das Kinobild immer schon anfällig gewesen für die visuelle Simulation und Mobilisierung des Krieges. Ein leiseres, europäisches Autorenkino hat dem widersprochen – mit einigem ästhetischen Erfolg. Im Falle von Olympia *behält Virilios harte Kinotheorie gegenüber Deleuzes' zärtlicher Cinephilie mehr als recht. Riefenstahls Filme sowohl von den Reichsparteitagen wie von den Berliner Spielen zielen auf die direkte Ästhetik der kriegerischen Mobilisierung der Masse. Auf den weiten Parteitagsarealen wie im Massenstadion, in den großen Kolonnen gibt es statt Individuen nur Vordermänner, es gibt keinen festen Ort, keine Behausung, nur noch militärische Fluchtlinien und Visierpunkte, strategische Achsen und Marschrichtungen. Der Überblick der Kamera sympathisiert immer schon mit dem Reißbrett des Ruinen- und Lichtdomarchitekten Speer, mit den Generalstabskarten Hitlers und seiner Generäle. Hinter dem Film steht, auf ästhetisch-politischer Metaebene, „Hitler als Filmemacher". Darin sind sich Zeitzeugen und Interpreten so unterschiedlicher politischer Provenienz und Glaubwürdigkeit wie Speer und Riefenstahl, Syberberg und Deleuze einig.[2]*

„Und es trifft zu, daß sich der Nationalsozialismus bis zum Ende im Wettstreit mit Hollywood sah. Das revolutionäre Verlöbnis des Bewegungs-Bildes mit einer Kunst der zum Subjekt gewordenen Massen zerbrach; an seine Stelle traten die unterworfenen Massen als psychischer Automat sowie ihre Führer als großer geistiger Automat. Deswegen konnte Syberberg die Behauptung aufstellen: die Vollendung des Bewegungs-Bildes ist Leni Riefenstahl."[3]

Die Quintessenz der Körperpolitik in Olympia *ist die Dissoziation des öffentlichen Raumes. Der Erstarrung der Massen unter dem faschistischen Kommando von oben, der Verlust eines genuinen, individualisierenden Bewußtseins einer Revolution von unten, festgehalten in weiten Totalen auf der einen Seite; dagegen noch einmal Bewegung als bloßer Sport, nicht mehr als geistige, sondern als rein physisch-materielle, körperlich-rassische Mobilität, reproduziert und manipuliert von der modernen Kameratechnik zu einem irrealen, reinen Kinospektakel.[4]*

Die Verführung des Films, die vor allem die olympische Bewegung betrifft, lag darin, diese Spaltung zu ästhetisieren. Das Ritual des Sport-Protokolls sollte zur mythisierten Präambel vor einer jeden *konkreten Geste, zur Ummantelung jedes einzelnen Alltagsmomentes der Spiele werden, um die olympische Wirklichkeit zum technisch reproduzierbaren Dauertraum zu verdichten.*

„Ein Volk, das, wie Leni Riefenstahl sagte, plötzlich einen Horror hatte vor dem Alltäglichen, dem Üblichen, das fasziniert war von der Versuchung durch das Ungewöhnliche, sollte unmittelbarer Zuschauer des Weltgeschehens werden. Hitlers erstes Opfer war der alltägliche Realismus. Seine Verbrechen bleiben unverständlich, wenn man nicht an seine erstaunlichen Bühnenkenntnisse, an sein Interesse für Drehbühnen, Versenkungsmechanismen und besonders für die verschiedenen Beleuchtungstechniken denkt."[5]

Was Amos Vogel aus Philadelphia zum Parteitagsfilm Triumph des Willens *(1934) notiert, gilt in gewisser Weise auch für* Olympia: *„Der verblüffendste Effekt des Unternehmens war die Schaffung einer künstlichen Welt, die völlig real aussah; das Resultat war das erste und bedeutendste Beispiel eines ‚authentischen Dokumentarfilms' über ein Pseudoereignis. Die Vorstellung ist schwer zu fassen, daß dieses riesige Treffen –*

[1] Gilles Deleuze, Das Zeit-Bild. Kino 2. Übersetzt von Klaus Englert. Frankfurt/Main 1991, S. 215.

[2] Insofern ist die gegenteilige Annahme falsch, der *Olympia*-Film sei auf den Führer nicht zentriert, weil Hitler als Staatsmann, Person und Zuschauer nur an wenigen, übrigens wichtigen, Stellen im Film erscheine, wie Hajo Bernett annahm (vgl. Bernett in der Diskussion zu: Martin Loiperdinger, Die Olympischen Spiele in Berlin als internationaler Reichsparteitag. In: Olympia – Berlin, a. a. O., S. 180).

[3] Deleuze, Das Zeit-Bild. Kino 2, a. a. O., S. 337.

[4] Vgl. Hilmar Hoffmann, Der Film als Hure der Macht. In: Berlin – Zentrum der Filmkultur – Von der Ufa bis zur Defa. Dokumentation der Goethe-Universität Frankfurt/M. Hrsg. Inge Degenhardt, WS 1986/87, S. 90-104.

[5] Paul Virilio, Krieg und Kino. Logistik der Wahrnehmung. München – Wien 1986, S. 105 f.

mit mehr als einer Million Statisten, mehr also als in Intolerance *und* Cleopatra *auftraten – in erster Linie für den Film inszeniert wurde."*[1]

Erwin Leiser, bekannt durch seinen Anti-Hitler-Film „Mein Kampf" (1960) und derzeit mit einer BBC-Dokumentation über Riefenstahls Werk beschäftigt, hat „Triumph des Willens" als „einmalig in der Geschichte des Non-fiction-Films" bezeichnet, weil „das Geschehen so arrangiert wurde, daß ein groß angelegter Propagandafilm darüber hergestellt werden konnte. [...] Auch die beiden Filme „Olympia – Fest der Völker" und „Olympia – Fest der Schönheit" sind nicht etwa unpolitische Filme über ein großes Schauspiel im Zeichen sportlicher Ideale [...]"[2]

Helmut König hat daher zu Recht die nationalsozialistische Organisationsmanie und Angst vor dem Zufall als zentrale sozialpsychologische Faktoren des olympischen Festspielteils herausgestellt. Denn die „Utopie" des Festes bestünde darin, über die verantwortliche und verantwortungsvolle Planbarkeit einer „Veranstaltung" hinauszugehen und im Unvorhergesehenen, in der spontanen Freude die Erfüllung zu finden.[3]

Thomas Wolfe, zeitgenössischer Beobachter, hat den „Zug zur Unfreiheit, den jede Totalinszenierung enthält", so formuliert: „Das Unheilverkündende lag darin, daß diese Machtdemonstration offensichtlich über die Erfordernisse des sportlichen Ereignisses hinausging."[4]

Dies Argument besticht vor allem dann, wenn man den militärischen Aufwand der Inszenierung nicht mehr ausschließlich moralisierend kritisiert, sondern schlichtweg als überflüssigen Sicherheitspanzer betrachtet, der eine effektivere, leichtere und heitere Organisation eines wirklichen Festes behindert. Indem die Zuschauer in ihrer sozioemotiven Bewegungsfreiheit festgebannt werden, können sie selbst für eine übergestülpte Ornamentik fortschreitender Einschüchterung mißbraucht werden. Sigmund Freud hat schon 1921 in seiner Abhandlung „Massenpsychologie und Ich-Analyse" darauf hingewiesen, daß Massenpsychologie und Individualpsychologie miteinander verschränkt sind. Der charismatische Führer wird so lange als Handlungsweisender anerkannt, wie durch Imitation seiner Qualitäten auf ein eigenes Ich-Ideal verzichtet wird. Mit der Preisgabe der Autonomie schwindet die Möglichkeit, sich als Individuum von allen anderen zu unterscheiden. Im fremdgesteuerten, heteronomen Entwurf artikuliert einer, wie er selbst gern wäre: unter den gegebenen gesellschaftlichen Umständen traut sich längst keiner mehr zu, aus sich selbst zu schöpfen. Wird der Entwurf des eigenen idealen Ichs durch die Qualitäten eines einzigen anderen, des Führers, ersetzt, den auch andere zum Vorbild nehmen, schalten sich die Individuen in ihren Selbstentwürfen gleich; sie identifizieren sich miteinander und schließen abweichende Bestimmungen und Differenzen aus: „Eine solche primäre [ohne komplexere Organisation konstituierte] Masse ist eine Anzahl von Individuen, die ein und dasselbe Objekt an die Stelle ihres Ich-Ideals gesetzt und sich infolgedessen in ihrem Ich miteinander identifiziert haben."[5]

Freud erklärt die Massenbildung als Regression, in der die „Sonderung von Ich und Ich-Ideal" zurückgenommen wird.[6] *Aber in der Masse gehen nach Freud auch die erst seit 1929 ausdifferenzierten Instanzen zwischen Über-Ich, Ich-Ideal, Ich und Es unter. Dabei ist das Über-Ich nicht, wie so oft geschrieben wurde, nur der negative Ort der Schuld und des schlechten Gewissens, sondern auch die Instanz moralischer Autonomie und gesellschaftlich immer wieder neu zu bestimmender Verantwortung. Das Ich-Ideal ist nicht allein der unerfüllte Traum außerhalb der geschmälerten Realität, der zum Minderwertigkeitskomplex führt, sondern der persönliche Entwurf vom guten Leben. Über-Ich und Ich-Ideal wären die beiden Bestandteile einer zugleich individuellen und kollektiven Kultur, die eine Ethik verantwortlicher Selbstbestimmung und eine Ästhetik der guten, gelingenden Lebensform enthält. Erst wenn die Normen des Über-Ichs und*

[1] Zitiert nach: Virilio, Krieg und Kino. Logistik der Wahrnehmung, a. a. O., S. 107.

[2] Erwin Leiser, Die „Kunst" des Verdrängens. In: Israelisches Wochenblatt für die Schweiz, Zürich, Nr. 25, 19. Juni 1987, S. 5-7, Zitat S. 6.

[3] Helmut König, Masseninszenierungen im NS. Eine sozialpsychologische Analyse des Festspiels „Olympische Jugend". In: Olympia – Berlin, a. a. O., S. 131-149., Zitat S. 132.

[4] Zitiert nach: Uwe Schmitt, Der gespielte Friede. In: Frankfurter Allgemeine Zeitung, Nr. 176, 2. August 1986.

[5] Sigmund Freud, Massenpsychologie und Ich-Analyse. In: Freud, Studienausgabe. Band IX, Frankfurt/M. 1974, S. 61-134, Zitat S. 108.

[6] Freud, Massenpsychologie und Ich-Analyse, a. a. O., S. 120.

die Wünsche des Ich-Ideals zu hoch gehängt sind, droht dem realen Bewußtsein die Depression. Das unbewußte Es rebelliert gegen Norm und Ideal, um im periodischen Durchbruch und Exzeß die einengenden Grenzen zu überschreiten.

Im Prozeß der Verarmung wird also das Ich, als Fähigkeit zum eigenen Entwurf, zu seiner Autonomie und zur Individualität, liquidiert. Davon zehrt der Faschismus: Denn die sogenannte Volksgemeinschaft stärkt den einzelnen nur imaginär, und zwar auf Kosten seines persönlichen Selbstbewußtseins und seiner Selbstgestaltung.

„Wenn er aus seiner kleinen Arbeitsstätte oder aus dem großen Betrieb, in dem er sich recht klein fühlt, zum ersten Male in die Massenversammlung hineintritt und nun Tausende und Tausende Menschen gleicher Gesinnung um sich hat, wenn er als Suchender in die gewaltige Wirkung des suggestiven Rausches und der Begeisterung von drei- bis viertausend anderen mitgerissen wird, wenn der sichtbare Erfolg und die Zustimmung von Tausenden ihm die Richtigkeit der neuen Lehre bestätigen und zum ersten Mal den Zweifel an der Wahrheit seiner bisherigen Überzeugung erwecken – dann unterliegt er selbst dem zauberhaften Einfluß dessen, was wir mit dem Wort Massensuggestion bezeichnen. Das Wollen, die Sehnsucht, aber auch die Kraft von Tausenden akkumuliert sich in jedem einzelnen. Der Mann, der zweifelnd und schwankend eine solche Versammlung betritt, verläßt sie innerlich gefestigt: er ist zum Glied einer Gemeinschaft geworden.“[1]

Die Vermassung entspricht der Welt der „Serienproduktion“, weil eigenständige Urteile von Individuen durch willkürliche Schematisierung, durch „blinde Subsumtion“ ersetzt werden. Horkheimer und Adorno haben dieses blockartige Denken als „Tickets“ bezeichnet, in denen mit der Wahl einer Position gleich ein ganzes Bündel zusätzlicher Einstellungen eingehandelt werden.[2] *Unter der Regression des Individuums ist keineswegs ein einfaches Versinken des Ichs ins Unbewußte zu verstehen. In verschiedenen biographischen und gesellschaftlichen Umständen wird die Balance zwischen den psychischen Instanzen bis hin zur Deformation der Persönlichkeit verschoben. In den 1949/50 erschienenen* Studien zum autoritären Charakter *haben Adorno, Horkheimer und weitere Mitarbeiter des Instituts für Sozialforschung im amerikanischen Exil untersucht, wie die integrierte Psychodynamik in einseitig ausgeprägte Rollentypen zerfallen kann: dem konventionellen Typ fehlt die Selbstgestaltung von Über-Ich und Ich-Ideal, beim autoritären Typ ist das Über-Ich zum ressentimenthaft triebunterdrückenden Regime geworden; der Rowdy läßt seinen antiautoritären Impulsen so lange freien Lauf, bis er vorm neuen Führer kapituliert, der realitätsferne Spinner lebt nur noch mit eigenen Projektionen, und der manipulative Verwaltungstypus trainiert in seinem Tätigkeitsfeld die kommende totalitäre Ordnung ein.*[3]

Miteinander bilden diese Typen ein fatales Team, in dem Irrationalismus und Totalitarismus sich zu einem massenweisen System zusammenschließen können.

In Diems Festspiel Olympische Jugend *wird in vier Bildern und Stufen – gefolgt von dem Finale der* Neunten Symphonie *– die schrittweise Brechung des eigengesteuerten narzißtischen Selbstbewußtseins zwischen Es, Ich, idealem Ich-Entwurf und Über-Ich dargestellt. Während im „Kindlichen Spiel“ reales Ich und Idealvorstellung noch relativ ungeschieden zur Geltung kommen, treibt die „Anmut der Mädchen“ die Differenz zwischen Sein und Wunsch schon auseinander, um sie im „Jünglinge in Spiel und Ernst“ schon in den Gegensatz von Lust und schicksalhafter Fremdbestimmung aufzuspalten. Die vierte Station* Heldenkampf und Totenklage *verschärft diese Spaltung zur Identifikation mit dem Todesernst und repräsentiert in kreisförmiger Vollendung den für beide Gegner tödlichen Kampf. Dieses Finale – von Beethovens* Neunter Symphonie *gekrönt – verklärt die Liquidierung des Bewußtseins von Individualität. Ego und Alter werden im Kampf gleichgeschaltet und im Tod vereint. Der Faschismus bricht die Individualität*

[1] Hitler, Mein Kampf, a. a. O., S. 535 f.
[2] Max Horkheimer und Theodor W. Adorno, Dialektik der Aufklärung. Philosophische Fragmente. Insbesondere das Kapitel: Elemente des Antisemitismus. Grenzen der Aufklärung. Frankfurt/M. 1969, S. 151-186, Zitat S. 180.
[3] Theodor Adorno, Studien zum autoritären Charakter. Aus dem Amerikanischen von Milli Weinbrenner. Vorrede v. L. v. Friedeburg. Frankfurt/M. 1973, S. 314-339.

und das Selbstbewußtsein durch die übermäßige Spaltung, Entleerung und Beseitigung von Ich und Ich-Ideal in der selbstmörderischen Perfektion einer „Endlösung". So sahen es auch Carl Diem und Mary Wigmann, die Totentänzerin:

Denkt der Toten, / dankt den Toten, / die vollendet ihren Kreis. / Ihnen aller Ehren / allerhöchsten Siegespreis.[1]

80 Der Diskuswerfer. Szenenfoto aus *Olympia. Fest der Völker* von Leni Riefenstahl (Detail)

„Nun, diese Totenklage ist nicht gedacht als ein trauerndes Sich-Versenken in lebensverneinende Gefühle. Sie ist vielmehr aufzufassen als eine feierliche Totenehrung, ein Gedanke, der unserer Jugend durchaus nicht fremd ist, dem sie vielmehr in erzieherisch bewußter Ehrfurcht durch nationale Gedenktage, durch Mahn- und Ehrenmale zugeführt wird."[2]

An die Stelle der konkreten Utopie des Selbstbewußtseins, sich selbst wandeln zu können, tritt der todesverheißende Ruf des Führers, der schon alles anders machen wird und der die selbstmörderische Selbstverleugnung mit dem letzten und äußersten Siegerpreis bedenkt. Beethovens Chorfinale, das mit einem am oberen Stadionrand aufflammenden Feuermeer die Akteure auf dem Rasen und die Zuschauer auf den Rängen zu einer jubelnden Einheit verschmelzen sollte, wird zum Zeichen erpreßter Versöhnung.

Das exakte olympische Ritual symbolisiert den Abstand zwischen Sollen und Sein, Ich-Ideal und realem Ich, körperlichem Leistungswillen und realer Leistungsfähigkeit. Dagegen lassen die jeweiligen Wettbewerbe dem einzelnen Sportler Gestaltungsfreiraum. Er darf und muß seine Kondition so einschätzen, daß der Wettkampf ein verantwortlicher Umgang mit dem eigenen Körper und dem Körper der anderen bleibt. Aus eigener Kraft kann die Chance genutzt werden, Ich-Ideal und reale Leistungsfähigkeit zur Deckung zu bringen. Nur solange Ideal- und Real-Ich noch spannungsvoll miteinander kommunizieren, stellt die sportliche Leistung einen selbstverantwortlichen Einsatz im ethischen Sinne und einen spielerischen Beitrag im ästhetischen Sinne dar. Hier liegen die Ereignisspielräume, die Plötzlichkeiten und Unvorhersehbarkeiten des Sports, das umjubelte Drama des Zufalls, des Glücks und der Niederlage, die den Akteuren selbst zuzurechnen wären.

Nun idealisiert Leni Riefenstahl gerade die Wettbewerbe, also die nicht völlig kontrollierbaren Momente, zu Ritualen. Sie tilgt auf filmischer Ebene den Spielraum und die Ereignishaftigkeit des Sports. Nicht nur Eröffnung und Schluß der Spiele, alles soll olympisches Zeremoniell werden. In dieser abgeschlossenen Totalisierung führt sie die olympische Idee des Sportes als offene Ästhetik und selbstverantwortliche Ethik geradezu ad absurdum. Von der Vollendung eines totalisierenden Rituals mußte ein allein auf abgehobenen Idealismus einerseits und planungstechnische Perfektion andererseits fixiertes IOC begeistert sein.

Unter diesen Voraussetzungen liest sich der ästhetische Filmkanon der Leni Riefenstahl wie ein Setzbaukasten des genormten Sehens.

[1] Carl Diem, Olympische Jugend. Festspiel. XI. Olympische Spiele Berlin 1936. Programmheft, S. 11.
[2] Mary Wigman, „Totenklage" im Festspiel „Olympische Jugend". In: Diem, Olympische Jugend, a. a. O., S. 41.

Für das Naturschöne entlehnt Leni Riefenstahl ihre Vor-Urteile dem platonischen Schönheitsbegriff, wonach das Ideal-Schöne als Urbild alles irdisch Schönen zu begreifen sei. Wenn Schönheit bei den Griechen als ein komplexes Sein gedacht wurde, als Verleiblichung des mythologisch Göttlichen, so präparierte sie mit Hilfe des Objektivs ihre Auswahlkriterien für jene Art von Schönheit heraus, die mit den geschönten Idealen der „Bewegung" nicht nur im körperlichen, sondern auch im ideologischen Sinne dieses von den Nazis vereinnahmten doppelsinnigen Begriffs in Einklang zu bringen war.

Das von Polyklet konstituierte und von seiner Schule weitergetragene griechische Schönheitsideal vom Menschen, welches in Skulpturen wie der *Venus von Milo* oder dem *Diskuswerfer* des Myron sich konkretisierte, war seit der Renaissance Grundlage jeder idealistischen Ästhetik.

Für das deutsche Kulturbewußtsein war Kants Definition des Kunstschönen besonders folgenreich geworden: Das Schöne als die sinnliche Erscheinungsform der sittlichen Idee. Riefenstahl setzt diese Definition mit einem untrüglichen Instinkt für das Wirkungsvolle in der Kunst so um, daß sie dem Kunstschönen eine gehörige Portion Naturgefühl beimengt, um die Betrachter zu emotionalisieren.

Durch die Naturalisierung sollten sie sich mit den abstrakten Ideen leichter identifizieren können. Als reinrassige Exemplare konnten die schönen Menschen aus der Leinwand heraustreten – direkt in die vorurteilsgeladene Vorstellungswelt des Publikums im Parkett.

81 Erwin Huber (Deutschland) beim Diskuswerfen. Szenenfoto aus *Olympia. Fest der Völker*

Im *Olympia*-Film schwelgen denn auch die Kameraobjekte förmlich in Schönheit: Die taktile Linse klebt an den ästhetischen Linien athletischer Figuren und an den pulsierenden Muskelreliefs einzelner Glieder. Vor allem werden Bewegung und Dynamik ästhetisierend ins Bild gesetzt, ob im Sprung, beim Lauf, beim Diskuswurf; noch im Sturz soll der Körper schön erscheinen. Zur natürlichen Eleganz des pfeilgeraden Kopfsprungs vom Zehnmeterturm fügt Riefenstahls Schönheitsfanatismus noch die kunstvolle photographische Note hinzu. Auch in den scharf umrissenen Porträts der äußersten Konzentration beim Start, beim Schießen, beim Kugelstoßen unterschlägt die zur Glätte fotogenisierte angespannte Physis die tatsächliche psychische Anstrengung. Riefenstahls Schönheits-Inszenierung im „Medienverbund" zwischen Malerei, Skulptur, Photographie und Film ist übrigens keine originäre Leistung. Sie paßt sich in die Usancen der NS-Aktdarstellung ein, mit photographierten Körpern und plastischer Kunst zu spielen.[1] Während die Aktmodelle aus Fleisch und Blut der Verkrustung und partiellen Idealisierung unterzogen werden, wird die Skulptur aus Stein wiederum durch die Technik der Nahaufnahme verlebendigt und intimisiert. Im hingebungsvollen Posing machen die realen weiblichen Akte deutlich, daß sie sich selbst als abhängig vom Blick des anderen definieren. Das formale Daseinsideal körperlicher Vollkommenheit ist an den perfektionierten Blick der Vollendung und der Begutachtung gekoppelt. Pygmalion – jene griechische Sagengestalt im Gewande des Königs von Kypros, der sich in eine von ihm selbst geschaffene Statue verliebt und Aphrodite dazu bewegt, der Statue Leben einzuhauchen – wird nun zur Herrschaftsinstanz der Rassenzüchtung, die jeder Ehemann an der Frau durch die Alltagskunst der Kamera vollziehen kann. Die Frau bleibt rollenhaft auf Weibliches fixiert und symbolisiert das volkskörperliche Ganze, Heile und Gesunde.[2] Private Erotik und öffentliche Zuchtpolitik koalieren in einer Strategie der Verführung.

Der Tausch zwischen Photographie und Bildhauerei überspielt ihre Eigengesetzlichkeit. Die Photographie ist nach Roland Barthes die technische Dokumentation einer haluzinatorischen Gegenwart, die im Moment der Aufnahme bereits Vergangenheit geworden ist. Die Skulptur stellt für Michail Bachtin den Entwurf der Zukunft dar, von der aus die Gegenwart Vergangenheit sein wird. Einerseits stärkt die photographische Fixierung die Dauer der Abbildung und stützt technisch das plastische Beharren. Andererseits feiert sie ihre Vernichtung im Sekundenbruchteil.[3]

Das Wechselspiel von Photographie und Skulptur, von Zeitbewußtsein und Ewigkeitsschein im Nazi-Medienverbund hat auch Leni Riefenstahl beeinflußt: So hält sie den „Sprung vom Zehn-Meter-Turm" distanziert als natürlichen Flug oder Fall des gestreckten Körpers mit ausgebreiteten Armen im Gegenlicht der wolkenverhangenen Sonne fest und den „Moment des Eintauchens nach dem Sprung" als skulpturale Implosion, als blasenschäumende Ummantelung des Oberkörpers. Der lebendig arbeitende Körper im Raum und die konkrete Bewegungsarbeit der Athleten in der Zeit werden verdrängt. Dagegen hat der Fotograf Alexander M. Rodtschenko Athleten im kritischen Übergang

1 Vgl. dazu: Silke Wenk, Volkskörper und Medienspiel. Zum Verhältnis von Skulptur und Fotografie im deutschen Faschismus. In: Kunstforum international. Band 114, Juli/August 1991, Imitation und Mimesis, S. 226-236.
2 Vgl. Silke Wenk, Volkskörper und Medienspiel, a. a. O., S. 229-232.
3 Vgl. Silke Wenk, Volkskörper und Medienspiel, a. a. O., S. 234; Roland Barthes, Die helle Kammer. Frankfurt am Main 1989, S. 41, 102 ff., 126; Michail Bachtin, Epos und Roman. In: Anton Hiersche und Edward Kowalski (Hrsg.): Konturen und Perspektiven. Berlin 1969, S. 191-222.

82 Leni Riefenstahl bei den Dreharbeiten zu ihrem Olympia-Film (nachgestellte Szene)

festgehalten: den noch nahen Turmspringer kurz nach dem Absprung bei noch unvollendeter Drehung, den Stabhochspringer bei der heiklen, noch nicht völlig geglückten Überquerung der Latte. Diese Arbeit im Prozeß des Bewegungsablaufes wird in den Riefenstahlschen Photographien „vernichtet" – in den Momenten, in denen sich die „zeitlosen" Schau- und Ewigkeitswerte der imaginären Skulptur automatisch, reflexhaft ergeben, weil nichts mehr durch die Aktionen und Reflexe des Athleten selbst entschieden werden kann.[1] Der Athlet wird zum Fertigprodukt der Kamera und des Zuschauerblicks.

Manchen Champion auf dem Rasen oder auf der Aschenbahn degradieren die auf äußerste Harmonie erpichten Kameras geradezu zum Plagiat der Natur, zur blanken Kopie des Kreatürlichen. Der geistige Anspruch einer Verabsolutierung des Schönen führt damit zur Ästhetisierung von Vorgängen, die so ihrer Realität beraubt werden. Das Evangelium der Wohlgestalt, das Leni Riefenstahl im zweiten Teil des Filmes *Fest der Schönheit* optisch verkündet, kann den formvollendet gestählten jungen Körper auch deshalb mühelos zum Titelhelden küren, weil die Dramaturgie das weniger schöne Alte, das Häßliche, das Gebrechliche sowohl zum Wettbewerb auf der Aschenbahn als auch für den Jubel auf den Stadionrängen gar nicht erst in Betracht zieht.

Indem die Regisseurin alle aus ihrer subjektiven Optik heraus als häßlich befundenen Erscheinungsformen des unzensierten Lebens ausspart, mithin die große Vielfalt menschlicher Natur ausdrücklich verschweigt, betrügt sie die Zuschauer um das Bild der Wirklichkeit. Doch bleibt diese Lüge unbemerkt, weil sie mit der perfekten Retuschierung des Weginszenierten zusammenfällt. In einer Talk-Show befragt, ob sie bereit sei, einen Film über Behinderte zu machen, lautet ihre Anwort lapidar: „Nein!" Das würde sie nicht interessieren; „mich hat alles Optische interessiert, besonders in der irrealen Welt, in der Märchenwelt, im Phantastischen, im Schönen. Ich liebe sehr das Schöne."[2]

Das erklärt nachträglich, warum alle unwillkommene Wirklichkeit „extra muros" bleibt, das grüne Oval des Stadions wurde für die Jugend reserviert; Schönheit exklusiv! Aber wenn das Schöne das Häßliche ausschließt, dann ist Schönheit kein Maßstab für den ästhetischen Wert.

Die Abermillionen Menschen im Ausland, die diese massenmediale Huldigung, dieses Gefühlsbad eines aufdampfenden Über-Optimismus sahen, bekamen ein idealisiertes, sympathisches, friedfertiges Deutschland mit einem entspannt lächelnden Führer aufgetischt – ein wahres Meisterstück propagandistischer „Außenästhetik", einer Mimikry mit bis heute anhaltender Wirkung.

Sport und Rasse

Der Künstler wird immer bestrebt sein, ganz besonders die Bilder seiner Sehnsucht sinnfällig zu gestalten. Und diese Sehnsucht richtet sich im Zwange des Erlebens des eigenen Artgesetzes immer auf das Sichtbarmachen des schönen Menschen, schön im Sinne seiner Rasse.

Paul Schultze-Naumburg [3]

Immerhin waren zur Zeit der Olympiade die Nürnberger Gesetze schon in Kraft; im ersten Konzentrationslager in Sachsenhausen bei Berlin wurden Gegner des Regimes grausam gequält; unter Bruch des Locarno-Vertrages war die Reichswehr am 7. März 1936 in das entmilitarisierte Rheinland einmarschiert, und pünktlich einen Tag nach Eröffnung der Spiele wurde durch Führererlaß und mit dem Einsatz der Legion Condor

[1] Vgl. „Sprung in die Zeit", a. a. O.: Rodtschenko, *Der Sprung ins Wasser* (1934) und *Stabhochsprung* (1936), S. 170 und 173; Riefenstahl, *Sprung vom Zehn-Meter-Turm* (1936) und *Der Moment des Eintauchens nach dem Sprung* (1936), beide S. 172.
[2] Leni Riefenstahl in einer ARD-Talk-Show am 30. 10. 1976.
[3] Paul Schultze-Naumburg, Nordische Schönheit. Ihr Wunschbild im Leben und in der Kunst. Berlin 1937, Zweite, vermehrte Auflage 1943, S. 145.

im Spanischen Bürgerkrieg die Rüstungsmaschinerie in Gang gesetzt. Der Olympiasieger im Modernen Fünfkampf, Gotthard Hondrich, war in Spanien im Einsatz. In einer während der friedlichen Wettkämpfe verfaßten geheimen Denkschrift verordnete Hitler für die folgenden vier Jahre, daß sich die deutsche Industrie auf Rüstungsproduktion umzustellen, daß die Reichswehr den Angriffskrieg im Osten vorzubereiten und die deutsche Wirtschaft in vier Jahren kriegsfähig zu sein habe. Vierzehn Tage nach Abschluß der Sommerspiele wurde die allgemeine Wehrpflicht auf zwei Jahre ausgeweitet, sechs Wochen danach verkündete der Stellvertreter des Führers, Rudolf Hess, die Parole: „Kanonen statt Butter". Die ihre politische Naivität zur moralischen Entlastung strapazierende Leni Riefenstahl hat alles dies gewußt – als Erfolgsmeldungen standen die Fakten in der Zeitung. Im Film davon nicht die mindeste Spur.

Unter realpolitischen Gesichtspunkten also inszenierte der Film mit dem edlen Wettstreit der Nationen ein grandioses Täuschungsmanöver. Der Aufruf von Berliner Antifaschisten an die olympischen Gäste verhallte ungehört: „Verlangt, in die Zuchthäuser und KZs geführt zu werden, um dort die aufrechten freiheitlichen Kämpfer zu sprechen, die gequält und gefoltert werden, weil sie für Frieden, Freiheit, Recht und Wohlstand kämpfen! Helft dem friedliebenden, freiheitlich denkenden deutschen Volk, das wahre Gesicht Hitlers in aller Welt zu entlarven!"

In das stabsmäßig organisierte Täuschungsszenario paßt, daß die „halb-jüdische" Fechterin Helene Mayer, Olympiasiegerin von 1928, 1936 bereits in die USA emigriert, für Nazi-Deutschland dennoch eine Medaille erringen und der „Halbjude" Rudi Ball in Garmisch-Partenkirchen mit der Eishockey-Mannschaft für jenes Dritte Reich kämpfen durfte, das seinen Glaubensbrüdern das Recht auf Leben bestritt. Helene Mayer, von ihrem Offenbacher Verein bereits ausgeschlossen, beantwortete die Verleihung der Silbermedaille mit dem zweideutigen Olympischen Gruß. Die „Volljüdin" Margarete Bergmann aus Stuttgart hatte im Juni 1936, kurz vor Beginn der Spiele, mit 1.60 Meter den deutschen Rekord im Hochsprung eingestellt und damit den Sprung in die Weltklasse geschafft. „Wegen ihrer semitischen Abstammung durfte sie zwei Wochen später nicht an den deutschen Meisterschaften in Berlin teilnehmen, wo dann Elfriede Kaun mit 1.54 Meter gewann."[1]

Sie und weitere zwanzig nach den olympischen Normen qualifizierte jüdische Sportlerinnen und Sportler wurden nicht zugelassen, weil sie keinem deutschen Sportverein angehörten, denn aufgrund der Nürnberger Gesetze war eine Mitgliedschaft für Juden in deutschen Vereinen ausdrücklich ausgeschlossen. Außerdem, so lautete eine andere zynische Argumentation, sei nicht allein die sportliche, sondern auch die moralische Qualifikation Voraussetzung dafür, eine Nation ehrenvoll zu vertreten. Dagegen durfte der „aktenkundige" Kommunist Werner Seelenbinder an den Spielen teilnehmen, beim Ringen belegte er den 4. Platz. Das Schicksal Seelenbinders ist typisch für jene Zeit: für ihn als Mitglied einer kommunistischen Widerstandsgruppe begann der Leidensweg durch neun Gefängnisse und Konzentrationslager, als die Gruppe im Februar 1942 verraten wurde. „Nicht geständig", kommentieren die Akten des „Volksgerichtshofes" das Todesurteil lapidar.[2] Seelenbinder wurde am 24. Oktober 1944 im Zuchthaus Brandenburg-Görden ermordet.

Die Olympiasieger von Athen 1896, die beiden Turner (und Cousins) Alfred und Gustav Felix Flatow, 1936 bei Hitlers Olympiade noch Ehrengäste, wurden 1945 wegen ihrer jüdischen Abstammung im Konzentrationslager Auschwitz ermordet bzw. in Theresienstadt dem Hungertod ausgeliefert. Es hat mehr als vier Jahrzehnte gebraucht, bis die Flatow-Sporthalle in Kreuzberg und die Flatow-Oberschule in Köpenick an die Schicksale der beiden Olympioniken erinnern. Am 12. Dezember 1992 wurde die „Sportbetonte Oberschule" in Berlin-Hohenschönhausen in „Werner-Seelenbinder-

[1] Karl Adolf Scherer, Der Männerorden, a. a. O., S. 132.
[2] Hilmar Hoffmann, Laudatio auf Werner Seelenbinder am 12. Dezember 1992 (Manuskript der Rede zur Namensgebung in der „Sportbetonten Oberschule" in Berlin-Hohenschönhausen).

Schule" umgetauft, nachdem die „Werner-Seelenbinder-Halle", ehemals Austragungsort zahlreicher Sportwettkämpfe, aber auch Tagungsraum für große politische Veranstaltungen der DDR, abgerissen worden war. Hitler hatte mit dem weltweiten Erfolg der Olympiade sein Ziel erreicht: Durch die „Indienstnahme" von Sport und Künsten hatte er sich für die verbleibenden drei Jahre bis zum Krieg die Absolution der Welt erschlichen.

Um – aus taktischen Gründen – nicht als Auftraggeber zu firmieren, hat das Propagandaministerium die Produktion des 1,8 Millionen Reichsmark teuren *Olympia*-Films über eine Scheinfirma (Olympia-Film GmbH) voll finanziert. Behauptungen von Leni Riefenstahl, das IOC seinerseits habe ihr den Auftrag erteilt, sind schlichtweg falsch. Da Leni Riefenstahl aber de jure die Produzentin war, gehören ihr die Rechte an diesem Film, wie auch an den Parteitagsfilmen, bis heute. Bei aller Förderung und Unterstützung, von der ein Dokumentarfilmer nur träumen kann, blieb eine heikle Aufgabe zu lösen: Um ihren Widersacher Goebbels zu beruhigen, mußte wenigstens eine ungefähre Entsprechung zwischen dem offiziellen Schönheitsideal der NS-Kunstpolitik und den von Riefenstahls Team erbeuteten optischen Erträgen hergestellt werden, denn die Champions in der Zielgeraden und auf den Siegerpodesten widersprachen oft genug dem proklamierten nordischen Ideal.

Angesichts dieses *Festes der Völker*, wie der Erste Teil des *Olympia*-Films ja proklamatisch heißt, waren die allgemeinen NS-Rassen-Verdikte nicht konsequent durchzuhalten. Daß auch Afrikaner, Asiaten und andere „nicht-arische" Völker im Sinne von klassischen Ebenmaßen exemplarisch schöne Menschen ins Rennen schickten, diese Binsenweisheit konnte und wollte Leni Riefenstahl nicht unterschlagen. So hat sie, was für ihr Körperideal zu verwenden war, schlicht vereinnahmt.

Ihre Kameras hätten sonst den populärsten Star der Berliner Olympiade übersehen müssen, den schwarzhäutigen vierfachen Goldmedaillengewinner Jesse Owens, dessen 8,13 Meter im Weitsprung als Weltrekord bis zum Jahr 1960 unübertroffen blieben.

Die siegreiche deutsche Diskus-Koryphäe Gisela Mauermayer bescheinigte Owens „die Eleganz einer Gazelle". Owens wurde nicht als „Neger", als Repräsentant einer „minderwertigen Rasse" vorgeführt, sondern als Individualität mit unverwechselbarem Profil, als Ausnahmeerscheinung, wie sie als „Verirrung der Natur" auch schon mal unter „Nicht-Ariern" vorzukommen vermag. Die zielgerichtete „Ausnahme-Regelung" funktionierte so perfekt, daß Jesse Owens sich in Hitlers Stadion weniger diskriminiert gefühlt haben soll als im Lande der Apartheid. Subjektiv empfand er das Berliner Stadion als „die schönste Arena der Welt". Die Tatsache, daß die Tochter des damaligen amerikanischen Botschafters, Martha Dodd, mit anhörte, wie einem diplomatischen Mitarbeiter Ribbentrops die Bezeichnungen „Negersportler" und „Untermensch" angesichts der Erfolge von Jesse Owens entfuhren, ist Indikator dafür, daß selbst in repräsentativen Kreisen das friedliche Gesicht des NS-Staates während der Spiele nur unter Zwang gewahrt werden konnte.[1]

Ihn und andere schwarze Athleten materialisiert Leni Riefenstahl als Symbolfiguren schlechthin. Als quasi aus der Art geschlagen, wurde der aus dem Elend der Baumwollfelder Alabamas kommende schwarze Champion genauso bedenkenlos als Prototyp kraftvoller Schönheit in den Muskelorden der Nazipropaganda eingereiht wie die marmornen Exoten des Olymp und Elysiens mit ihrem makellosen Gliederbau im Filmprolog. Obwohl die deutschen Athleten mit 33mal Gold, 26mal Silber und 30mal Bronze die meisten Medaillen errangen und Hitler aus der sportlichen auch die rassische Überlegenheit abzuleiten meinte, reagierte er „überaus ärgerlich auf die Siegesserie des farbigen amerikanischen Wunderläufers Jesse Owens", erinnert sich Albert Speer. Nun drehte der Führer das Rassenargument um: Neger seien eine Spezies, „deren Vorfahren

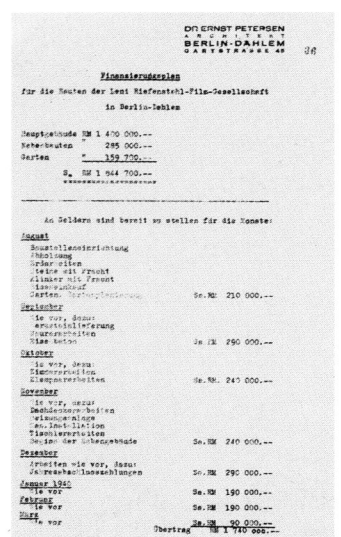

83 Finanzierungsplan für die Bauten der Leni-Riefenstahl-Film-Gesellschaft (Auszug)

[1] Martha Dodd, Aus dem Fenster der Botschaft. Berlin 1946, S. 82.

84

85

84 – 106 Szenenfotos aus Leni Riefenstahls Olympia-Film
84 Forrest Towns (USA), Olympiasieger
im Hürdenlauf
85 Jesse Owens (USA); dreifacher
Olympiasieger

86 Hürdenlauf der Damen
87 J. Zabala (Argentinien) führt noch
im Marathonlauf

86

87

88

89

88 Die Marathonläufer kommen ins
Stadion zurück
89 Shoryu Nan (Japan), Kitei Son (Japan), Ernest Harper (England), Sieger
im Marathonlauf

90

91

92

90 David Albritton (USA), Olympiasieger im Hochsprung
91 Korcis (Tschechoslowakai) beim Stabhochsprung
92 Lutz Long (Deutschland), Silbermedaillengewinner im Weitsprung
93 Suco Oe (Japan) beim Anlauf zum abendlichen Stabhochsprung
94 Sefton (USA) beim Stabhochsprung

95 Cenneth Carpenter (USA) beim
Diskuswerfen
96 Hans Heinrich Sievert (Deutschland), Zehnkämpfer und Kugelstoßer
97 Caruzzio (USA) bei ihrer Barrenkür
98 Karl Hein (Deutschland), Olympiasieger im Hammerwerfen
99 Luise Krüger (Deutschland), Silber-
medaillengewinnerin im Speerwurf

100

101

100 Spagat auf dem Schwebebalken
101 Alfred Schwarzmann (Deutschland), Olympiasieger im Turnen, Zwölfkampf, Pferdsprung, Bronzemedaille am Reck

102 Waldemar Steffens (Deutschland), Olympiasieger im Turnen, Zwölfkampf, bei seiner Pferdübung
103 Die deutsche Vierer-Mannschaft
im Rudern gewinnt olympisches Gold

104

105

106

104 Al Greene (USA), Dritter im Kunst-
springen
105 Teilnehmer der deutschen Mannschaft im modernen Fünfkampf (Pisto-
lenschießen)
106 Konrad von Wangenheim
(Deutschland), Olympiasieger im Rei-
ten und bei der Military

aus dem Dschungel stammten, seien primitiv – athletischer gebaut als die zivilisierten Weißen, [...] sie seien eine nicht zu vergleichende Konkurrenz, und folglich müsse man sie von den zukünftigen Spielen und sportlichen Wettbewerben ausschließen"[1].

An der Umkehrung des Rassenargumentes im konkreten Fall wird deutlich, daß NS-Ideologie und NS-Politik primär auf Gleichschaltung und Ausgrenzung beruhten, in dem rassistische, antiintellektuelle und antikommunistische Szenarien die projektiven Extremwerte einer auch nach innen durchgesetzten Repression abstrakter Uniformität darstellten. „Die Amerikaner sollten sich schämen, daß sie sich ihre Medaillen von Negern gewinnen lassen", diesen Satz Hitlers überliefert Baldur von Schirach.[2]

Ganz anders das taktische Kalkül des Propagandaministeriums, welches nicht riskieren wollte, daß der riesige Propagandaaufwand durch leichtfertige Äußerungen rassistischer Journalisten gefährdet würde: „Der Rassenstandpunkt soll in keiner Weise bei der Besprechung sportlicher Resultate Anwendung finden, vor allem sollen die Neger nicht in ihrer Empfindlichkeit getroffen werden."[3]

Angesichts der „nur kurzfristigen und opportunistischen Unterbrechung der nationalistischen Judenpolitik [...] erscheint Diems euphorische Wertung der Olympischen Spiele 1936 als ‚Oase der Rassengleichberechtigung' nunmehr in einem ganz anderen Licht"[4].

Es stimmt übrigens nicht, was mit konsekutiver Hartnäckigkeit geschichtsklitternd bis heute fortgeschrieben wird, daß Hitler sich geweigert habe, dem schwarzen Sprinter die arische Führerhand zu reichen. Richtig ist vielmehr, daß ihm die Entscheidung vom IOC rechtzeitig abgenommen wurde: Nachdem „Der Führer" der Speerwerferin Tilly Fleischer und den drei deutschen Kugelstoßern am 2. August gratuliert hatte, intervenierte IOC-Präsident Henri Baillet-Latour gegen den protokollwidrigen Propagandatrick. So blieb Jesse Owens trotz vier Goldmedaillen durch Hitlers Hand „ungewürdigt", wie übrigens alle anderen ausländischen Olympioniken auch. Lediglich die 100-m-Goldläuferin Helen Stephens (11,5 Sekunden) wurde – als einziges Mitglied der amerikanischen Mannschaft – zusammen mit ihrem Trainer von Adolf Hitler empfangen. Obwohl zur Teilnahme berechtigt, war die ehemalige Weltrekordschwimmerin, die heute in Israel lebende gebürtige Österreicherin Judith Deutsch, die einzige Deutsche (so weit mir bekannnt), die sich aus Gewissensgründen geweigert hat, Mit-Läuferin bei Hitlers Olympiade zu werden.[5]

Zu den Auftritten von Jesse Owens im Olympiafilm äußert sich der Berliner Volksmund mit bitterem Spott. „Dem Führer zeigt die Leni dann / was deutsche Filmkunst alles kann / Da sah er dann im Negativ / wie positiv der Neger lief." Bereits an diesem Spruch zeigt sich, daß Begriffe wie Rassismus völkisch formaler definiert werden müssen, nämlich als „Feindbildstrategie", die zugleich die Maßstäbe der eigenen inneren Gleichschaltung mitstabilisieren soll. Daß der bittere Spott des Volksmundes beileibe nicht nur im Riefenstahl-Film den Bruch zwischen rassistischem Anspruch und differenter Wirklichkeit auszudrücken wußte, sondern auch auf die Politik projizierte, belegt eine weitere Satire:

Wie sieht der ideale Deutsche aus?
Blond wie Hitler,
groß wie Goebbels,
schlank wie Göring und
keusch wie Röhm.

Jesse Owens sollte Leni Riefenstahl prognostisch wohl als ästhetischer Nukleus für ihre spätere Idealisierung der schwarzhäutigen Nuba dienen. In einem Brief an Gordon Hitchens, den damaligen Chefredakteur der New Yorker Zeitschrift *Film Comment*,

[1] Speer, Erinnerungen, a. a. O., S. 86.
[2] Zitiert nach: Uwe Schmitt, Der gespielte Friede. In: Frankfurter Allgemeine Zeitung, 2. 8. 1986.
[3] Zeitgeschichtliche Sammlungen 101/8, 3. 8. 1936.
[4] Hans-Joachim Teichler, Berlin 1936 – Ein Sieg der NS-Propaganda? In: Stadion, Internationale Zeitschrift für Geschichte des Sports, Köln, Nr. 2/1976, S. 286.
[5] ARD-Sendung *Fünf Ringe unterm Hakenkreuz*. Dokumentation von Walter Krieg, 29. 7. 1986

107 Der Riefenstahl-Drehstab im Schwimmstadion

entnazifiziert sie sich 1967 selber: „Nicht einen Augenblick habe ich mich bei der Gestaltung des Films von nationalen Empfindungen leiten lassen, sondern ich habe das in den Film eingeschnitten, was mir für die Idee des Films am wirkungsvollsten und schönsten erschien. Die Schönheit war es vor allem, die mich fasziniert hat. Dies mag auch der Grund sein, warum ich die farbigen Athleten und auch die Japaner so in den Vordergrund stellte. Ihre Gesichter, ihr Ausdruck, ihre Bewegungen waren für mich faszinierender als bei anderen Athleten. Ich habe nichts anderes gewollt, als mit dem Film ein zeitloses Dokument einer großen Idee zu schaffen, einen Hymnus auf die Schönheit. [...]"[1]

Das Dilemma des Riefenstahlschen Films ist ein Teil des Dilemmas der Olympischen Spiele unter dem Hakenkreuz insgesamt: „Attestiert man dem Neger, er sei genau wie der Weiße, während er es doch nicht ist, so tut man ihm insgeheim schon wieder Unrecht an. Man demütigt ihn freundschaftlich durch einen Maßstab, hinter dem er unter dem Druck der Systeme notwendig zurückbleiben muß, und dem zu genügen überdies ein fragwürdiges Verdienst wäre."[2]

Dieses Argument Adornos wirft ein Licht auf die Dialektik von Differenz und Identität im Zeitalter totalitärer Systeme: Die Versuche der Eingemeindung zuvor ausgegrenzter Minderheiten in ein einziges totalitäres System mit nach wie vor repressiver Identitätsbestimmung sind zum Scheitern verurteilt. Sie laufen nach wie vor auf Gleichmacherei hinaus, unter Beibehaltung der grundsätzlichen Unterdrückungsmechanismen, für die nun auch die „Farbigen" herhalten sollen: „Die Fürsprecher der unitarischen Toleranz sind denn auch stets geneigt, intolerant gegen jede Gruppe sich zu kehren, die sich nicht anpaßt: mit der sturen Begeisterung für die Neger verträgt sich die Entrüstung über jüdische Unmanieren. Der melting pot war eine Einrichtung des losgelassenen Industriekapitalismus. Der Gedanke, in ihn hineinzugeraten, beschwört den Martertod, nicht die Demokratie."[3]

Es ist vielleicht wahr, wenn Leni Riefenstahl, um sich ihrer Haut zu wehren, in ihrem Brief an Hitchens weiter ausführt, wie sehr sie sich „allen Anweisungen des Reichsministers Dr. Goebbels widersetzt hatte, die siegreichen farbigen Athleten nicht in den Vordergrund des Films zu stellen. Es war bestimmt nicht einfach, sich den Anordnungen des Ministers zu widersetzen. Ich zog mir dadurch immer stärker seine Antipathie zu."

Dem scheint folgende Tagebuchnotiz Goebbels vom 24. November 1937 allerdings zu widersprechen: „Bei Fräulein Riefenstahl. Olympiafilm z. T. angeschaut. Unbeschreiblich gut. Hinreißend fotografiert und dargestellt. Eine ganz große Leistung. In einzelnen Teilen tief ergreifend. Die Leni kann schon sehr viel. Ich bin begeistert. Und Leni sehr glücklich."[4]

Die Ambivalenz des Riefenstahlschen Schönheits-Fanatismus mag Kollisionen mit dem konkret zurechtdefinierten NS-Ideal bewirkt haben. Aber die formale Kongruenz der Strategien des NS-Systems und der Riefenstahlschen Produktionsweise, Menschen als bloße Modelle und Statisten für politische, sportliche und kulturelle Inszenierungen zu instrumentalisieren, wird deutlich an einem noch makabereren Fall, der 1985 zu einem Prozeß zwischen der zeitgenössischen kritischen Dokumentarfilmerin Nina Gladitz und Leni Riefenstahl führte. Wenn Leni Riefenstahl den Edgar-Wallace- und Karl-May-Regisseur Reinl als Entlastungszeugen aufbietet, wird deutlich, in welch trübem Licht die bundesrepublikanische Nachkriegsfilm- und TV-Industrie begann, deren Spuren sich noch heute in der fortschreitenden Kommerzialisierung der Medien finden. In dem Film-Dokument *Zeit des Schweigens und der Dunkelheit* stellt Gladitz dar, daß Leni Riefenstahl 1941 und 1942 aus dem Konzentrationslager Maxglan bei Salzburg in Österreich und dem Zwangslager Berlin-Marzahn persönlich Zigeuner als Darsteller

[1] Leni Riefenstahl an Gordon Hitchens, damals Chefredakteur von *Film Comment*, New York, datiert vom 2. Juli 1967 aus München 13, Tengstr. 20.
[2] Theodor W. Adorno, Minima Moralia. Frankfurt/M. 1951, S. 131.
[3] Adorno, Minima Moralia, a. a. O., S. 131.
[4] Die Tagebücher von Joseph Goebbels, a. a. O., Band 3, S. 344.

für ihren Spielfilm nach Eugen d'Alberts Oper *Tiefland* ausgewählt und zwangsverpflichtet habe. Nach Abschluß der Dreharbeiten in Babelsberg seien die Darsteller ins KZ zurückgebracht und bald darauf, bis auf zwei Familien, nach Auschwitz deportiert und dort ermordet worden. Ob Riefenstahl die Zigeuner im unklaren ließ, bei ihnen falsche Hoffnungen weckte oder gar mit ihnen in einer ästhetischen Traumgemeinschaft auf Zeit lebte, bevor sie dann wiederum die eisigen Realitäten des Regimes mitvollstrecken half – der kolonisatorische Aspekt dieses Eins-zu-eins-Naturalismus, der todesgeweihte Realexotismus, der eine Minderheit kurz vor ihrer Ausrottung zur pittoresken Bereicherung mißbraucht, spricht jedenfalls Bände.[1]

108 Leni Riefenstahl bei den Dreharbeiten zu ihrem *Olympia*-Film

Die NS-Propaganda diktierte nicht nur, welche Themen mit welcher Tendenz im nationalsozialistischen Film abzuhandeln waren, sondern auch, welche Autoren und welche Regisseure den Filmen des Dritten Reiches den beseelenden faschistischen Odem einblasen durften und welche nicht. Mit welcher Entschlossenheit aber die Propagandazentrale sogar noch dekretierte, was schön sei und was nicht, darüber erteilt der Autor Heinrich Koch in seinem gemeinsam mit H. Braune 1943 herausgegebenen Buch *Von deutscher Filmkunst. Gehalt und Gestalt* beredte Auskunft: Die Filmkunst sei „wie die beste Kunst aller Zeiten Auftragskunst" und das Diktat über die Künste nicht nur legal, sondern auch legitim. Die Objektivierung durch Berufung auf die Geschichte folgt auf dem Fuße: „Wie im Mittelalter die Kirche, wie in der Renaissance die weltlichen und geistlichen Fürsten, so stellt heute der Staat dem Künstler die Aufgaben."

Neben der Geschichte im allgemeinen muß auch kein Geringerer als Lessing als Kronzeuge herhalten. Trefflicher als mit diesem deutschen Dichter, so folgert Koch weiter, ließen sich „die Notwendigkeit und der segensreiche Einfluß staatlicher Kunstlenkung" gar nicht begründen. Mit Zeilen aus dem II. Stück seines *Laokoon* wird Lessing als prognostischer Kronzeuge für die NS-Kunstpolitik vereinnahmt: „Wir lachen, wenn wir hören, daß bei den Alten auch die Künste bürgerlichen Gesetzen unterworfen gewesen. Aber wir haben nicht immer recht, wenn wir lachen." So darf es „von dem Gesetzgeber abhängen, welche Art von Vergnügen und in welchem Maße er jede Art desselben gestatten will. Die bildenden Künste insbesondere, außer dem unfehlbaren Einflusse, den sie auf den Charakter der Nation haben, sind einer Wirkung fähig, welche die nähere Aufsicht des Gesetzes heischet." Der in Lessings Text anschließende Satz, den auch Koch zitiert, scheint wie für Leni Riefenstahl bestellt: „Erzeugten schöne Menschen schöne Bildsäulen, so wirkten diese hinwiederum auf jene zurück, und der Staat hatte schönen Bildsäulen schöne Menschen mit zu verdanken."[2]

Bildsäulen galten aber nur dann als schön, wenn sie der „Linie des rassegebundenen Schönheitswunschbildes des nordischen Menschen" entsprachen. Denn auf dem „Sondergebiet" der nationalsozialistischen Kunstgeschichte, „dem der menschlichen Schönheit", schreibt NS-Kunstexeget Schultze-Naumburg weiter, „müssen wir nach künstlerischen Abbildern suchen, die einesteils Träger nordischen Blutes darstellen, anderenteils aber auch von Trägern gleichen Blutes geschaffen sind. Denn nach einem unverkennbaren Gesetz trägt der Bildner unbewußt, aber zwangsläufig die Gesetze seines eigenen Blutes in das Werk hinein. Deshalb spricht bei Darsteller und Dargestelltem die Übereinstimmung im Blute gewichtig mit."[3]

[1] Vgl. Erwin Leiser, Vom Konzentrationslager zum Film – und zurück. In: Weltwoche, Zürich, 7. 3. 1985.

[2] Heinrich Koch. In: H. Koch und H. Braune, Von deutscher Filmkunst. Gehalt und Gestalt. Berlin 1943, S. 7.

[3] Schultze-Naumburg, Nordische Schönheit, a. a. O., S. 154, siehe auch derselbe, Kunst und Rasse. München 1933, S. 25-67.

Das Medium als Extrakt, Kunst und Technik[1]

Es ist der Auftrag des Mythos, historische Intention als Natur zu gründen, Zufall als Ewigkeit. Die Dinge verlieren in ihm die Erinnerung an ihre Herstellung.

Roland Barthes[2]

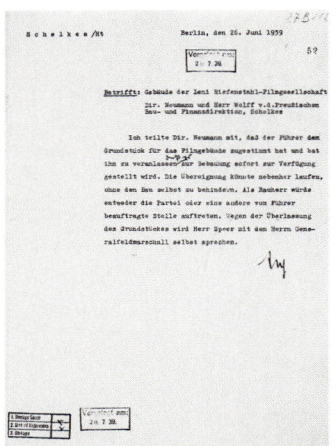

109 Hitler stellt der Riefenstahl persönlich das Grundstück für die Leni-Riefenstahl-Film-Gesellschaft zur Verfügung

Wie schon bei ihren drei Parteitagsfilmen, besonders weit getrieben bei *Triumph des Willens* (1934), konnte Leni Riefenstahl auch für das ehrgeizige Olympia-Projekt aus dem vollen schöpfen. Dies wurde ihr vor allem dadurch ermöglicht, daß der *Olympia*-Film entgegen einer von Carl Diem flankierten hartnäckigen Legende *keine* unabhängige Auftragsarbeit des Nationalen Olympischen Komitees war; aus taktischen Erwägungen – der Verschleierung wahrer Propagandaabsichten – wurde speziell zu diesem Zweck eine Scheinfirma aus dem Boden gestampft: die „Olympia-Film GmbH Berlin" mit verbrieften Staatssubventionen. Es war kein anderer als ihr angeblicher Intimfeind Joseph Goebbels, der mit ausdrücklicher Billigung Hitlers Leni Riefenstahl den offiziellen Auftrag zuschanzte und dessen Reichsministerium für Volksaufklärung und Propaganda ihr auch die für eine Dokumentarfilm-Regie unvergleichlich großzügige Gage in Höhe von 250 000 Reichsmark bewilligte. Aufgrund ihres Antrags vom 6. März 1939 erhielt sie für die Auswertung des Films im Ausland „im Interesse der Propaganda" zusätzlich einen einmaligen Garderobenzuschuß von 25 000 Reichsmark plus einen Monatssalär von 5 000 Reichsmark.[3]

Daß es sich entgegen aller Riefenstahl-Dementis um einen aus Steuergeldern finanzierten Staatsauftrag gehandelt hat, bestätigt ein Brief des Haushaltsreferenten im Goebbelsministerium vom 30. Januar 1936 an das zuständige Berliner Amtsgericht: „Die Olympia-Film GmbH wird auf Veranlassung des Reiches und mit Mitteln gegründet, die das Reich zur Verfügung stellt. Die Gründung der Gesellschaft ist notwendig, weil das Reich nicht offen als Hersteller des Films in Erscheinung treten will."[4]

Für die im Voranschlag mit 2,75 Millionen Reichsmark kalkulierten Produktionskosten ist das Propagandaministerium in Höhe von 1,8 Millionen Reichsmark Krediten in Vorlage getreten. Zusätzlich durfte Leni Riefenstahl über technische und personelle Kapazitäten der deutschen Wochenschauen Ufa, Tobis und Fox disponieren. Insgesamt stand ihr ein Aufnahmeteam zur freien Verfügung, das für einen Dokumentarfilm einmalig war: 1936 waren 45 Kameramänner mit 30 Kameras ständig in Aktion, um in 16 langen Tagen schließlich 800 000 Meter Zelluloid zu belichten und 30 000 Meter Tonmaterial zu beschichten, also mehr als genug für fünfhundert Kinostunden.

Nach dem Kriege versuchte Leni Riefenstahl bei jeder passenden und unpassenden Gelegenheit, sich mit verbalen Montagekünsten selber zu entnazifizieren, indem sie Versatzstücke ihres Dauerclinches mit Goebbels zusammenkitte und zu einer Art Widerstandskampf gegen das Naziregime stilisierte: „Infolge meines Kampfes um die künstlerische Freiheit und infolge meiner Weigerung, Aufgaben für das Propagandaministerium zu übernehmen, bin ich jahrelang von Dr. Goebbels und seinen Leuten bekämpft und verfolgt worden."[5]

Daß Leni Riefenstahl lügt, läßt sich nicht nur aus jeder Sequenz ihrer drei Parteitagsfilme mühelos deduzieren, sondern auch aus der Aktenlage des Bundesarchivs. So schlug sie am 9. März 1939 ihrem „Widersacher" Goebbels vor, für das Propagandaministerium eine Serie „staatspolitischer Aufklärungsfilme" zu produzieren, wozu es dann wegen des Krieges nicht mehr kommen sollte. Am 2. Dezember 1942 meldet sie der Berliner

[1] Der Analyse des *Olympia*-Films liegt die hier stark erweiterte Vorlesung des Autors an der Universität Marburg vom 6. 11. 1990 zugrunde.
[2] Roland Barthes, Mythen des Alltags. Frankfurt/Main 1964.
[3] Hans-Joachim Teichler, Noch einmal: Berlin 1936. In: Olympische Jugend, Zeitschrift der Deutschen Sportjugend, Heft 9/1992, S. 12/13.
[4] Zitiert nach: Teichler, Noch einmal: Berlin 1936. In: Olympische Jugend, Heft 9/1992, S. 12.
[5] Zitiert nach: Hans-Joachim Teichler, Unpolitisch – mit Berufung auf den Führer. Die Selbstrechtfertigung der Filmemacherin Leni Riefenstahl erweist sich als Geschichtsklitterung in großem Maßstab. In: Vorwärts, 16. 12. 1976, S. 29.

Industrie- und Handelskammer stolz und frank und frei ihren folgenden Auftragsbestand im Wert von immerhin ca. acht Millionen Reichsmark:

„a) Spielfilm *Tiefland*, der im Auftrage des Führers und mit der Unterstützung des Reichsministeriums für Volksaufklärung und Propaganda hergestellt wird.

b) Archiv- und Dokumentarherstellung für die Generalbau-Inspektion und das Reichsministerium für Bewaffnung und Munition.

c) Herstellung von Dokumentarfilmaufnahmen für Herrn Reichsminister Speer."

Wenn es ein Zerwürfnis mit dem Propagandaminister gab, dann keinesfalls ein ideologisches, sondern höchstens ein materielles und emanzipatorisches, wie in Goebbels' Tagebüchern nachzulesen ist: „Ich stauche die Riefenstahl zusammen, die sich unbeschreiblich benimmt. Eine hysterische Frau. Eben kein Mann. Die Riefenstahl hat da eine Sauwirtschaft gemacht. Einschreiten!" Und: „Frl. Riefenstahl macht mir ihre Hysterien vor. Mit diesen wilden Frauen ist nicht zu arbeiten. Nun will sie für ihren Film halbe Million mehr und zwei daraus machen. Dabei stinkt es in ihrem Laden wie nie. Ich bin kühl bis ans Herz hinan. Sie weint. Das ist die letzte Waffe der Frauen."[1] Schließlich begleicht Rudolf Hess das Defizit des Films mit einer halben Million aus der von ihm verwalteten Münchner Parteikasse.

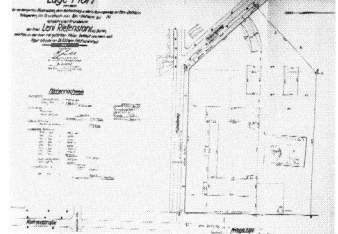

110 Lage-Plan für die Gebäude der Leni-Riefenstahl-Film-Gesellschaft

Da Leni Riefenstahl de jure die Produzentin war, gehören ihr bis heute die Rechte an dem Film (in die 1992 der Münchner Filmkaufmann Leo Kirch eingetreten ist). Bei aller Unterstützung, von der ein Dokumentarfilmer nur träumen kann, blieb aber die heikle Aufgabe, gegenüber Leni Riefenstahls „Widersacher" Goebbels eine doch wenigstens ungefähre Entsprechung zwischen dem offiziellen Schönheitsideal der NS-Kunstpolitik und den optischen Erträgen herzustellen: Die Champions in der Zielgeraden oder auf den Siegerpodesten widersprachen oft genug dem proklamierten nordischen Ideal.

Nach anderthalbjähriger Klausur in ihrem Neuköllner Schneideraum bei der Kopieranstalt Geyer bestand die abschließende Essenz der beiden Filmteile aus 5 151 Metern, die Leni Riefenstahl zu einer opulenten Ode an die Schönheit komprimiert hatte: In ihrem Selektionsmaterial waren 4 065 Sportler aus 49 Staaten zu sehen. Angeblich nach Intervention von Goebbels über einschlägige Regierungskanäle krönte die Jury der Filmfestspiele von Venedig 1938 das Werk mit dem Goldenen Löwen von San Marco. In Paris erhielt sie 1937 den Grand Prix von Frankreich. Das reicht dem endlich der Riefenstahl wieder freundlich gesinnten Goebbels aber noch nicht: „Ich erzähle dem Führer über den Olympiafilm von Leni Riefenstahl. Er freut sich sehr, daß er so gelungen ist. Wir wollen etwas tun, um der Leni eine kleine Ehrung zu bereiten. Sie hat es verdient. Hat so lange auf Ruhm und Anerkennung verzichtet."[2]

Um diesen Welterfolg erzielen zu können, mußte sie die vielen Ungleichzeitigkeiten der realen Ereignisse bei der fortwährenden Anhäufung der Sensationen zu einer rein ästhetischen Metasphäre unter bewußtem Verzicht auf chronologische oder topographische Genauigkeit synchronisieren. So hat sie etwa den Sieg der Diskus-Werferin Gisela Mauermayer nachträglich am Schneidetisch dramatisiert, indem sie ihren ersten Wurf, für den sie die Goldmedaille bekam, als ihren letzten simuliert, um die Wettkampf-Spannung zu steigern. Leni Riefenstahl verzichtet auf sportfanatische Kategorisierungen der diversen Disziplinen und auf numerische Disziplinierungen der 49 beteiligten Nationen. Es konnte passieren, daß wichtige Spitzenergebnisse oder Bestzeiten entweder gar nicht oder nur en passant berichtet, Marginales oder Sensationelles dafür um so ausführlicher präsentiert wurden, wenn immer das mit Hilfe der Kamera eingefangene optische Ereignis ästhetisch interessanter, dramaturgisch ergiebiger oder emotional wirkungsvoller schien als der rein sportive Vorgang.

Was Claude Lévi-Strauss, Ethnologe und Strukturalist, über den Wirklichkeitsanspruch von Kunstgebilden am Beispiel von Filmen des Nouveau Roman erläutert, betrifft auch

[1] Die Tagebücher von Joseph Goebbels, a. a. O., Band 2, S. 655 vom 6. 8. 1936.
[2] Die Tagebücher von Joseph Goebbels, a. a. O., Band 3, S. 347 vom 26. 9. 1937.

111 Technischer Aufwand bei den Dreharbeiten für die Ruderwettbewerbe in Berlin-Grünau

die filmische Struktur der Riefenstahl-Filme: „Form definiert sich im Gegensatz zur Materie, die ihr fremd ist. Struktur hat keinen ablösbaren Inhalt: Sie ist selbst der Inhalt, gefaßt in eine logische Organisation und verstanden als eigener Teil der Realität."[1] Der *Olympia*-Film wurde zum exemplarischen Medium der Extrakte. Viele der visuell beeindruckenden Einstellungen konnten gelingen, weil die Kameras an allen potentiellen Ereignispunkten postiert waren: Sogar von der Höhe des hakenkreuzbewerten Luftschiffes „Hindenburg" und eines Freiballons herab oder in der Tiefe der Schwimmbecken lauerten Riefenstahls Teleobjektive den dramatischen Augenblicken der Entscheidung auf. Entlang der Aschenbahn ließ sie Kameraschienen verlegen, um die Läufer in der Eleganz ihrer fließenden Bewegung ohne verzerrenden Perspektivenwisch zu flankieren oder um die Monotonie rasender Füße, jonglierender Arme und angespannter Gesichter in deren aufs Ziel gerichtetem Ehrgeiz zu zeigen. Kamerakräne schwebten über die Köpfe von Zuschauern und Wettkämpfern hinweg auf den jeweils aktuellsten Punkt, die Linsen verfolgten aus eigens ausgehobenen Gräben den Galopp der Pferde aus der Perspektive der Hufe, Mikroereignisse stilisiert sie zu bewegt-graphischen Bildern, deren Summe das Großereignis auf die Leinwand bringt.

In den Gesichtern der Zuschauer als akklamierender Kulisse, in ihrem miterlebenden Ausdruck objektiviert die Kamera die Wettkämpfe nur scheinbar, in Wahrheit werden sie durch Auswahl oder Verschweigen subjektiv bewertet. Leni Riefenstahl gelangen liebevolle Momentaufnahmen, so als sie das Publikum im Regen festhielt: Die perlenden Tropfen auf den Gesichtern der Menge erinnern an jene Zeile von Ezra Pound, mit der er „Blüten auf einem nassen, schwarzen Ast" lyrisch identifiziert.

Gefragt nach ihrer Arbeitsweise, ihrer Arbeitsauffassung, sagte Leni Riefenstahl: „Die Objektive müssen das Ereignis im wahrsten Sinne des Wortes durchdringen", damit „durch Rhythmus und Ausdruck jedes Bildschnittes auch der geistige Inhalt, das Ideelle eines Geschehens ans Licht gehoben wird – sei es der Glaubensinhalt eines Parteitages – oder das Kampf- und Siegmotiv eines Olympiafilms". Wie erfolgreich Leni Riefenstahl diese Symbiose gelungen ist, bescheinigt ihr Adolf Hitler in seiner Rede zur Eröffnung der ersten *Großen Deutschen Kunstausstellung* 1937 mit den Worten: „Ein leuchtend schöner Menschentyp wächst heran, den wir erst im vergangenen Jahre in den Olympischen Spielen in seiner strahlenden, stolzen, körperlichen Kraft und Gesundheit vor der ganzen Welt in Erscheinung treten sahen, dieser Menschentyp ist der Typ der neuen Zeit."[2]

Noch 1993 weiß Leni Riefenstahl ihren Führer in Laurence Rees' TV-Dokumentation *Wie man ein Volk einseift* als „sehr natürlich" zu rühmen, der „wie jeder andere" mit ihr sprach und natürlich „nur über meine Arbeit, über nichts anderes. So gab es keine Schwierigkeiten. Er war damals eine wichtige Person für mich, und ich war sehr stolz, daß er ein solches Vertrauen in mich setzte."

In derselben Sendung erinnert sich der von den Nazis zur Emigration gezwungene jüdische Kulturkritiker Hans Feld nur mit unguten Gefühlen an Leni Riefenstahl, weil „sie sich immer beeilte zu sagen, sie sei überzeugt, wenn Hitler an die Macht käme, gäbe es all diese Exzesse nicht mehr. Meine Frau und ich waren ziemlich beunruhigt und erschrocken. Wir brachen den Kontakt zu ihr ab."[3]

Mit ihrer synkretistischen Ästhetik des Körpers und der ästhetischen Perfektionierung von Körper, Seele, Geist und Glaube dürfen die triadischen Kunstdemiurgen Riefenstahl, Thorak und Breker den zweifelhaften Ruhm für sich in Anspruch nehmen, die Erfinder und Exegeten der nationalsozialistischen Ästhetik zu sein. Die Erfahrung, daß Schönheit als ideologisches Prinzip in den Prototypen des Herrenmenschen nichts als einen herangezüchteten wirklichkeitsfremden Elitetypen versinnbildlicht, ist heute noch nicht überall allgemeiner Bewußtseinsstand.

[1] Claude Levi-Strauss, La Structure et la Forme. In: Cahiers de l'Institut de Science Économique Appliquée, Nr. 99, März 1960 (Série M, Nr. 7).
[2] Adolf Hitler, Rede zur Eröffnung der *Großen Deutschen Kunstausstellung* 1937 im Münchner Haus der Deutschen Kunst. In: Völkischer Beobachter, 19. 7. 1937.
3 Fernsehdokumentation *Wie man ein Volk einseift. Joseph Goebbels und der deutsche Film.* Autor: Laurence Rees; deutsche Bearbeitung: Volker Zielke. ARD/NDR, 28. 1. 1993.

Daher wird das Schönheitsideal der antiken Völker und Staaten unvergänglich sein, solange Menschen gleicher Veranlagung, weil gleicher Herkunft, die Erde beleben. Nicht der Stein oder die tote Form sind in ihrer Schönheit unvergänglich, sondern nur die Menschen sind es, die ihre Herkunft derselben Wurzel verdanken. Nicht jeder Grieche konnte ein Parthenon erbauen. Aber als ein Grieche dieses Wunderwerk schuf, wußten alle, daß es die gewaltigste, weil herrlichste Proklamation des griechischen Wesens und Geistes war.

Adolf Hitler[1]

Der qualitative Vergleich der verschiedenen optischen Ausdrucksmomente und der ihnen innewohnenden Sinngebung erlaubt Aussagen über die filmische Semantik der Regisseurin. Am Beispiel des in sich geschlossenen, stilistisch homogenen Prolog-Teils erkennen wir eine pragmatische Semantik im Dienste der Politik; hier montiert Leni Riefenstahl den Bedeutungszusammenhang der einzelnen Teile zur gewünschten Summe ihrer Propaganda-Tendenz. Alles Metaphorische und Allegorische dient ebenso wie alle Analogien und Assoziationen diesem einen Zweck. Und die Aufnahmen wurden zusätzlich mit emotionaler Süße durchtränkt, um desto sicherer die Wechselwirkung zwischen Bild und Zuschauer zu garantieren.

Indem die Riefenstahlsche Semantik den Sinngehalt über den Sachgehalt triumphieren läßt, können Rückschlüsse auf die gefühlsmäßige Einstellung der Regisseurin gezogen werden, – auch auf ihr ideologisches Engagement. 1938 erinnert sie sich in einem von ihr verfaßten Artikel mit dem Titel *Schönheit und Kampf in herrlicher Harmonie*: „Als ich den Auftrag erhielt, diesen Film zu machen, ist mir sofort klar geworden, daß ich über die realistischen Vorgänge hinaus [...] die inneren Kämpfe gestalten muß.“[2]

Mehr als die anderen Teile des *Olympia*-Films ist der Prolog im strengen Wortsinn kein Dokumentarfilm; dokumentiert er doch nichts als sich selber und damit eine originäre Idee seiner Schöpferin. Während etwa in *Sieg des Glaubens* (1933) und *Triumph des Willens* (1934) die Massendressur der Parteitagskörper und im Hauptteil von *Olympia* (1938) die Regie der hundert Sportdisziplinen ihrem Team die Zeit- und Raumpläne vorgeben, konnte Leni Riefenstahl davon unabhängig im *Olympia*-Prolog ihrer Phantasie die Zügel schleifen lassen, an nichts gebunden als an die Grenzen ihrer Kreativität und Einbildungskraft, unterstützt von der Kamera Willy Zielkes.

Insofern kann der Prolog als ihr eigentliches Meisterstück gelten, und als solches ist er das wichtigste Indiz auch für die Beurteilung dessen, was Jean Cocteau galant als Riefenstahls Genie bezeichnete. Ihre fixe Idee von der Entsprechung des Kunstschönen mit dem Naturschönen kann sie hier in triftigen Bildern Hochzeit feiern lassen; das Auge wird durch nichts abgelenkt, das nicht von ihr selbst kommt. Die hier offerierte Inszenierung von subjektiver Welt-(An-)Sicht imprägniert erfundene Wirklichkeit mit entlegenen Bildern, die sie mit Arkadiens Sonne vermählt.

Ihr elitärer Ästhetizismus umfaßt dabei von den bezeichnenden Details bis zu den bezeichneten Monumentalwerken alles Brauchbare und spannt für das Konstrukt alle originellen formalen und ästhetischen Variationen ein: vom Filigran des Grashalms und der Maserung des Marmors bis zu den Totalen der Akropolis und des Tempels von Olympia, deren Architektur die Absolutheit des klassisch-griechischen Ideals und der Götter innewohnt. Alles soll dazu geeignet sein, dem Betrachter in die Augen zu schießen. Hier bündelt Leni Riefenstahl ihre Phantasie zum Konzentrat gewünschter

[1] Adolf Hitler. In: Reichstagung in Nürnberg 1933. Hrsg. im Auftrage von Julius Streicher, Berlin, Vaterländischer Verlag, 1933, S. 86 f.
[2] Leni Riefenstahl, Schönheit und Kampf in herrlicher Harmonie. In: Licht – Bild-Bühne, 13. April 1938.

Ergebnisse. Hugo von Hofmannsthal sagte schon 1921 über das Kino: „Solche Bilder bleibt ihnen das Leben schuldig."[1]

Die Bilder des Prologs sind solchermaßen als Ersatz für die verlorenen Träume der Menschen formuliert. Insgesamt aber überwiegt die politische Semantik: Der Film instrumentalisiert den Sport für die politischen Ziele des Dritten Reiches. So wurde die Sportjugend der Völker kurzerhand psychologisch als Hitlerjugend vereinnahmt.

Leni Riefenstahls kompositorischer Gestaltungseinfluß auf die Legitimationsstrategien der politischen Semantik vermittelt etwa die Überblendungen von Skulpturen und lebendigen Athleten: Die Geste politischer Rechtfertigung verpaßt dem Publikum den lauwarmen Eindruck der formalen Ähnlichkeit zwischen klassischem Damals und modernem Heute.

Zwar bleibt der durchaus ernst gemeinte Gestus von Interaktion zwischen klassischem Ideal und aktuellem Zweck rein äußerlich. Denn er ist als Tribut an das klassizistisch verwässerte Schönheitsideal, somit Opfer an den Zeitgeist, bloß rührselige Reportage. Aber alle diese Bedenken werden im organisatorischen Rausch der visuellen Eindrücke ertränkt. Nicht nur am schönen skulptural-fotogenen Objekt weiß Leni Riefenstahl diesen Affekt auszulösen; sie weiß ihn auch dynamisch in genau kalkulierten Korrelaten von vertikalen und horizontalen Verläufen, von Großaufnahmen und Totalen, von fortissimo und ritardando, eindrucksvoll zu erzeugen. Dabei wirft sie distanzierte Blicke wie durchs Fernrohr auf potentielle Erträge, die im Diffusen bleiben sollen.

Die ebenso instrumentelle wie historische Verengung des olympischen Gedankens auf den äußeren Aspekt eines nationalsozialistischen Körperideals, das sich als fragwürdige Anleihe bei den alten Griechen ausgibt, kann als weiterer semantischer Indikator gewertet werden. Der Rückgriff auf griechische Skulpturen soll nationalsozialistischer Geschichte die Wirkungsmacht eines in die Gegenwart verlängerten Mythos verleihen – inspiriert von überzeitlichen Mächten, in deren rassisch-überrassische Konstruktionspläne Hitler dunklen Einblick gewährt: Denn „wenn Griechentum für den Mann und das Weib seine bestimmte künstlerische Wiedergabe fand, dann ist dies nicht nur etwa als maniert griechisch anzusehen". Und weiter: „Denn in dieser Darstellung lebt sich nicht nur eine bestimmte rassisch bedingte Eigenart aus, sondern die dieser Rasse zu eigene Einsicht in die absolute Richtigkeit der Gestaltung des Körpers der Frau und des Körpers des Mannes. So und nicht anders müssen sie sein, um beide schon anatomisch ihren höchsten Aufgaben zu genügen."[2]

Folgerichtig inszeniert Leni Riefenstahl die Haut als ideologischen Faktor, ob aus Fleisch und Blut, ob aus Stein oder Bronze. Ihre vom Olymp des Zeus importierte steinerne Heroen-Galerie bettet sie im Film-Prolog um auf den nationalsozialistischen Olymp bzw. ins nationalsozialistische Walhall: Die antiken Götter seien zurückgekehrt, meint Klaus Wolbert: „Titanen, Nymphen, Musen usw. bevölkerten in erheblicher Anzahl die Repräsentationssphäre des NS-Staates: vor allem Dionysos und Prometheus erlebten eine ungeahnte Wiedergeburt."[3] Um in dieser politisch-pragmatischen Semantik der Leni Riefenstahl zugleich ihr Konzept einer faschistischen Ästhetik mit obligatem Hymnus auf die berückende Einfachheit zu ermitteln, soll im folgenden der lyrisierende Prolog-Teil ausführlicher beschrieben werden. Für McLuhans späteren Grundsatz: „The medium is the message" hat Leni Riefenstahl den Prototyp vorweggeliefert.

In Leni Riefenstahl hat die nationalsozialistische Ästhetik ein personifiziertes Künstler-Ideal gewonnen, das die Amerikanerin Susan Sontag Mitte der siebziger Jahre unter anderer Flagge noch für lebendig hält: „Für das Ideal des Lebens als Kunst, für den Kult der Schönheit, den Fetischismus des Mutes; für das Überwinden der Entfremdung im ekstatischen Gefühl der Gemeinschaft; für die Zurückweisung des Intellektes."[4]

1 Hugo von Hofmannsthal, Der Ersatz der Träume. In: Das Tagebuch 2. München 1921, S. 685-687.
2 Adolf Hitler auf dem Nürnberger „Parteitag des Sieges" am 1. September 1934.
3 Klaus Wolbert, Die figurative NS-Plastik. In: Bernd Ogan/Wolfgang W. Weiß (Hrsg.), Faszination und Gewalt. Zur politischen Ästhetik des Nationalsozialismus, a. a. O., S. 218.
4 Susan Sontag, Verzückt von den Primitiven. Leni Riefenstahl und die bleibende Faszination faschistischer Kunst. In: Die Zeit, 2. 5. 1975; dies.: Die Ekstase der Gemeinschaft. In: Die Zeit, 9. 5. 1975, S. 22.

112

113

112 – 118 Szenenfotos aus *Olympia.*
Fest der Völker von Leni Riefenstahl
112 und 113 Feuer aus Olympia

114

53

115

116

118

119

118 Gisela Mauermeyer (Deutschland)
119 Sprung vom Zehn-Meter-Turm.
Szenenfoto aus *Olympia. Fest der
Schönheit* von Leni Riefenstahl

Die Kunst der Leni Riefenstahl nahm ihren Auftrag in der Funktion wahr, den Führer samt seinen Ideen unsterblich zu machen.

Der förmlich in Stein gemeißelte Filmvorspann läuft unterhalb antiker Marmorfriese, die wechselnde Gestalten diverser athletischer Disziplinen überliefern; die Phasenbilder von Arena-Kämpfern sollten eine Brücke schlagen zu den Champions im Berliner Olympia-Stadion. Wenn die alten Olympioniken in dem durch Überblendung herbeigezauberten realen Wolkendunst verschwinden, sind sie schon zu Reisegefährten auf dem Weg durch die Sportwelt der zeitgenössischen Athleten geworden. Auf der Akropolis verfremdet eine lange Kamerafahrt Urgestein und verfallenes Gemäuer durch Mehrfachbelichtung zu archaischen Strukturen: Für den Auftritt der Heroen, Götter und Halbgötter wird der Parnaß planiert. Feierliche Musik umspielt mächtige dorische Säulen, die sich mit zunehmender Entfernung der Kamera als Stützen des Parthenon und des Erechtheion zu erkennen geben. Als wären sie leibhaftig der Mythologie entstiegen, schwärmen bekannte Gestalten der klassischen Antike aus dem Zeus-Tempel von Olympia ins grelle Jupiterlicht der Regie Leni Riefenstahls; durch geschickte Licht-Schatten-Wechsel gewinnen Gottheiten und Helden Plastizität und leibhaftiges Leben. Die polykletische Heroengalerie aus Marmor verwandelt der Film durch paßgenaue Überblendung in blühendes Fleisch. Riefenstahl identifiziert die Gestalten mythologischer Unmittelbarkeit als Aphrodite, Paris, Achill und Apoll. Dem zweitausend Jahre alten archaischen Apoll aus Stein hat Rilke um die Jahrhundertwende den literarischen *Torso Apollos* zugesellt:

Wir kannten nicht sein unerhörtes Haupt, / darin die Augenäpfel reiften. Aber / sein Torso glüht noch wie ein Kandelaber…

Mit diesem plastischen Anfang erhellt Rilke den Gegenstand seiner Bewunderung, den er mit einer kapriziösen Wendung als einen göttlichen kennzeichnet:

…und im leisen Drehen / der Lenden könnte nicht ein Lächeln gehen / zu jener Mitte, die die Zeugung trug…

Was Rilke 1903 in einem Brief an Lou Andreas-Salomé damit als „der Zeit enthoben und dem Raum gegeben", als „fähig für die Ewigkeit" bezeichnet, „das Kunst-Ding", verschwült Leni Riefenstahls Ästhetik des schönen Scheins zur ideologischen Einheit: Durch „leises Drehen" der Kamera, im taktilen Umschwelgen der figuralen Details, in der rein formalen Überblendung zweier identischer Körper löst sich der organische wie ein Abdruck vom anorganischen Urbild ab, denn die Riefenstahl braucht den aus dem „Kunst-Ding" herausgeblendeten lebendigen Körper für ihre Spiele; die Urform des Schönen läßt sie im Nebel der Antike als Matrix zurück. Kunst und Antike scheinen sich zu verabschieden. Dennoch kommt sie der Individualität des einzelnen Leibes kein Stück näher. Dem Auge des Dichters erscheint die Wahrheit anders: „Das Modell *scheint*, das Kunst-Ding *ist*", sagt Rilke. Sein „Modell" ist der seherisch vorweggenommene Begriff für die unterm faschistischen Blick visuell austauschbaren Astralleiber eines Stadions: the models, die aus dem skulpturalen Bann filmisch idealisierter Künstlichkeit nicht ausbrechen können.

Wie den Achill und den Apoll versetzt eine rotierende Kamera auch den in Stein gemeißelten Alexander den Großen (336-323 v. Chr.) und den marmornen *Diskuswerfer* von Myron (450 v. Chr.) in sterile, wie hinter Glas gebannte Bewegung. Aus der deckungsgleichen Überblendung erlöst der Athlet aus deutschem Fleisch und Blut die eingefrorene Bewegung in gespanntes Muskelspiel. „Im Prologteil [...] wird das Ideal der klassischen Gestalten durch die lebendige Verwirklichung des Kämpfers von heute abgelöst", sagt Leni Riefenstahl dazu, und sie fährt fort: „Ihnen treten Frauengestalten zur Seite, die die Sehnsucht verkörpern, aus der immer wieder die Flamme geboren wird." Endlich kann also auch die kühle schöne Aphrodite die Bühne betreten, schließlich braucht auch die deutsche Frau ihr griechisches Ideal der Divinität, um mit deren Ebenmaßen zu konkurrieren – als lebendige Kopie dessen, was in den Worten des Horaz als monumentum aere perennius erscheint, als ein Denkmal ewiger als Erz! Diese Sequenz ist exemplarisch für Riefenstahls Kunst, das Pathos der Distanz zu schaffen.

„Sie soll die Schönheit und die Kraft zugleich verkörpern", wünscht Leni Riefenstahl denn auch 1939 ihrer *Penthesilea* im gleichnamigen Film-Projekt. Identität also heißt die große Riefenstahlsche Beschwörungsformel. Als wären sie vom Olymp oder aus Elysium herabgestiegen, durchwesen die heidnischen Heroen und Götter die Weltlichkeit der Filmkulisse.

Die aus dem Passepartout makelloser griechischer Statuen-Anatomie sich ablösenden deutschen Athleten mit Diskus, Kugel, Speer in ihren kraftvollen Händen werden in ihrer Nacktheit stereotyp gegen dekorativ wolkenbeflorten Himmel abgelichtet, was ihnen zur mystischen Aura verhelfen soll. Ein weiter Himmel und nahe Gräser präsentieren die naturhaften Elemente in dieser künstlich kraftstrotzenden Welt, in der selbst Werke von Phidias, Praxiteles oder Myron ihrerseits wie blasses Kunstgewerbe wirken mußten. Die Ästhetisierung menschlicher Anstrengung auf klassische Idealmaße produziert für sich genommen zwar fotogene Bilder mit interessanten Detailkompositionen, wirkt aber in der Summe und im olympischen Zusammenhang eher kitschig: Naturalistische Substanz und idealistische Form klaffen auseinander. Aber im Vergleich zu den „plastifizierten Athleten" wirken die antiken Götterstatuen menschlicher. Umgekehrt erscheinen die Athleten der Aschenbahn im späteren Verlauf des Films durch die plastischen Großaufnahmen selbst wie Plastiken. Leni Riefenstahl denaturiert die individuelle Menschennatur zum Werkstoff für ihre Filmskulpturen. Ein weiterer „Schönheitsfehler" des Prologs liegt in jener kitschigen Szene mit knieweicher Erotik der über Seilchen springenden Beine ohne (im Bild sichtbaren) Oberleib. Im Anschlußbild folgt die obere Hälfte der Schönen als priesterhaft reifenschwenkendes Ensemble.

Zu fernöstlichen Weisen möchte ein als wogender Schattenriß inszeniertes Ballett aus verhalten gestikulierenden Armen mit den Fingerspitzen den Olymp berühren. Die so zum seelenlosen Schönheitswettbewerb bestellten Grazien zielen darauf ab, ihre mythologischen Vorbilder zu übertreffen. Deshalb darf die Szene keinesfalls auch nur ein wenig frivol sein. Die nächste Sequenz zeigt Eurhythmie treibende Nackte – im Abenddämmer zu zweit im Gras, im Morgengrauen zu viert am Strand: Sie sollen nicht nur die Schaulust befriedigen, sondern die Freikörperkultur der Nazis durch griechische Vorbilder sanktionieren. Drei Grazien mit knospenden Brüsten opfern alle Momente des Sensuellen dem ästhetischen Gegenlicht, das sie zum Ideal kristalliner Schönheit entfremdet. Statt mit prallem Menschenleben, mit Bewegungslust, haben wir es hier mit einem hochmanieristischen Bewegungswust zu tun. Die drei anonymen Maiden verschmelzen mit naturmimetischem Effekt zu einer einzigen Körpersäule mit sechs Armen, der indischen Göttin Shiva ähnlich; dann verflüchtigt sich ihre diffuse Kontur im vor ihnen immer höher auflodernden Feuer.

Diese hier bloß formalistisch benutzte Metapher des Vergänglichen braucht die Regisseurin auch vordergründig, um mit viel Rauch auf das olympische Feuer zu überblenden: Im Sog der „ewigen Flamme" entsteigt der Sterbliche in die ewigen Gefilde. Im offiziellen Programmheft lesen wir dazu: „Die Frauengestalten mit ihren Spielen und entspannten Tänzen [...], mit ihrem Schreiten, ihren Gebärden (symbolisieren) die Sehnsucht nach den Idealen, und aus dem Rhythmus der Sehnsucht nach der Schönheit und Vollkommenheit wird die Flamme geboren."

In der filmischen Inszenierung wird noch einmal der umfassende Rückgriff der Berliner Spiele auf die (vermeintliche) Antike greifbar. Gegen den sich abzeichnenden Boykott hatte Deutschland die Ausgrabungen in Olympia gefördert, die seit den Feldforschungen von Ernst Curtius eine Domäne deutscher Archäologie darstellten. Die Grabungen der Jahre 1875 bis 1881 legten den Zusammenhang zwischen sportlichen Wettkämpfen und kultischen Opferhandlungen frei. Der Berliner Organisator Carl Diem war von der Fundierung des Sportes im Kult überzeugt. Durch seine Entwürfe des konkreten Berliner Zeremoniells schien er Coubertins Idee einer „religio athletae" zur vollen Realisierung zu verhelfen. Aber indem die Emanzipation des sportlichen Wettkampfes auf die Idee eines unsublimierten Todes- und Opferkultes – in vielen symbolischen Motiven und Aktionen – zurückgeschraubt wurde, der auch vor Menschenopfern nicht zurückschreckte, wurde die Frieden und Kultur stiftende Idee des modernen Olympia untergraben.[1] Freilich führten die griechischen Ausgrabungen keineswegs zu einer genauen Topographie des Opferaltares des Hestia-Zeus-Kultes. So blieb es für Diem bei der modernen Auslegung des „ewigen Feuers", das in Olympia und in Berlin brennen konnte. Der Mythos, diese irrationale, blinde Macht, ergreift die Herrschaft.[2]

Nachdem am 20. Juli 1936 um 12 Uhr mittags durch im Brennglas gebündelte Sonnenstrahlen das olympische Feuer im Heiligen Hain von Olympia entzündet und als Symbol der Reinheit durch priesterliche Hände zum Parthenon getragen wurde, läßt Leni Riefenstahl einen wohlgeformten hellenischen Olympioniken seine Fackel an der Glut des olympischen Gedankens entzünden. Die erste Etappe des folgenden Fackellaufs führt über den Paß der Thermopylen durch delphische Landschaft, die Leni Riefenstahl sich als Arkadien träumt. Für ihren Prolog über den Zweiklang der Schönheit von Architektur und menschlichem Körperbau hat die Regisseurin – dies dürfte deutlich geworden sein – vom Olymp statt geistiger Dimensionen nur solche triviale Körperlichkeit heimgebracht: eine nostalgisch verklärte Verengung des Blickwinkels. Was Leni Riefenstahl im Land der Griechen nicht fand, ließ sie vor gemalten Kulissen in der Kurischen Nehrung nachempfinden.

Riefenstahls Wahrnehmung ist auf wenige pragmatische olympische Aspekte reduziert: auf berauschende Körperlichkeit, sehnigen Gesundheitskult oder markige Kameradschaftlichkeit.

Nur eine blasse Landkarte informiert über die wichtigsten Zwischenstationen, die 3 000 olympische Fackelläufer auf ihrem 3 075 Kilometer langen Weg mit dem „olympischen Feuer" passieren werden: Sofia, Belgrad, Budapest, Wien, Prag; steil ins Bild gehobene Nationalfahnen dienen der Chronologie als Blende. Als vom Nebel verklärte Silhouetten tauchen die Hauptstädte mit ihren jeweiligen Flaggensymbolen nur kurz wie Ikonen auf. Aber kaum hat der Stafettenläufer die Reichsgrenze erreicht, dreht die Tonkulisse auf ohrenbetäubenden Jubel hoch, im Berliner Olympia-Stadion sieht und hört man die lärmende Olympiaglocke: genau der rechte Moment, um mit freudigen Fanfarenklängen die Fahnen der 49 Nationen die Masten hinaufzuschicken. Beim Anblick der Fahnen mit den fünf olympischen Ringen hält die ansonsten flinke Kamera kurz den Atem an, um sogleich wieder in den Sog sportiver Hektik zurückzufallen. Als der Stafettenläufer die deutsche Grenze passiert, schneidet Leni Riefenstahl auf das Schriftbild „Deutschland" das Hakenkreuz-Symbol; sie „umreißt dann mit lediglich vier Bildzeichen den Sinngehalt dieses Markenzeichens nationalsozialistischer Politik: fortwährend überblendend, montiert sie über einer unkenntlichen leeren Landschaft das Oval des Berliner Olympia-Stadions in Vogelperspektive, legt darüber in Doppelbelichtung die hin- und herschwingende Olympia-Glocke, die schließlich übergeht in das leinwandfüllende Profil Adolf Hitlers. Das nationalsozialistische Deutschland ist in dieser Bildfolge gekennzeichnet als erstens ein Territorium, auf dem zweitens mit dem Stadion

Den Fackellauf hat Carl Diem für die Berliner Spiele erfunden, seitdem gehört er zum olympischen Zeremoniell.

Das olympische Feuer wurde erstmals 1928 bei den Spielen in Amsterdam entfacht, angeregt von Coubertin, der hoffte, die profane Menschheit möge darin die poetische Metapher für „Geist" erkennen. Carl Diem mißbrauchte das „Ewige Feuer" 1936 zum feierlich-propagandistischen Begriff für die im Brennglas gebündelte „Sonne Griechenlands", die er vom deutschen Fackelträger im Triumphlauf ins Stadion tragen ließ. Goebbels wähnte in der Flamme das „Symbol kosmischer Kräfte" zu sehen.

[1] Vgl. Gunter Gebauer, Das Spiel gegen den Tod. Epilog. In: Gerd Hortleder und Gunter Gebauer (Hrsg.), Sport – Eros – Tod, a. a. O., S. 278.
[2] Hajo Bernett, Symbolik und Zeremoniell der XI. Olympischen Spiele in Berlin 1936. In: Sportwissenschaft 16 (1986), H. 4, S. 357-397, Zitat S. 369.

ein abgegrenzter Ort für das Volk besteht, das drittens einem in der Glocke symbolisierten idealistischen Lebensprinzip gehorcht, dessen Inkarnation viertens der ‚Führer‘ ist. Diese Einstellungsfolge markiert vier grundlegende Bestandteile des modernen Staates, als da sind: Raum, Volk, höhere Werte und politische Führung. Abgesehen vom Konterfei des ‚Führers‘ liegt die faschistische Spezifizierung in den Überblendungen bzw. Doppelbelichtungen: Als untrügliches Kennzeichen des nationalsozialistischen ‚Deutschland‘ wird mit dieser filmischen Darstellungstechnik die unverbrüchliche Einheit der vier gezeigten Elementarbestandteile hervorgehoben."[1]

Von höherer Warte aus verfolgen Hitler und seine Paladine mit erkennbarem Stolz den Einmarsch der Sportler hinter ihren Nationalfahnen und unter den Klängen des Möllendorfer Parademarsches. Hitlers Anwesenheit wird auch an den folgenden Tagen jedesmal durch das Hissen der Führerstandarte angezeigt.

Als Hitlers Landsleute, die Österreicher, die Aschenbahn betreten, braust ostentativer Jubel auf. Nicht nur die Österreicher und die Italiener, auch die Japaner salutieren mit dem Falange-Gruß zur Tribüne hinauf. Die Reihenfolge der einmarschierenden Mannschaften wurde im Film umgestellt zugunsten einer zunehmenden Identifikation mit den faschistisch grüßenden Mannschaften und den Zuschauern im Stadion und im Kinosaal. Diese Wahrnehmungssteuerung überträgt sich auch auf die Franzosen, die nach den Italienern einmarschieren: Der olympische Gruß soll als faschistischer Gruß wahrgenommen werden. Der dem „Deutschen Gruß" ähnliche „Sportgruß" der Franzosen darf also nicht wie damals durch das Publikum als Zeichen des Einverständnisses mit den Nazis oder gar als eine Art Selbstdemütigung vor Hitler mißverstanden werden. Da Leni Riefenstahl aber die Zuschauer im Glauben läßt, die französischen Sportler entböten Hitler den „Deutschen Gruß", spricht sie – kurz nach dem Einmarsch der deutschen Truppen in das Rheinland – der „Grande Nation" gegenüber den Verdacht der Unterwerfung unter Hitlers Expansionsstreben aus. Und schon verkündet der Badenweilermarsch den Einmarsch der letzten, weil gastgebenden Mannschaft, der weißdrapierten deutschen Equipe mit ihren hochgereckten Hakenkreuzfahnen. „Ganz in weiß, eine Prozession im Kleid der Reinheit und Läuterung" (Martin Loiperdinger). Der Führer ist dreimal zwischengeschnitten, um eine „unio mystica" zwischen dem Führer und seinen Kämpfern zu unterstellen. Als einzige Delegation nimmt es sich die deutsche heraus, die teilnehmenden Soldaten in Uniform ins Stadion marschieren zu lassen. Um die subtile Manipulationstechnik der Leni Riefenstahl an einem weiteren Detail vorzuführen, sei darauf hingewiesen, daß die Filmregie den auswärtigen Sportlern volkstümlich-lockere Polka-Weisen unterlegt, während in Wirklichkeit der Einzug *aller* Sportnationen von Militärmusik begleitet war. Den erhabenen Klang feierlicher Militärmärsche wollte Leni Riefenstahl allein den Deutschen vorbehalten.[2]

Die neben dem olympischen Feuer symbolisch aufgeladene Hakenkreuzfahne, das immer wieder eingeblendete Hitlerkonterfei, die von dem deutschen Olympiasieger von 1932, Rudolf Ismayr, gesprochene olympische Eidesformel, nicht ohne Hitlergruß, sind nur einige der zahlreichen semiotischen Verweise auf eine klar definierte, dem Zuschauer oktroyierte parteiliche Sichtweise. Durch ihre neue Zusammenhänge schaffende Montagekunst bedient die Riefenstahl perfekt die affektlenkenden Funktionen des Massenmediums Film. „Semantisch aufgeladen durch die vorausgehende Fokussierung der filmischen Zeichensetzung auf Symbole für deutsche Überlegenheit, läßt sich das Szenarium des Olympischen Eides lesen als die Eingemeindung der teilnehmenden Nationen in ein ideelles Universum körperlicher Auslese, das unter nationalsozialistischem Vorzeichen steht."[3] Das Signal zum Beginn der Spiele von 1936 gibt Hitler mit dem grammatisch nicht einwandfreien Satz: „Ich verkünde die Spiele der XI. Olympiade neuer Zeitrechnung als eröffnet." Hunderttausend weiße Tauben der Brieftaubenanstalt

[1] Martin Loiperdinger, Die XI. Olympischen Spiele in Berlin als internationaler Reichsparteitag. Zur Inszenierung der Eröffnungsfeier in Leni Riefenstahls Olympia-Film „Fest der Völker". In: Olympia – Berlin, a. a. O., S. 168 f.
[2] Martin Loiperdinger, Halb Dokument – halb Fälschung, Zur Inszenierung der Eröffnungsfeier in Riefenstahls Olympia-Film. In: Medium, Frankfurt/Main, 3/1988, S. 45.
[3] Loiperdinger, Halb Dokument – halb Fälschung, a. a. O., S. 8.

Auf der offiziellen Tribüne sitzen neben Hitler und seinen engsten Mitarbeitern der König von Bulgarien, der Prinz von Piemont, Prinzessin Maria von Savoyen, die Thronfolger Schwedens und Griechenlands sowie die nichtaristokratischen Söhne Mussolinis. Ihnen gegenüber sollten die Mitglieder des IOC, „um deren Hals ein Kranz von Goldmedaillen lag – Würdenträger einer Republik des Geistes, die für einen Augenblick körperliche Gestalt annahm" – das Zeremoniell abnehmen. (François-Poncet, Botschafter in Berlin, a. a. O., S. 303)

des Heeres steigen aus dem riesigen Oval in den unschuldigen Himmel auf, wo sie als bewegte Grafik ästhetische Qualität gewinnen: Das Fest der Völker und der Schönheit hat begonnen.

Wie sehr sich auch heutige Filmkritiker besonders vom Prolog überwältigt zeigen, wird in der Einschätzung des englischen Filmpublizisten David B. Hinton deutlich: „Ein Gedicht, eine Hymne, ein Lobgesang, eine Ode an die Schönheit – einer der größten Augenblicke der Schönheit in der Filmgeschichte.“[1] Die Riefenstahlsche Überwältigungsstrategie des *Olympia*-Prologs, die das Publikum fassungslos machen und aus seiner Erfahrungswelt herauswerfen wollte, hat offensichtlich zeitüberdauernde Eindringlichkeit.

Hier hat Leni Riefenstahl ihre 1940 formulierten Gestaltungsprinzipien praktisch vorweggenommen: „Vier Dinge stehen dem Regisseur hauptsächlich zur Verfügung, um einem reinen Filmbuch die künstlerische Gestaltung zu verleihen: der richtige Aufbau – die Architektur des Films, der Rhythmus der Montage, die besondere Auswertung des Tones und die Qualität der Kameraeinstellung.“[2]

„Fest der Völker“: Kampfgeist und Massenregie

Alles war schön: die Olympische Idee, der Fackelläufer, das Stadion – und die Athleten: Die Besessenheit eines Glenn Morris, der Lauf von Jesse Owens, die gebändigte Kraft unseres Karl Hein. Oder die Japaner in ihrer inneren Versunkenheit und fast religiösen Hingabe – die Lockerheit der amerikanischen Athleten und die eisernen Willensmenschen – die Finnen. Als die Finnen im 10.000-Meter-Lauf den Japaner Murakoso zermürbten, als sie wie eine zu einem Block geschmolzene Mannschaft in unheimlichem Rhythmus Mann für Mann überrundeten, waren sie das vollendete Symbol einer ebenso stark geistigen wie körperlichen Schönheit.

Leni Riefenstahl[3]

Im anschließenden ersten Teil *Fest der Völker* begrüßt die vor dem Brandenburger Tor posierte Kamera den Langstreckenläufer mit der ewigen Flamme ohne angemessene Tiefenschärfe. Diese banale Feststellung macht dem Kenner bewußt, daß nicht mehr, wie im Prolog, Willy Zielke hinter der Kamera steht.

Mit ausholenden Schritten läuft der deutsche Fackelträger Fritz Schilgen unter orkanartigen Ovationen in die Berliner Kampfstätte ein und wird von der Regie sogleich als edelgesichtiger, blonder Prototyp „der Bewegung“, den historischen Augenblick nochmals überhöhend, weit sichtbar hoch oben auf dem Olympia-Plafond dekorativ neben der Feuerpfanne postiert.[4] Für Carl Diem stellt der sichtlich Dreißigjährige einen „schlanken Jüngling“ dar.[5] Diese von Todessehnsüchten durchkreuzte, homoerotisch verzerrte Wahrnehmung ist im Kontext von Diems Ideologie bezeichnend. Für Diem ist die olympische Idee in ihrem „Kern“ militärisch. So unterscheidet er für den kriegerischen Ernstfall zwischen der Mannesehre des bewußt in Kauf genommenen Soldatentodes und der bewußtlosen Heiligkeit der Jünglings-Opfer zwischen Ernst und dem für den Ernst instrumentalisierten Spiel. Schilgen war übrigens deshalb nicht außer Atem, weil er nur die letzten paar hundert Meter absolvieren mußte, um für den großen fotogenen Augenblick fit zu bleiben. Dabei steigern sich der ornamentale visuelle Report und ein mächtiger Choral zum vereinnahmenden Gefühlspegel.

In einem panoramaartigen Schwenk registriert die Kamera Hunderttausende, als ob

Willy Zielke hatte ein Jahr vor dem *Olympia*-Film zum hundertsten Jubiläum der ersten deutschen Eisenbahnlinie Nürnberg – Fürth den impressionistischen Dokumentar-Spielfilm *Das Stahltier* produziert und war dabei auch für Kamera, Buch und Regie verantwortlich gewesen. Wohl weil er in größerer Zahl, als damals genehm war, Ausländern technische Erfindungen und einen Teil der Entwicklung der Eisenbahn zugeschrieben hatte, wurde der Film am 25. Juli 1935, noch vor seiner öffentlichen Aufführung, von der Zensur verboten. *Das Stahltier* war ein formal ambitionierter Film mit eindrucksvollen stilistischen Elementen und mit Montage-Sequenzen, die an beste russische Vorbilder erinnern. Der Film ist zu unrecht in Vergessenheit geraten.

Das Feuer flackert in der Opferschale: Der zerstückelte Pelops wird wie im Gründungsmythos des antiken Olympia wieder zusammengesetzt. Aber der antike Mythos und die griechischen Rituale werden von der neuen Flamme dieses Landes verzehrt, das Totenopfer ruft neuen Tod herbei: dies ist die Umkehrung der olympischen Botschaft, die vom Führerturm und der Langemarckhalle ausgesandt wird.

[1] David B. Hinton, The Films of Leni Riefenstahl. London 1978.
[2] Leni Riefenstahl, Wesen und Regie des Dokumentarfilms. In: Der Deutsche Film. Sonderausgabe 1940/41, S. 146.
[3] Leni Riefenstahl, Schönheit im Olympischen Kampf. Berlin 1937 (Vorwort).
[4] Gunter Gebauer/Christoph Wulf: Spiele der Gewalt. Ein Bildessay über die Olympiade Berlin 1936. In: Ästhetik und Kommunikation, Berlin, 18 (1987) 67/68, S.114.
[5] Carl Diem, Ewiges Olympia. Eine Quellensammlung antiker und moderner Texte. Wuppertal – Ratingen – Kastellaun 1971, S. 146.

Eine ähnliche Metapher hatte Leni Riefenstahl für ihr nicht realisiertes Projekt
„Penthesilea" konzipiert, wie sie 1972
rückblickend erläuterte: „Der vergrö-
ßerte Sonnenball durch Nebelschleier
ins Riesige gesteigert – die Milchstraße
– der Regenbogen – Nordlicht usw."
(Filmkritik, München, 8/1972, 1. August
1972, S. 422.)

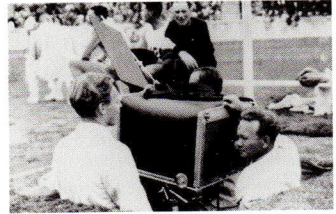

120 Riefenstahl-Kameraleute bei der Arbeit im Olympia-Stadion

diese mit dem nahen Blick der Kamera die Chance bekommen hätten, der Vermählung
der ewigen Flamme aus Hellas mit der vergänglichen Ölflamme der Opferschale unmittelbar beizuwohnen. Während die Fackel Feuer auf der Schale zündet, vertieft Leni
Riefenstahl diesen feierlichen Eindruck durch absolute Stille; das Auflodern des olympischen Feuers scheint wie ein Blasebalg auch den gewaltigen Choral zur akustischen
Feier anzufachen. Riefenstahl schafft hier ein optisches Meisterstück: Indem sie aus
dem Dreisprung Kameraoptik, Flamme und glühendem Sonnenball eine axiale Dominante schafft, erzeugt sie kosmische Stimmung; der Sonnenball versinkt mit mythischem
Geflimmer im olympischen Feuer und selbstverständlich soll diese Aureole auf den
irdischen Führer abstrahlen, der hier physisch und psychologisch hoch über sein Volk
gestellt wird.

Um Riefenstahls Ästhetik der Auslese auf den kritischen Punkt zu bringen, genügt es,
auf wenige Sequenzen aufmerksam zu machen, die unter formalen Aspekten für besonderes Interesse gesorgt hatten: die vielbewunderte Passage des Marathonlaufs, die
ins Hochästhetische gesteigerte Eleganz des Turmspringens oder die Sequenz des olympischen Dorfes am Beginn des zweiten Teils. Gerade in diesen Sequenzen lädt die
Regisseurin die kinematographischen Energien mit den überschießenden Energien der
motorischen Leistungen auf. Die Passage des Marathonlaufs, der so mörderisch ist,
daß Frauen erst ab 1984 in dieser Disziplin starten dürfen, hat sie selbst akribisch
beschrieben:

„Beim Marathonlauf, da habe ich vorher gegrübelt, wie da überhaupt eine Wirkung
erzielt werden könnte. Weil ich mir zuerst gar nicht vorstellen konnte, daß ich einen
Lauf, der so wichtig ist, den man bringen muß – wie man das macht, daß er interessant
ist. Und da habe ich die Idee gehabt, es müßte versucht werden zu zeigen, was der
Marathonläufer fühlt, wenn er müde wird, und daß man das dadurch ausdrückt, daß
man seine Beine zeigt, wie sie schwerer laufen und seine Bewegung wie die einer
Maschine wird, wie alles vorbeizieht, und daß er dann wie im Traum und mit letzter
Kraft gerade noch den Lärm aus dem Stadion hört, das zieht ihn an und stützt seinen
Willen. Während man seine Beine noch in der Überblendung sieht, hört er schon die
Trompete und das Rufen, und das hält ihn wach. Den Willen, den er zum Laufen
benötigt, konnte ich ja nicht nur bildlich ausdrücken, und das hat dann der Wind mit
der Musik unterstützt, daß, während er fast Zeitlupe läuft, die Musik ganz peitschend
ist. Dieser Gegensatz: Die Musik bringt den Willen, und die Bilder zeigen seine Erschöpfung, dadurch erlebt man unbewußt die Mühen des Marathonläufers mit. Und
dann mußte ich wieder in die Wirklichkeit gelangen. Ich konnte damit nicht plötzlich
enden. Und da dachte ich mir, das beste ist, wenn man durch die immer näher kommende
Geräuschkulisse aus dem Stadion auf dasselbe bildlich überblendet – dadurch gelangt
der Zuschauer logisch wieder in die Welt der Realitäten. Um die Aufnahmen von den
von oben gesehenen Beinen des Marathonläufers zu bekommen, haben wir beim Training eine ganz kleine Kamera in einen Drahtkorb gehängt, mit einem elektrischen
Draht, und der Läufer hat den beim Laufen selbst ausgelöst. […] um das zu bekommen,
mußten wir einmal überdrehen. Wir haben verschiedene Tempi probiert, und da kann
ich mich noch erinnern, um das rauszubekommen, die paar Meter, daß viele 100 Meter
gedreht werden mußten, und 10 oder 15 Meter nachher brauchbar waren. Alles andere
war verwackelt."[1]

Was die Regisseurin hier als rein technisch-ästhetisches Bemühen beschreibt, war im
realen Film durchaus mit der politischen Wirklichkeit vernetzt. Beiderseits der gefürchteten Strecke, „über den glühenden Asphalt der Avus", säumen gestiefelte SA-Männer
wie Kilometersteine die Marathonstrecke.

So wie heute das Fernsehen die Werbung auf den Banden in Fußballstadien nicht

[1] Leni Riefenstahl in einem Interview
mit Hermann Weigel. In: Filmkritik,
8/1972, S. 404/405.

einfach wegblenden kann, so wußte man damals mit den standhaften SA-Männern gratis für Hitler zu werben, die so in allen Wochenschauen der Welt Reklame standen: product placement.

Als die Japaner nach der Hälfte des Laufs immer noch in Führung liegen, reißen sie den Kommentator regelrecht mit: „Drei Läufer, ein Land, ein Wille" – als bedürfe es der Wortergreifung, um authentische Bilder zu rechtfertigen. Während die Kamera die Läufer streckenweise nur als über die Pisten huschende Schatten überliefert, steuern zur grafischen Ausmalung von Zeit und Ausdauer episierende Seitenblicke auf wogende Ährenfelder oder dekorativ ins Bild ragendes und dies gleichzeitig verwischendes Birkengeäst das Ihrige zur Ästhetik bei. In der raschen Montage der Gesichter, Hände, Füße und des kameratechnisch verlangsamten Laufschattens gelingt der Riefenstahl eine beeindruckende Metapher der Anstrengung; in der hautnahen Reflexion der Erschöpfung bekommen die Szenen sogar „human touch".

Wie die Passage des Marathonlaufs hat auch die Sequenz des ansonsten eher langweiligen Dreisprungs innere Spannung, die durch selektive und assoziative Anschlußschnitte noch gesteigert wird.

Zur Schluß-Apotheose des ersten Teils formiert Leni Riefenstahl das Wogen der Fahnenwälder im doppelten Wortsinn zu bewegenden Bildern; durch analoge, hymnischoratorische Klänge von Richard Strauss werden sie gleichsam ins Sakrale gesteigert. Schließlich verschmelzen die Fahnen mit dem olympischen Feuer, und gewaltsam überblendet dann die Olympiaglocke die Szene in Bild und Ton.

Fast ist man versucht, in einem solchen Bild die möglicherweise unfreiwillig ahnungsvolle Vorwegnahme der Feuerglocken und Luftschutzsirenen des kommenden Krieges wahrzunehmen. Mit Szenen wie diesen lassen sich die Brüche in Leni Riefenstahls politischer Ästhetik am besten nachweisen. Aber ebenso ist in der Ablichtung Hitlers ein Bruch zwischen Anspruch und filmischer Wirklichkeit vorhanden: Jeweils nur in Momentaufnahmen erscheint Hitler auf der Leinwand, und meistens nur in seinen spontanen Reaktionen; dadurch wirkt er gelöst und nicht immer nur unsympathisch. Als Beobachter des Zehnkampfes lacht er lauthals drauflos; beim Hammerwerfen ebenso wie beim Speerwurf freut er sich staatsmännisch über deutsche Siege; es macht ihn stolz, daß Karl Hein und Gerhard Stöck Olympia-Gold bekommen; beim 10 000 m-Lauf kratzt der Führer nervös sein Knie, denn die „finnische Streitmacht ist im Angriff [...] sie liegt geschlossen in Front!" Auch scheint Hitler die gelegentliche Gegenwart des 87jährigen Feldmarschalls von Mackensen in seiner operettenhaften Husarenuniform zu genießen. Fast harmlos-privat wird so der „ideologische Kopf der Bewegung" ins Bild gebracht; ein Vorgang, der das von Ernst Bloch fast dreißig Jahre später geäußerte hellsichtige Diktum des Faschismus als „Auffangbecken des Banalen" unfreiwillig vorwegnahm.

Als aufmerksamer ausländischer Beobachter notierte François-Poncet freilich die Anstrengung Hitlers, Verluste zu ertragen. Zugleich verspürte er unter der Decke der friedlichen Wettkämpfe eine nervöse Mobilisierung, die den späteren Krieg vorwegnahm: „Eigentlich zeigten die sportlichen Wettkämpfe der nächsten Tage die elementare Kraft des Nationalgefühls stärker als eine besondere internationale Verbundenheit. Jeder begrüßte stürmisch die eigenen Landsleute, war stolz auf ihre Erfolge und bedauerte ihre Niederlagen. Hitler verfolgte mit Spannung, mit verkrampftem Gesichtsausdruck die Leistungen seiner Wettkämpfer. Siegten sie, so hellte sich sein Gesicht auf, er schlug sich schallend auf die Schenkel, wandte sich lachend zu Goebbels um. Wurden sie geschlagen, verfinsterte sich seine Miene. Die Amerikaner übertrafen in ihren Leistungen alle anderen. Die Deutschen, die mit Methode zwei Jahre lang trainiert hatten, kamen sogleich nach ihnen. Die Glanzleistungen einiger Franzosen und Engländer verwischten

121 Hitlers Erregung beim Mißgeschick der deutschen Staffelläuferinnen, als der Stab beim Wechsel zu Boden fällt

nicht die Mängel, die die Vorbereitung ihrer Mannschaften aufwies. Die Japaner brachen bei den letzten Kilometern des Marathonlaufes zusammen. Die Resultate dieses friedlichen Wettstreites gaben im voraus ein Bild des künftigen Krieges…. Aber es kam zu keinerlei unangenehmem Zwischenfall. Der sportliche Geist siegte über alle Gemütsbewegungen im Stadion. Man hatte das Bild[!] eines versöhnten Europa, das seine Streitigkeiten[!] in Wettlauf, Hochsprung, Wurf und Speerwerfen austrug."[1]

Packende Passagen gelingen den hundert Augen der Kameras beim 100-m-Lauf der Männer, vom Fehlstart bis zum langen Vorsprung, mit dem Jesse Owens das Zielband zerreißt: 10,2 Sekunden – Weltrekord –, wegen Rückenwind wird der Rekord nicht anerkannt, das Ganze noch einmal von vorn: 10,3 Sekunden und: Gold. Mit 8,06 Meter gewinnt Jesse Owens auch den Weitsprung, seine eiserne psychische und physische Konzentration reflektiert die Linse durch ihre Fokussierung auf Gesicht und Muskeln. Auch die bis in die Nacht währenden Stabhochsprünge sind fesselnd in Szene gesetzt: So zieht der Amerikaner Earle Meadows den Trainingsanzug erst aus, nachdem die Latte schon auf 4,03 Meter liegt; bei 4,35 Meter gehört der Weltrekord ihm. Die letzten Sprünge gewinnen im Flutlicht besondere Plastizität. Auf dem Höhepunkt wird die Musikkulisse ausgeblendet, das akustische Loch erhöht die filmische Spannung, bricht jedoch jäh ab, weil nun über das Gesicht des Siegers Meadows kitschig sentimental das Sternenbanner projiziert wird. Aber selbst Niederlagen, die man kaum hätte verschweigen können, werden filmisch zu Erfolgen umgedeutet: Nachdem die stark favorisierten deutschen Frauen beim Staffellauf Stab und Sieg verloren haben, kompensiert der Sprecher die verpaßte Gelegenheit durch penetrante Begeisterung für die deutsche Männer-Staffel.

„Fest der Schönheit": Körper-Kult und Lichtdom

Selten war so viel Schönheit, Kraft und Schönheit vereinigt, wie in den sechzehn Tagen bei den Olympischen Spielen in Berlin.

Leni Riefenstahl[2]

Zur Einstimmung in den folgenden Teil *Fest der Schönheit* lädt Leni Riefenstahl den Zuschauer zum Waldlauf ein: mit kulturfilmhafter Tümpelidylle, mit Käfern, Spinnen und anderen niederen Waldbewohnern in Großaufnahmen, möchte sie das Mysterium Natur beschwören.

Die Kamera schält die stählernen Körper aus dem Dampf der finnischen Sauna. Und so kann die Regisseurin hier zwar ihren Schönheitsbegriff an der schweißperlenden Epidermis ausgesuchter Champions vorbildlich artikulieren, dann aber stürzen die Athleten ihre vom Frühnebel verschämt umhüllten dampfenden Körper zur Abkühlung in den nahen Teich. Die Montage riskiert schließlich eine rassistische Metapher: Ein beim Frühsport hüpfender Asiate wird im Gegenschuß mit hüpfendem Känguruh zur Analogie verpflichtet: Es darf gelacht werden.

Ebenso heldisch arios wie der Reporter das Wort „Deutschland" bei der Kommentierung des Wettschwimmens von der Zunge schnalzt, kennt auch der Kommentar über die siegreichen deutschen Ruderer in seiner Begeisterung keine Grenzen; mit chauvinistischem Eifer schreit er ins Mikrophon: „[…] aber Deutschland ist stärker! Deutschland! Sieg! Der fünfte Sieg an diesem Tag für Deutschland! Fünf Goldmedaillen im Rudern." Die Radioreporter, darunter Otto Wernicke und Henri Nannen, belfern im Jargon von Kriegsberichterstattern; auch in anderen Passagen möchten sie mit verbalem Muskel-

[1] François-Poncet, Botschafter in Berlin, a. a. O., S. 304.
[2] Leni Riefenstahl, Schönheit im Olympischen Kampf, a. a. O. (Vorwort).

spiel zu den Siegern gehören. Um die schallenden „Deutschland! Deutschland!"-Rufe aus dem Publikum dramaturgisch zu vereinnahmen, schraubt der Geräuschpegel entsprechend mächtig auf.

Der damals üblichen Sprechweise von Bühnenschauspielern nachempfunden, werden im Kommentatorenton nur die allernötigsten Einzelheiten erwähnt, um sich beim jeweiligen Wettkampf an die Endpunkte des Geschehens zu stellen. Die Reporter nehmen so eine zumal in den Medien Film und Schallplatte noch korrigierbare unpersönliche Perspektive an, deren kontrollierender Ton immer schon besserwisserisch mit dem Sieger zu paktieren scheint, in Wahrheit aber die Idee der Selektion propagiert und mitvollzieht. Massenchöre und Gruppenrufe, original oder nachempfunden, werden geschickt unter das jeweilige Sprechersolo gemischt, der Sprecher bleibt aber, ebenso wie gegenüber den Sportlern, intonationsmäßig und appellativ immer „in Führung". So entsteht die Illusion eines chorischen Oratoriums, in dem der medienunterstützte Reporter die prophetische Rolle des permanent ritualisierenden Siegverkündigers einnimmt – mitten im konkreten Wettkampfgeschehen, das unanalysiert bleibt und deshalb zum dunklen Substrat von Kampf, Krieg und Sieg mythisiert wird.

122 Hitler trifft zu einer Kundgebung der Jugend Berlins im Olympia-Stadion ein. 1937

„Parteitag und Olympiade verhalten sich noch einmal wie Kontrolle und Natur zueinander, und auf einer weiteren Ebene muß sich in den Olympia-Filmen die Sprache als Kontrollinstanz gegenüber dem (allzu) naturhaften Bild bewähren: Während Leni Riefenstahl im Bild ihrer bewundernden Sehnsucht nach ‚allem, was schön, stark und gesund' ist, ob es nun arisch sei oder nicht, Ausdruck verleiht, läßt sie den Kommentator vom ‚entscheidenden Ringen' und dem ‚Sieg' und von der ‚großen Schlacht' sprechen."[1] Hier koalieren Gefühle der Filmemacherin mit denen des Kinopublikums, ein bis heute probates Erfolgsrezept.

Die Ruder-Sequenz vermittelt starke Eindrücke der Spannung durch dicht ins Geschehen drängende Kameras: Sie dokumentieren den Wettkampf von allen Seiten und fixieren dabei die individuelle Leistung punktuell. Rasanz kennzeichnet jene kurze, dem deutschen „Vierer ohne" gewidmete Passage, als die Kamera der Reihe nach jeden einzelnen erfaßt, wie jeder auf seinem Rollsitz sich für die Goldmedaille in die Riemen legt; ohne Zwischenschnitte wirkt die Einstellung gleichwohl so, als verdanke sie ihre Dynamik allein der nahtlosen Montage. Andere aus einem scheinbar mitrasenden Boot geschossene Aufnahmen wurden eindeutig nachgestellt, wie etwa die mit Rücken zur Zielrichtung verbissen in die Kamera grimassierenden Gesichter beweisen.

Um Leni Riefenstahls Sinn fürs Populäre zu entfalten, gibt ihr die Parcours-Szene ausgiebig Gelegenheit. Beim Sprung über den Wassergraben stolpert jedes zweite Pferd über die unvermutete Hürde – die paradeuniformierten Reiter purzeln serienmäßig ins trübe Naß. Eine schadenfrohe Kamera sammelt genüßlich jeden unfreiwilligen Kopfsprung ein. Die jeweils individuelle Weise, wie die wassertriefenden Springasse mit bitterernstem Mienenspiel wieder auf ihre Sättel klettern, stiftet beim Publikum erlösende Heiterkeit nach soviel Siegen. Durch diese und einige andere fröhliche Aperçus versorgt Leni Riefenstahl den Film mit legitimen Unterhaltungswerten. Mit der respektheischenden Mitteilung allerdings, der deutsche Freiherr von Wangenheim habe trotz gebrochenen Schlüsselbeins mannhaft durchgehalten, um der deutschen Equipe den Sieg zu sichern, blendet der Film in den Ernst des Lebens und auf martialische Hockeyschläger zurück.

Das Spielerknäuel vorm Hockeytor verführt zu einer formalistischen Überblendung auf den Pulk der Reiterpolos. Mit der Montage-Sequenz des Turmspringens gelang Leni Riefenstahl ein ästhetischer Glanzpunkt des Films, ein Paradestück des schwerelosen Balletts. Unter extremen Blickwinkeln, zum Teil mit Spiegellinsen-Fernobjektiv eingefangen, läßt sie die Körper zwischen Himmel und Wasser schweben, wie heute im

[1] Georg Seeßlen, Das Mädchen, das Krieger sein wollte, a. a. O., S. 13.

Werbefernsehen die Reklame für ein gewisses Deodorant. „Marjorie Gestring – wer vergißt diese kleine Amerikanerin, die in unvergleichlicher Körperbeherrschung gertenschlank wie ein Pfeil durch die Luft flog und so kerzengerade in das Wasser schoß, daß es kaum aufspritzte […] eine Symphonie von Schönheit, diese fliegenden Menschen, wie Vögel schwebten sie durch die Luft."[1] Auch an diesem Beispiel wird deutlich, wie „modern" im filmtechnischen Sinn der Olympia-Film war. Die elastisch gestreckten Glieder werden mit Hilfe einer Hochfrequenzkamera in der Zeitlupe erst richtig schön: ja, „schöner als in der Wirklichkeit" (Leni Riefenstahl). Mit Hilfe der Zeitlupe läßt sie physische Bewegungen nicht „als Verlangsamungen schneller Bewegungen" erscheinen – wie Rudolf Arnheim solche neuen Strukturbildungen beschreibt –, sondern sie läßt sie „als eigentlich gleitende, schwebende, überirdische wirken". Die schwerelos dahinschwebenden Körper waren nicht nur Olympiaspringer, sondern auch vorher oder nachher aufgenommene schöne Gestalten.[2] Nach ihrer Zergliederung am Schneidetisch kulminieren sie in der Montage zum gewünschten Ideal des aus Grazie, Wohlgestalt, Kraft und Mut definierten Adels. Das durch wechselnde Wolkenbildung ästhetisch strukturierte Gegenlicht verurteilt die artistischen Glanzstücke zur Anonymität in der so erzeugten Transparenz.

Wer ist wer? Alle Athleten zusammen formieren sich jedenfalls zur Entsprechung jener olympischen Norm, an der Leni Riefenstahl ihren Schönheitsbegriff messen möchte. Von schwülen, elegischen Klängen untermalt, dauert die Turmakrobatik bis in die Abendstimmung hinein, deren Atmosphäre für die Schlußapotheose dringend gebraucht wird: Das Stadionrund umzingeln unzählige Flakscheinwerfer mit ihren steil ins dämmrige Firmament ragenden Lichtersäulen. Der friedliche Gebrauch solchen Kriegsgeräts sollte damals davon ablenken, wofür sie eigentlich bestimmt waren. Indem sich die Scheinwerfer langsam zur Mitte neigen, um hoch über dem Stadion zusammenzutreffen, bilden sie als Strahlenbündel einen Focus aus x-Millionen Volt: „Welch ein Getöse macht das Licht" möchte man mit Goethe dazu bemerken. Das reflektierende Licht erhellt das weite Stadionrund und macht es zur Weltbühne. Albert Speer hatte diesen „Lichtdom" als seine „schönste Raumschöpfung" für die Nürnberger Reichsparteitage entworfen: „Die 130 scharf umrissenen Strahlen, in Abständen von nur zwölf Metern um das Feld gestellt, waren bis in sechs bis acht Kilometer Höhe sichtbar und verschwammen dort zu einer leuchtenden Fläche. So entstand der Eindruck eines riesigen Raumes […] Ich nehme an, mit diesem ‚Lichtdom' wurde die erste Lichtarchitektur dieser Art geschaffen […]"[3] Später ergänzte er: „Merkwürdig berührt mich der Gedanke, daß die gelungenste architektonische Schöpfung meines Lebens eine Chimäre ist, eine immaterielle Erscheinung."[4] Der damalige Cigaretten-Bilderdienst-Text zeigt gleichzeitig, wie ambivalent die architektonische Semantik der Lichtregie war, die zwischen gefängnisartigem Gitter-Domgewölbe und strahlend unbestimmter Idee schillerte: „Als endlich der Schluß nahte, schlangen sich die Strahlen der Scheinwerfer zu einem schirmartigen Netz wie das Gewölbe eines Domes über dem Stadion zusammen. Hunderttausend Menschen fühlten sich eingeschlossen in den Rhythmus der gewaltigsten Idee, die allein die Menschheit bisher zu echter Kameradschaft zusammengeschmiedet hatte."[5] Und der britische Botschafter Sir Neville Henderson schrieb 1940: „Gleichzeitig feierlich und schön, als ob man sich in einer Kathedrale aus Eis befände."[6] Freilich wird an einer bestimmten Stelle im Film das „kolossale Strahlendach" zur „Nachempfindung aus dem Tricklabor"[7].

Nach diesem aus Licht, Luft und Pathos schwerelos gebauten „Dom" folgt ein weicher Schnitt – und der Lichtorgie schließt sich die fünfeinhalb Tonnen schwere Olympia-Glocke in Großaufnahme an, aus der wiederum das olympische Feuer magisch hervorleuchtet.

[1] Leni Riefenstahl, Schönheit im Olympischen Kampf, a. a. O. (Vorwort). In diesem Bildband lichtet sich Leni Riefenstahl übrigens selber ein Dutzend Mal ab.
[2] Rudolf Arnheim, Film als Kunst. Berlin 1932, S. 138.
[3] Speer, Erinnerungen, a. a. O., S. 71 f.
[4] Speer, Spandauer Tagebücher, a. a. O., S. 637.
[5] Die Olympischen Spiele 1936. Hg. vom Cigaretten-Bilderdienst Altona-Bahrenfeld 1936, zusammengestellt von Walter Richter.
[6] Sir Neville Henderson, Failure of a Mission. London 1940.
[7] Peter Clasen, Kraft durch Schönheit. Über Leni Riefenstahls Olympia-Film. In: Der Tagesspiegel, 23. August 1992.

Eine Legion goldener Fahnenspitzen, glühend in ihren Lichtreflexen, erinnert uns dann daran, wo wir uns eigentlich befinden. Diese gewaltsame Symbolik setzen schnurgerade Fahnenreihen fort, die von links und rechts zur symmetrischen Figur ins Bild gesenkt werden, um sich mit Hilfe der Überblendung zu kreuzen. Sobald sie in die Vertikale zurückschwenken, schmückt sie deutsches Eichenlaub.

Von den Nazifahnen riskiert die Kamera einen usurpierenden Schwenk auf die Olympiafahnen, während das olympische Feuer dahinter verlodert – es löst sich gewissermaßen in Rauch auf. So kann Leni Riefenstahl das Schlußbild als Lichtblick erscheinen lassen: Im Schnittpunkt der gleißenden Licht-Implosionen des Speerschen Doms soll ein jeder sportive Tugenden reflektieren – und verinnerlichen. Der natürliche Sternenhimmel verblaßt gegen die Illumination der Stars in der Manege. Das mythisch-verklärte Astrale strahlt mit Hilfe der Linsentechnik auf die Champions der Aschenbahn herunter, die Astralleiber oszillieren bei der Empfängnis des gewünschten vollkommenen Helden. Schon in *Mein Kampf* hatte Hitler hellseherisch „wie Wetterleuchten am schwarzen Firmament Tugenden aufstrahlen sehen". Die geistige Finsternis freilich vermochten auch Speers Flakscheinwerfer nicht aufzuhellen. Die pompöse Schlußfeier bedeutet im Wortlaut des Tobis-Filmheftes aber kein Ende, „sondern ein Weiterklingen eines ewigen Akkordes, der einmal angeschlagen ist. Die olympische Flamme verlöscht, da reißt sich die Kamera am Scheinwerferdom empor, der sich über dem Stadion wölbt. Das Dach des Lichtdoms grüßt als Feuerbotschaft – es ist dasselbe Licht, das einst über der Akropolis aufging." Dieses Hoffnungspathos hat damals für eine Weile Früchte getragen. Die Uraufführung dieses ersten ästhetisch durchgestalteten Olympia-Films am 20. April 1938 wurde als Geburtstagsgeschenk für den Führer gefeiert, ein Jahr und vier Monate vor Hitlers Weltkrieg.

Wie lautete der Wahlspruch der SA im Olympiajahr 1936? „Wenn die Olympiade ist vorbei / schlagen wir die Juden zu Brei!"[1]

Die Premiere war nach Auskunft von Volker Kluge, Berlin, ursprünglich für den 24. März 1938 angesetzt. Wegen des Anschlusses Österreichs an das Reich am 12. März 1938 wurde der Start verlegt: zuerst auf den 19. April und letztlich auf den 20. April, Hitlers Geburtstag.

Zur Rezeptionsgeschichte des Films: nostalgische Faszination, Heroen-Anbetung, noble Wildheit

Der Mensch, der aufgenommen wird, ist nicht mehr denn Rohmaterial für die spätere, durch die Montage geschaffene Komposition seiner Filmerscheinung.

Wsewolod Pudowkin [2]

Nach 1945 hat es besonders im westlichen Ausland unterschiedlich heftige Phasen der Bemühungen gegeben, den verwelkenden Riefenstahl-Kult aufzufrischen.

Bereits 1952 schrieb Jean Cocteau: „Meine liebe Leni Riefenstahl, wie könnte ich nicht Ihr Bewunderer sein, da Sie das Genie der Kinematographie sind und den Film auf eine Höhe gebracht haben, die er selten erreicht hat." Michel Delahaye bezeichnete 1965 in der Zeitschrift *Cahiers du Cinema* Leni Riefenstahl als „unschuldiges Opfer einer Konspiration des Schweigens", und Arnold Berson bescheinigt ihren Filmen im gleichen Jahr in der Zeitschrift *Films and Filming* den Charakter echter Kunstwerke. Auf dem Filmfestival in Los Angeles 1974 wurde Leni Riefenstahl neben Gloria Swanson und Francis Ford Coppola ausgezeichnet. In einer Chicagoer Filmretrospektive lief ihr Film *Das blaue Licht* (1932) kommentarlos gleichberechtigt neben Arbeiten von Mai Zetterling, Agnes Varda und – besonders pikant – neben solchen der *Camp*-Ideologin Susan Sontag, die sich 1975 unter dem Titel *Die Ekstase der Gemeinschaft* mit

[1] Zitiert nach: Arnd Krüger, Die Spiele der Nazis. In: Die Zeit, 31. Juli 1986.
[2] Wsewolod Pudowkin: Film Acting. A course of Lectures, London 1935, S. 41 ff.

der andauernden Entnazifizierung der Leni Riefenstahl beschäftigt hatte. Die Einschätzung der Filmemacherin als „unwiderstehliche Priesterin des Schönen im Gewand der Regisseurin" wertet sie als ein Indiz dafür, daß heute viele Menschen „für faschistische Sehnsüchte in ihrer Mitte" empfänglich seien. Denn „die Macht ihres Werkes liegt im Fortbestehen seiner politischen und ästhetischen Ideen". Sontag konstatiert denn auch eine „Reinigung" des Namens Leni Riefenstahl von seinen „nazistischen Schlacken", beruhend auf einer Veränderung des Geschmacks, wonach es einfach unmöglich ist, ein Kunstwerk nur deshalb abzulehnen, weil es „schön" ist. Die Meisterpropagandistin des schönen Kraftvollen stelle ihre Zuschauer zwar vor die Frage, ob es eine Schönheit gäbe, die den widerwärtigen Inhalt überwinde, aber: es gäbe keine Schönheit ohne Inhalt, konkreter: eine bestimmte Schönheit sei selbst schon Inhalt. Zwar hat Susan Sontag insofern recht, als der (beschnittene) *Olympia*-Film gerade im Ausland vielfach als unpolitischer und allein unter seiner ästhetischen Qualität zu würdigendes Zeitdokument gesehen, ja im Vergleich mit später entstandenen Olympia-Filmen als der mit Abstand beste qualifiziert wird; aber noch in der gereinigten Fassung strotzt der Film von nationalsozialistischem Geist.

Sowohl Jean Cocteau und John Grierson als auch Susan Sontag und die vielen anderen Bewunderer der Leni Riefenstahl im Ausland haben offensichtlich übersehen, daß ihre Filme nicht nur die Wirklichkeit nachzuzeichnen versuchen, sondern „auch die Idee offenbaren, die sie ‚beseelt' und ‚durchleuchtet'", wie es 1938 als eine Selbstdefinition der Regisseurin in der Zeitschrift *Der Deutsche Film* nachzulesen war. Und es ist beileibe nicht nur eine eigenständige Tat dieses Films, sondern genuiner Ausdruck des Nationalsozialismus, der das Leben der ganzen Nation bis in die feinsten Verästelungen mit seiner ideellen Richtkraft durchdrungen und uns daran gewöhnt hat, Idee und Wirklichkeit zusammenzusehen.

Im *Olympia*-Film wird dies in nuce vorgeführt, wenn Sport in Einklang mit Hitlerjugenderziehung als heroische, übermenschliche Tat, als etwas Sakrales zelebriert wird. Jede Art von sportlicher Betätigung wird sprachlich durch den Kommentator als Synonym für „Kämpfen" und „Siegen" gebraucht. Die dafür geeigneten Sportarten werden zu einer Art „germanischem Mysterium aufgenordet". So muß der Film als ein Beispiel hybrider Selbstüberhöhung Nazi-Deutschlands gewertet werden, die dem im Film präsentierten physischen Ideal weitgehend entsprach. In der bereits erwähnten Ausgabe der Zeitschrift *Der Deutsche Film* von 1938 schrieb der damals hochangesehene Filmkritiker Frank Maraun, daß der Film „erfüllt (sei) von einem Geist, den wir nicht nur als den Geist von Olympia, sondern auch als den Geist der deutschen Wirklichkeit von heute empfinden". Nachdem zum Auftakt der Spiele der griechische Marathonsieger von 1896, Spiridon Louis, Hitler vor aller Welt einen Ölzweig aus dem heiligen Hain von Olympia überreicht hatte, mochte nach dem gelungenen Abschluß der Olympiade auch die offizielle Olympia-Zeitung nicht zurückstehen und den „Führer" als den „eigentlichen Sieger" der Olympischen Spiele feiern.

Was ab 1933 und in den darauffolgenden Jahren deutsche Wirklichkeit war, wissen wir alle. Im Jahr der Olympiade, 1936, hat Walter Benjamin den Funktionswandel der Kunst analysiert, den der *Olympia*-Film so schlagend belegt: „In dem Augenblicke aber, da der Maßstab der Echtheit an der Kunstproduktion versagt, hat sich auch die gesamte Funktion der Kunst umgewälzt. An die Stelle ihrer Fundierung aufs Ritual tritt ihre Fundierung auf eine andere Praxis: nämlich ihre Fundierung auf Politik." Alle Bemühungen des Faschismus um die Ästhetisierung der Politik, so folgert Benjamin weiter, „gipfeln in einem Punkt. Dieser eine Punkt ist der Krieg."[1]

Die „Dekoration der Gewalt" – um einen Essayband[2] über Kunst und Medien im Faschismus zu zitieren – beherrschte Leni Reifenstahl so virtuos wie kein anderer

---

1958 wurden dem *Olympia*-Film durch die „Freiwillige Selbstkontrolle" folgende Schnitte auferlegt: im ersten Teil fielen Hitlers Ansprache zur Eröffnung der Spiele, Personen der damaligen Reichsregierung sowie zwei deutsche Siegerehrungen der Schere zum Opfer; im zweiten Teil die Rede des Reichssportführers.

Bei den Olympischen Spielen im Jahre 67 n. Chr. hatte schon ein anderer Diktator, Kaiser Nero, einen Sieg erschwindelt, obwohl sein Zweiergespann beim Wagenrennen im Hippodrom umgestürzt war. Über eine umgekehrte Erfahrung weiß der am Sturz des Tyrannen Lygdamis beteiligte „Vater der Geschichte" Herodot zu berichten: Der athenische Tyrann Peisistratos wurde vom siegreichen Wagenlenker Kommon zum Sieger ausgerufen, weil dieser sich die Aufhebung seiner Verbannung davon versprach.

[1] Benjamin, Das Kunstwerk im Zeitalter seiner technischen Reproduzierbarkeit, a. a. O. S. 42.

[2] Hinz/Mittig/Schäche/Schönberger (Hrsg.): Die Dekoration der Gewalt. Kunst und Medien im Faschismus, a. a. O.

Künstler der Nazis. Sie ermöglichte und beförderte die von politischen Inhalten fast emanzipierte Rezeption ihrer Filme als „rein künstlerische" Werke. Gerade diese „Dekoration der Gewalt" ist es, die so eminent politisch ist. Politisch auch deshalb, weil dieser vorgebliche Dokumentarfilm filmästhetisch in Montage, Collage und Schneidetechnik Strukturen vorweggenommen hat, die das Filmschaffen bis heute beeinflussen, nicht nur in der Sportreportage, sondern auch beim Spielfilm und bei der politischen Berichterstattung.[1]

Die Riefenstahlschen Filme sind in einem objektivierten warenästhetischen Sinne in dem gleichen Maße „fortschrittlich", wie sie weltanschaulich und politisch antimodernistisch und antizivilisatorisch waren. Noch die späte Entdeckung der „Nuba"-Völker in Afrika und die Art und Weise ihrer fotografischen Ablichtung durch Leni Riefenstahl belegen deren Uneinsichtigkeit und Halsstarrigkeit im Beharren auf der „Schönheit der Körper", die solche Menschen auch moralisch höherstelle, wertvoller mache.

Gerade weil die Inhalte so tief in die Form eingehen, sind nicht nur Riefenstahls NS-Filme, sondern auch ihre Nuba-Bücher von Auffassung und Geist her faschistisch. Insofern belegt die Riefenstahl noch am deutlichsten die These, daß alles, was damals in Deutschland geschah, unter ästhetische Kategorien zusammenzufassen, daß Faschismus in seinen ideologischen Prämissen wie seinen politischen Inszenierungen ein allerdings pervertiertes ästhetisches Phänomen sei. So gab die leere, tote Staffage etwa des Reichsparteitagsgeländes in Nürnberg erst dann seine eigentliche Funktion preis, wenn – in perfekter Massenregie – alle Arme gleichzeitig zum Gruß sich hoben: von Riefenstahl in phantastischen Gegenlichtaufnahmen abgelichtet. Und wenn unter Speers Flakscheinwerfer-Lichtdom im Olympia-Stadion Chöre jubilierten und Tausende von seilschwingenden BDM-Mädchen tanzten, dann wurden sie wie Marionetten von einer Stelle aus dirigiert.

Riefenstahls Beschreibung ihres Nuba-Kontaktes zeigt gleiche Strukturen: „Tausend oder zweitausend Menschen wogten im Licht der untergehenden Sonne auf einem freien Platz [...] hunderte von Speerspitzen tanzten gegen den glutroten Sonnenball [...] ein pausenloses Trommeln, darüber das helle Trillern von Frauenstimmen und die Schreie der Menge [...]" In ihrem Essay *Faszinierender Faschismus* bestreitet Susan Sontag energisch das ethnographische Interesse der Leni Riefenstahl an den Splitterstämmen sudanesischer Nuba. Der Forscherdrang sei vorgeschoben. Die Entdeckung nordafrikanischer Riten habe sie lediglich als Vorwand benutzt, um ihren Schönheitswahn – stellvertretend – auf die fotogenen Nuba-Leiber zu projizieren; mit ihrer die lehmbedeckten Muskelreliefs wie „lebende Skulpturen" umschmeichelnden Fotolinse fahnde sie vielmehr nach dem verlorenen faschistischen Schönheitsideal, das „die Verachtung für alles Reflektierende, Kritische, Pluralistische" mitverkörpere.[2]

Insofern ist Wolfgang Bitorf zuzustimmen, wenn er 1976 in seiner *Spiegel*-Rezension des zweiten Bildbandes der Riefenstahl über *Die Nuba von Kau* bemerkt: „Die Nuba – das sind die besseren Nazis, die reineren Barbaren, die wahren Germanen."[3]

Aber diese platte, barbarische Gegenüberstellung von nobler Wildheit und schlimmer Zivilisation, die sich in Riefenstahls Denken durchzieht, negiert alle neueren Ergebnisse vergleichender Sozialwissenschaften von Margret Mead bis Claude Lévi-Strauss, die gerade die Ähnlichkeit zwischen dem Denken und Verhaltensstrukturen von sogenannten Wilden und sogenannten Zivilisierten gezeigt hatten. Francis Ford Coppola hat in seinem Vietnamkriegsfilm *Apocalypse Now* (1979) den Riefenstahlschen Nuba-Mythos auf des Messers Schneide, zwischen Ästhetizismus und politischer Kritik, herumgedreht: Als Wilde erscheinen nun die verwahrlosten, mit Lehm beschmierten Vietnam-Kämpfer des abtrünnigen US-Colonel Kurtz, der im Urwald der faschistischen Versuchung erlegen war, zum trunkenen Gott eines neuen Stammes erbarmungslos durchgreifender

[1] Hilmar Hoffmann: „...und zähle nicht die Toten." Kino und Film im Dritten Reich. In: Hoffmann/Klotz (Hrsg.), Die Kultur unseres Jahrhunderts. 1933-1945, Band 3, Düsseldorf – Wien – New York 1991, S. 151-184.
[2] Susan Sontag, Faszinierender Faschismus. In: Dies., Im Zeichen des Saturn. Essays. Frankfurt am Main 1983, S. 96-125; Zitat S. 110.
[3] Wolfgang Bitorf, Blut und Hoden. In: Der Spiegel, Nr. 44/1976, S. 231 ff.

Krieger zu werden. In dieser Art des Zivilisationsüberdrusses, der einhergeht mit einer Heroen-Anbetung und dem Wunsch nach kollektiven Rauschzuständen, drückt sich auch eine Propagierung neuer Gemeinschaftsformen von heute aus, die von Rock-Kulturen bis zu Land-Kommunen reichen. So hat der Rolling-Stones-Sänger Mick Jagger seine Bewunderung für Leni Riefenstahl ausgedrückt, und David Bowie – ein anderer Riefenstahl-Fan – beschreibt die nostalgische Faszination, die von Adolf Hitler in *Triumph des Willens* ausgehe: „Hitler war einer der ersten Rock-Stars. Er war kein Politiker, er war selbst ein Medien-Artist. Wie er sein Publikum bearbeitete! Die Mädchen wurden heiß und schwitzig, und die Kerle wünschten, das wären sie da oben. Die Welt wird so etwas nicht wiedersehen. Er machte ein ganzes Land zu seiner Bühnenschau!"[1]

Die Entpolitisierung also ist es, die die Riefenstahl-Filme bis heute wirkungsmächtig macht. Und jene ungebrochene Leidenschaft für das Starke und Gesunde seit den Tagen auf dem „Wege zu Kraft und Schönheit", die sich in Äußerungen von David Bowie oder Susan Sontag zu erkennen geben, verschweigt nicht nur, sondern macht modisch bedeutungslos, daß ein solches Denken furchtbare Folgen und Konsequenzen hatte. Auf die Gefahr hin, daß man mir politische Naivität vorwirft, möchte ich betonen, daß sportliche Wettkämpfe spätestens dann pervertieren, wenn sie mit ideologischen Ansprüchen untermauert werden. Und dies hat gerade bei uns eine eigene Kontinuitätsproblematik. Denn in den beiden Deutschlands der Nachkriegszeit hatte ja der Kampf der politischen „Systeme" nicht zuletzt auch den Sport und die Sportler erfaßt. Und noch in den Doping-Diskussionen lange nach der Wiedervereinigung ist ebenfalls ein gutes Stück dieser „System"-Kämpfe abzulesen. Gerade im Lichte der Rezeptionsstrategien des *Olympia*-Films der Leni Riefenstahl bleibt sowohl eine ideologie- wie medienkritische Reflexion der Darstellungsform des Sports zu fordern. Diese sollte auch zu einem Bewußtseinswandel im internationalen Leistungssport beitragen.

[1] Bitorf, Blut und Hoden. In: a. a. O., S. 236.

123

124

123 – 129 Der Olympia-Film von Leni
Riefenstahl. Szenenfotos
123 und 124 Vorführungen von 15 000
Berliner Schülern zur Olympiade 1936

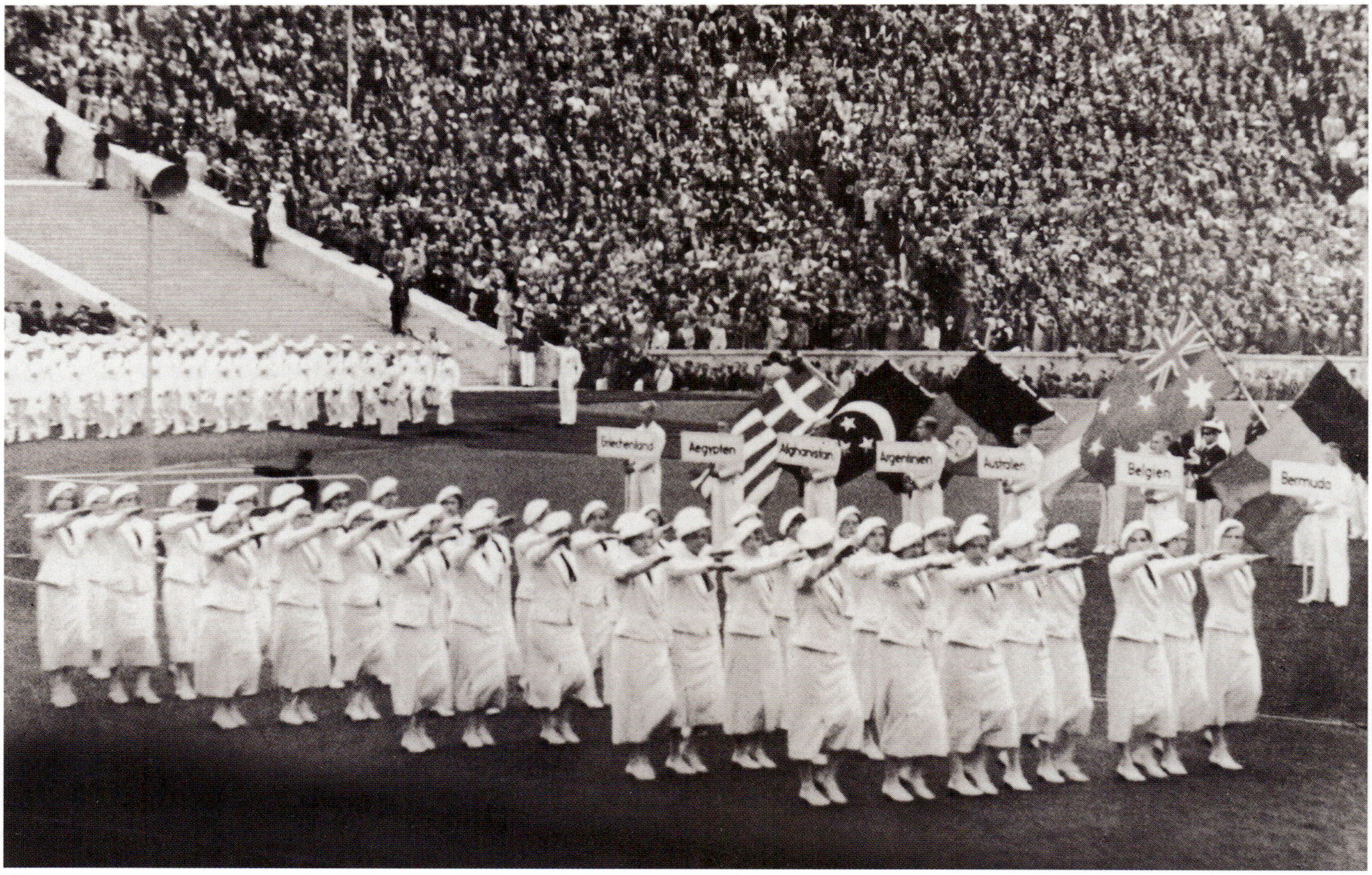

125

126

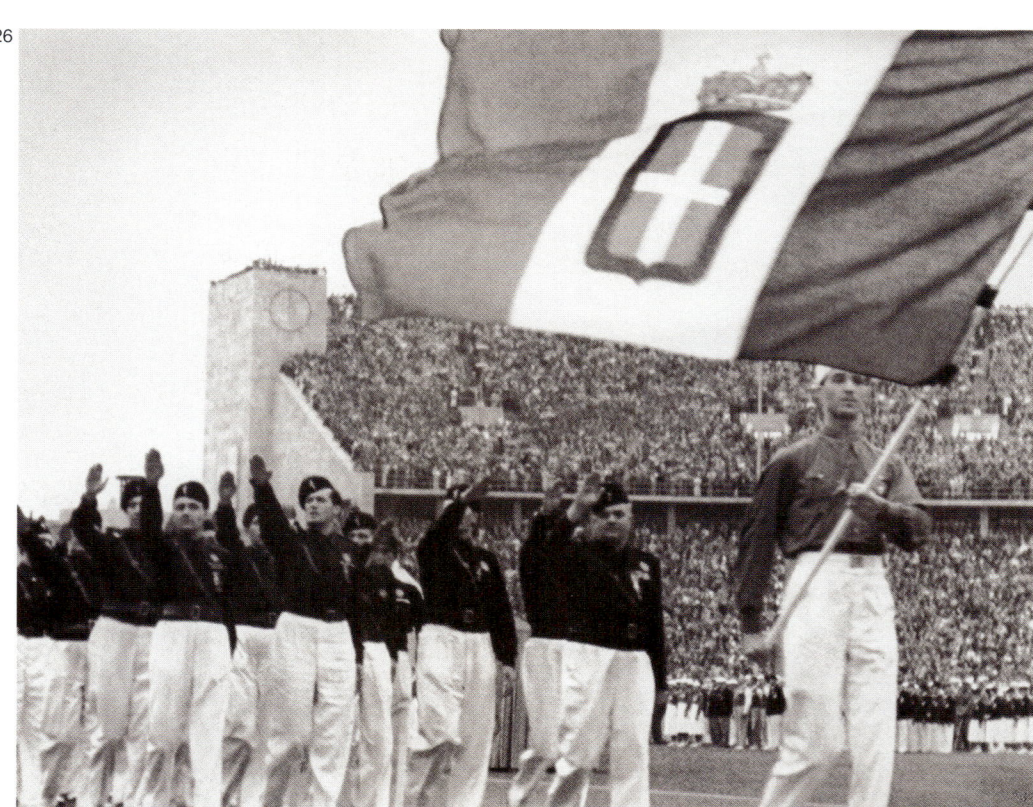

125 Einmarsch der deutschen Mannschaft ins Olympia-Stadion
126 Einmarsch der italienischen Mannschaft ins Olympia-Stadion

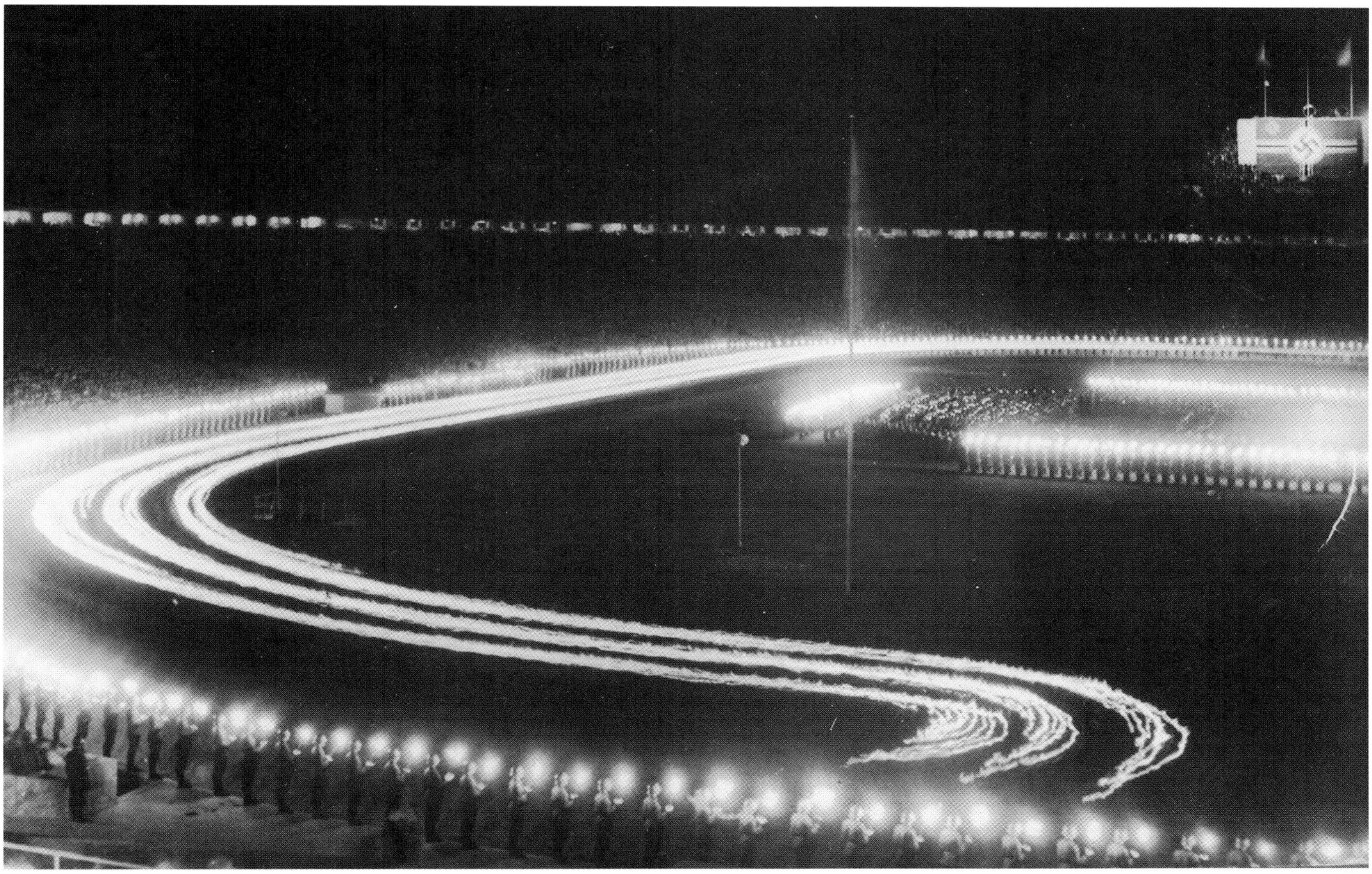

127

128

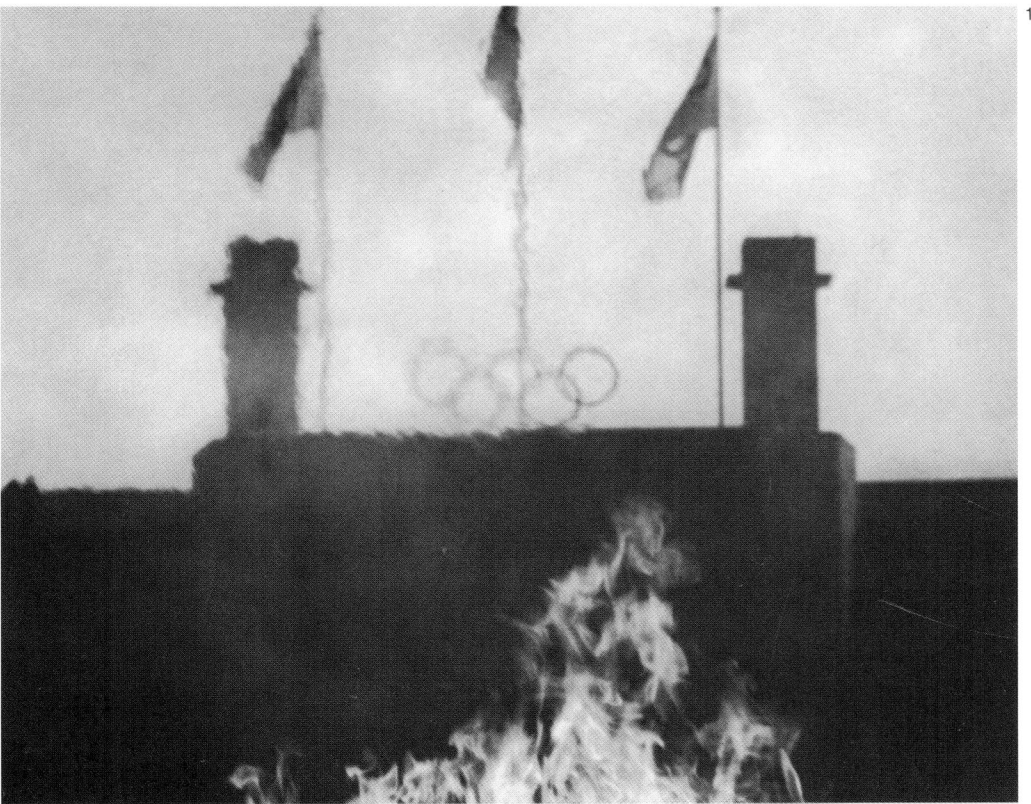

127 Großkonzert der Wehrmacht im Olympia-Stadion anläßlich der Olympischen Spiele von 1936
128 Das olympische Feuer

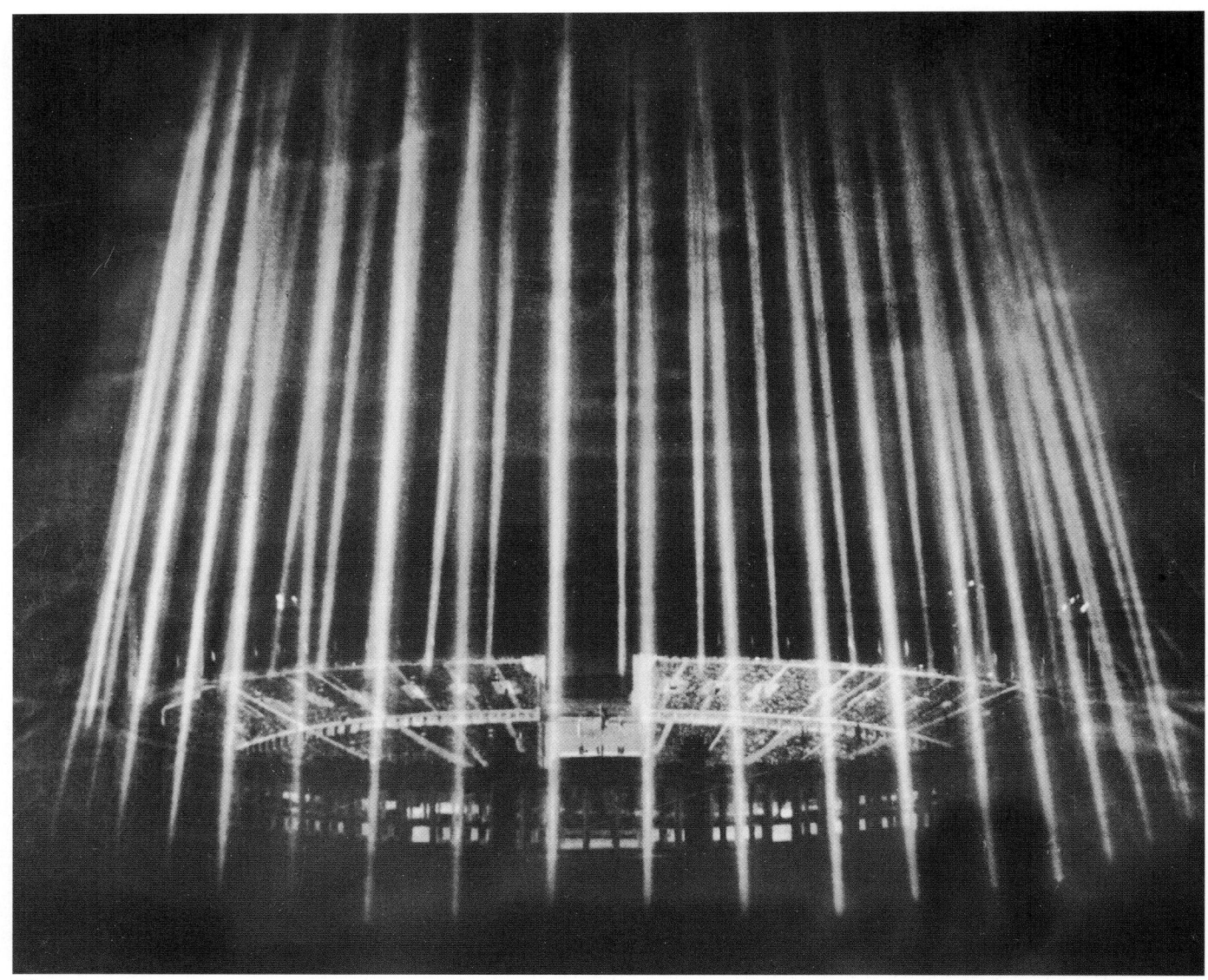

129

129 Abschlußfeier – Flakscheinwerfer
bilden einen „Lichtdom" über dem
Stadion

Sind vom Nationalsozialismus geprägte Filme und andere Kunstwerke rehabilitierbar?[1]

Die Kunst ist die Führerin und Begleiterin unseres Lebens. Sie zeigt uns als Mythos, woher wir kommen und wohin wir gehen. Sie ist ein Sinnbild unseres Selbst, sie gibt das Zielbild unseres Wollens. Sie begleitet uns mit ihren Melodien ins Grab.

Edgar Schindler (1936) [2]

Die Frage, ob die olympische Nazikunst von 1936 auf dem Berliner Olympiagelände auch im Jahr 2000 ausgestellt bleiben darf, als sei nichts gewesen, als wäre mit dem Ende des Schreckens auch der nationalsozialistische Kontext, in dem sie einmal wirkungsmächtig war, obsolet gewesen, wirft die weitergehende Frage auf: Dürfen auch andere Dokumente der Nazikunst auf öffentlichen Plätzen oder in Museen wieder aufgestellt werden (wie die Skulpturen Arno Brekers seit Herbst 1992 im Museum Schloß Nörvenich)?

Sollen die legendären Filme der Ufa wieder auf das Publikum losgelassen werden? *Hitlerjunge Quex* oder womöglich *Jud Süß*? Sind entsprechende Forderungen im gleichen Zusammenhang zu sehen wie jener Wunsch, die deutsche Geschichte aus dem Schatten Hitlers heraustreten zu lassen, der uns Ende der 80er Jahre die Historikerdebatte bescherte?[3]

Oder, könnte einer auch fragen, wird Nazi-Kunst nur interessant im Sortiment des Beliebigen eines postmodernen Kulturbetriebs, als austauschbares Mobiliar einer sich verselbständigenden Museumsarchitektur? Bestätigen Ufa-Filme im Fernsehen (wie im September 1992 Leni Riefenstahls *Olympia*-Film) das Vorurteil, diese seien künstlerisch wertvoller als der ganze Bildschirmrest? In den fünfziger und sechziger Jahren, als es um die Durchsetzung der Moderne ging, biederten sich ehemalige Protagonisten der bildenden Kunst und der Filmkunst des Dritten Reiches bei jenen Kritikern der Moderne an, die ihrerseits vehement den „Verlust der Mitte" beklagten. Als die komplexeren, manchmal gröberen Ausdrucksmittel der Moderne ausgespielt wurden gegen die traditionellen normativen Formen, da schien die gegenständliche Kunst des Nationalsozialismus mit ihrem Blut-und-Boden-Naturalismus wieder Land zu gewinnen. Gleichzeitig bedauerte der Aachener Mäzen, Peter Ludwig, daß kein Museum der Bundesrepublik Künstler aus der Nazizeit zu zeigen wage: „Eine absolut konformistische Gesellschaft, deren Liberalität enge Grenzen hat. Ich halte es für Blickverengung, zwölf Jahre aus der deutschen Geschichte ausradieren zu wollen."[4] Der Blick des Sammlers Ludwig haftet getrübt an der Oberfläche, unter der in den Worten des Nazi-Ideologen Alfred Rosenberg „ein rücksichtslos verkörpernder neuer ästhetischer Wille waltet"[5], den wahrzunehmen Ludwig aber außerstande scheint. Kunstwerke hätten ihre Größe einzig darin, befindet Theodor W. Adorno apodiktisch, „daß sie sprechen lassen, was die Ideologie verbirgt. Ihr Gelingen selber geht, mögen sie es wollen oder nicht, übers falsche Bewußtsein hinaus."

[1] Hilmar Hoffmann, Es ist noch nicht zu Ende. Sollen Nazikunst und Nazifilme wieder öffentlich gezeigt werden? Frankfurt/Main 1988, Kapitel „Ist NS-Kunst wieder museumsfähig?", S. 4-69.

[2] Edgar Schindler, Gedanken zur Deutschen Bildenden Kunst der Zukunft. Vortrag vor Mitgliedern der NS-Kulturgemeinde in der Universität München 1936. In: Das Bild, Monatszeitschrift für das deutsche Kunstschaffen, Heft 6/1936, S. 356.

3 Vgl. Hilmar Hoffmann (Hrsg.), Gegen den Versuch, Vergangenheit zu verbiegen. Mit Beiträgen von Augstein, Broszat, Craig, Demski, Habermas, Kramer, Mommsen, Semprun u. a. Frankfurt/Main 1986.

4 Peter Ludwig. In: Klaus Staeck (Hrsg.), Nazi-Kunst ins Museum? Göttingen 1988, S. 16.

5 Alfred Rosenberg, zitiert von Werner Rittich. In: Kunst im Dritten Reich. Berlin 1934, S. 384.

Ein Jahr vor der Wiedervereinigungseuphorie stellte Heinz Schütz Methoden des Umgangs mit den nationalsozialistischen Symbolen und den entsprechenden künstlerischen Darstellungsweisen durch zeitgenössische Kunst und Kritik dar. Die eher deskriptive Auflistung weist darauf hin, in welchem indifferenten Klima sich Kunstmäzene wie der Aachener Ludwig mit ihren Nazikunstsammlungen unauffällig an die Front öffentlicher Ausstellungen bewegen konnten, wobei sie ihr sonstiges Ausstellungs- und Finanzkapital als Druckmittel einsetzen: „Systematisierend können dabei – was den künstlerischen Umgang mit deutschem Erbe anbelangt – zumindest vier sich de facto durchdringende Idealtypen unterschieden werden:

– 1. Kritik, die sich im Sinne einer aufklärerisch-polemischen Haltung dezidiert antifaschistisch äußert.

In Form von Ausstellungen, die die Propagandakunst im politischen Kontext kenntlich machen.

– 2. Saul Friedländers ‚Exorzismus‘ – er entspräche etwa Syberbergs Versuch, den ‚Hitler in uns‘ durch ‚Anerkennung und Trennung, Sublimierung und Arbeit an unserer tragischen Vergangenheit zu überwinden‘.

Beispiele: Fassbinders Filme und Bühnenstücke, Viscontis, Bertoluccis, Pasolinis Kinowerke.

– 3. Purifikation: Reinigung des Erbes von den politischen Implikationen dadurch, daß Kunst als Kunst und Form als Form betrachtet wird.

Beispiele: Albert Oehlen und Anselm Kiefer, Martin Kippenberger und Jörg Immendorf.

– 4. Demonstrative Indifferenz als Schwebezustand zwischen Affirmation und Negation.“[1]

Beispiel: Gerhard Merz' postmodern-neo-klassizistische Inszenierungen Fasces, 1987, und Dove sta memoria, Raum mit Opferschale, 1986.

Nachdem die sozialen und wirtschaftlichen Folgen der ungelösten Probleme der deutschen Wiedervereinigung 1992 zu einem verstärkten Neo-Neonazismus unter Jugendlichen in West- und Ostdeutschland und zu Gewalt und Mordanschlägen auf ausländische Mitbürger und Asylsuchende geführt haben, wird man sich davor hüten, die Diskussionen über die künstlerische und die politische Dimension der Rezeption und Verarbeitung von Nazikunst allzu akademisch voneinander zu trennen. In den Blick kommen müssen die Verbindungslinien zwischen „Faszination“ und „Gewalt“, zwischen einer Politik, die die Verfügung über Menschenleben zu Kriegszwecken anstrebte, und einer Ästhetik, die den Massen die Faszination der Unterwerfung vorführte. Damit ist keineswegs eine Nivellierung des ästhetischen Diskurses auf Kosten des politischen (oder das umgekehrte) angestrebt, sondern eine wechselseitige Intensivierung, wie sie etwa Bernd Ogan skizziert hat. Neben die politisch motivierte Ästhetik der Abschreckung durch die Aufdeckung der verbrecherischen Massentötungen zur Zeit des Nationalsozialismus müsse auch die kritische Re- und Dekonstruktion jenes masochistischen Glücksgefühls treten, mit dem die vermeintlich privilegierten Massen damals im Areal der inszenierten Herrschaftsarchitektur in Nürnberg als lebendiges Baumaterial des tausendjährigen Reiches angetreten seien. Dabei erweise sich der Kunstbegriff der Nazis zugleich als über besondere Kunstgattungen hinaus erweiterte Strategie einer Massenpropaganda, die den einzelnen zum teilnehmenden Statisten einer „Eingrenzungs-“ und „Ausgrenzungsarchitektur“ machte: „Wer sich hier [auf dem Reichsparteitagsgelände in Nürnberg] versammelte, wußte, daß er ‚dazugehörte‘, weil andere von vornherein ausgeschlossen waren.“ Die megalomanische Ausdehnung des traditionellen Kunstbegriffs auf den Künstlerpolitiker Hitler und auf die Gleichschaltung aller Kunstgattungen im öffentlichen Raum mache speziell aus den großformatigen Skulpturen „Auslesevorbilder für das Volk“.[2]

„Kein Zweifel, daß aus derartigen Anschauungen eine Disposition sich bilden konnte, die im Namen einer machtgeschützten Schönheit die Vernichtung alles Häßlichen und Unvollkommenen vorbereitete. Dieser Verurteilung mußten in letzter Konsequenz aber alle bedingten, lebenden Menschen anheimfallen.“[3]

Der naturalistische Schönheitsbegriff der Nazikunst ist somit ein totalitäres Steuerungsmedium, „vor dem die Realität von vornherein abfallen mußte und die den realen Menschen entwertete“.[4]

[1] Heinz Schütz, Transformation und Wiederkehr. Zur künstlerischen Rezeption nationalsozialistischer Symbole und Ästhetik. In: Kunstforum International 95, S. 64-103; Zitat S. 66 f.
[2] Bernd Ogan, Faszination und Gewalt. Zur politischen Ästhetik des Nationalsozialismus. Nürnberg 1992, S. 11-36, Zitat S. 21 und S. 28.
[3] Klaus Wolbert: Die Nackten und die Toten des „Dritten Reiches“. Folgen einer politischen Geschichte des Körpers in der Plastik des deutschen Faschismus. Gießen 1982, S. 225.
[4] Ogan, Faszination und Gewalt, a. a. O., S. 28.

Damit habe der Nationalsozialismus einer Totalisierung von ästhetisch gleichgeschalteter Weltsicht vorgearbeitet, die uns heute in der globalisierten und uniformierten Medienwelt, unter fortschreitender Ausblendung diskursiver Problemlösungsverfahren in Politik und Gesellschaft, wiederbegegnet.

Schon zur Ausstellung *Kunst im Dritten Reich* im Frankfurter Kunstverein 1974 hatte Umberto Eco in einem brillianten Essay zu skizzieren versucht, wie „Realismus-Illusion" und politische Machtkonzentration in der Nazikunst einander in die Hand spielen. Die nationalsozialistische Kunst zeichne sich im Unterschied zum sichtbar übertreibenden photographischen Hyperrealismus aus den USA durch einen wahrheitsfanatischen Hypo-Realismus mit schwerwiegenden Folgen für den realen Alltag aus: Nach einem Modell für einen Autobahnknoten von Josef Thorak „sollte sich in der Mitte zwischen zwei zyklopischen Bahnen eine Art Monument der Arbeit erheben, etwa so massig wie die Peterskirche, also besonders gut geeignet, plötzliche Bremsmanöver, Auffahrunfälle in Serie und Halluzinationen in nebligen Nächten hervorzurufen. In all diesen Fällen kann man gewiß nicht von ‚Realismus' sprechen, viel eher von absolutem Irrealismus, rasender Verachtung für das menschliche Maß, programmatischem Anti-Modulor." Eco argumentiert weiter: „Auf skulptorischer Ebene produziert dieser architektonische Irrealismus Beispiele, die ich als solche des Hypo-Realismus bezeichnen würde. [...] Denn wenn man sich umsieht, bemerkt man, daß diese allegorischen Figuren alle einander gleichen, es sind keine Individuen, sondern abstrakte symbolische Typen [...] Der [faschistische] Hyporealismus ist verlogen, weil er uns glauben machen will, er sage die Wahrheit; der [amerikanische] Hyperrealismus stellt sofort unmißverständlich klar, daß er lügt. Dies ist der große Unterschied zwischen den beiden.

Daß dann das breite Publikum dazu neigt, derart verschiedene Phänomene in einen Topf zu werfen, als enthielten sie beide einen Appell an ‚gesunde' Figürlichkeit (‚endlich versteht man alles, nicht wie in diesen avantgardistischen Werken, wo man nie was kapierte!'), zeigt nur wieder einmal, daß der ‚Krampf des Ikonismus' – die naive Haltung, als objektiv treu abbildend all das zu nehmen, was irgendwie ‚erkennbar' erscheint – eine alte Krankheit der menschlichen Wahrnehmung ist. Und vielleicht ist die Schwierigkeit, zu erkennen, wie sehr die Bilder lügen können, dieselbe wie die, die Lügen der Macht zu durchschauen."[1]

Die Entscheidung, NS-Kunst nicht in Kunstmuseen auszustellen, hat weder mit Zensur noch mit Blickverengung zu tun. Sie beruft sich in erster Linie auf den Anspruch von Kunst, die diesen Namen verdient, auf die Autonomie der Kunst-Museen und auf ihren Rang, der sie verpflichtet, Kunst auszustellen anstatt beliebiger instrumenteller ästhetischer Produktion, die höchstens eine dokumentarische Funktion durch eine kritische Geschichtsaufarbeitung erhalten können.

Die Gründe für diese zweifelsfreie Haltung, die nationalsozialistische Kunst nicht als reine Kunst zu rehabilitieren, berühren viele verschiedene Probleme: einmal die realistische Einschätzung der Situation der Künste und der gesteuerten Kunstproduktion während des Nationalsozialismus anstatt einer dubiosen Schattenbeschwörung isolierter Kunstobjekte, in denen sich Traditionalismus und völkisches Pathos trüb vermengen, zum anderen der durchweg repressive Umgang mit der damaligen Avantgarde und schließlich unser heutiges Verständnis von der Autonomie der Künste.[2]

Die unselige Hinterlassenschaft des Dritten Reiches hat in der Vergangenheit schon beträchtlichen Anlaß zur Verunsicherung gegeben. Die Malerin Tremezza von Brentano fragte sich 1973, als sie ihre realistische Darstellungsweise zu entwickeln begann, ob sie damit vielleicht in die Nähe der Nazi-Kunst gerate.[3] Vermutlich haben nicht nur sie solche Skrupel geplagt: Der aus der figürlichen Malweise abgeleiteten, bewußt opportunistisch und populistisch kalkulierten Attraktivität dieser Kunst kann sich zu-

130 Plakat zur Olympischen Kunstausstellung 1936. Das Stirnband des dargestellten griechischen Erpheben ist mit einem Hakenkreuz-Mäander versehen

[1] Umberto Eco, Die Realismus-Illusion. In: Eco, Über Spiegel und andere Phänomene. München – Wien 1988, S. 83-89, Zitat S. 85 ff.
[2] Vgl. Hinz/Mittig/Schäche/Schönberger (Hrsg.): Die Dekoration der Gewalt. Kunst und Medien im Faschismus, a. a. O.
[3] Tremezza von Brentano. In: Nazikunst im Museum? Antworten auf eine Umfrage. In: Tendenzen, München, Nr. 157, S. 5.

nächst kaum jemand entziehen. Lange Jahre lautete das gängige Urteil ähnlich der pointierten Äußerung von Alfred Hrdlicka: „Die Nazis haben Menschen gemalt, infolgedessen ist Menschenmalerei Nazikunst […] Es ist doch nicht alles, was die Nazis gemacht haben, nachdem sie verschwunden sind, plötzlich ihnen allein zugehörig […] Die Nazikunst ist ein politisches Phänomen, deren Realismus ist etwas anderes.“[1]

Hrdlicka legt freilich einen Finger in eine anhaltende kulturpolitische Wunde der bildnerischen „Westkunst“ nach dem Krieg: Im plakativen Gegensatz zum Naturalismus und Realismus, wie sie im Osten unter sozialistischem Vorzeichen weitergeführt wurden, wird die modernisierte Abstraktion zum Markenzeichen für die westeuropäische Kunst. Doch das alte Problem schwelt weiter, worin die Maßstäbe einer konkreten, unverklärten künstlerischen Darstellung des menschlichen Leibes bestehen. Hrdlickas figurativer Ansatz, der ähnlich wie Rodin leidende, in ihre eigene, noch unbehauene Materialität verstrickte Skulpturen zeigt, polemisiert gegen einen aseptischen Schönheitsbegriff: Dem zufolge müsse „die Natur […] erst gefiltert werden, um schön zu sein. Die Natur ist etwas Wüstes, aus dem man sowieso etwas hinausfiltert, aber nicht nach Gesetzen.“[2]

Einen so verstandenen selektiven Schönheitsbegriff ordnet Hrdlicka der kapitalistischen Warenindustrie zu, aber auch den Geometrien der modernen Kunst, dem sozialistischen Realismus und der faschistischen Stilisierung eines Arno Breker: „Arno Breker hat ja auch einen abstrakten Menschen erfunden, nämlich den Übermenschen. Im Prinzip ist Breker dem Abstrakten viel näher als den Realisten, denn es war der Traum der Nazis, einen synthetischen Arier herzustellen, der eine bestimmte Idealvorstellung hat. Daß die Abstrakten dann gesagt haben, Gegenstände oder menschliche Figuren kann man nicht mehr malen, ist völliger Schwachsinn, denn sie haben Ballett getanzt oder sonst alles gemacht. Warum dann gerade in der Bildnerei nicht? Nein, es war dann doch die Profilierung gegenüber der kommunistischen Diktatur, daß die abstrakte Kunst zur freien wurde, daß die Freiheit der Kunst propagiert wurde.“[3]

Ganz andere Dimensionen hat Georg Bussmann angesprochen: „Die… Berührungsangst in Sachen faschistische Kunst ist letztlich eine Angst vor der Konfrontation mit der Möglichkeit, von eben deren Ideen selbst eingenommen zu werden oder sie bei sich selbst zu entdecken.“[4]

Die Verführung geht gerade von der suggestiven Schlichtheit des Menschenbildes aus, das seine Aggressivität hinter einer geglätteten Fassade tarnt. Weil in so vielen Fällen die eigene Verführbarkeit durch solche Angebote der Eindeutigkeit nicht eingestanden werden darf, entstehen immer wieder Tabus, sich mit diesen Biederwelten – auch kritisch – auseinanderzusetzen. Trotz seiner kunsthistorischen Vorbildung ist diese populistische Fassade und diese alltagsgängige Verwechslung von „Kunst“ und „schön“ sogar Ephraim Kishon[5] in seiner prinzipiellen Polemik gegen die Moderne unterlaufen: Ähnlich wie für Ernst Fuchs[6], der sich 1976 von Breker porträtieren ließ, reduziert sich der Kunstbegriff auf Schönheit, Harmonie und Können. Was für Dekorationsmaler und Produzenten von Realitätsflucht-Tapeten gut sein mag, taugt aber wohl kaum für anspruchsvolle moderne Kunst, der es im weitesten Sinne um die Erschließung neuer Sichtweisen auf eine technisierte Welt ging.

Dadurch, daß die zeitweise Sympathie für NS-Kunst sich hinter der Kritik an dem angeblich verlorenen Menschenbild in der Moderne verbarg, wurde die Auseinandersetzung nicht gerade ermutigt. Auch wenn die Vertreter der Totalitarismus-These und die Frankfurter Schule sich gleichermaßen zu späten Adepten der Massenpsychologie aufriefen, so war eine Formel wie jene vom „Bedürfnis nach Massenkultur“ auch in den späten 80er Jahren noch erfolgreich in der Lage, eine Kette negativer Assoziationen zu erzeugen.

Wenn heute im Zusammenhang mit NS-Kunst Ängste und Befürchtungen auftauchen,

[1] Sara Rogenhofer/Florian Rötzer, Vor ein Bild kann man sich nicht stellen. Ein Gespräch mit Alfred Hrdlicka. Die Tageszeitung, 7. 6. 1988, S. 13-15. Das Interview wurde unter dem Titel „Alfred Hrdlicka:… viel mehr als bildende Kunst haben die Menschen ja nicht erfunden“ im Kunstforum International wiederveröffentlicht. Band 95, Juni/Juli 1988, S. 206-216, Zitat S. 210.
[2] Ebenda, S. 216.
[3] Ebenda, S. 210 f.
[4] Georg Bussmann, Kunst im 3. Reich – Dokumente der Unterwerfung. Reaktionen auf die Ausstellung im Frankfurter Kunstverein, 1974, S. 5 ff.
[5] Ephraim Kishon, „Schrott und miese Schmiererei“. In: Klaus Staeck (Hrsg.), Nazi-Kunst ins Museum?, a. a. O., S. 141 ff.
[6] Ebenda, S. 41/42.

jene Exponate aus dem Repertoire des Hauses der Deutschen Kunst könnten wieder Kultobjekte für die Ewiggestrigen werden, so setzt diese Horrorvision zweifellos jene angeführte unterbelichtete Kunst-Rezeption voraus, die nur am greifbar „schönen Körper" hängt. Es war und ist eine falsche Hoffnung, zu glauben, ausgestellte NS-Kunst fiele ganz von selbst der Lächerlichkeit anheim. Dazu ist sie viel zu geschickt, und dazu ist auch unsere Kunstvermittlung viel zuwenig entwickelt, um diese Mimikry bloßzustellen.

Der Ruf nach dem Verbot fällt leicht in dieser Situation, dürfte aber kaum die angemessene Antwort auf die heikle Problematik sein. Auch wenn die Befürchtungen nicht unbegründet sind, läßt sich mit Verboten das Problem nicht lösen. Der pauschalisierten Zurückweisung sind vielmehr eine intensivere kritische Auseinandersetzung und mehr Reflexionsaufwand unbedingt vorzuziehen. Die Diskussion über das Thema aber brauchen wir schon deshalb dringend, weil sie zu unserem historischen Selbstverständnis gehört. Auf die Frage, ob Bilder von Adolf Ziegler oder Paul Mathias Padua schlechter, obszöner oder gefährlicher seien als Werke etwa von Jeff Koons, beantwortet der in London lebende jüdische Autor des Dokumentarfilms *Kunst im Dritten Reich*, Peter Adam, mit dem Hinweis, daß sie als „künstlerischer Ausdruck eines Systems gefährlicher und obszöner" seien. „Sie waren nicht notwendig schlechter." Aber, fügt er hinzu, die ästhetische Bewertung allein genüge nicht. „Die Kunst des Dritten Reichs kann man nicht wie die Kunst anderer Epochen betrachten. Sie muß durch die Lupe von Auschwitz gesehen werden."[1]

131 *Rosseführer* von Josef Wackerle am Marathon-Tor des Olympia-Stadions

Heute, fast fünfzig Jahre nach dem Zusammenbruch des nationalsozialistischen Terrorregimes, stehen wir immer noch fassungslos vor der Frage, wie Stalingrad, wie Coventry und Auschwitz möglich werden konnten. Der sogenannte Historikerstreit der 80er Jahre – ausgelöst durch die *Frankfurter Römerberggespräche* im Mai 1986 und durch Jürgen Habermas' Replik *Eine Art Schadensabwicklung* auf Theorien Ernst Noltes, Michael Stürmers und Andreas Hillgrubers[2] – belegt diesen Befund durch die Art und Weise, wie hier von konservativer Historikerseite versucht wird, die Einzigartigkeit dieser Katastrophen zu leugnen, und wie hier Verdrängungsbemühungen auch mit der Petschaft höchster politischer Positionen beglaubigt werden. Die Tendenz solcher Art „Gratwanderung zwischen Sinnstiftung und Entmythologisierung" (Michael Stürmer) liegt auf der Hand: aus dem Schatten Hitlers herauszutreten, um aktuelle bundesdeutsche Politik von der „Hypothek" der nationalsozialistischen Verbrechen zu „befreien", nicht zuletzt von der planmäßig durchgeführten Ermordung von sechs Millionen europäischer Juden. Die Formel „Das geht nicht, wegen Hitler" soll aus der bundesdeutschen Gegenwartspolitik verschwinden.

Ernst Nolte versucht schon 1968 in seinem Buch *Faschismus* den Nationalsozialismus in einer gesamttotalitären Entwicklung als Reaktion des liberalen Bürgertums auf die „bolschewistische Bedrohung" darzustellen. Konsequent verführt ihn diese Theorie vom Faschismus als „Reaktion auf eine Bedrohung" dazu, schließlich auch den Holocaust zu entschuldigen. 1986 breitet er in seinem Aufsatz *Zwischen Mythos und Revisionismus* den abenteuerlichen Gedankengang aus, Chaim Weizmann habe im September 1939 für den Jüdischen Weltkongreß eine „Kriegserklärung" gegen die Nazis abgegeben und Hitler dazu „berechtigt", Juden als Kriegsgefangene zu behandeln und zu deportieren. Allein das Datum September 1939 ist heillos verschleiernd: Es liegt vier Jahre *nach* den Nürnberger Rassegesetzen, ein Jahr *nach* der Reichskristallnacht, unmittelbar *nach* der Einführung des Judensterns, des Kainzeichens für den Untermenschen. Von solcher Art voluntaristischer Geschichtsklitterung, mit deren subjektiver Auswahl sich alles beweisen läßt, ist es dann nur noch ein kurzer Schritt zu der Schlußfolgerung: „Die *sogenannte* [Hervorh. – d. Verf.] Vernichtung der Juden während des

[1] Peter Adam in einem Interview mit Michael J. Freitag. In: Frankfurter Allgemeine Zeitung, Magazin, 12. 2. 1992, Heft 676, S. 55.
[2] Jürgen Habermas, Eine Art Schadensabwicklung. In: Die Zeit, 11. Juli 1986. Veröffentlicht auch in: Hilmar Hoffmann (Hrsg.), Gegen den Versuch, Vergangenheit zu verbiegen, a. a. O., S. 140-144.

Dritten Reiches war eine Reaktion oder eine verzerrte Kopie [anderer staatsterroristischer Aktionen – d. Verf.], aber nicht ein erstmaliger Vorgang oder ein Original." Auffällig ist, wie hier unterschwellig genau jene Legitimationen, welche die NS-Ideologie selbst verwendete, aufpoliert werden: die Berechtigung, gegen Juden vorzugehen, der Holocaust als Reaktion auf eine Bedrohung, auf eine „asiatische Tat".[1] Das Verdrängte kehrt wieder – versteckt, aber wirksam.

„Das wichtigste Versäumnis von Besiegten und Siegern aber war und ist, das Naziphänomen nicht als eine bloß extreme Konsequenz einer gemeinsamen Versuchung begriffen zu haben, die in uns allen angelegt ist. Hitler war einmalig. Auschwitz war einmalig [...] Aber die Deutschen unter Hitler, die seinem Regime der Unmenschlichkeit gehorchten, waren keine anderen Wesen als ihre heutigen Nachkommen, und diese gleichen in ihren Anlagen vielen anderen Völkerschaften."[2]

Natürlich ist es nicht einfach und wenig angenehm, mit der deutschen Vergangenheit zu leben. Doch eine beschwichtigende Geschichtsinterpretation will eine Verantwortung (nicht Schuld!) an der deutschen Geschichte leugnen, will – das scheint das Wesentliche – keine Konsequenzen aus der Historie ziehen. Tatsächlich jedoch läßt sich, ob man will oder nicht, eine Indifferenz gegenüber dieser Geschichte gar nicht erreichen und schon gar nicht mit solchen interpretatorischen Klimmzügen. Denn Geschichte wirkt mit den Menschen weiter, die sie erlebt haben: Sie geben ihre Erlebnisse und ihre Ideologie, ob sie wollen oder nicht, weiter an die folgenden Generationen. Der zentrale Ansatzpunkt der Vergangenheitsbewältigung muß also im Heute liegen, nicht in einer Uminterpretation der Vergangenheit. Die tiefenpsychologischen Prozesse dieses Phänomens beschreibt Horst-Eberhard Richter einleuchtend. Damit wird den nationalsozialistischen Verbrechen nichts von ihrer Einzigartigkeit genommen; aber als das einmalige Geschehen überdauernde Mahnung und Warnung werden sie ernst genommen, und deshalb ist Richter recht zu geben, daß unsere einzigartig schlimmen Erinnerungen für uns Deutsche auch eine besondere Chance bedeuten. Für die Jüngeren ist es wichtig, „daß sie in ihren Eltern und Großeltern wiedererkennen, was an gefährlichen Möglichkeiten auch in ihnen selbst steckt"[3]. So wird der Nationalsozialismus kein exotischer „Sonderfall", sondern ein „Lehrstück" dafür, wessen Menschen fähig sind.

Eine solche Sicht wird der Historie besser gerecht als die abgegriffenen Formeln des „Verstehens", die wir hinter den Erklärungsversuchen von Nolte und anderen erkennen. Dolf Sternberger hat in der *Frankfurter Allgemeinen Zeitung* Noltes Versuch im gleichen Blatt, Auschwitz „verstehbar zu machen", vehement zurückgewiesen: „Die wahnsinnige Untat, die mit dem Namen Auschwitz bezeichnet wird, läßt sich in Wahrheit gar nicht verstehen, sie läßt sich nur berichten. Auch wenn nachgewiesen würde, daß der Plan zur Endlösung der Judenfrage in Hitlers Gehirn als eine Art Antwort auf frühere (ursprünglichere) Untaten des Bolschewismus ausgeheckt worden wäre, so würde das die wirkliche Ausführung, nämlich den tatsächlichen fabrikmäßigen Massenmord, nicht um einen Deut verstehbarer machen. Allenfalls würde ein neues Licht auf die Kolportage-Phantasie des handelnden Verbrechers fallen [...] Wenn wahrhaftig die Absicht des Verstehens den Sinn von Wissenschaft ausmacht, so müßte man den Schluß ziehen, daß zur Erkenntnis des Phänomens Auschwitz die Wissenschaft untauglich sei."[4]

Die bildende Kunst war während der nationalsozialistischen Diktatur keine autonome kulturelle Kraft. Die Künste waren in ihrer Geschichte selten in der glücklichen Lage, jene Autonomie zu besitzen, die ihnen etwa der Wortlaut des Grundgesetzes der Bundesrepublik zubilligt. Auch die Grundrechtsgarantie bietet ja keine materielle Sicherheit dafür, daß der Kommunikationsprozeß Kunst sich in der Realität frei von sachfremden politischen, ökonomischen und sonstigen Einflüssen entwickelt, wie manche heute unterstellen, weil sie eine unverbindliche, politikfreie Kunst bevorzugen. Und umgekehrt:

[1] Vgl. Ernst Nolte, Vergangenheit, die nicht vergehen will. In: Frankfurter Allgemeine Zeitung, 6. 6. 1986.
[2] Horst-Eberhard Richter, Leben statt Machen. Einwände gegen das Verzagen. Hamburg 1987, S. 110. Siehe auch: Hilmar Hoffmann, Zukunft ist wieder denkbar. Zum Buch von Horst-Eberhard Richter. In: Frankfurter Rundschau, 21. 5. 1988.
[3] Richter, Leben statt Machen, a. a. O., S. 141.
[4] Dolf Sternberger, Unverstehbar. In: Frankfurter Allgemeine Zeitung, 6. April 1988; ders., Unzusammenhängende Notizen über Geschichte. In: Merkur 41 (1987), H. 463/464, S. 733-748, Zitat S. 737.

Auch die nichtkünstlerische Mitsprache im Kunstprozeß hat die Entstehung von bedeutender Kunst nicht automatisch verhindert. Viele bedeutende Renaissance-Kunstwerke sind unter Mitbestimmungsbedingungen entstanden; in Ausnahmesituationen konnten sogar Hofkünstler, wenn ihr Fürst denn ein zukunftsweisendes Menschenbild entwickelte oder repräsentierte, auch für uns heute noch bedeutende Werke schaffen.

Wie man weiß, herrschten bei den Nationalsozialisten allerdings andere Rahmenbedingungen, ein anderes Menschenmaß. Weder existierte ein nennenswert offener Kommunikationsprozeß Kunst, noch waren ihre Stereotype der reinrassigen Menschenbrut in irgendeiner Form zukunftsweisend. Offizielle Nazikunst lebte von der Ausgrenzung der anderen, und mit vollem Recht formuliert der Aufruf *Keine Nazi-Kunst in unsere Museen*: „Mit Einschüchterung, mit Terror und Verbrechen hat sich die Nazi-Kunst in der Hitler-Zeit Eingang in die Museen verschafft. Die großen Künstler unseres Jahrhunderts wurden verfolgt, mit Berufsverbot belegt, ermordet und ins Exil getrieben, damit eine willfährige Staatskunst mit drittklassigen Werken die ideologischen Gebote der Diktatur verkündet. Nazi-Kunst von künstlerischer Qualität ist uns nicht bekannt [...] Kunst hat auch mit Ethik zu tun. Deshalb rufen wir erneut öffentlich auf: Nazikunst gehört nicht in unsere Museen."[1]

Das wußte damals jeder Künstlerkollege, auch Arno Breker, und spätestens seit der Münchner Ausstellung *Entartete Kunst* (1937) auch jeder andere: Schließlich sind täglich 20 000 Menschen in das Haus der Deutschen Kunst geströmt. Die Nazis hatten ein perfektes System zur Indienstnahme der Künste aufgebaut – an einem eigenständigen kulturellen System, wie es in abendländisch-humanistischer Tradition herausgebildet worden war, hatten sie kein Interesse.

Schon am 11. März 1933, sechs Wochen nach der Machtergreifung und sechs Tage nach den mit nur 43,9 Prozent gewonnenen Wahlen, wurde die Errichtung des Reichsministeriums für Volksaufklärung und Propaganda beschlossen. Als dessen Leiter wurde am 13. März Joseph Goebbels ernannt und tags darauf vereidigt. Ein gleichzeitiger Erlaß des Reichspräsidenten von Hindenburg umreißt die Aufgaben dieses Ministeriums, dessen Name den Begriff der Aufklärung pervertierte: „Für Zwecke der Aufklärung und Propaganda unter der Bevölkerung über die Politik der Reichsregierung und den nationalen Wiederaufbau des deutschen Vaterlandes wird ein Reichsministerium für Volksaufklärung und Propaganda errichtet."

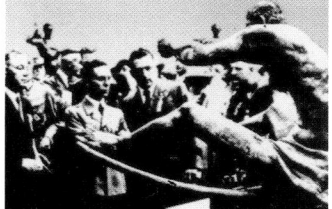
132 Joseph Goebbels bei der Eröffnung der Olympischen Kunstausstellung 1936

Programmatisch verkündete der oberste Demagoge dieses Ministeriums die Ziele der totalen Massenbeeinflussung: „Von hier aus müssen die großen Impulse kommen. Es gibt zwei Arten, eine Revolution zu machen. Man kann einmal den Gegner so lange mit Maschinengewehren zusammenschießen, bis er die Überlegenheit dessen anerkennt, der im Besitze dieser Maschinengewehre ist. Dies ist der einfachere Weg. Man kann aber auch durch eine Revolution des Geistes die Nation umgestalten und damit den Gegner nicht vernichten, sondern sogar gewinnen. Wir Nationalsozialisten sind diesen zweiten Weg gegangen und werden ihn weitergehen. Das ganze Volk dem neuen Staat zu gewinnen, wird unsere vornehmste Aufgabe in diesem Ministerium sein."

Die Gleichschaltung, die nun vor allem Aufgabe des neu geschaffenen Ministeriums war, charakterisiert NS-Kultusminister Bernhard Rust am 12. Mai 1933 freimütig so: „Unsere Gleichschaltung bedeutet, daß die neue deutsche Weltanschauung als schlechthin gültige die beherrschende Stellung über allen anderen einnehmen soll." Daß Gleichschaltung nur ein Euphemismus war, zeigte sich bald sehr drastisch, denn Gleichschaltung bedeutete Vernichtung. Wer sich nicht widerspruchslos anpaßte, mußte weichen. Der Rundfunk war bereits nach wenigen Wochen derart gleichgeschaltet, daß Goebbels ein Jahr später sogar dessen „energische Politisierung" rügen mußte – offenbar taten eifrige Volksgenossen des Guten zuviel.

[1] In: Klaus Staeck, Keine Nazi-Kunst in unsere Museen. In: Nazi-Kunst ins Museum?, a. a. O., S. 150 f. Der Aufruf wurde von mehr als 500 Museumsdirektoren, Kunsthistorikern, Publizisten u. a. Persönlichkeiten unterzeichnet, darunter auch von folgenden bekannten Künstlern: Horst Antes, Gotthard Graubner, O. H. Hajek, Hans Hartung, Anselm Kiefer, Harry Kramer, Georg Meistermann, Arnulf Rainer, Gerhard Richter, Ulrich Rückriem, Bernhard Schultze, Emil Schumacher, Günther Uecker, Wolf Vostell, Franz Erhard Walther.

Film, Theater, Presse und alle übrigen Bereiche publizistischer, künstlerischer und wissenschaftlicher Tätigkeit unterwarfen sich wenig später den Propaganda-Diktaten, allen voran die bildenden Künstler; denn „der Staat Adolf Hitlers hat es sich zur Aufgabe gemacht, planmäßig die Kunst in allen ihren historischen und gegenwärtigen Äußerungen in die große Idee der völkischen Totalität einzubauen", faßt das Magazin *Weltkunst*[1] den Totalitätsanspruch des Dritten Reiches lapidar zusammen.

Im Jahre 1942 sollte in der von Hitlers Armeen besetzten französischen Hauptstadt, in der repräsentativen Stätte der Orangerie der Tuilerien, eine Arno-Breker-Ausstellung zum zwielichtigen Ereignis werden. Auf einem Foto illuminieren die Eröffnung dieser Pariser Vernissage der Dichter Jean Cocteau und andere bekannte französische Intellektuelle: Die Ausstellung wurde durch ein Ehrenkomitee von französischen Künstlern ermöglicht, die auch heute noch klangvolle Namen tragen: Maurice de Vlaminck, Aristide Maillol, André Derain etc.[2] Als Hitler „der Kunst wegen" in aller Herrgottsfrühe einen Blitzbesuch in Paris absolvierte, durfte ihn bei der Kunstvisite Arno Breker als einziger deutscher Künstler begleiten. Begann die Aufwertung der Nazi-Kunst durch Nicht-Nationalsozialisten schon während des Krieges? Oder müssen wir uns vielmehr darauf einstellen, daß für die Zeitgenossen nationalsozialistische Kunst so eindeutig auch nicht zu orten war?

In der Tat: Allein ihre Herausbildung war kein widerspruchsfreier Prozeß. Einerseits konnten schon vor 1933 rechtsradikale Kreise auf blanke Zustimmung breiter Bevölkerungskreise rechnen, sooft sie die künstlerische Avantgarde attackierten, zumal es dieser künstlerischen Vorhut in den zwanziger Jahren nicht gelungen war, Verständnis für ihre Formensprache zu entwickeln. Andererseits hat sich noch 1933 der Berliner NS-Studentenbund zum Verteidiger des deutschen Expressionismus aufgeworfen und eine Ausstellung mit Max Pechstein, Emil Nolde, Karl Schmidt-Rottluff und anderen organisiert.

Christine Fischer-Defoy hat am Berliner Beispiel detailliert das Koordinatensystem von Unterwerfung und Gleichschaltung aufgearbeitet: „Die Durchsetzung der NS-Kunstpolitik verlief keineswegs als von oben verordnete Gleichschaltung, vielmehr schalteten sich auch die Berliner Kunst- und Musikhochschulen selbst gleich, wurde aus ihren eigenen Reihen heraus die Verfemung und Verfolgung linksstehender und jüdischer Kolleginnen und Kollegen ebenso betrieben wie die Anpassung an den nun herrschenden Kunstgeschmack. Dies begann vor 1933 und endete keineswegs am 8. Mai 1945."[3]

Schon vor 1933 begann die Verfemung „kulturbolschewistischer" oder „jüdischer" Kunst, Filmkunst und Musik; auch die Vokabel „entartet" diente damals bereits als Etikett für Verfolgung, und schon deshalb reagieren wir heute mit Recht besonders sensibel auf die Verwendung dieses diffamierenden Begriffs. Und: „Lagen mit dem Berufsbeamtentumsgesetz eindeutige Kriterien für die Entlassung jüdischer und linkspolitischer Lehrkräfte vor, so bestanden bis 1937/38 Unklarheiten über die kunstpolitische Ausgrenzung. Diese relative Offenheit nährte bei vielen Künstlern die Illusion, sich mit dem NS-Staat arrangieren zu können."[4]

So etwa bei Malern der Neuen Sachlichkeit wie Georg Schrimpf oder wie dem das neue mythische Kollektiv preisenden Schriftsteller Gottfried Benn oder Vertretern der Neuen Musik wie Paul Hindemith. Als dann mit den beiden Ausstellungen *Entartete Kunst* 1937 und *Entartete Musik* 1938 als verbindlich definiert wird, was künftig als entartet, formzerstörerisch, formauflösend auszugrenzen sei, hatte dies an den Hochschulen eine zweite Entlassungswelle zur schrecklichen Konsequenz.

Siegfried Neuenhausen hat uns auf das Kuriosum der Hamburger Jahresausstellung des Deutschen Künstlerbundes im Juli des Olympiajahres 1936 aufmerksam gemacht, wo unter den 179 Künstlern noch Klassiker der doch schon verfemten Moderne vertreten

[1] Kunst und Künstler im Dritten Reich: In: Weltkunst, 3. 4. 1938.
[2] Picasso im zweiten Weltkrieg. Museum Ludwig, Köln, 27. April bis 19. Juni 1988 (Katalog), S. 138, S. 140/141.
[3] Christine Fischer-Defoy, Kunst – Macht – Politik. Die Nazifizierung der Kunst- und Musikhochschulen in Berlin. Berlin (West) 1988.
[4] Fischer-Defoy, Kunst – Macht – Politik, a. a. O.

waren wie Beckmann, Dix, Nolde, Feininger, Schmidt-Rottluff, Munch, Schlemmer, Rohlfs; einige von ihnen hatten bereits Berufsverbot. Zehn Tage nach der Eröffnung wurde diese Ausstellung geschlossen; dem Bildhauer Georg Kolbe, dem Vorsitzenden des Deutschen Künstlerbundes, wurde lapidar mitgeteilt, daß der Deutsche Künstlerbund verboten sei und jeder einzelne Künstler seine Aufnahme in die Reichskulturkammer beantragen müsse. Da in seinen sinnenhaften Bildern doch alles vorkomme, was mit Blut und Boden zusammenhängt, wollte Emil Nolde nicht begreifen, weshalb ausgerechnet ihm die Nazis die Anerkennung als Künstler versagten;[1] warum auch Mitglieder der NSDAP wie er (seit 1928) unter das Verdikt des „Verfallskünstlers" fallen konnten: „Hätten die Vertreter des Verfalls sich an das große Volk gewandt, sie wären dort auf eisige Verachtung und kalten Hohn gestoßen [...] Der Führer hat in der Tat in Erfüllung einer nationalen Pflicht gehandelt, wenn er hier eingriff und wieder Ordnung und sicheren Halt in diesem Chaos aufrichtete."

Die Herausbildung der Nazi-Kunst ist ein kurzer Prozeß, und gewiß zählt nicht alles dazu, was nach 1933 in Deutschland entstanden ist. Schließlich gab es von Anfang an auch Künstler im Widerstand, etwa die Ateliergemeinschaft Klosterstraße, in der Käthe Kollwitz heimlich weiterarbeiten konnte. So uneinheitlich sich die deutsche Kunst von 1933 bis 1945 darstellt, so ungleichmäßig interessant war sie. Ihre Entwicklung fand damals ohnehin nicht nur in Deutschland statt: Die zahlreichen Emigranten zählen auch dazu.

So wie Emil Nolde einer von Goebbels' Günstlingen blieb, obwohl er Malverbot bekam, uns heute als Maler wegen der Kraft seiner Farben gleichwohl lieb und teuer ist, so sind manche Expressionisten nur mehr oder weniger zufällig dem zweifelhaften Ruf entkommen, NS-Hofkünstler zu werden. Dem italienischen Futurismus ist es anders ergangen, und deswegen irritiert es heute noch manchen, wenn in der Architektur der Postmoderne etliche Elemente aus der Architektur des italienischen Faschismus aufscheinen.

Die Architektur des Neorationalismus eines Aldo Rossi oder Giorgio Grassi kann ihre Faszination an und Parallelität zu der Architektur eines Guiseppe Terragni aus den 30er Jahren kaum leugnen, und ein faschistoider „homme de lettre" wie Gabriele D'Annunzio ist in Italien bis heute wesentlich unumstrittener als etwa hierzulande Ernst Jünger. Und es paßt ins Bild, daß 1992 in Italien ein Buch mit dem Titel *Parole da Benito* erschienen ist: Mussolinis Gedankengänge als unkommentierte, nicht relativierte Zitatensammlung. Wenn wir NS-Kunst einordnen wollen, müssen wir uns schließlich auch an die internationale Gemengelage künstlerischer Strömungen jener Zeit erinnern. Die Düsseldorfer Ausstellung *Die Axt hat geblüht...* 1987 hat sie für die 30er Jahre ins Bewußtsein gehoben.[2]

Aus dieser Gemengelage erklären sich auch manche Ähnlichkeiten zwischen sozialistischem Realismus und nationalsozialistischer Kunst. Es gilt, Verbindungen vom russischen Konstruktivismus zu populären Formen des sozialistischen Realismus sowie Verbindungen zwischen den aufgebrochenen Avantgarde-Formen hin zum Futurismus im faschistischen Italien zu erkennen. Obwohl gewisse Verbindungen vom Expressionismus zum nationalsozialistischen Realismus, ja spezifische Affinitäten zwischen beiden offenkundig sind, so spielten sie nur deswegen keine kulturpolitische Rolle, weil der Rigorismus der nationalsozialistischen Kunstdoktrin jedwede Fremdberührungen verbot.

Wie unsicher in dieser Vielfalt im einzelnen die Abgrenzungen auch immer sein mögen, so gewiß ist es, daß in dieser Zeit sich eine offiziell anerkannte Kunst herausgebildet hat, die mit Recht als NS-Kunst bezeichnet werden kann und die allein es zu diskutieren gilt. Sie ist unter Bedingungen entstanden, die so geartet sind, daß niemand sagen

[1] Vgl. Siegfried Neuenhausen. In: Staeck (Hrsg.), Nazi-Kunst ins Museum?, a. a. O., S. 31.
[2] „Die Axt hat geblüht..." Europäische Konflikte der 30er Jahre in Erinnerung an die frühe Avantgarde. Städtische Kunsthalle, Düsseldorf, 1987; „... und nicht die leiseste Spur einer Vorschrift" – Positionen unabhängiger Kunst in Europa um 1937. Europa vor dem 2. Weltkrieg. Düsseldorf 1987.

könnte, er habe nicht gewußt, worum es geht. Hitler hat schließlich schon in *Mein Kampf* jeder nichtnaturalistischen Kunst den Kampf angekündigt. „Denn es ist Sache der Staatsleitung, zu verhindern, daß ein Volk dem geistigen Wahnsinn in die Arme getrieben wird. Bei diesem aber müßte eine derartige Entwicklung doch eines Tages enden. An dem Tag nämlich, an dem diese Art von Kunst wirklich der allgemeinen Auffassung entspräche, wäre eine der schwerwiegendsten Wandlungen der Menschheit eingetreten: Die Rückentwicklung des menschlichen Gehirns hätte damit begonnen. Das Ende aber vermöchte man sich kaum auszudenken.„[1]

Freilich hat auch diese nationalsozialistische Propaganda-Kunst eine handwerklich voll entwickelte, ästhetische Form, mit Selbstverständlichkeit waren professionell ausgebildete Kräfte aus den Akademien am Werke. Auch nicht alle nationalsozialistischen Künstler waren nur Stümper im handwerklichen Sinne. Aber schon in der Vergangenheit wurde längst nicht alles, was mit Ölfarben auf gespannte Leinwand gebracht und in einen Rahmen gesetzt wurde, als Kunst gewürdigt – man schaue sich nur an, was an religiöser, akademischer und sonstiger Dutzendware zu Recht in den Depots der Schlösser und Museen verstaubt und nur gelegentlich als Belegstück, als historische Quelle gezeigt wird. Neuentdeckungen sind selten, selbst Neubewertungen bewegen sich meist im relativ engen Spektrum dessen, was schon immer als gut galt. Wer auf die handwerklich glatte Seite der NS-Kunst hereinfällt, dessen Kunstbegriff reduziert sich auf den der Dekorationsmalerei. Diese eingängige Oberfläche war nicht mehr und nicht weniger als ein bewußt eingesetztes, opportunistisch gewähltes Instrumentarium einer machtpolitischen Strategie. „Deshalb gleiten die neuerdings sich mehrenden Versuche, die Künste im Nationalsozialismus aufgrund stilistischer Affinitäten in einem internationalen realistisch-klassizistischen Epochenstil zu beheimaten und zu neutralisieren, sozusagen auf der glatten Oberfläche der Einscheinungen aus.„[2]

Keineswegs haben realistische oder naturalistische Künstler immer und zu jeder Zeit die bestehende Realität – und damit auch die politischen Verhältnisse, in denen sie arbeiten – kritiklos als Status quo abgebildet. Martin Warnke konnte nachweisen, daß die ikonographischen Verschlüsselungen und Symbolisierungen des barocken Hofkünstlers Peter Paul Rubens bei vorgeblicher Erfüllung seiner Aufträge sehr wohl Kritik enthielten, er nennt dies „dissimulatio" – ein Begriff, der auf die Nicht-Identität von Auftragserfüllung und Dargestelltem verweist. Klaus Herdeg hat dies für die Landschaftsbilder Gustave Courbets zu zeigen vermocht.

Die beiden Rosseführer von Joseph Wackerle von 1936 sind auf einer Achse mit den Türmen des Maifeldes situiert; „in ihrer perfekten Symmetrie und Blockhaftigkeit" wirken sie als Teil der Architektur, „was durch das Material Travetin, das auch für die Verkleidung des Stadions verwendet wurde, zusätzlich verdeutlicht wurde […] Von allen Skulpturen des Reichssportfeldes erzielten die Rosseführer den größten propagandistischen Effekt."[3] Sie figurierten in internationalen Wochenschauen wie auch in Leni Riefenstahls umstrittenen Olympia-Film *Fest der Völker.*

Georg Kolbe ist zweifellos als Ausnahmeerscheinung in der Phalanx jener opportunistischen Kunsthandwerker zu würdigen, die das Olympia-Gelände mit ihren Skulpturen beleben sollten. Das gilt nicht nur in Würdigung seines Gesamtwerkes, das sich durch eine vertiefte und sichere Form der geistigen und seelischen Erfassung der Skulpturen auszeichnet – von seiner Figur einer Tänzerin aus dem Jahre 1912 bis zum Frankfurter Beethoven-Denkmal von 1935 –, dies gilt ebenso für den *Ruhenden Athleten* am Becken vor der Schwimmhalle: Auch diese Figur reklamiert eine Außenseiterposition, die Kolbe in einem Brief an Hilda Dirksen selber so empfindet: „Sie ist gar nicht das, was man da draußen will. Gewiß, sie ist als Placement auch abseits stehend – ganz und gar nicht als Werbung für die große Stadionsache gedacht. Aber selbst an der ihr zugemessenen

[1] Hitler, Mein Kampf, a. a. O., S. 283/284.
[2] Berthold Hinz, NS-Kunst und „Entartete" Kunst. In: Hilmar Hoffmann/Heinrich Klotz (Hrsg.): Die Kultur unseres Jahrhunderts. Band 3 (1933-1945), Düsseldorf – Wien – New York 1991, S. 139-149, Zitat S. 148.
3 Reinald Eckert/Wolfgang Schäche, Zu Geschichte und Bestand des ehemaligen Reichssportfeldes in Berlin-Charlottenburg im Auftrag der Senatsverwaltung für Stadtentwicklung und Umweltschutz. Berlin 1992, Band II, Teil 1.

Stelle am Schwimmschulbecken, also abseits aller Olympiasiegeeinstellung, wird sie als einseitig künstlerisch empfunden."[1]

Der Weg in den als Götterdämmerung verbrämten Untergang ist unter anderem mit Hilfe des Films und der bildenden Künste propagandistisch perfekt vorbereitet worden, so daß ihn nicht nur viele Frontsoldaten, sondern auch die Getreuen in der Heimat teils fatalistisch, teils fanatisch beschritten. Adorno demonstriert am Beispiel von Liedern wie *Volk ans Gewehr*, was für ihn faschistische Exhortationen sind, und kommt zu dem Schluß, daß sich Hochgefühle „bis zur irrationalen Begeisterung für den eigenen Tod" einüben lassen.

133 *Kameraden* von Sepp Mages

Diese Lust am eigenen Untergang, diese dem Faschismus immanente Todessehnsucht wurde aber aus propagandistischen Gründen geleugnet. Zur Konstituierung einer Sinngebung, die sich der Seele des deutschen Volkes bemächtigen und es zu emotionalen Verhaltensweisen anstiften sollte, hat der Nationalsozialismus im Rückgriff auf altertümelnden Traditionskult besondere Selbstdarstellungsrituale und einen speziellen Feierstil ausgebildet. Beide sollten so etwas wie eine emotionale Vergewaltigung der Massen bewirken. Als Beispiel für solche das Gemüt einfangende Massenveranstaltungen sei jenes magische Zeremoniell genannt, dessen gravitätischen Vollzug Bannerträger und Standarten-Schwenker begleiten: Die Abfolge von Fahnenlied, Fahnenspruch, Fahneneid, Fahnendefilée und Weihe der Standarten durch die Blutfahne findet ihren Höhepunkt im gemeinsamen Absingen von *Die Fahne hoch...*, von Leni Riefenstahl in ihren Parteitagsfilmen *Sieg des Glaubens* (1933) und *Triumph des Willens* (1934) massenwirksam ästhetisch überhöht.

Viele symbolische Ausdrucksformen der Nazi-Ideologie orientierten sich, besonders bei Himmlers SS, an altgermanischem Brauchtum und an teutonischem Mummenschanz. Leni Riefenstahl hat aus dieser Mixtur heidnischer Mythen und magischer Zeichen eine Ästhetik der kinematographischen Nazi-Ikonographie entwickelt. Das deutsche Volk sollte nicht vernünftig denken, sondern gefühlsmäßig reagieren. Ähnlich gingen die Blut-und-Boden-Maler zu Werke.

Totalitäre Propaganda bemächtigt sich auch der Tiefen des Unbewußten. Der ideale nationalsozialistische Mensch leistet sich keine eigenen Argumente und keine kritischen Urteile mehr; er hat die vorgeprägten Leitbilder und standardisierten Überzeugungen verinnerlicht und handelt dementsprechend kompromißlos. „Persönlichkeit und Individuum auszuschalten", nennt Hermann Glaser als Ziele der Propaganda. Die Menschen waren „als Reflexbündel vom Instinkt, vom Trieb, vom Rückenmark her zu manipulieren. Die NS-Propaganda glaubt sich am Schaltbrett der menschlichen Seele."[2]

Aber die Propaganda stiftet keine neue Transzendenz, sie setzt sich nur an ihre Stelle. Um die Volksseele erfolgreich verführen zu können, hatte Goebbels eine unterschwellig wirkende Ästhetik der Effizienz entworfen und sie vor allem den bildenden Künsten und den optisch-akustischen Medien auferlegt. Der dokumentarisch genannte Film schien für die Volksverführung besonders geeignet, denn mit ihm ließ sich die Lüge durch authentisch erscheinende Bilder am überzeugendsten als Wahrheit darstellen, wofür *Der ewige Jude* das schändlichste Beispiel ist. Sie hatten begriffen, „daß man nicht besser lügen kann als mit Tatsachen", sagt Hans Richter in seinem Pamphlet *Der politische Film*.[3]

Da der Nazismus keine geistige, sondern nur eine „elementare Bewegung" ist – was auch immer die Ideologie des Elementaren bedeuten mag –, „darum kann man ihm nicht mit Argumenten beikommen", denn Argumente könnten nur Wirkung zeigen, sofern die Bewegung durch Argumente auch groß geworden wäre (Wilhelm Stapel). Bestandteil der Massensuggestion war die Kaschierung der Geistlosigkeit alles dessen, was unter dem Sammelbegriff „Bewegung" zur politischen Heimat deklariert wurde.

1 Ursel Berger, Georg Kolbe. Leben und Werk mit dem Katalog der Kolbe-Plastiken im Georg-Kolbe-Museum. Berlin 1990, S. 350.
2 Hermann Glaser, Das Dritte Reich. Wie es war und wie es dazu kam. Freiburg – Basel – Wien 1979, S. 104 ff.
3 Hans Richter, Der politische Film (in Gemeinschaft mit Jay Leyda). In: Deutsche Blätter, Santiago de Chile, 1941, S. 13.

Dieses Ziel sollte vor allem durch optisch-ästhetische Mittel erreicht werden. Im Gewande der Kunst oder mit kunstvoll drapierten Wirklichkeiten sollte die „Bewegung" sich Einfluß verschaffen. Nur in diesem Sinne spektakuläre Werke verdienen nach Goebbels das Prädikat „Kunst" und „Volksbildung".

Professionelles Symbol-Management gehört zu den Formen, mit denen die Nationalsozialisten die Künste instrumentalisieren. Der Fahnenmythos ist ein Beispiel: Für den einfachen Volksgenossen bedeutet die Hakenkreuzfahne eine unmittelbare Gleichsetzung mit dem Führer, der sozusagen in jedem Faltenwurf präsent ist. Dieser Mythos der Nation war kein Abstraktum; er war leibhaftig gegenwärtig in Wort und Bild, er überstieg nicht die Vorstellungskraft der Massen. Die Fahne war Hitlers omnipräsente Stellvertreterin. Wer sich mit der Fahne identifizierte, der identifizierte sich mit dem Führer. Nur aus dieser Identifikation der Massen mit dem Mythos Hitler bezog die Propaganda ihre Effizienz. Das gebrauchsästhetische Rezept, wie man das Alltägliche zur nationalen Inkarnation überhöht, verdankt die Propaganda ebenso der Filmemacherin Leni Riefenstahl wie den heroisierenden Monumentalplastiken von Breker und Thorak, den Blut-und-Boden-Bildern von Amorbach und Padua, den naturalistischen Machwerken Adolf Zieglers. Beim Defilée der Fahnen hatte sich jede Versammlung von den Plätzen zu erheben und ihnen stellvertretend für den Führer zu salutieren. Auch wo nur die vereinzelte Fahne eines Fähnleins durch die Straße getragen wurde, war sie von den Passanten mit dem Hitler-Gruß zu ehren. „Die Fahne kommt, den Hut nimm ab! Ihr bleiben treu wir bis ins Grab" hatte schon Detlev von Liliencron gesungen. Bei Ferienbeginn und am Ferienende hatten Schüler und Kollegium auf dem Schulhof zum Flaggenappell anzutreten und das Horst-Wessel-Lied zu singen. Von keiner Anstrengung des Intellekts begleitet, sollten die Fahne und ihr Erkenntniswert von Jugend an verinnerlicht werden: „Zu Beginn der Schule nach allen Ferien und zum Schulabschluß vor allen Ferien hat eine Flaggenehrung vor der gesamten Schülerschaft durch Hissen bzw. Niederholen der Reichsfahnen unter dem Singen einer Strophe des Deutschland- und Horst-Wessel-Liedes stattzufinden."[1] Durch diese rituelle Präsentation des mit der Hakenkreuzfahne assoziierten Gedankenguts in Bild und Film und auf der Straße sollte „die Erziehung der Jugend zum Dienst am Volkstum und Staat im nationalsozialistischen Geist" gefördert werden. Die Fahne denaturiert das Individuum zum Objekt fremden Wollens. Besonders der Film und die bildende Kunst hatten in diesem System ihren spezifischen Platz. Genauere Betrachtung der Kunstentwicklung in jener Zeit hilft, deren subversive Substanz zu erkennen.

Die Nationalsozialisten wußten geschickt künstlerische Mittel in ihre Herrschaftssicherung einzubauen. Widerstände wurden mit brutalem Terror bis zum Mord bekämpft. Das Programm der NSDAP konzentrierte sich, sieht man von den Hauptzielen ab, auf ihre Propaganda, sie war das Programm. Dieses Programm haben die pausenlos inszenierten Massenveranstaltungen und Aufmärsche diktiert, der Rausch der Fahnen, der Rauch der Fackeln und das Echo der Marschlieder samt allem unseligen Ereignismumpitz. „Gerade darin liegt die Kunst der Propaganda", ahnt Weltanschauungsproduzent Adolf Hitler in *Mein Kampf* voraus, „daß sie, die gefühlsmäßige Vorstellungswelt der großen Massen begreifend, in psychologisch richtiger Form den Weg zur Aufmerksamkeit und weiter zum Herzen der breiten Massen findet."

Der Versuch der Nazis, die Linke durch teilweise Übernahme ihrer äußeren Formen und auch ihrer Gedankengänge zu schwächen, ist auch ästhetisch zu belegen. Die Inhalte werden ausgetauscht, die Form bleibt erhalten. An die Stelle der roten Fahne tritt jetzt die Hakenkreuzfahne als „das farbige, weithin sichtbare Signalzeichen" (Tucholsky) für den Aufbruch in eine neue Zeit.

Anteile der alten Identität des Arbeiters mit sich selber und seiner Klasse werden unter

134 Große Polizeischau im Olympia-Stadion, 30. September 1955

[1] Erlaß des Reichsinnenministeriums von 1934. Zitiert nach: Wolfgang Niess, Machtergreifung '33. Stuttgart 1982, S. 127.

der Flagge der neuen Solidarität versprochen und scheinbar auch eingelöst. „Wo wer' ick also schon hingehör'n? Zu meine Klassengenossen gehör ick", sagt Vater Völker, der in *Hitlerjunge Quex* (1933) von Heinrich George als symphatisch dargestellte arbeitslose Kommunist; dessen besitzlose Genossen hoffte die NS-Propaganda mit Hilfe solcher Filme in die Bewegung zu integrieren. Mit dem Versprechen „Jeder muß wieder Arbeit und Brot haben" macht sich SA-Mann Brand im gleichnamigen Film (1933) zum Anwalt auch der arbeitslosen Linken. Die neue klassenlose Klasse der Nationalsozialisten ist aber nicht das Ende der Klassen, sondern nur die Liquidierung des proletarischen Klassenbewußtseins unter einer roten Fahne. Das Rot des Sozialismus ist das künftige Rot des National-Sozialismus, aufgehellt durch eine weiße Sonnenscheibe mit einem Kraft und Zukunft symbolisierenden Hakenkreuz im Zentrum, das den Sowjet-Stern in den Orkus verdammt und endgültig liquidiert, was die Nazis für proletarische Obsession halten. Kunst und Kitsch, schlichte, einfache Bildsprache und falsches Pathos liegen bei solchen Szenen nicht weit auseinander.

Symbole sind neutral – erst ihre historische und ideologische Besetzung gibt ihnen befreiende oder totalitäre Bedeutung. Auch demokratische Staaten haben ihre Symbole. Das Entscheidende und historisch Verhängnisvolle der nationalsozialistischen ästhetischen Symbolik war, daß sie auf latente revanchistische und totalitäre Phantasien und Bedürfnisse reagierte. Dabei ist das ästhetische Symbol im Kontext der faschistischen Propaganda zu betrachten.

135 Zehnkämpfer von Georg Kolbe (Lichthof im Haus des Deutschen Sports, Sitz der Britischen Militärverwaltung)

Die Ästhetik der Nazi-Bewegung, die alle Bereiche öffentlicher Kommunikation umfaßte, hatte ein Ziel und eine Methode: die Integration und das völlige Aufgehen des einzelnen im mächtigen Kollektiv. Das Kollektiv, die Masse, wird in dieser Ästhetik in immer neuen, strengen Formen gezeigt, kanalisiert, in eine Bewegung versetzt, die hinausführen soll aus der Enge kleinbürgerlicher Verhältnisse hin zu weltumspannenden, auf eine herrliche Zukunft gerichteten Zielen. Kanalisiert wurden damit die Macht- und Rachephantasien gedemütigter deutscher Soldaten, die aus dem Ersten Weltkrieg nach Hause zurückkehrten in dem Bewußtsein, um ihre Jugend, ihre Gesundheit, ihr Leben betrogen worden zu sein. Sie fühlten sich geborgen in einer Bewegung, in der sie sich eins wußten mit einem mächtigen Strom, der ihrem rückwärts auf das Kriegserlebnis gerichteten Leben einen neuen Sinn, eine neue Richtung und ein neues Ziel verlieh. Die Ästhetik des Faschismus mit ihren gelenkten Massenströmen, ihren hochaufgerichteten, ins Licht führenden Menschen- und Fahnenapotheosen – diese Ästhetik ist nicht nur Ausdruck, Verpackung für faschistische Inhalte und Aussagen, sondern sie wird selbst zum Inhalt, indem sie die völlige Unterordnung des einzelnen unter das Kollektiv vermittelt, indem sie den einzelnen Filmzuschauer, Rundfunkhörer, Bildbetrachter, Leser oder Teilnehmer an einer nationalsozialistischen Massenschau in Zustände des Machtgefühls und des Einsseins mit dem totalen Kollektiv versetzt. In diesem Rauschzustand geht es nicht mehr um Inhalte, dieser Zustand der völligen Selbstaufgabe ist selbst Inhalt. Die biographischen Aufzeichnungen über die Naziführer belegen, daß die Strategen dieser Massenregie nicht kühl über einer solchen Ästhetik standen, sondern selbst Teil davon waren, daß sie den Rausch der Masse (und später zunehmend andere Drogen) brauchten.

Dabei ist der rezeptionsästhetische Begriff der kritiklosen Masse und der produktionslogische Begriff des entqualifizierten ästhetischen Materials durchaus in ein analoges Verhältnis zu setzen: Was damals unter den Schlagworten der Entkunstung, der Überführung von Kunst ins Leben sich ambivalent vollzog – was heute in den Medien als Einheitsbrei der Unterhaltung gefeiert und verkauft wird –, führt nur tiefer in die Dialektik von Aufklärung, Kultur und Politik. Immer noch wäre der These von Adorno und Horkheimer zuzustimmen, daß die Kulturindustrie, die medienmäßige Angleichung,

Nivellierung und Gleichschaltung von Kunstpraktiken in einem kapitalistischen Großbetrieb von Filmproduktion und privaten Rundfunk- und Fernsehsendern, zu einer Kulturlosigkeit führt, die dem nihilistischen Vakuum vorarbeitet, in dem sich die geschlossenen Weltbilder und Freund-Feind-Schablonen des Faschismus um so leichter einnisten können. Gerade die kulturelle, künstlerische und libidinöse Entdifferenzierung des Selbst und die Entmächtigung der Kreativität der eigenen Wahrnehmung führen konkret zu apolitischem oder regressivem politischem Verhalten, welches sich gegen neue, kritische und kreative Sinnentwürfe und Utopien immun macht. Deshalb sind der Unterhaltungsboom und der Trend zum Infotainment auch in den Sachbereichen der politischen, wissenschaftlichen und kulturellen Berichterstattung alles andere als eine harmlose Angelegenheit. In ihr bekommt die reduzierte Form von Kunstproduktion und Kunstrezeption ein funktional gesteuertes Arrangement zugewiesen.

Die Karriere eines Arno Breker und seiner kriegerischen Sportsübermenschen war abhängig vom parteiintern ausgelösten Umbruch der NSDAP nach der Machtübernahme, einem Wechsel vom deutsch-nationalen vormodernen zu einem weltusurpierenden klassizistischen Welt-, Kultur- und Kunstbild. Daß sich in der zunehmenden Abstraktion und monumentalen Dimensionierung auch die Vermassung des Materials zur puren Architektonik, zum dysfunktionalen Körperornament verschärfte, spricht für die untrügliche Dialektik jeder Kunst im konkreten Einzelfall. Schon Goethe hat die Aufblähung des menschlichen Körpers zur Überlebensgröße als ästhetisch unzumutbar kritisiert. Sein Urteil über Breker und Thorak wäre vernichtend gewesen. Wiederum mutet der ästhetische Unterschied zwischen Thoraks *Faustkämpfer* und Hollywoods King Kong so groß nicht an. Die Bestie ist moralischer, denn sie weiß nicht, was sie tut. Und in Arno Brekers staatsfinanzierter Fabrik arbeiteten fünfzig angestellte französische Bildhauer sicherlich ähnlich arbeitsteilig wie die Masken- und Bühnenbildner der Hollywood-Konfektion oder die Fabriken hie und da an Stukas und Spitfires, Zerstörern und Bombern.

Selbst unter dem Maßstab von angewandter Kunst und gebrauchsfertigem Design kommen die Naziprodukte keineswegs besser weg: Die vulgärsten Sportplastiken der 20er Jahre folgten immerhin noch Lessings *Laokoon*-Theorie, in der Skulptur den fruchtbaren Moment einer Aktion, einer Spannung in der Zeit räumlich festzuhalten.[1]

Sie waren individualisierte skulpturale Schnappschüsse, in denen der einzelne Sportler oder die Disziplin zu erkennen waren. Und selbst am schlanken Leib alter griechischer Plastiken erkennt der Eingeweihte an exponiert trainierten Muskeln, ob es sich um einen Marathonläufer oder einen Speerwerfer handelt. An den abstrakt perfektionierten Riesenkörpern der Naziskulpturisten prallt jeder Versuch der charakterlichen Individualisierung oder sportlichen Spezifizierung ab. Jedes einzelne Körperteil steht nur noch für den totalen Ernstfall schlechthin. Ihr Design als Biosoldateska suggeriert die vergleichslose Unbesiegbarkeit und gnadenlose Unterwerfung. Sie sind aufgedonnerte Produkte eines Bodybuildings aus Nirgendwo und Nimmerdar. Aber in ihrer hochgezüchteten Massivität schlägt der Gesamtkörper um in pure Organlosigkeit des unbehauenen Materials. Wilhelm Reichs Körperpanzer und Deleuze' und Guattaris „organloser Körper" feiern hier ihre makabre Vollendung.

Die Überdimensionierung von Bronze und Stein macht aus der Form des menschlichen Körpers eine hohle Metapher, ein Ornament der unbehauenen Masse, das Trugbild des Einsamen, einen antropomorphen Steinbunker, eine Stele des Ewigen, das doch ein Produkt massenhafter Reproduktion darstellt. Bis zuletzt hat Breker immer wieder behauptet, er habe nach der Antike gearbeitet, „damals" wie „heute". Als Hitler sich beim Preisträger Breker erkundigte: „Sie arbeiten nach der Antike?", stellte sich dieser vor: „Nein, ich arbeite nach der Wirklichkeit", worauf Hitler sich enttäuscht zeigte. Breker

[1] Vgl. Ernest W. B. Hess-Lüttich, Medium – Prozeß – Illusion. Zur rationalen Rekonstruktion der Zeichenlehre Lessings im *Laokoon*. In: Gunter Gebauer (Hrsg.): Das Laokoon-Projekt. Pläne einer semiotischen Ästhetik. Stuttgart 1984, S. 103-136.

[2] Vgl. Klaus Wolbert, Der nackte Körper. Die faschistische Plastik und ihre Rolle in der Inszenierung der Spiele von 1936. In: Olympia – Berlin, a. a. O., S. 55-66, Zitat S. 65.

hatte den neuen Antikkult in der weltmachtbesessenen NSDAP noch nicht verstanden.[2]
Nach 1945 kehrte Breker seine Strategie wieder um: Neben Politikern und Mäzenen
hat er aus eigenem Antrieb Sportler wie Ulrike Meyfarth, Jürgen Hingsen und Eberhard
Gienger dargestellt. Und die alten Effekte des scheinbar zeitlosen Gusses, nun wieder
auf das Format einer Porträtskulptur zusammengeschrumpft, wirken im Zeitalter der
beschleunigten Sportberichterstattung in den Medien, der optischen Kontrolle des Fernseh-
zuschauers über den reproduzierten Körper der Sportler qua Fernbedienung und angesichts
der immer schnelleren Übertrumpfung der alten Rekorde zunehmend grotesker.

Gerade das Aufgehen der eigenständigen Persönlichkeit in der totalitären Massenbe-
wegung unterscheidet die faschistische von der zeitgenössischen sozialistischen Ästhetik.
Vergleicht man etwa die Massenszenen aus Bertolt Brechts und Slatan Dudows *Kuhle
Wampe* (1932) mit Propagandafilmen der Nazis, so fällt auf, daß im Gegensatz zur
stromlinienförmigen Choreographie etwa von Leni Riefenstahls Reichsparteitagsfilmen
die Bewegungen der Arbeitermenge in *Kuhle Wampe* nie nur gleichförmig, sondern
vielmehr ungeordnet durcheinander verlaufen, einzelne bleiben zurück, bleiben stehen
oder bewegen sich gegen die Massenrichtung. Berühmtestes und eindrucksvollstes, weil
rhythmisch und choreographisch vielschichtig durchstrukturiertes Beispiel für den Gegensatz von totalitärer und proletarisch-subversiver Ästhetik ist die „Treppen-Sequenz"
aus Sergej M. Eisensteins *Panzerkreuzer Potemkin* (1925), in der die Stechschritte und
die Gewehrkugeln des zaristischen Militärs die demonstrierende Menge die Treppe
hinuntertreiben. Alles, was sich ihrer uniformen Bewegungsrichtung widersetzt, selbst
eine Mutter mit ihrem toten Kind im Arm, wird rücksichtslos vernichtet.

Was Ursache, was Wirkung ist – ob die Produkte des abstrakten Totalitarismus oder
die Werke des selbstbestimmten Individuums die jeweilige Ästhetik hervorbringen oder
umgekehrt –, in der Kunst zumindest – und die nationalsozialistische Massenregie war
höchst artifiziell – wird die Frage hinfällig.

Wie stark die – vermutlich immer vorhandenen – symbolischen und emotiven Formen
in einer Epoche Einfluß gewinnen können, ist von verschiedenen Faktoren abhängig.
Es ist kein Wunder, daß während des Faschismus tradierte Symbole in der deutschen
Nachkriegszeit bis in die Gegenwart hinein abgewertet wurden und ziemlich unwichtig
blieben. Aber wenn wir uns klarmachen, daß die Nationalsozialisten diese symbolischen
Formen nicht neu geschaffen, sondern übernommen und mit äußerster Rücksichtslo-
sigkeit und Raffinesse ihren Zwecken nutzbar gemacht haben, dann finden wir vielleicht
einen vorurteilsfreien Zugang zu ihnen.

Die radikale Instrumentalisierung, die Zerstörung der Autonomie, die Unterwerfung,
der ästhetische Opportunismus, die Symbolpraxis – all dies stand bei den Nazis im
Dienst der Politik: im Inneren einer Politik der Unterdrückung all jener Kräfte, die
soziale Gerechtigkeit, Humanität, Freiheit und Friedensfähigkeit zu ihrem Programm
gemacht hatten; nach außen einer Politik der Expansion, der Eroberung, der Unterwerfung im Zeichen eines aggressiven Rassismus, dessen Gipfel der mörderische pathologische Antisemitismus war.

Wenn heute über die museale Präsentation der Bildwerke aus dieser Zeit diskutiert
wird, dann kann ich den Ekel und die Ängste all derjenigen verstehen, für die diese
kinematographischen und bildenden Künste Symbole der Unterdrückung sind. Hier
stellt sich die Ideologie jener Mächte dar, die Europa mit Mord und Totschlag über-
rannten. Es sind Darstellungen der „blonden Bestie", Symbole einer Gewalt, gegen die
kein Kraut gewachsen war und ist, es sei denn neue Gewalt. Es sind Symbole eines
Begriffes von Schönheit und Gesundheit, dem rücksichtslos Millionen von Menschen
grausam geopfert wurden.

Ängste bei denen, die die Schrecken erlebt oder in ihrem Bewußtsein verarbeitet haben,

136 Pferd von Josef Thorak (Treppe zur
Gartenseite der ehemaligen Reichskanzlei)

137 *Pferd* von Josef Thorak (ehemaliger
sowjetischer Sportplatz in Eberswalde-
Finow)

sind verständlich. Sie spüren den Terror hinter der Ästhetik des Volkstums. Aber nicht bei allen weckt diese Kunst die gleichen negativen Assoziationen. Andere fallen heute wieder auf die bewußt und opportunistisch gepflegte Außenseite glatter Gefälligkeit herein. Ein exemplarischer Fall für diese geglättete Außenseite sind die Filme von Leni Riefenstahl.

Die Nazis versuchten alle relevanten Gebiete mit ihrem Menschenbild und dessen Versatzstücken zu besetzen. Sie bedienten sich dazu möglichst attraktiver Formen. Aber dahinter stand ihr barbarisches Weltbild. Wolfgang Fritz Haug hat den Zusammenhang hergestellt zwischen obsessiven Phantasmen, die in vielen europäischen Gesellschaften vor 1933, ja vor 1914 verbreitet waren, und dem plakativen Schönheitsideal der NS-Kunst. Die von der sozialdarwinistischen Bevölkerungslehre des englischen Sozialforschers Robert Malthus (1766-1834) abgeleiteten Vorstellungen eines genetischen Qualitätsverlustes durch Überbevölkerung, ferner Syphilis-Furcht und Verdrängungsphantasien verdichteten sich in obskurer Rassenhygiene. Deren Körper-Ideal fand seinen unmittelbaren Niederschlag im Schönheitsideal der Kunst – von Leni Riefenstahl bis zu den Glaube-und-Schönheit-Attrappen Karl und Adolf Zieglers, Julius Engelhards oder Fritz Klimschs. Häßlichkeit faßt alle möglichen Negativitäten zusammen, während Schönheit umgekehrt alle positiven Eigenschaften – von der Leistungsfähigkeit bis zur Staatsgläubigkeit – auf sich vereinigt. Entwickelt wurde – unter Mitwirkung von Professoren und Künstlern – die „tödlich werdende Unterscheidung schön/häßlich mit den daran hängenden Artikulationsketten des lebens(un)werten Lebens"[1].

Die gesunde Normalität war nicht mehr allen zuzubilligende Wünschbarkeit, sie wurde zum selektiven Maßstab für das Lebensrecht. An der Schnittstelle des rassistischen und des sexuellen Bereichs wurde die Auslesefunktion von Schönheit postuliert. Die ästhetische Darstellung, das Bild wurde zum Vorbild. Kultiviert wurde das Prinzip, alles was gut und teuer ist, in ein Resonanzverhältnis zueinander zu bringen (Haug). Ohne diese Orientierung wäre die Attraktivität der NS-Kulturpolitik im besetzten Frankreich, wie sie sich z.B. in der zitierten Breker-Ausstellung in Paris manifestiert, nie zu erklären. In all diesem bestätigt sich die ideologische Leistung der Kunst: „Sie gibt dem Imaginären äußeres Dasein: sie gibt dem Diskurs die eine Säule seiner Wirklichkeit, wie die Vernichtungspolitik die andere gibt. Sie ist der schöne Schein der Vernichtung."[2]

Hinter den schönen Gestalten steht jene prinzipiell antiaufklärerisch-antihumanistische Ideologie, die für alle Faschismen charakteristisch ist. Einen einflußreichen Verfechter elitärer Überheblichkeit läßt Thomas Mann im *Doktor Faustus* (1947) indirekt zu Wort kommen. Deutlich erkennbar sind es die Thesen des französischen Sozialisten Georges Sorel (1847-1922), die bei einem Herrenabend im nachrevolutionären München des Jahres 1919 eben die illustre Gesellschaft dazu provozieren sollen, das Aufgeben von Wahrheit, Wissenschaft und Vernunft lustvoll zu bejahen. An diesen Diskurs läßt Thomas Mann seinen Chronisten Serenus Zeitblom sich schaudernd erinnern. Georges Sorels Lehre von der Gewalt als Triebkraft und Mythos, die auch Mussolini stark beeinflußt haben soll, hat Thomas Mann nach den Erfahrungen der Hitler-Zeit folgendermaßen auf den Punkt gebracht: „Daß im Zeitalter der Massen die parlamentarische Diskussion sich zum Mittel politischer Willensbildung als gänzlich ungeeignet erweisen müsse; daß an ihrer Stelle in Zukunft die Versorgung der Massen mit mythischen Fiktionen zu treten habe, die als primitive Schlachtrufe die politischen Energien zu entfesseln, zu aktivieren bestimmt seien. Dieses war in der Tat die krasse und erregende Prophetie des Buches, daß populäre oder vielmehr massengerechte Mythen fortan das Vehikel der politischen Bewegung sein würden: Fabeln, Wahnbilder, Hirngespinste, die mit Wahrheit, Vernunft, Wissenschaft überhaupt nichts zu tun haben brauchen, um dennoch schöpferisch zu sein, Leben und Geschichte zu bestimmen und sich damit als dynamische Realitäten zu erweisen."[3]

[1] Wolfgang Fritz Haug, Entartung und Schönheit. In: Entartete Musik. Zur Düsseldorfer Ausstellung von 1938. Düsseldorf 1987, S. 20-26; vgl. Inszenierung der Macht. Ästhetische Faszination im Faschismus. (NGBK) Berlin (West) 1987.
[2] Haug, Entartung und Schönheit, a. a. O., S. 23-26.
[3] Thomas Mann, Doktor Faustus. Frankfurt/M. 1960, S. 486.

Menschenbildern schreiben die Futurologen heute eine wichtige, ja entscheidende Bedeutung für die Überlebensfähigkeit der Menschen zu. Künstler produzieren sie – unter anderen. Wenn der Verstand nur ein wenig autonomer, vom Willen geleiteter, vor allem kein omnipräsenter Faktor im Lebensprozeß ist, dann kommt anderen Faktoren wie der Emotionalität, dem Unbewußten besondere Bedeutung zu. Sie sind es, die (mit) entscheiden über die Vorstellungen vom *anständigen Leben*, über das, wofür es sich lohnt, zu leben und zu arbeiten.[1]

Sollen wir eine Kunst, die bewußter Bedeutungsträger eines betrügerischen Menschenbildes ist, heute in Kunstmuseen ausstellen? Eine Kunst, die so radikal ihrer Autonomie beraubt wurde, ja sich berauben ließ und deren stilisiertes Menschenbild Exponent von Inhumanität, Gewalt, Terror, Mord und kriegerischer Expansion ist? Eine Kunst, deren aktive Repräsentanten den schrecklichen Kontext kennen mußten, den es durch Kunst zu verschleiern galt? Nein, eine Kunst, die Verbrechen in den ästhetisierten Bildnissen der nordischen Exponenten dieser Bewegung beglaubigte, gehört nicht in die Kunstmuseen. „Kunst ist Komplize von Geschichte", empfiehlt Georg Bussmann im Zusammenhang mit NS-Kunst zu beachten. Er hätte auch sagen können: Sie ist Komplize von Macht, von Gewalt und von Herrschaft – sie war dies wohl meist in der Geschichte, ohne freilich sich darin zu erschöpfen, sofern sie wirklich Kunst und nicht nur Gestaltung mit ästhetischen oder geschmäcklerischen Komponenten war.

Als Belege der Geschichte sind Kunstmanager bereit, NS-Kunst auszustellen: im Dokumentationszentrum, als „abschreckendes Beispiel eines vom Feindbilddenken pervertierten Kulturvolkes"[2].

„Wenn Staeck Dürers Mutter entlarvend nutzt (Würden Sie dieser Frau ein Zimmer vermieten?), macht er aus einem Kunstwerk eine Gewissensfrage. So etwa [...] könnte man auch die zwölf Hitler-Jahre anschaulich machen – in historischen Museen allemal, aber auch in Sammlungen zeitgenössischer Kunst –: dialektisch zugespitzt, doch kühl mit Fakten argumentierend, das Heldenpathos ebenso entlarvend wie die verlogene Geborgenheit", gibt Werner Hofmann, der damalige Hamburger Kunsthallenchef, zu bedenken, allerdings unter seiner die Demokratie mit Diskussion gleichsetzenden Prämisse, denn sie könne „sich nur bewähren, wenn die Fakten für jedermann sichtbar auf dem Tisch liegen".[3] Hermann Glaser empfiehlt: „Den historischen Faltenwurf wegschieben; das Furchtbare entblößen!" Die in verschleiernden Bildern veredelten Banalitäten gilt es als solche zu enttarnen. „Solange die Museen nicht anders sind, als sie sind, sollte Nazikunst in ihnen keinen Platz finden."[4]

Um wirkliches Nachdenken anzuregen, verbietet sich die ständige Rückkehr in das auratische Ambiente von Kunst-Museen; in Dauer-Ausstellungen pflegt keine Vermittlung historischer Einsichten stattzufinden. Würden Nazibilder einfach im Kunstmuseum ausgestellt, dann vergäße einer leicht, so der Galerist Otto van de Loo aus München, daß damit ja nicht Nazi-Kunst, sondern Nazi-Ideologie präsentiert wird.[5]

Bei kulturgeschichtlichen Museen, in denen es primär darum geht, ein Bild als Quelle der Dokumentation zu sehen, stellt sich das Problem der Präsentation anders; so hat das Historische Museum Frankfurt in der Frauen-Ausstellung 1981 bewußt entsprechende NS-Bilder als Beleg für das NS-Frauenideal verwendet: als vom Mann erwählte Schönheit, als gebärende Natur, als Hüterin von Heim und Herd.

Die Grenze zwischen Kunstmuseum und Geschichtsmuseum mögen jene nicht ziehen, die in ihrem (Gegen-)Aufruf *Ja: für Nazi-Kunst im Kunst-Museum* plädieren;[6] sie requirieren die NS-Kunstbilder als (negatives) „Anschauungsmaterial für das psychologische Phänomen und auch politische und vielleicht auch soziale Phänomen", das sie reichlich diffus darin zu erkennen glauben, „daß es Künstler gab, die sich von den Nationalsozialisten haben fördern lassen, und daß es Politiker gab, die demagogische

[1] Hilmar Hoffmann, Die Selbstverständlichkeit des Museums. Musealität als Positivum. Vorwort zur 3. Aufl. von: Der deutsche Museumsführer. Frankfurt/M. 1986, S. 12 f.
[2] Hans-Jürgen Häßler. In: Staeck (Hrsg.), Nazikunst ins Museum?, S. 14.
[3] Werner Hofmann, Plädoyer für den mündigen Bürger. In: Die Zeit, 17. 10. 1987.
[4] Hermann Glaser, Das Dritte Reich. In: Staeck (Hrsg.), Nazikunst ins Museum?, S. 104 ff.
[5] Otto van de Loo. In: Staeck (Hrsg.), Nazikunst ins Museum?, S. 36.
[6] Vgl. Staeck (Hrsg.), Nazi-Kunst ins Museum?, S. 21.

Kunstförderung betrieben". Dokumentieren soll diese Kunst „das Pathologische, das im Machtausüben und im Ohnmächtigsein liegt", und das – anscheinend in beiden Formen, also auch in der des Ohnmächtigseins, womit das Opfer mitschuldig wird – auch heute noch vorhanden sein soll. Die Grenzen zum historischen Museum werden als fließend eingeschätzt: „Vielleicht ein anthropologisches Museum?"

Wieder anders argumentieren jene, die unter einem inhaltlichen, sozial bestimmten Kunstbegriff antifaschistische Kunst als Gegenpol ausstellen möchten – ob der opportunistischen Glätte der NS-Kunst vermutlich auch kein garantiert wirkungsvolles Verfahren.

Heute arbeiten Geschichtsmuseen erfolgreich mit den Mitteln der Inszenierung, indem sie ästhetische Prozesse als Teil der historischen Vorgänge einbeziehen. Da verwischt sich in der Tat der Unterschied zwischen Kunstmuseum und Geschichtsmuseum, hier aber durch prononcierte Gegenüberstellung, durch kontextuelles Arrangement.

Aus den verschiedenen Vorschlägen ergibt sich ein Spektrum des künftigen Umganges mit Kunstprodukten aus der Zeit des Nationalsozialismus, das diesen Gerechtigkeit widerfahren läßt, ohne Gefahr zu laufen, sie erneut zu Kultobjekten reifen zu lassen. Solche Art der Aufarbeitung eines Tabus hat zur Voraussetzung, Kunstwerke auch in ihrem komplexen Kontext entschlüsseln zu können. Nur so läßt sich gleichzeitig die Fähigkeit zu diesem differenzierten Umgang entwickeln. Insofern werden solche Formen auch für die ästhetische Bildung interessant. Sie vermitteln Unterscheidungsvermögen, Qualitätsbewußtsein, Kennerschaft. Das freilich geschieht nicht einfach durch die Konfrontation von formzerstörerischer und entarteter Kunst mit faschistischer Kunst. Sie muß auch dem Alltagsverstand nachvollziehbar machen, daß Würde und Schönheit des Menschen mehr sind und vor allem anderes als das, was sich in der Nazi-Kunst dem Züchter-Blick des Rassenideologen präsentiert. Diese Kontexte gehen verloren, wenn einer nur das isolierte Bild vor sich sieht und nicht viel mehr über die Hintergründe weiß als das, was ihm die Schule schuldig blieb. Kontexte gehen auch dem verloren, der in einem Bild allein das schöne Schmuckwerk sucht.

1975 hat der Berliner Stadtforscher Dieter Hoffmann-Axthelm diesen Kontext-Verlust und seinen Versuch des Offenhaltens von geschichtlicher Erfahrung beschrieben: „Mein Gegenstand ist die Anschaubarkeit gesellschaftlichen Bewußtseins und darin die Geschichte des Anschauungsverlustes." Und in anderem Zusammenhang sagt er: „Was verloren ging, ist die Wahrnehmbarkeit des Gesellschaftszusammenhanges. Von dieser Wahrnehmbarkeit sieht die historische Erinnerung nur die Bilder, aber nicht mehr das Blut, das diese Bilder gekostet hat. Der Untergang der Bilder durch Aufklärungsleistungen einer überlegenen, bilderlosen ökonomischen Ordnung ist der unmittelbare Anlaß zur Verwechslung. Die Opfer wurden verdrängt und gehen nun als aggressiver Untergrund in eine historische neue Sehnsucht nach der Sichtbarkeit der alten Bilder ein. Der Ausgang, der historisch möglich gewesen wäre, wird dann zur Regression."[1]

Wir sollten uns bewußt machen, wie schwach der ästhetisch reflektierte Umgang mit künstlerischen Formen gegenwärtig entwickelt ist. Ästhetische Erziehung, das Erlernen von Kulturtechniken findet in den Grund- und Hauptschulen nicht statt. Nur fünfzehn Prozent der Hauptschulen verfügen über eine Bibliothek. Die Überflutung mit Bildern und Zeichen, die unseren Alltag umstellen, schafft ein neurotisches Klima, das eine differenzierte, kritische Verarbeitung von ästhetischen Gestaltungen und Informationen kaum ernsthaft ermöglicht. So ist ein souveräner Umgang mit funktionalisierter NS-Kunst für breite Teile unserer Bevölkerung aufgrund einer allzu dünnen ästhetischen Vorbildung und wenig ausgeprägter ästhetischer Rezeptionshaltungen illusorisch. Dies ist ein Argument mehr dafür, daß es kulturpolitisch unverantwortlich wäre, national-

[1] Dieter Hoffmann-Axthelm, Das abreißbare Klassenbewußtsein. Frankfurt/Main 1975.

sozialistische Kunst einfach unkommentiert ins Museum zu hängen oder die Plastiken von Breker und Thorak zur Begrüßung der Massen ins Foyer zu stellen.

Diese auch politische Verantwortung ist allerdings nicht zu verwechseln mit geistiger Bevormundung. Jenseits aller moralischen Entrüstung besteht die Aktualität der Auseinandersetzung mit NS-Kunst in der Frage nach der Wichtigkeit der Künste generell. Welche Bedeutung messen wir der Kunst heute bei? Je weniger wichtig sie uns ist, je beliebiger Kunst sich macht, desto eher wird auch die Instrumentalisierung von Kunst toleriert und die Präsentation von Nazi-Kunst geduldet werden. Als kaum einfach gilt dieser Umgang mit Propagandawerken auch deswegen, weil NS-Kunst jene leichte Verständlichkeit, jene Angleichung an einfache Allltagsgefühle verspricht, die der Avantgarde weitgehend fehlt, ja der sich diese bewußt verweigert. Die Nazi-Kunst sollte diejenigen erreichen, die Courths-Mahler und Karl May, Hitlers Lieblingsautoren, lesen. Nazi-Kunst ist eine Art Pop-Kultur für Anti-Internationalisten, für Weltprovinzler. Die rassistische Ideologie und antihumane Wolfsnatur des Nationalsozialismus sollten in den schönen glatten Bildern als versteckte Botschaften, als heimliche Verführer wirken. Walter Grasskamp hat einige Aspekte eines aktuellen Kunst-Missionarismus unter die Lupe genommen: Als ob außerirdische Okkupanten künstlerische Care-Pakete zur Ausgestaltung unserer Städte schickten, so werde mancherorts Kunst im Stadtraum plaziert. Nehmen sich die Plastiken der Moderne „nicht ähnlich willkürlich aus wie die Wegmarken einer Invasion, diesmal nicht aus dem All, sondern aus den Ateliers? Entsprach es nicht gerade dem Pathos der Moderne, alle Ansprüche und Bedürfnisse des Betrachters zu ignorieren oder bestenfalls zu enttäuschen?"[1]

138 *Berufung* von Arno Breker (Deutsche Kunstausstellung München 1942, ehemaliger sowjetischer Sportplatz in Eberswalde-Finow)

Nicht verleugnen können die provozierenden Denkmäler der Moderne ihre Herkunft aus dem buntscheckigen, letztlich aber kleinen und abgegrenzten Milieu, das sein soziales Profil weniger einem elitären Anspruch als vielmehr der gemeinsamen Verachtung des Spießers verdankt. Spießer ist zwar nur als polemische, diffamierende Kategorie zu verstehen, aber die selbstgewählte Exklusivität von Produzenten und Konsumenten der Moderne stand und steht immer noch gegen ihre breite Rezeption – trotz der auf relativ breiter Ebene inzwischen entwickelten Akzeptanz zumindest der dekorativen Werte dieser Moderne.

Im Gegensatz dazu müssen wir die bewußt gesuchte populistische Anbiederung der NS-Kunst berücksichtigen, wie sie auch zu verstehen ist aus der skizzierten Funktion des Nationalsozialismus als Mittel zur Sicherung von Herrschaft durch massenhafte Integration.

Die heutigen Denkmäler der kulturellen Vorherrschaft einer Hoch-Kultur setzen im Gegenzug Wir-Gefühle frei, die ein Revier verteidigen wollen, die sich gegen importierte Kunst auflehnen. Es entwickelt sich Protest gegen die plastischen Duftmarken einer urbanen Elite. Der Widerstand gegen eine kulturelle Kolonisation von Lebensraum ist zu verstehen als Anspruch auf kulturellen Respekt, der jedoch ziemlich hilflos bleibt, solange er sich bloß auf negative Artikulationsformen stützt. Die Strukturen dieser Renitenz sind unterschiedlich: In Berlin richtete sich die Polemik 1987 am heftigsten gegen narrative, sogar leicht lesbare Werke etwa von Olaf Metzel, dessen Denkmal aus aufgetürmten Polizeiabsperrgittern und Einkaufswagen auf dem Skulpturenboulevard die Gemüter erhitzte, oder von Wolf Vostell, dessen Beton-Autodenkmal auf dem Rathenauplatz als deplaziert verächtlich gemacht wurde. Indem Grasskamp diese Beispiele benennt, hätte er hinzufügen müssen, daß hier keine anderen als die zum Bildungsbürgertum gerechneten Kreise die Wortführer der aggressiven Opposition waren: in einer eigentümlichen Bündelung benutzten sie jene Vorbehalte, die es bei den einfacheren Menschen gegen die nicht ohne Vorkenntnisse entzifferbaren Plastiken gab, zur Verstärkung ihres Widerstandes gegen die sehr leicht lesbaren Skulpturen. Es war

[1] Walter Grasskamp, Invasion aus dem Atelier. In: Die Zeit, 15. April 1988, S. 61.

139 Berufung von Arno Breker (Deutsche Kunstausstellung München 1942, ehemaliger sowjetischer Sportplatz in Eberswalde-Finow)

dieselbe Mentalität, die früher schon der Nazi-Kunstpolitik die Munition für ihren Kampf gegen die Moderne geliefert hatte. Der ansonsten übliche Widerspruch äußert sich eher in der Form des Spottes, der Verfremdung oder gar der Nichtbeachtung, jener nach Alfred Kerr schlimmsten Form der Kritik.

In vielen Bereichen der öffentlichen Kunstpolitik läßt sich heute eine Reduktion der ästhetischen Ansprüche und Aufgaben bei gleichzeitiger scheinbarer Ausweitung ihres Wirkungsradius beobachten. Erschreckend ist die Provinzialität jener Art, die ein zwar internationales, aber im Grunde winziges und sich selbst genügendes Publikum bedient, bedeutende Teile der Realität aber keinen oder einen nur sehr verschlüsselten Eingang in die Kunst finden läßt. Entsprechend ist die beobachtbare außerordentliche Steigerung von Akzeptanz der Moderne verbunden mit einem weitgehenden Verlust ihrer Wirkung. Eine Kunst, die sich allzu beliebig macht, findet keinen Raum mehr zur Auseinandersetzung mit NS-Kunst. Wenn Kunstwerke in einer „Entkunstung der Kunst und Ästhetisierung des Alltags"[1] nur noch das Schöne sind oder bloß der ästhetische Schein, dann verlieren sie ihre Funktion, gesellschaftlich relevante Wirkung zu zeitigen.

Vor diesem Hintergrund relativiert sich die provokant andere Position von Alfred Hrdlicka, dessen Urteil über den Nationalsozialismus doch zweifelsfrei ist: Er verweigerte die Unterschrift unter Klaus Staecks Aufruf *Keine Nazi-Kunst in unsere Museen* mit der Begründung: „In einem Kunstbetrieb, in dem die Apologeten der Westkunst mit apodiktischer Chuzpe alles und jedes zu Kunst erklären, ist NS-Kunst allemal Kunst." Gemeinsam mit den sich selbst zu Avantgardisten erklärenden „Blockwarten der Moderne, den Museums- und Kunstvereinsbürokraten" unterschreibe er keine solche Resolution.[2]

Für Hrdlickas anspruchsvolles Verständnis von Kunst ist deren Autonomie nicht identisch mit Abschottung. So formuliert er gerade auch im Hinblick auf sein Denkmal gegen Krieg und Faschismus am Dammtor in Hamburg, das neben dem uniformen Krieger-Denkmal von 1936 errichtet wurde: „Ich möchte auch Leuten, die nicht von der Fachschaft sind, etwas mitteilen; Kunst ist nicht dafür gedacht, daß sie in einem Flaschenhals mündet, an dem der Fachmann sitzt, der genießerisch einen Schluck nimmt und beurteilt, was ich gemacht habe. Je älter ich werde, desto mehr möchte ich Kunst in öffentlichem Raum machen."

Die Summe aus unseren Überlegungen tendiert zu dem Fazit, daß es in hohem Maße verantwortungslos wäre, Nazi-Kunst nicht anders als autonome Kunstwerke einfach in Weihetempeln auszustellen. Auch Wolfgang Rothe ist der Überzeugung, daß für unsere Museen „jene Abart von NS-Manierismus, der sowohl einem Realismus wie einem Neoklassizismus gleich fernsteht", nicht zu retten ist, „etwa Figurationen wie Brekers *Die Partei* und *Die Wehrmacht* (beide 1938) oder die Werkstattprodukte von Adolf Wamper und Josef Wackerle. Thoraks Muskelprotzduo *Kameradschaft*, eine furchteinflößende Brutalität, verdient sowenig den Ehrentitel „figura" wie seine berittenen *Fahnenträger* oder *Schwertträger*."[3]

Die anstößige Frage, ob die Zeit nicht reif sei, endlich Filme aus den Produktionsjahren des Dritten Reiches wieder öffentlich vor Augen zu führen, läßt sich nicht ähnlich eindeutig beantworten wie die Frage, ob Nazikunst an unseren Museumswänden hängen darf. Längst schicken ja unsere Fernsehprogramme die sogenannte Unterhaltungsware von Ufa und Tobis über den Monitor in unsere Wohnstuben ohne den mindesten Hinweis auf ihre damalige Funktionsbestimmung oder auf ihren faschistischen Kontext. In Schwabing werben einige Kinos mit flotten Sprüchen der Begeisterung für die Filmhits aus braunen Schreckenstagen.

Hatten Malerei und Bildhauerkunst sehr bald einem manifesten Propagandaauftrag zu dienen, um das normierte nationalsozialistische Menschenbild und die Transponierung

[1] Vgl. Bernd Wagner, Von der Parteien Gunst getragen. Stichworte zur kulturpolitischen Situation. In: Dem Struwwelpeter durch die Haare gefahren. Auf dem Weg zu einer grünen Kulturpolitik. Redaktion Fritz Güde. Hrsg. Die Grünen. Bonn 1987, S. 8-21, S. 17.
[2] Alfred Hrdlicka, Landplagen. In: Staeck (Hrsg.), Nazi-Kunst ins Museum?, a. a. O., S. 24.
[3] Wolfgang Rothe, Von deutscher Innerlichkeit zum Tribut an die Macht. Sündenfälle der Kunst: Das Beispiel des Bildhauers Georg Kolbe. In: Frankfurter Allgemeine Zeitung, 13. 2. 1993, S. 27.

bestimmter brauner Tendenzen wie Blut und Boden unter die Leute zu streuen, so gab es im Kino ausschließlich im Jahr des Unheils 1933 drei Spielfilme mit eindeutiger Parteiergreifung, die gleichzeitig die Märtyrer der Bewegung als vorbildhaft vorführen sollten: *Hitlerjunge Quex*, *SA-Mann Brand*, *Hans Westmar*. Bis zum Kriegsbeginn sind die Filme dieser kinematographischen Trilogie, die das Lied von Nazihelden sang, die einzigen geblieben, in denen in brauner Uniform Stereotype figurierten und in denen der Hitlergruß vollzogen wurde. Goebbels hatte sofort erkannt, daß Schaftstiefel auf der Leinwand psychologisch kontraproduktive Wirkung haben würden, weil die Deutschen nicht auch noch im Kino den Marschtritt von SA und SS dröhnen hören wollten. Er befahl statt dessen, triviale Unterhaltungsstoffe zu verfilmen, um das Volk von der brutalen Wirklichkeit abzulenken und seine Sorgen durch die deutsche Traumfabrik einzulullen. Dies wurde bis Kriegsbeginn auch durchgehalten.

Den Goebbelsschen Propagandaauftrag hatten allein Wochenschau, Lehrfilm und Dokumentarfilm zu artikulieren, und zwar auf gefährliche Weise konsequent. Während die Parteitagsfilme *Sieg des Glaubens* (1933), *Triumph des Willens* (1934) und *Tage der Freiheit* (1935) von Leni Riefenstahl den Führer und die nationalsozialistische Bewegung feierten und seine Verschmelzung mit dem Volk als unio mystica suggerierten, bot *Der ewige Jude* (1940) von Fritz Hippler rassistische Indoktrination.

Während Musikfilme mit Marika Rökk oder Schwänke mit Heinz Rühmann, Theo Lingen und Hans Moser heute kaum mehr Schaden stiften können, weil ihre ursprüngliche Funktion obsolet geworden ist, sind handwerklich und emotional so perfekt gemachte Dokumentarfilme wie jene von Riefenstahl oder Hippler heute noch gefährlich, wenn sie ohne kritische Einführung und ohne Möglichkeit zur anschließenden Diskussion ins Kino oder über den Videohandel auf die Monitore ins Heimkino kommen. Um die Gefährlichkeit logistisch organisierter Nazi-Indoktrination deutlich zu machen, sind in diesem Buch typische Dokumentarfilme sub specie Sport und Schönheit von *Wege zu Kraft und Schönheit* (1925) bis zu Riefenstahls *Fest der Schönheit* (1936-1938) einer Analyse unterzogen worden.

Das Fazit aus den bisherigen Überlegungen kann nicht anders lauten, als daß Nazi-Kunst und Nazi-Filme nicht kommentarlos wie autonome Kunstwerke ausgestellt werden dürfen, weil dies nicht nur fahrlässig irreführend, sondern auch in hohem Maße verantwortungslos wäre. Eine unkommentierte Präsentation beraubte den zeitgenössischen Besucher aller Möglichkeiten zur historischen Identifizierung der Werke und zur Entzifferung ihrer originären kunstwidrigen Tendenz. Wenn der Betrachter den Hintergrund des in ihnen durch plakative oder geglättete Form präsenten rassistischen und menschenverachtenden Menschenbildes nicht kennt, dann lügen ihn diese Werke an – als solche Lügengebilde sind sie im Rahmen einer völlig politisch instrumentalisierten, aller Autonomie entledigten Kunst schließlich entstanden.

Die brennende Frage, wie denn mit Blick auf die Spiele im magischen Jahr 2000 mit der nationalsozialistischen Heldengalerie auf dem Olympiagelände umzugehen sei – vorausgesetzt, Berlin erhielte den Zuschlag des IOC –, wurde bis heute nicht schlüssig beantwortet. Da das gesamte Bauensemble in seinem monumentalen Gestus einschließlich der punktuell inszenierten Kunstskulpturen seit 1986 unter Denkmalschutz steht, gelten die Breker-, Thorak- und Wackerle-Figuren sowie zwei Dutzend weitere plastische Verweise auf Hitlers nordische Körperideale juristisch als unantastbar. Soll die zeitlich unbegrenzte Herrschaft der arischen Rasse, welche die Nationalsozialisten als tausendjähriges Reich ausgerufen hatten, von ihren steinernen Exponenten in alle Ewigkeit fortbezeugt werden? Was also tun? Die hehre Kunst unter schwarzen Tüchern schamhaft verhüllen? Das hieße sich mit den Skulpturen vor der Vergangenheit verstecken, statt sich offensiv mit ihrer Gegenwart auseinanderzusetzen.

140 *Der Künder* von Arno Breker (ehemaliger sowjetischer Sportplatz in Eberswalde-Finow). *Pferd* von Josef Thorak, *Berufung* und *Der Künder* von Arno Breker sind im Fühsommer 1989 von Unbekannten unsachgemäß demontiert worden und seitdem verschwunden

141 *Ernst-Thälmann-Plastik* von Lew Kerbel. (Berlin-Prenzlauer Berg)

142 *Lenin-Denkmal* von Nikolai Tomski. (Ehemals Berlin-Friedrichshain)

Nun gibt es Stimmen auch aus berufenem Munde, die ein unkommentiertes Belassen der Nazi-Relikte für die bessere Lösung halten, weil sich deren Aussagegehalt sowieso überlebt habe und die nachgeborenen Betrachter souverän genug seien, die veraltete Ideologie solcher Werke auf den ersten Blick zu erkennen. Einem solchen Akzentwechsel in der Interpretation nationalsozialistischer Kunst widerspricht aber die geschichtliche Erfahrung. Gerade weil ästhetische Urteile, die kompetent und adäquat sein sollen, immer nur mit Wissen oder Vorwissen zu begründen sind, gilt es um so mehr, dies als Erkenntnismaterial immer wieder zu vermitteln.

Der perfid-glatte Naturalismus und die heroische Symbolik, die Werke Albikers, Brekers, Thoraks, Wackerles, Wampers kennzeichnen, erschließen sich in ihrer negativen moralisch-ethischen Überformung eben nicht durch bloße Anschauung. Kunstwerke sind Signaturen ihrer Zeit; gerade weil ihre Interpretation prinzipiell unabgeschlossen und immer abhängig ist von der Zeitbezogenheit der jeweiligen Interpretation jener, die sich gerade damit beschäftigen, sie sind mehr und sind anderes als ausschließlich historische Dokumente. Subkutane Signaturen aber, auch Mythen (im Sinne Roland Barthes') wollen entziffert sein. Leider haben sie die Tendenz, gewissermaßen aus sich selbst heraus, ihre Entstehungsbedingungen und jene Strategie, denen sie geschuldet sind, gerade mit Hilfe ihrer ästhetischen Form zu verschleiern oder zu rechtfertigen. Die Befürwortung des kommentarlosen Bewahrens läßt sich mit Susan Sontag relativieren, die am Beispiel Leni Riefenstahls die Frage aufwarf, ob es denn „eine (faschistische) Schönheit gäbe, die den widerwärtigen Inhalt überwinde". Belassene Zeitatmosphäre ist nicht begriffene, schon gar nicht durchdrungene Zeitgeschichte. Es gilt Geschichte aber nicht nur aus der Täterperspektive zu interpretieren, sondern auch die Erinnerung der Opfer in die rationale Historiographie zu integrieren.

Wir sollten uns weniger im Sinne einer antizipierten Stimmungslage fragen, was denn im Falle des Olympia-Zuschlags die Welt von unserem Umgang mit jenen Zeugnissen eines martialischen Menschenbildes erwartet. Es geht zuallererst einmal um unsere eigene Selbstvergewisserung, um unser Wissen um uns selbst und unsere Geschichte. Denn „die Historie ist eine Kunst", sagt Golo Mann, „die auf Kenntnissen beruht!" Weder Zerstören noch Verbergen kann daher die Devise lauten, sondern erklärendes Zeigen! Wie viele Kulturen mit wie vielen unterschiedlichen Hintergründen werden nach Abzug der Briten vom Olympiagelände dann wohl dieses Pantheon steinerner Zeitzeugen wahrnehmen? Demokraten wie Anhänger diktatorischer Systeme, Fundamentalisten, die Roten Brigaden, die Democracia Christiana, japanische Sumo-Ringer wie äthiopische Marathonläufer, türkische Wölfe und deutsche Neo-Nazis. Sollen wir ihnen allen – unkommentiert – überlassen, was sie jeweils für ihre Zwecke aus den Dingen lesen, herauslesen wollen?

Die Skulpturenwelt des sozialistischen Realismus

Das Problem des Umgangs mit jenen Denkmälern und Skulpturen „überwundener Herrschaftssysteme" im früheren Ost-Berlin stellt sich gegenwärtig auch für ganz Osteuropa. Nach dem Zusammenbruch kommunistischer Diktaturen und sozialistischer Doktrinen wird nicht nur in der ehemaligen DDR, sondern auch in den ehemaligen Volksrepubliken Ungarn, Polen, in der Slowakei, in Weißrußland und der Ukraine, in Kroatien und Serbien der Erhalt von Denkmälern kontradiktorisch oder auch irrational diskutiert: Sollen Marx, Engels, Thälmann, Stalin, Lenin oder Gottwald in ihrer gußeisernen oder granitenen Gestalt überleben? Ihre ehemalige Zweckbestimmung als rhe-

143

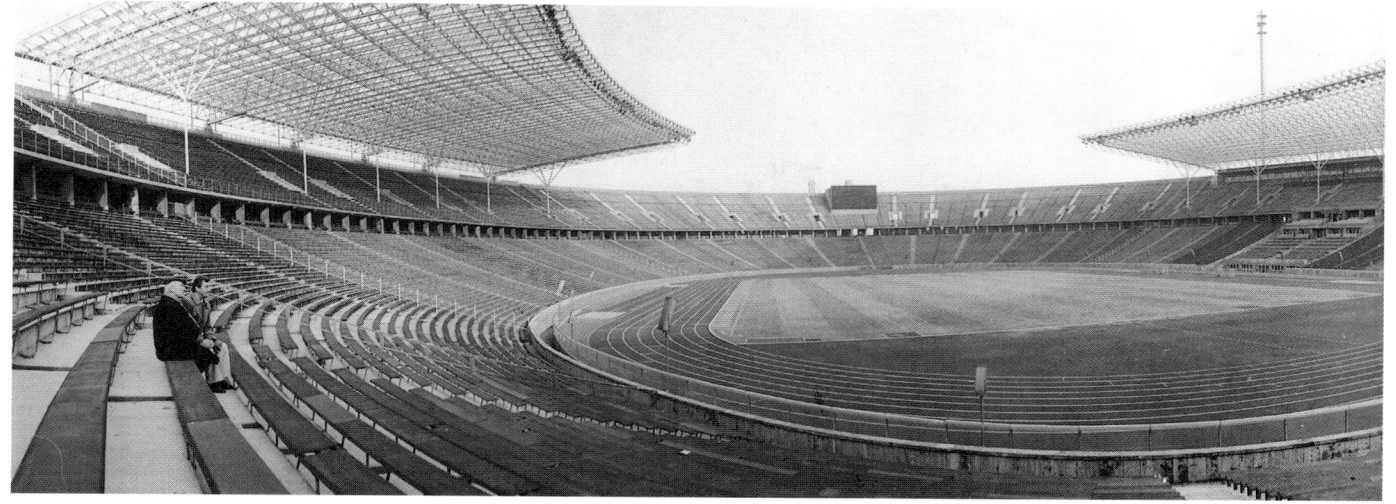

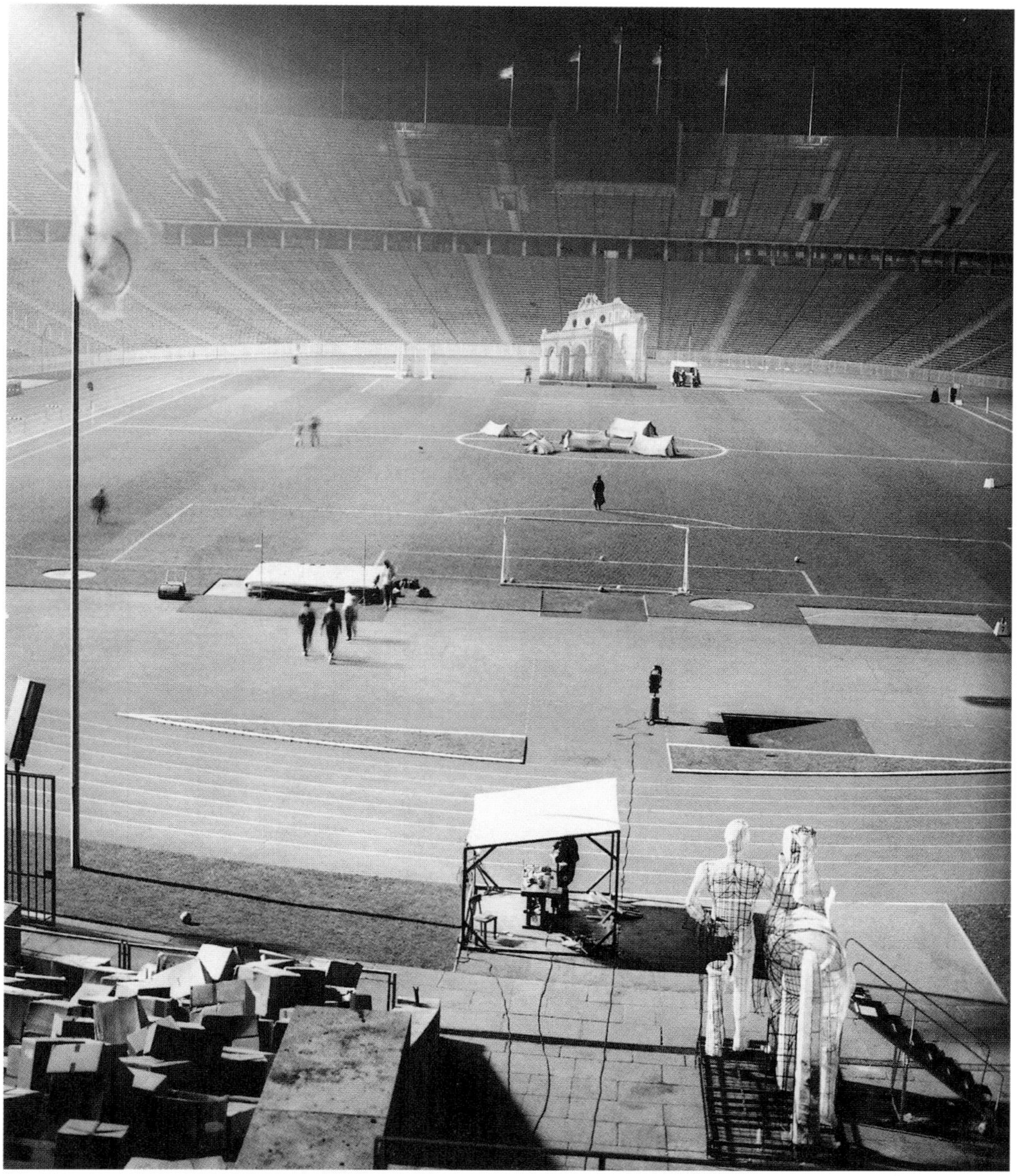

144

143 Bernhard Minetti und Fritz Walter im Berliner-Olympia-Stadion. 1977
144 – 149 *Winterreise* im Olympia-Stadion. Schaubühnen-Inszenierung von Klaus Michael Grüber, 1977/78. Bild: Antonio Reçalcati

145

146

147

148

149

torisches bis diktatorisches Druckmittel und ihre meist fehlende künstlerische Qualität scheinen für manche ihren Abriß zu rechtfertigen; andere möchten sie wahlweise als entweder unkommentiertes Mahnmal stehen lassen, ironisch verfremden oder vor Ort didaktisch kommentieren.

Das Deutsche Nationalkomitee innerhalb des Internationalen Denkmalschutzrates ICOMOS hatte vom 18. bis 20. Februar 1993 Denkmalpfleger aus fünfzehn Staaten Mittel- und Osteuropas in die Russische Botschaft nach Berlin Unter den Linden eingeladen, um unter dem Tagungstitel *Bildersturm in Osteuropa* öffentlich und kontrovers über den Umgang mit dem kommunistischen Denkmal-Erbe zu reflektieren.[1] Günter Engel, Berliner Landesdenkmalpfleger, gab in seinem Vortrag „Leben mit Geschichte" zu bedenken: „Weder ein nur noch formelhafter Traditionalismus noch die unreflektierte Empfindung können heute Grundlage des Umgangs mit den Geschichtszeugnissen sein. […] Die Lösung kann nur durch die Entwicklung einer dialektischen Wechselwirkung zwischen dem Alten, das dann – und nicht nur notgedrungen – seinen Dokumentarcharakter bewahren muß, und dem Neuen, das sich als erkennbare Moderne zu formulieren hat, gefunden werden." Parallelen dieser Diskussion zu jener über die hinterlassenen Säulenheiligen der Nazi-Bildhauer liegen auf der Hand: nicht nur in Hinblick auf die vorgeschlagene Strategie der kritischen Vergegenwärtigung bzw. Aktualisierung, sondern auch in Hinblick darauf, ob und wie wir in einem allgemeineren Sinne durch den Umgang mit den monumentalen Zeugnissen menschenverachtender und staatsideologischer „Kunst" unser eigenes Selbstverständnis als Demokraten auch daran messen müssen. Wie wir mit den Optionen „Erhalten, Zerstören, Verändern" umgehen, vor allem, wie wir sie begründen und realisieren, ist auch ein Baustein zur „demokratischen Streitkultur", die wir so oft für uns reklamieren. Dabei wird und kann es keine Patentrezepte geben. Weder Säuberungwellen im Sinne einer Kulturrevolution – unter welchen Maximen und Rechtfertigungsaxiomen auch immer – sind angebracht, noch dürfen wir die berechtigte und verständliche Empörung jener außer acht lassen, die in diesen Skulpturen die Symbole derjenigen Machtsysteme erinnern, unter denen sie gelitten haben. Aber geschichtliches Erinnern, also auch Trauerarbeit, wie Alexander Mitscherlich gesagt hätte, kritisches Offenhalten von Erfahrungen mit dem gewöhnlichen Faschismus (Hannah Arendt) gerade mit Hilfe unmittelbarer Anschaulichkeit sind ebenfalls Argumente, die es zu bedenken gilt. Die Prämissen ihrer Entstehung sollten in die Analyse der Symbolfunktionen der Nazikunst eingehen.

Ihrer Vergleichbarkeit wie Unvergleichbarkeit wegen halte ich es für angemessen, auch die gegenwärtige Kontroverse um die sozialistische Staatskunst mitzubedenken.

Der „Macht der Bilder" mit Ikonoklasmus[2] zu begegnen, hat jahrtausendealte Tradition und doch immer nur von der Ohnmacht derjenigen gekündet, die ihn ausübten. Offenbar sind wir bereits mitten drin, dieser vor-wissenschaftlichen Tradition des Schleifens ein weiteres Kapitel hinzuzufügen. Mit dem Kunstobjekt soll das Subjekt der Gestaltung auf dem Kehrrichthaufen der Geschichte der Vergessenehit anheimfallen.

In Moskau wurden in der Zeit des Umbruchs die martialischen Skulpturen der kommunistischen Nomenklatura disloziert und als Kollektiv in einem Park an den Pranger gestellt, als Horror-Szenario. Das Thälmann-Denkmal an der Metro-Station Aeroport wurde 1988 durch ein großes Leinentuch verhüllt: Nur die geballte Faust ragt darunter hervor.

In St. Petersburg hingegen wurden über hundert Leninfiguren von Kustoden des dortigen Historischen Museums archivalisch säuberlich registriert und zum größeren Teil als „erhaltenswert" klassifiziert, obwohl es sich ästhetisch nicht um vergleichbare Werke handelt. Im ungarischen Szombathely wurde eine kolossale Lenin-Reliquie verhüllt und durch Applizierung der Nationalflagge ironisiert. Mit Ironie gingen auch Unbekannte in Bratislava zu Werke und bemalten die Hände des Diktators Klement Gottwald (1896-1953) mit bluttroter Farbe; durch diese vordergründige Symbolik entstand eine selbst Kindern einleuchtende Feindbild-Projektion. Das 19 Meter hohe Lenindenkmal des sowjetischen Bildhauers Nikolai W. Tomski auf dem Berliner Leninplatz wollte Günter Engel aus der Senkrechten in eine Schräglage schieben, um die veränderte ideologische Position ironisch zu markieren und in einer entsprechenden Kommentierung zu erklären. Da man Lenin als persona non grata indizierte, wurde es in seine Granitteile zerlegt. Hier ließ man die Hegelsche „Furie des Verschwindens" walten, die auch für die kunstlose Bronzeplastik „Ernst Thälmann" (von Lew Kerbel) am Prenzlauer Berg schon das Ende proklamierte. Die Unterdrückten der Regime assistiert von den Vertretern der neuen Machtverhältnisse, treten nun als „rächende Klasse" (Benjamin) auf den Plan der Geschichte.

[1] Vgl. Annette Tietenberg, Symbole der Diktatur. In: Der Tagesspiegel, 24. 2. 1993.
[2] Vgl. Horst Bredekamp, Ikonoklasmus und Bilderstreit. Von Griechenland zum frühen Christentum. Frankfurt/M. 1985.

Stellungnahmen zum Umgang mit Nazi-Skulpturen auf dem Olympia-Gelände

Das 76er-Denkmal von Richard Kuöhl, ein martialischer Klotz als Epitaph für die Gefallenen des Hanseatischen Traditionsregiments Nr. 76 im Deutsch-Französischen Krieg von 1870/71 und im Ersten Weltkrieg, hat in den Hamburger Wallanlagen am Dammtor den allgemeinen Denkmalsturz nach 1945 überlebt. Kuöhl zeigt in dem revanchistischen Monument aus dem Jahre 1936 „in serieller Form mechanisierte Bereitschaft und neuenKampfeswillen, indem er stereotypisierte Landser der Zeit um 1916/18 in Kolonnen ziehen läßt" (Dietrich Schubert, ‚Hamburger Feuersturm' und ‚Fluchtgruppe Cap Arcona'. In: Volker Plagemann, Kunst im Öffentlichen Raum. Köln 1989, S. 152). Der patriotische Refrain „Deutschland muß leben, und wenn wir sterben müssen" aus Heinrich Lerschs *Soldatenabschied* (1914) und die Inschrift „Großtaten der Vergangenheit sind Brückenpfeiler der Zukunft" sind statt durch Textretuschen oder angepfropfte Friedenstexte dialektisch mit einem Gegendenkmal konfrontiert worden. Nach Auffassung des Senats sollte „der massiven Gewalt des Denkmals ein Denkmal der Massenvernichtung" gegenübergestellt werden. Die ästhetische Argumentation von Alfred Hrdlickas Antithese seiner *Fluchtgruppe Cap Arcona* erübrigt verbale Kommentierungen. Der zeitgenössische Artefakt des Jahres 1985 konterkariert überzeugend das faschistische Relikt. Das 76er-Denkmal ist zu einer Zeit geplant worden, als die Nationalsozialisten alle Heine-Denkmäler zerschlugen: „Die Zahl der deutschen Kriegerdenkmäler zur Zahl der Heine-Denkmäler verhält sich hierzulande wie die Macht zum Geiste", prognostizierte Tucholsky schon 1929. (Siehe: Ein Kriegsdenkmal in Hamburg. Hrsg. Bärbel Hedinger u. a., Hamburg 1979, S. 57 ff.)

[1] Tilmann Buddensieg in seinem Gutachten zum Olympiagelände. Berliner Senat. September 1992.
[2] Jörg Haspel in einem Interview mit Hans-Hermann Kotte und Hans Monath: Künstlerische Entnazifizierungsversuche zur Rettung der „Jahrtausendspiele". In: taz, Berlin, 27. Januar 1993.

Der Verfasser hat eine Reihe von Persönlichkeiten gebeten, die drei folgenden alternativen Vorschläge kritisch zu diskutieren oder auch andere, bessere Vorschläge zu machen. Ihre Antworten sind ungekürzt und unkommentiert ab Seite 189 publiziert. Sinn dieser Umfrage ist, die Diskussion über den Umgang mit Nazikunst öffentlich zu machen.

1. Da der Denkmalschutz temporäre Veränderungen erlaubt, sofern die Restituierung gewährleistet ist, könnten die Skulpturen für die Dauer der Spiele – für alle Welt sichtbar – zum Beispiel auf dem Maifeld aufgestellt werden; ihre dortige Existenz als transitorisches Museum könnte dadurch ironisiert werden, daß man sie der Größe nach antreten läßt. Um die damals befohlene Ästhetik mit einer Gegenästhetik zu konterkarieren, sollte sie mit Darstellungen des geschundenen Menschen (von Alfred Hrdlicka bis Fritz Cremer) oder mit Repliken dessen, was die Nationalsozialisten als entartete Kunst ausgemerzt hatten (Ernst Barlach, Käthe Kollwitz usw.), in ein dialektisches Spannungsverhältnis gestellt werden. Denn ansonsten „überlebt ein schwerlastiges, völlig fremd, ja widerwärtig gewordenes Menschenbild, an dem jede Wunschvorstellung nach freien, heiteren, weltoffenen Spielen scheitern wird, wenn diesen Schreckbildern nicht Zeugnisse einer veränderten Gegenwart entgegengestellt werden". Nur eine behutsame Didaktik wird geeignet sein, die Anschauung nicht zu verstellen.[1]
2. Alle figürlichen Olympiade-Reminiszenzen von 1936 konstituieren ein Museum auf Zeit, das ihre damaligen Funktionsträger als Vorbilder für den rassereinen Arier kenntlich macht: Um jede Skulptur wird an Ort und Stelle eine der Größe des Originals angemessene Museumsvitrine installiert, die alle Daten der Bedeutungszuweisung auf einer Museumstafel mehrsprachig auf didaktische Weise vermittelt. Begehbarkeit in unterschiedlicher Höhe und Videoinstallationen könnten den Filmkulissen-Charakter offenlegen. Der Berliner Denkmalpfleger Jörg Haspel hält es „denkmal-pädagogisch" für sinnvoll, „das historische Zeugnis in den historischen Zusammenhang zurückzuholen" und „Kommentierungen bzw. Distanzierungen vorzunehmen", wie sie hier vorgeschlagen werden. Denn „nach den rechtsradikalen Pogromen und Überfällen der vergangenen Monate kann man nicht mehr von einer grundsätzlichen Immunität gegen das nazistische Menschen- und Gesellschaftsbild ausgehen, wie es die Olympiabauten und -skulpturen vermitteln".[2]
3. Ein dritter Vorschlag, den Verpackungskünstler Christo mit einer inszenierten Verhüllung zu beauftragen, hätte nicht nur den Nachteil, daß dem Akt der (durchsichtigen) Verpackung selber zuviel Aufmerksamkeit geschuldet wird. Vielmehr könnte diese Kunstform als Aufwertung der Objekte mißverstanden oder nur für Scharfsichtige durchschaubar werden.

Grundsätzlich ist gegen Ausstellungen, in denen in phantasievollen Formen Nazikunst und ihr Kontext erkennbar wird, nichts einzuwenden. Solche Formen der kritischen Reflexion sind erst recht dringend notwendig nach den neonazistischen Ausfällen gegen

Ausländer wie in Hoyerswerda, Rostock, Quedlinburg, Greifswald, Hünxe und einer unaufhaltsam (?) länger werdenen Liste von deutschen Städten bis hin zum Mord in Mölln: um sich der Gefährdungen unserer Gesellschaften bewußt zu sein und um die Breite und Vielfalt unseres kritischen Umgangs mit den Künsten auch unter jenen zu entwickeln, die unbequeme Fragen zur jüngsten Geschichte lieber verdrängen, als sich damit auseinanderzusetzen.

Jean-Christophe Amman
Direktor des Museums für Moderne Kunst Frankfurt am Main

Auf die Frage, wie mit den Skulpturen von 1936 rund um das Olympia-Stadion umzugehen sei, bin ich nach reiflicher Überlegung zu dem Schluß gekommen, die Skulpturen so zu belassen, wie sie sind.
Ich möchte einige Gründe angeben:
1. Das gesamte Bauensemble, einschließlich der Skulpturen, wurde 1986 unter Denkmalschutz gestellt. Einer solchen Entscheidung sind sicherlich ausführliche Diskussionen vorausgegangen.
2. Wird, wenn etwas unter Denkmalschutz steht, dies etwa nur für die Berliner und die Deutschen getan? Ich meine nicht!
3. Man stelle sich vor, die inkriminierten Skulpturen würden im Jahr 2000 aus Anlaß der Olympischen Spiele temporär entfernt oder verändert werden. Einmal mehr würde es heißen: „Die Deutschen können immer noch nicht mit ihrer Vergangenheit umgehen. Sie glauben, wegen uns, Sportlern aus aller Welt, etwas verbergen zu müssen oder in besonderer Weise lächerlich zu machen. Und wenn wir weg sind, stellen sie die alte Ordnung wieder her. Was sind doch diese Deutschen für merkwürdige Wesen."
Ich kann mir schon jetzt die schadenfrohen Bemerkungen der Fernsehkommentatoren aus aller Welt vorstellen, etwa in der Sendung: „Am Rande von Olympia".
4. Was unter Denkmalschutz steht, steht nun mal unter Denkmalschutz! Es gab berechtigte Gründe hierfür. Die Fernsehkommentatoren werden Bilder der Olympiade von 1936 zeigen, überhöhte, pathetische Bilder – Bilder, deren zeitgeschichtlichen Hintergrund ich hier nicht weiter zu erläutern brauche. Sie werden Bilder von Berlin vor und nach der Zerstörung zeigen, und sie werden Bilder des modernen, expandierenden Berlin zeigen und, hoffentlich, jene Skulpturen wie Fossilien umkreisen, die, der Zerstörung entgangen, verstummte Zeugen einer heillosen Vergangenheit sind. Skulpturen, deren hilflose Gegenwart dem Pathos eines im Weltall verlorenen Satelliten gleicht.
Auch ein israelisches Team wird diese Skulpturen in ihrer ursprünglichen Anordnung zu schätzen wissen. Sie wollen die Relikte jener Ideologie, die ihre Urgroßeltern in den Tod getrieben hat, *real* sehen, nicht verfremdet oder lächerlich gemacht, auch nicht musealisiert (mit einer Glashaube versehen). Es gibt nichts zu verbergen! Die Relikte sind, was sie sind. – Jedes Kunstwerk besitzt einen Realitäts- und einen Symptomgehalt. Der Realitätsgehalt bezeichnet die konstitutive Kraft. Der Symptomgehalt das Zeitspezifische. Mit der fortschreitenden Zeit vergrößert sich entweder der Realitäts- oder der Symptomgehalt. In diesem Fall bleibt nur noch der Symptomgehalt: das Zeitspezifische einer Staatsdoktrin. Nicht mehr und nicht weniger.
Es ist überflüssig, die in ihrem Pathos erstarrten, in der Kälte ihrer Vergessenheit schlotternden Figuren einmal mehr ihrer Unfähigkeit zu überführen. Sie spricht für sich selbst.

Ignatz Bubis
Vorsitzender des Zentralrates der Juden in Deutschland

Man stelle sich vor, in einer Zeit, wo Deutschland mit ausländerfeindlichen Ausschreitungen, mit Hakenkreuzemblemen und Aktivitäten neonazistischer Gruppen in den Schlagzeilen der Weltpresse erscheint, marschieren Sportler aus aller Welt vor den Kameras einer (olympischen) Weltöffentlichkeit an Kolossalstatuen aus dem Dritten Reich vorbei ins Stadion, vorbei an Skulpturen, die unangefochten als Auslesemuster für ein rassereines arisches Menschenbild stehen. Das ist unvorstellbar und ein Schlag ins Gesicht jener Menschen, für die ein demokratisches neues Deutschland eine Heimat bildet.

Eine rein ästhetisch formale, kunsthistorische Argumentation unterschlägt den historischen Zusammenhang und die systematische Instrumentalisierung von Kunst im Dritten Reich. Sie basiert auf der Ideologie einer reinen, ahistorischen Kunst und verkennt sowohl die historischen Bezüge künstlerischen Schaffens als auch die Kontextempfindlichkeit des Kunstwerkes. In diesem Sinne muß man durchaus davon ausgehen, daß sowohl der Skulpturenschmuck von Breker, Kolbe, Klimsch, Thorak und anderen wie ansatzweise auch das ganze olympische Ensemble mit Führerturm und Langemarckhalle in einem Maß infiziert sind vom Geist des Dritten Reiches, das ohne einen didaktischen Ansatz, einen demokratischen Kommentar so nicht stehen kann. Man würde die Bedeutung von Symbolen und die Eigendynamik symbolischer Prozesse verkennen. Der Schauplatz ist für Spiele in einem demokratischen Deutschland, für heitere Spiele im Zeichen von Frieden und Völkerverständigung nicht vermittelbar.

Und da reicht es nicht aus, den „Führerturm" wieder „Glockenturm" zu nennen und die „Führerloge" zur „V.I.P.-Lounge", das „Reichssportfeld" zum „Maifeld" zu machen. Sprengen und neu bauen ist hier ebenso falsch wie ideologische Verschleierung, das „So tun als ob nichts gewesen sei", beides setzt Verdrängungsmechanismen in Gang, die gerade heute fatal wären. Gefragt ist ein behutsamer didaktischer Umgang mit dem ganzen Olympia-Ensemble, ein kritisches Bekenntnis zur Geschichte, das nicht ohne den erhobenen Zeigefinger auskommt.

Die öffentliche Diskussion über das olympische Gelände muß bereits heute einsetzen, wo sich Berlin um die Spiele im Jahr 2000 bewirbt, und es ist der Initiative Hilmar Hoffmanns zu verdanken, daß ein breiter Diskussionsprozeß in dieser Frage, ein lautes öffentliches Nachdenken über eine „kritische Aneignung" des Berliner Olympiageländes in Gang kommt, das in der aktuellen Berliner Olympiaplanung Hauptschauplatz und symbolisches Zentrum bildet.

Exemplarisch am Beispiel des Skulpturenschmucks stehen drei Vorschläge zur Diskussion; ihnen gemeinsam ist der Versuch, über Verfahren der Verfremdung und der didaktischen Bewußtmachung zu einer Brechung zu gelangen. Für problematisch halte ich eine Verfremdung durch künstlerisches „Verpacken" im Sinne des Verpackungskünstlers Christo: Zum einen bedeutet „verpacken", die Sicht auf den Gegenstand zu verstellen, zum anderen muß man davon ausgehen, daß der künstlerische Akt des Verpackens selbst einen Stellenwert erhält, der die Enthüllungsabsicht nur in begrenztem Maße transparent macht.

Vitrinen mit Schrifttafeln hätten den Vorteil, daß die Skulpturen nicht als ausschließlich integraler Bestandteil des olympischen Ensembles erscheinen, sondern daß mit dem Akt des Aus-Stellens eine Distanz erzeugt wird, aus der mit entsprechend kommentierenden Texttafeln auch eine kritische historische Dimension erkennbar wird. Hier wird indessen die didaktische Bemühung schnell offenkundig und durchschaubar, und ein beinahe schon pädagogischer Gestus, der dem Besucher vorgibt, wie er den Statuenschmuck zu sehen habe, könnte als Gängelung mißverstanden werden und einer wirklichen Auseinandersetzung eher hinderlich sein.

Den bedenkenswertesten Vorschlag bildet meiner Meinung nach das dialektische Modell. Das „geschundene Menschenbild" als Kontrapunkt, wie es in Arbeiten von sogenannten „Entarteten" zur Darstellung gelangt, könnte in der Tat den bewußtmachenden Gegenpol bilden, vielleicht reicht sogar ein einziges Bildwerk von Käthe Kollwitz oder Ernst Barlach oder je eines von beiden, um die Ungebrochenheit, die glatte Unversehrtheit und damit den schönen Schein der arischen Kämpfer-Typologie zu konterkarieren.

Hier erschließt sich die Banalität des Kolossalen in sinnlicher Erfahrbarkeit, die Größe der Skulpturen als Ordnungsmerkmal schafft einen neuen, banalen Bezugsrahmen, der zum einen Distanznahme ermöglicht und zum anderen durch Verfremdung neue Sichtweisen eröffnet. Ein Arrangement dieser Art wäre in der dialektischen Gegenüberstellung intuitiv einsichtig, es bedürfte keiner Schrifttafeln oder Erläuterungen.

Es ist Hoffmanns Verdienst, mit seiner Anregung einen bislang im Rahmen der Berliner Olympiaplanung weitgehend ausgeblendeten Komplex zum Gegenstand einer öffentlichen Debatte gemacht zu haben.

Ich würde mir sehr wünschen, daß von den verantwortlichen Planern sehr behutsam geprüft wird, wie die vorgeschlagenen Modelle umgesetzt werden können oder ob es vielleicht noch bessere gibt. Sie könnten helfen, in einer Zeit bewußtseinsbildend zu wirken, in der zunehmend ein von Nationalismus und Fremdenhaß geprägtes Klima, das auch bei jüdischen Mitbürgern auf fatale Weise Ängste schürt, unser freiheitlich demokratisches Deutschland bedroht. Man soll symbolische Prozesse nicht unterschätzen und Formalästheten daran hindern, durch unangebrachte Abstrahierung die Symbolkraft nationalsozialistischer Bildwerke auszublenden und dadurch eine rationale Auseinandersetzung verhindern.

Willi Daume

Ehrenpräsident des Nationalen Olympischen Komitees für Deutschland

Die von Professor Hoffmann gestellte Frage, ob nationalsozialistische Kunst rehabilitierbar und ausstellungsfähig sei, kann natürlich mit dem Berliner Olympiastadion hoch aktuell werden. Es wäre sogar schön, wenn sie aktuell würde, denn das würde ja bedeuten, daß das Internationale Olympische Komitee die Spiele der XXVII. Olympiade im Jahr 2000 nach Berlin vergeben würde. Dies wiederum müßte und würde als Verpflichtung anerkannt werden, an das visuelle Erscheinungsbild der Spiele der XX. Olympiade 1972 in München anzuschließen. Die Welt und die olympische Bewegung erwarten das dann.

Die Spiele von München lebten ja in der Philosophie, der Welt zu zeigen, daß dies nicht nur andere Olympische Spiele wären als die von 1936 in Berlin, sondern daß ein anderes Deutschland dazu einlüde. So verzichteten wir in München ganz und gar auf politische Embleme, nationale Symbole, und das formale Repertoire der Heraldik wurde weitgehend vermieden. Wir scheuten uns vor Pathos und heldischer Überhöhung. Unsere Farben waren solche des Friedens und der gelösten Heiterkeit. Die Spiele wurden verstanden als vielstimmiges Weltfest, die Idee des „Festlichen" immer wieder betont. Wie ernst der olympische Kampf im Stadion genommen wird und in gewisser Hinsicht auch genommen werden muß, die Grundlage des Spiels sollte niemals außer acht gelassen werden. So sollten die Olympischen Spiele von München eingebettet sein in ein Spiel der Architektur, der Landschaft und der Farben. Es gibt keinen Zweifel in der ganzen kulturellen Welt, daß die olympische Landschaft von München hier ein Beispiel gegeben hat, eines von vielen möglichen. Es wurde bis ins letzte ausgefeilt, in der gesamten visuellen Kommunikation, die beispielsweise die Zeichensprache des Sports, seine Kleidung, seine Mitteilungsformen, seine Symbole, die Farben auf die Ebene einer kulturellen Weltsprache der Augen erheben soll. All das entsteht aus der Bemühung um tausend Einzelheiten.

Zum Festlichen gehört natürlich der Besucher, seine Stimmung, seine Fairneß. Der Zuschauer ist mehr als eine passive Instanz, wir nahmen den Freiraum um die Spiele fast ebenso ernst wie den Ablauf der Veranstaltungen. Wir versuchten, einen Raum des Verstehens, der wirklich übernationalen Kommunikation, der Solidarität zu schaffen, einen Raum der Mitteilung ohne große Worte. Das hatte zunächst mal den Erfolg, den wir selbst vorher kaum für möglich gehalten hatten, daß man gerade die von Sportgegnern so viel kritisierten Verhaltensweisen der Masse kaum bemerkte. Immer trafen sich Menschen. Und sie erhoben den Anspruch an eine humane Welt. Wir erlebten ja in München selbst die Schmerzlichkeit des Gegensatzes, daß die Spiele auch mit den schrecklichsten Problemen unserer Zeit fertig werden müssen.

Das Team um den unvergeßlichen Otl Aicher schuf beispielsweise die Münchner Piktogramme, also eine Zeichenwelt, die nicht aus dem Sprachgut der Nationen kommt, wie sonst immer. Überhaupt haben wir uns bemüht, nicht das austragende Land zu repräsentieren, sondern den olympischen Sport. Das ging bei uns bis zu allen notwendigen Attributen der Organisation, also von der Bekleidung der Helfer und Funktionäre bis zu den unvermeidlichen Lästigkeiten der Sportbürokratie, also Ausweise, Formulare, Essensmarken usw. Das Design kann auch hier durchaus dem entsprechen, was man akzeptieren möchte. Sportgerät, Sportequipment, Anzeigevorrichtungen usw. waren bis in Einzelheiten einer kreativen Bewertung unterworfen. Das ästhetisch Besondere war dabei nicht Zutat, sondern ergab sich aus dem Anspruch an höhere Funktionalität.

Fach-Zeitschriften aus der ganzen Welt – und zwar die führenden – haben sich damals in überaus positiver Weise mit dem Münchner Versuch befaßt, als die Lösungen keinesfalls schon vollendet waren. Und selbst das Zeremoniell – mehr und mehr bei Olympischen Spielen umstritten – braucht nicht Anlaß nur zur Zelebration zu sein, es kann Kreativität herausfordern – auch unter Einhaltung vorgeschriebener Regeln und ehrenvoller Traditionen. So überwindet man die Starrheit und Kälte der Elektronik, ohne die es natürlich überhaupt nicht mehr geht. Wer in München Spiele der elektronischen Kommunikation erwartete, fand – wie ich glaube – solche eher menschlicher Kommunikation.

Ich bitte um Vergebung: Ich muß die Einleitung zur Beantwortung der gestellten Fragen noch etwas ausdehnen. Im allgemeinen tendieren Großveranstaltungen wie Olympische Spiele zu uniformen visuellen Merkmalen: zu einem einzelnen Zeichen, zu einem Symbol, zu einer Farbe. Wie gefährlich das ist, sieht man aus der vielfach geäußerten Kritik an der Kandidatenstadt Berlin, was sie alles mit der „Blindenfarbe Gelb" anstellt. In München folgte man liberalen Gestaltungskriterien. Anstelle der Farbe sollte ein Farbklima entstehen: ein Spektrum der Gelöstheit, der Heiterkeit. Anstelle nur eines Zeichens trat eine Zeichenwelt, das vielfältige Angebot, verbale Sprachschwierigkeiten zu überwinden. Anstelle eines Plakates trat das Spiel von Plakaten. Wir scheuten uns da nicht, aus unserem unmittelbaren Konzept herauszugehen und die berühmtesten lebenden Maler der Welt – aus allen Erdteilen – um den Entwurf eines Plakates zu bitten. Fast alle nahmen einen solchen Auftrag an, fühlten sich geehrt. Neben dem außergewöhnlichen künstlerischen Beitrag, den wir auf diese Weise einbrachten, verdienten wir durch den Verkauf dieser Plakate Millionen von Mark. Und verdienen noch heute daran. Mit all dem wurde erreicht, daß anstelle von Merkmalen ein Zustand geschaffen wurde, anstelle von Signalen eine Atmosphäre. Und wenn wir nun Berlin der Welt als neue Kandidatenstadt vorstellen, so können wir weiß Gott nicht mit einem nationalsozialistischen Menschenbild in der Kunstauffassung kommen und schon gar nicht mit einem Olympiastadion, das ja doch den Mittelpunkt der ganzen Spiele bildet.

Aber nichts gegen das Werk von Werner March. Er war ein großer Architekt und ein mutiger Mann. Er war alles andere als ein Drittes-Reich-Künstler. Das Berliner Stadion gilt heute noch als eines der architektonisch schönsten der Welt. March hatte zu Recht den damaligen Wettbewerb gewonnen. Aber, was wenig bekannt ist, March durfte ihn gar nicht bis zu Ende ausführen. Es kam zu immer schärferen Auseinandersetzungen, je länger daran gebaut wurde. Das ist heute alles vergessen. Hitler selbst mischte sich ein, die Gegensätze wurden unüberbrückbar, March schlug sich tapfer – aber als es dann an die Vollendung der Bauten ging, an die Fassaden, da wurde er brutal hinausgeworfen. Die Vollendung des Baues wurde dann keinem „Geringeren" als Hitlers Lieblings-Baumeister Albert Speer anvertraut. Es wäre eine Perversion, wenn wir nun erneut mit den Thoraks und Brekers und Klimschs und Kolbes usw. kämen, obwohl der eine oder andere von denen sich ja nach dem letzten Krieg bei uns im Sport wieder breitgemacht hat. Und was noch schlimmer war und wohl auch in Zukunft zu befürchten wäre: vielen – auch maßgebenden – Leuten von heute würden solche Werke gefallen, IOC, NOKs und Regierungen eingeschlossen. Es ist verdienstvoll, daß der für das Kulturprogramm der Olympiakandidatur 2000 Zuständige sich schon heute mit dem entstehenden Problem des Olympiastadions auseinandersetzt. Was die mir unterbreiteten Vorschläge anbetrifft, nehme ich in der Reihenfolge nachstehend Stellung:

1. Vielleicht der beste Vorschlag, weil er ja die Wunschvorstellung, die auch die von München war: „freie, heitere, weltoffene Spiele", der Perversion von Drittes-Reich-Kunst entgegenstellt. Die Frage ist, ob die Gegenästhetik realisierbar ist und ob das so entstehende Spannungsverhältnis nicht schon bei unseren eigenen „Offiziellen", vom breiten Publikum ganz zu schweigen (einschließlich Aktivitäten von Skinheads usw.), Probleme macht (siehe oben).

2. Die Idee mit der Museumsvitrine scheint mir ein bißchen schwierig zu sein. Die „Bedeutungszuweisung" bringt wohl auch die Gefahr mit sich, als erhobener Zeigefinger des deutschen Oberlehrers verstanden zu werden. Ich erinnere mich an einen, wenn auch nur bedingt vergleichbaren Vorgang vor einigen Jahren bei der Kasseler Documenta, wo ein Tisch mit kleineren „Kunstwerken" von einem amerikanischen Bildhauer, dessen Name mir im Augenblick entfallen ist, mit Decken und geschriebenen Kommentaren zugedeckt und „Gegenkunst" gelegt wurde, was auch in der Fachöffentlichkeit nicht gut „ankam".

3. Diesen Vorschlag würde ich – genau wie den zu 1. – akzeptieren und eine Aufwertung der Objekte nicht fürchten. Eine Tafel in mehreren Sprachen kann da ja auch Aufklärung über die Absicht leisten. Die Idee, die eine Kunstform mit einer anderen abzulehnen, hat etwas Faszinierendes, sei die „Verpackung", die natürlich durchsichtig sein muß, auch heute oft noch Gegenstand von Spott. Das mit dem Reichstag wird ja wohl auch nichts werden. Auf jeden Fall ist Christo ein ernst zu nehmender Mann.

Eberhard Diepgen
Regierender Bürgermeister von Berlin

Hilmar Hoffmann hat drei Vorschläge zur Debatte gestellt, wie man mit den Skulpturen rund um das Olympia-Stadion umgehen könnte. Ich bin, um meine Meinung befragt, mit allen drei Vorschlägen nicht sonderlich glücklich.

Vorweg: Die Angelegenheit ist sperrig. Denkmäler erscheinen der Demokratie ganz allgemein recht fern zu liegen. Manch einem sind sie ein Dorn im Auge. Und die Skulpturen rund um das Olympiastadion entsprechen nun wahrlich nicht unserem künstlerischen Empfinden. Was also tun?

Eine Verlagerung der Statuen auf das Maifeld scheidet schon wegen der olympischen Nutzung des Geländes aus. Ich hielte aber auch keinen anderen Standort für besser geeignet für ein derartig transitorisches Museum. Die Idee bereitet mir Schwierigkeiten. Kann man den Nationalsozialismus „ironisieren"? Oder macht man damit genau das, was man vorgibt zu verhindern?

Auch eine Verhüllung der Geschichte ist meines Erachtens ein denkbar schlechter Weg. Hilmar Hoffmann schreibt mit Recht, daß diese Form die Objekte am Ende noch aufwerten könnte. Christo selbst würde sich die Idee vermutlich verbitten. Und ob die Kopie einer mäßigen Idee zu herausragenden Ergebnissen führt, ist überdies höchst fraglich.

Die dritte Idee, die Musealisierung der Skulpturen, die Aufstellung von Museumsvitrinen an Ort und Stelle, halte ich auf den ersten Blick durchaus für erwägenswert. Der historische Kontext der Statuen bliebe auf diese Weise gewahrt, ihr Wesen und Wert würde dennoch relativiert.

Aber wer käme andererseits denn auf die Idee, das Olympiastadion unter einer riesigen Vitrine verschwinden zu lassen? Und eine andere grundsätzliche Frage bleibt offen: Dürfen wir musealisieren, was wir nicht historisieren wollen?

Jede Verlagerung, Verhüllung oder Verfremdung wäre ein „Kneifen" vor unserer Geschichte. Wir könnten uns mit einer verquälten Verdrängung, mit didaktischen Konzepten und dialektischen Spannungsverhältnissen auch lächerlich machen – vor den Augen der Welt.

Alle temporären und reversiblen Verkleidungen des Geländes könnten vom Ausland zudem als Augenwischerei mißverstanden werden. Das wäre hilfloser Antifaschismus in Reinkultur. Damit wäre niemandem gedient.

Das Gegenteil von Kunst ist gut gemeint. Können wir das Gelände denn, können wir die Statuen „entnazifizieren"? Ich fürchte, wir können es nicht – zumal in den engen Grenzen des Denkmalschutzes. Müssen wir es überhaupt? Die Engländer, vierzig Jahre Hausherren dieses Geländes, sahen jedenfalls keine Veranlassung dazu.

Ich plädiere für Gelassenheit, Souveränität. Am ehrlichsten wäre vielleicht ausnahmsweise das Nichtstun, das unkommentierte (dennoch nicht unkritische) Stehenlassen der Statuen. Die Kunstwerke des Nationalsozialismus in ihrer Mischung aus Monumentalität und Mediokrität sprechen gegen sich selbst. Da wäre jede Museumspädagogik fehl am Platz. Zumal das Museale ja immer auch eine Wertschätzung widerspiegelt. Daß Vitrinen die Statuen in „Anführungszeichen" setzen, die Kunst zum distanzierenden Zitat machen können, ist eine Hoffnung, mehr nicht.

Wozu also der Maskenball? Berlin 2000 wird durch seinen Inhalt die Formensprache des Früheren vergessen machen. Die Welt braucht – glaube ich, trotz aller Hoyerswerdas – von einem demokratischen Deutschland nicht ein weiteres Mal überzeugt zu werden. Weniger ist auch hier sicherlich mehr.

Björn Engholm
Vorsitzender der Sozialdemokratischen Partei Deutschlands
Ministerpräsident des Landes Schleswig-Holstein

Keine Olympischen Spiele im Dekorationszusammenhang der Diktatur!
Wie keine Stadt der Welt ist Berlin durch die Geschichte des 20. Jahrhunderts geprägt.

Es macht deshalb Sinn, die Olympiade der Jahrhundertwende gerade hier auszurichten. Berlin wird sich als Stätte der Mahnung und Erinnerung für ein abgelaufenes Jahrhundert präsentieren. Berlin muß aber auch zeigen, wie es gewillt ist, als demokratisches und multikulturelles Gemeinwesen das kommende Jahrhundert zu meistern.

Vor diesem Hintergrund scheint es mir ganz und gar unmöglich, den Sportlern und dem Publikum zuzumuten, Berlin in einem denkmalpflegerisch gesicherten Dekorationszusammenhang der Olympiade von 1936 repräsentiert zu sehen. Hier müssen klare und eindeutige Schnitte vollzogen werden. Der architektonische Rahmen muß sich orientieren an den ästhetischen Bedingungen der Gegenwart.

Der Bildschmuck von 1936 ist bewußtes Dekor der Diktaturinszenierung des braunen Totalitarismus. Für die skulpturalen Arbeiten des Olympiastadions und des sonstigen „Reichssportfeldes" gab es 1936 keine Möglichkeit freier Plastiken, wie sie das 20. Jahrhundert generell ermöglicht hat. Die Arbeiten von Breker, Kolbe, Strübe, Lehmann, Meller, Thorak, Raemisch, Albiker, Wackerle und Wamper sind Ausdruck künstlerischen Untertanengeistes, sind Ausdruck der diktatorischen Gleichschaltung und ideologischen Erniedrigung. Mögen Künstler wie Albiker, Kolbe oder Wackerle in anderen Zusammenhängen und vor allen Dingen vor der Nazidiktatur ansehnliche Exemplare zeitgenössischer Plastik hergestellt haben, so sind ihre Arbeiten rund um das Olympiastadion doch Dokumente der künstlerischen Unterdrückung und vollständigen Inanspruchnahme der Kunst für die Macht. In nicht-olympischen Zeiten sollte gleichwohl der Denkmalschutz dafür sorgen, daß uns die Dokumente dieser verheerenden deutschen Kunstepoche als immerwährende Mahnung erhalten bleiben.

Nun will Berlin auf demselben Gelände neue, andere Spiele durchführen. Deshalb ist kein Platz für dieses Dekor und diese Kunst der Unfreiheit. Leerstellen müssen entstehen, um Neuem, Anderem Platz zu machen. Künstler eines freien Verständnisses der Kunst, Künstler, die mit dem grundgesetzlich verbrieften Recht der Kunstfreiheit selbstverständlich umgehen, sollen hier beauftragt werden, etwas anderes zu schaffen, etwas, was das Heute zum Ausdruck bringt. Also müssen die Skulpturenreste der Hitlerolympiade Platz machen für aktuelle Kunst: Die Sockel müssen freigeräumt, vielleicht auch weggeräumt werden. Das Projekt einer „Musealisierung vor Ort" scheint mir ein untaugliches Unterfangen. Wir brauchen den Platz für anderes, nämlich für die Kunst. Der historische Schrott steht hier einfach im Wege. Brekers *Zehnkämpfer* und *Sieger*, Kolbes *Ruhender Athlet*, Strübes *Büffel*, Thoraks *Faustkämpfer*, Mellers *Athleten*, Raemischs *Adler*, Albikers *Diskuswerfer* und Wackerles *Rosseführer* sind dagegen prädestiniert für die Inszenierung eines historischen Schrotthaufens. Die Loslösung aus dem festgefügten Dekorationszusammenhang wird eine „Echtheit" dieser Zeitdokumente von 1936 erlebbar machen, die jeder Möglichkeit negativer Beeindruckung enthoben ist. Die Herauslösung aus dem architektonischen Kontext macht die Arbeiten vollständig wirkungslos.

Der Verweis auf den 36er Fundus mit einem beruhigenden „Das war's!" kann aber nicht die Quintessenz der Auseinandersetzung mit dem Schaffen olympischer Nazi-Kunst sein. Differenzierte kunsthistorische Betrachtungsweisen könnten deutlich machen, daß die Künstler, die 1936 gearbeitet haben, durchaus in einer historischen Reihe stehen, erstens innerhalb der kunstgeschichtlichen Entwicklung selbst und zweitens innerhalb der Geschichte von Olympia. Auch die aktuelle Körperauffassung im Umfeld von Schwarzenegger oder Krabbe zeigt ein problematisches Körperverständnis, das Tradition hat. Eine Ausstellung „Der politische Körper" beispielsweise könnte in eindringlicher Weise die Betrachtung von Kunst mit Ideologie thematisieren. Eine solche Ausstellung sollte die Geschichte der Körperdarstellung im Zusammenhang mit den modernen olympischen Spielen zum Gegenstand haben.

Volker Fischer
Stellvertretender Direktor des Deutschen Architektur-Museums Frankfurt am Main

Bereits jetzt herrscht Einigkeit darüber, daß, sollte denn Berlin den Olympia-Zuschlag bekommen, das Stadien-Ensemble der Architektenfamilie March sowohl aus praktischen als auch aus finanziellen Gründen auch im Jahr 2000 genutzt werden soll. Sicher ist richtig, daß diese Anlagen noch in der Weimarer Republik beauftragt wurden. Doch haben zu ihrem dann schlußendlich realisierten Erscheinungsbild – von der Langemarckhalle bis zum Führerturm und ebenso beim Skulpturenprogramm – Hitler und Goebbels mit Wort und Stift dominant beigetragen. Die nationalsozialistische Indienstnahme dieses Bau-Ensembles ist hier so evident wie bei kaum einer anderen Architektur des Dritten Reiches, sieht man einmal von Nürnberg ab. Weder wollen noch können noch sollten wir sie ungeschehen machen. und wenn Wolf Jobst Siedler in diesem Zusammenhang beklagt: „Die Architektur muß für die Untaten ihrer Nutzer büßen", so antworte ich ihm mit Ludwig Börne: „Aber wo die toten Menschen schweigen, da sprechen desto lauter die lebendigen Steine."

Ich denke: sowohl der Anlaß der Olympischen Spiele mit ihren Sportlern, Besuchern und Presseangehörigen aus aller Welt – auch aus Israel, aus Polen und Rußland, aus England und Frankreich, also den Ländern und religiösen Gemeinschaften, gegen die Hitler seine rassistischen und militärischen Vernichtungsschläge führte – als auch überhaupt der Charakter des öffentlichen Raumes, in dem jene in Rede stehenden NS-Skulpturen des Berliner Olympia-Stadions situiert sind, verbieten ein kommentarloses Verbergen ebenso wie ein kommentarloses Zeigen dieser martialischen Produkte brauner Ästhetik, die Tilmann Buddensieg euphemistisch als „muskulöse Nackedeis" zu bezeichnen beliebt.

Es geht um die Notwendigkeit, Möglichkeit und Chance einer relativierenden Auseinandersetzung, der diese (Mach-)Werke – und hier ist Hilmar Hoffmann zuzustimmen – „mit dem überformenden Kommentar ihrer veränderten Rezeptionsgeschichte konfrontiert". Und bezeichnenderweise unterläßt es Wolf Jobst Siedler, der in der FAZ vom 9. Januar 1933 publizistisch Stellung bezogen hat, das seinen Artikel einleitende Zitat „einer ungarischen liberalen Zeitung", Deutschland müsse „sich hüten, daß es der Welt nicht den Anblick eines Flagellanten biete, der sich unablässig wirklicher oder vermeintlicher Untaten wegen geißelt", näher zu verorten.[1]

Es bleibt dunkel, ob sich der ungarische Kommentator auf die Zeit des Nationalsozialismus oder vielleicht doch auf die neonazistischen Ausschreitungen unserer jüngsten Vergangenheit bezogen hat. Aber mir persönlich wäre der Vorwurf des Flagellantentums dann doch allemal lieber als der des Exhibitionismus oder gar des Voyeurismus, um in Siedlers Vokabular des sexuellen Genres zu bleiben. Die eigentümliche Grammatik solcher Partial-Triebe hat immer eine eindeutige Zielrichtung: die Ambivalenz von Genuß und Gewalt, die verborgene Einheit entgegengesetzter Wunschphantasien. Jenen Lüsten, zu überwältigen und überwältigt zu werden, fehlt jede Angst und jede Scham: insofern sind die NS-Skulpturen selbst (wie die gesamte faschistische Ästhetik, ja die Art und Weise der Macht und Machtausübung im Dritten Reich, auch im allgemeineren Sinne) im Sinne des Wortes pornographisch: in dem sie ihren Ausdrucksgehalt aggressiver Unterwerfung, mit dem Mäntelchen mißverstandener Klassizität verbrämt, mit dem Ausdrucksgehalt körperlicher Ekstase unterlegen. Dies hat sie rezeptionsgeschichtlich immer wieder – etwa in den Einschätzungen Susan Sontags oder denen der italienischen Regisseurin Lilliana Cavani ebenso wie in entsprechenden Elogen des Pop-Sängers David Bowie oder des Architekten Leon Krier – mit zweifelhaft schillernder Attraktivität versehen. Und das seit Jahrzehnten Cineasten das Werk von Leni Riefenstahl von allen moralischen Beurteilungen exkulpieren, dürfte bekannt sein. Dies alles sollten wir der Welt als Bild von uns nicht zumuten. Und eine Olympiade, ein Zusammenhang im öffentlichen Raum, der ja nicht nur real räumlich, sondern auch in der weltweiten Medienverbreitung entsteht, ist allemal etwas anderes als eine museale Auseinandersetzung oder die diskursive Problematisierung in einem Buch. Die Vermeidung einer kritisch-relativierenden Ebene im öffentlichen Raum wäre gerade hier, bei diesen Skulpturen, fatal. Die Furcht vor der „Weckung schlafender Emotionen", die offensichtlich Eduard Beaucamp dabei beschleicht, würde gerade dann potenziert entstehen, wenn wir uns der kritischen Reflexion dieser Hinterlassenschaft im öffentlichen Raum entziehen. Doch darf meines Erachtens nicht übersehen werden, daß eine solche kritische Auseinandersetzung, insofern sie vor Ort, und das heißt eben im öffentlichen Raum des Olympia-Geländes, stattfindet, sich den dissoziierenden Wahrnehmungsbedingungen dieses öffentlichen Raumes, dieser medialen Öffentlichkeit anzupassen hat. Die notwendige Kommentarebene kann, bei aller Gefahr der möglichen Überhöhung, selbst nur wieder in ästhetischer Weise geschehen. Insofern glaube ich, daß weder eine allein theorielastige, womöglich kleinteilige Einwickelung in erklärende Schrifttafeln, eine kunsthistorisch-sozialpsychologische Exegese in situ sozusagen, noch das ironisierende Neuarrangement der Skulpturen in an- und absteigenden Größenreihen und vielleicht auch nicht – zumindest nicht allein – die „Brechung" ihrer ideologischen Aussage durch die Konfrontation mit Bildwerken der seinerzeit verfemten, verfolgten und ermordeten Künstler dem notwendigen und inhärenten Öffentlichkeitscharakter einer solchen Kommentierung angemessen wäre. Der massenmediale Charakter olympischer Spiele würde eine wie auch immer geartete museal-didaktisierte Auseinandersetzung mit der naturalistisch geschönten Glätte dieser Skulpturen marginalisieren.

Ich plädiere deshalb dafür, die Sockel dieser Skulpturen oder, sofern aus denkmalpflegerischen Gründen nicht möglich, das unmittelbare Umfeld entweder mit kurzen, aber gleichwohl prägnant-präzisen Zitaten aus den entsprechenden rezeptionsgeschichtlichen Untersuchungen des dann vollständigen halben Jahrhunderts nach ihrer Entstehung zu versehen: in Auswahl-Absprache mit den entsprechenden Wissenschaftlern und ausgeführt durch Künstler, die sich in und mit solchen Sprach-Installationen einen Namen gemacht haben: zu denken wäre da etwa an Künstler wie Jenny Holzer, Barbara Kruger, Maurizio Nannucci, Les Levine, Gerhard Merz u. a. Oder aber diese Künstler werden beauftragt, eigene Sentenzen, die den martialischen Aussagegehalt der Skulpturen im Benjaminschen Sinne eines „choc" relativieren, konterkarieren oder ad absurdum führen, anzubringen. Diese Mitteilungen könnten und sollten in unterschiedlichen Sprachen geschehen und nur nebenbei gesagt: solche Installationen wären auch die notwendige Relativierung der nach wie vor an den Hallenwänden der Langemarck-Halle peinlich kombinierten NS-Weihesprüche von Walter Flex mit Hölderlin-Versen. Jedenfalls würde die ubiquitäre, televisionäre Berichterstattung aus dem Stadion so – mediengerecht – nicht umhin können, diese NS-Kunst mit dem sie jeweils überformenden Kommentar gemeinsam ins Bild zu rücken. Dies wäre auch eine ästhetische Äußerungsform, die reflektiert und bewußt – und etwa Jenny Holzers entsprechende Installationen am Times Square in New York haben dies bewiesen – mit den Erfordernissen von Kunst im mediativ öffentlichen Raum umgeht.

Die Erkenntniskraft, das Erkenntnisangebot solcher Sentenzen würde diesen Installationen wohl den Vorwurf ihrerseits ästhetisch unreflektierter Überhöhungen ersparen können. Wir sollten und wir können auf die Kraft des Wortes vertrauen: in seiner phonetischen, graphischen und semantischen Funktion. Maurizio Nannucci hat dies einmal mit einer entsprechenden Sentenz auf den Punkt gebracht: „you can imagine the opposite".

Gunter Gebauer

Institut für Sportwissenschaft/Sprachphilosophie/Sportsoziologie der Freien Universität Berlin

Die auf dem Reichssportfeld aufgestellten Skulpturen sind übergroße Plastiken mit starker körperlicher Wirkung. Wer sich von dieser massigen Physis angesprochen fühlt, wird seine Emotionen auch nicht durch didaktische Texte zurücknehmen, erst recht nicht umkehren. Bei einer Neuanordnung der NS-Skulpturen sollte jegliche Musealisierung vermieden werden. Sie erst würde dem Besucher des Reichssportfelds suggerieren, daß die Skulpturen sehenswürdig, vielleicht sogar kostbar sind. Eine Präsentation dieser Objekte in Glasvitrinen (Vorschlag 2) scheidet aus diesem Grund aus.

Für den Umgang mit den Skulpturen ist die Strategie besonders geeignet, die die Wirkung des Körperlichen bricht, so daß mit einem Schlag deutlich wird, wie hohl, aufgeblasen und haltlos sie im Kontext der Gegenwart sind. Ihre Anbiederung bei der antiken Klassik – z. B. in Haltung und Nacktheit – muß in ihrer ganzen Peinlichkeit erkennbar gemacht werden. Eine Verpackungsaktion (Vorschlag 3) – abgesehen davon, daß sie ja von dem Interesse des Künstlers Christo abhinge – lenkt die Aufmerksamkeit auf das Objekt, disqualifiziert dieses aber nicht. Es wäre ja keine schamvolle Verpackung, sondern ein Verbergen, das neugierig auf das Verpackte macht. Die im 3. Vorschlag gemachte Aktion würde den NS-Skulpturen also noch die Chance lassen, ambivalent zu erscheinen. Ich plädiere aber für Entschiedenheit im Umgang mit Nazikunst.

Nichts ist so tödlich für NS-Skulpturen wie Ironisierung. Daher hat der Vorschlag 1 viel für sich. Man müßte freilich prüfen, ob wirklich der Eindruck eines In-einer-Reihe-Antretens hervorgerufen wird. Möglicherweise wird nur die Vorstellung eines grotesken Sammelsuriums erzeugt.

Am besten wird man die Wirkung der Ironisierung kontrollieren können, wenn man die NS-Skulpturen mit Exemplaren einer Gegenästhetik konfrontiert, wie weiterhin im Vorschlag 1 angeregt wird. Zu bedenken ist allerdings – bei den Riesenmaßen der NS-Skulpturen gegenüber den viel kleineren Plastiken der Gegenästhetik – das Problem der Größenverhältnisse. Man könnte die Konfrontation zwischen beiden Kunstauffassungen zusätzlich im Medium der Photographie organisieren.

Mein Vorschlag: Gegenüber einer NS-Skulptur wird, in genügend großem Abstand, ein Exemplar der Gegenästhetik aufgestellt. Im Zwischenraum, der dabei entsteht, kann man eine Reihe von großen Phototafeln aufstellen, die die beiden miteinander konfrontierten Plastiken in gleicher Größe darstellen. Dadurch entstünde u. U. noch ein weiterer Vorteil: Die Skulpturen der Gegenästhetik werden von photographischen Abbildungen in ihren Wirkungen nicht beeinträchtigt; eher im Gegenteil macht die Photographie auf einzelne Aspekte des Werks aufmerksam. Hingegen wird die Wirkung der NS-Skulpturen durch die photographische Reproduktion, die ihnen den monumentalen Charakter nimmt, geschwächt.

Bei der Auseinandersetzung mit den Skulpturen auf dem Reichssportfeld ist eines nicht aus dem Auge zu verlieren: Die Plastiken sind relativ harmlos im Vergleich zu den beherrschenden Merkmalen der gesamten Anlage – die axiale Gestaltung, die Langemarckhalle, die von Zwangsarbeitern hergestellte Muschelkalkverkleidung und der an manchen Stellen beschworene Geist von Opfer und Gewalt. Auch im olympischen Zeremoniell ist manches konserviert, was bei den Berliner Spielen 1936 entweder erfunden oder eine besondere Akzentsetzung erhalten hat: der olympische Staffellauf, der Nachtzauber, der Nationenaufmarsch, die Beschwörung einer mythischen Vergangenheit. Es ist eine dringende Frage, wie man heute mit diesen hochsymbolischen Elementen umgehen kann.

Peter Hacks
Schriftsteller (Berlin)

Sehr geehrter Herr Hoffmann, auf Ihre Anfrage, die Olympia-Puppen betreffend, beehre ich mich, wie folgt, zu erwidern.

Falls die Puppen sich technisch vom Platz bewegen ließen, könnte man sie ja, in Erweiterung Ihres Vorschlags 1, für die Dauer der Spiele in einen Schuppen wegstellen. Ich fürchte aber, sie lassen sich nicht vom Platz bewegen.

Ihren andern Vorschlag – die Beleidigung der Puppen durch einen denselben aufgenötigten Kontext – halte ich für zu ungezogen, um durchführbar zu sein. Ich bitte Sie, an das zu erwartende Publikum zu denken. Es muß mit Sportsfreunden, ja mit Amerikanern gerechnet werden; denen nun wollen Sie zu jeder Bildsäule, die ihnen gefällt, eine Gebrauchsanweisung anmuten, die ihnen vorschreibt, sie habe ihnen nicht zu gefallen? Da ist doch ein Unterschied zwischen einem Volksvergnügen und einem dritten Programm.

Hinzu tritt, daß Ihnen, solange Sie die Frage der Nazi-Kunst als binnenimperialistische stellen, alle guten Gründe fehlen. Wenn Sie unternehmen, die Besucher in dieser Frage zu spalten, zweifle ich, ob Sie den Puppen damit mehr Anhänger rauben als schaffen. Falls die Puppen also nicht fortzuräumen gehen, wird man sie müssen stehn lassen. Schließlich stehen sie ja auch unter Denkmalsschutz. Es ist nicht elegant, sich dieser Tatsache ausgerechnet in dem Moment zu schämen, wo den Denkmälern die Besichtigung droht.

Ich unterzeichne mich mit vorzüglicher Hochachtung.

Wolfgang Mattheuer
Maler (Leipzig)

Honeckers Idee aus den achtziger Jahren, die Olympiade in die DDR, nach Ostberlin zu holen, war keine gute Idee. Und die Idee der beiden Berliner Ortsvorsteher am Tag des Mauerfalles unterm Brandenburger Tor: „Wir holen die olympischen Geister nach Berlin", auch nicht. Denn, was ist zu tun mit soviel wenig schöner Tradition? Allein, was tun mit den Menschenbildern in Stein und Bronze aus nazistischer Zeit, zwischen den Olympiatempeln?

Ich meine: Laßt sie und alles andere stehen und liegen und laßt die olympischen Geister endlich in Hellas Hainen und Ruinen ruhen. Laßt das ganze olympische Geschwätz und das große Geschäft mit den olympischen Körpern! Nicht nur die Plastiken im Olympiapark Berlin 1936 und Riefenstahls Film sind falsch und verdächtig geschönt, Lüge und Hohn waren die Spiele selbst und zwiespältig alle anderen. Hohn und Lüge ist die Olympiade seit ihrer Auferstehung gewesen oder doch gleich danach geworden, in unserer vollkommerzialisierten Konsumwelt, in der Sport, wie Kunst und alles menschliche Tun, Ware wird, die verkauft wird und verkauft sein will und in der der reine Öko-Sport-Amateur-Athlet nur noch ein Witz ist, der in keine olympische Verpackung paßt.

Brekers Muskelhelden und züchtige Heldinnen wie gegenwärtige Body-Building-Idole gehen mich so wenig an, wie der Filzanzug an einer Museumswand, in dem sich ein Menschenbild verlor.

Sosehr mir die vermutete gefährliche Massenwirkung Brekerscher Parteifiguren übertrieben, dramatisiert erscheint, so sehr, fürchte ich, wird die destruktive Massenverführungskraft des weltweit herrschenden Menschenbildes der weltumklammernden Werbe-

und Unterhaltungsindustrie – der Olympiarummel dazu gehörig – verharmlost. Dieses Menschenbild, aufgeblasen mit den Slogans von „jung und gesund" und „klassisch und rassig", das drängend in die Scheinwelt einer ewige Sicherheit und Wohlstandsmehrung versprechenden Ideologie verführt, ist eine tatsächlich real existierende Gefahr, der man begegnen sollte, und keine museale Frage. Und übrigens: Was Kunst ist und was nicht, weiß ich nicht. Ich kenne gute Bilder und Plastiken, Texte und gute Musik und dann die vom jeweils herrschenden Kulturapparat und seinem Publikum als Kunst behaupteten Hervorbringungen entsprechender Produzenten, denen ich oft widersprechen muß. Die Frage, warum z. B. Hans Wimmers Figuren und sein Mussolini-Kopf von 1942 keine Kunstwerke seien, ein Fettwürfel dagegen sogar ein bedeutendes, scheint mir so lange offen, solange der „Hitlerkomplex" ein weitverbreitetes deutsches Leiden ist.

Dazu noch zwei Bemerkungen: 1. Ich habe keinen Hitler, auch keinen kleinen, in mir und leide auch nicht an einem Hitlerkomplex. Und 2. Das Bild des geschundenen Menschen kann nicht das Gegenbild der „Lügengebilde" aus nazistischer Zeit sein.

Zum Schluß: Wenn die Olympiade Berlin sein muß, doch noch einen Vorschlag: Man sollte die Figuren in den olympischen Farben färben. Sie, die Figuren, bekämen so ein internationales, multikulturelles Aussehen.

Willi Preising
Direktor der Willi Weyer Akademie, Führungs- und Verwaltungs-Akademie Berlin des Deutschen Sportbundes

Geschichte ist eine Kontinuität, in der Schlechtes wie Gutes zusammengefaßt ist. Das gilt auch für die Geschichte der Institutionalisierung des menschlichen Zusammenlebens und ihre kulturellen Deutungselemente. Herausbrechen von Gesteinen ist nur eine Verdrängungsleistung, nicht wirkliche Bewältigung. Dies gilt auch für den Zusammenhang von Sport, Kultur und Politik.

Die jeweiligen kulturellen Interpretationen sportlicher Großereignisse dürfen nicht schon deswegen unterdrückt werden, weil ihre politischen Relationen heute vielen (?) Trauer und Beschämung abverlangen. Gerade das Wiederaufleben ideologischer Positionen, die viele „begnadete Spätgeborene" nicht mehr verantworten wollen, zeigt die Dringlichkeit, die Provokation aufzuarbeiten, die dieser Zusammenhang darstellt, und sie nicht zu verdrängen.

Die Entfernung der Skulpturen auf dem Berliner Olympiagelände ist deswegen ebensowenig eine Lösung wie ihre unreflektierte Existenzsicherung durch Verschweigen des Problems.

Wer die Spiele des Friedens will, der Welt ein friedliebendes, vereintes Deutschland zeigen will, muß Friedensarbeit leisten. Friedensarbeit im Zusammenhang möglicher Olympischer Spiele in Berlin ist auch die offene und öffentliche Auseinandersetzung über eine politische Funktionalisierung des Sports und der Kunst.

In mehrfacher Weise scheint mir das am Beispiel der Skulpturen in Berlin möglich zu sein:

Die Skulpturen des Olympia-Geländes von 1936 sind nicht wirklich und ausschließlich Nazi-Skulpturen. Nicht nur Kolbes *Ruhender Athlet* zeigt die Bandbreite des 1935 noch Möglichen. Das lockere Entspannte dieser Figur, ihre von Kolbe selbst ausgedrückte Ferne in Stil und Aussage zur Monumentalität des Stadionbaues ist gleichzeitig noch die Ahnung eines Verweigerns gegenüber der politischen Abwicklung des Körpers. Auch andere Werke sind – wie Ursel Berger (Tagesspiegel, 19. 2. 1993, S. 17) zeigt

– noch ein Stück entfernt von den Blut- und Bodenskulpturen und den idealisierten Herrenmenschen der späteren Nazijahre. Ursel Berger reklamiert dies auch – wie ich meine zu Recht – für die Arbeiten von Breker zu dieser Zeit. So wie die Rassenlehre nicht erst mit Hitler Eingang ins politische Denken fand oder mit ihm gar in der Politik verschwand, so hat auch die Kunst jener Zeit ihre Vorläufer. Die Rezeption einer statuarischen Bildersprache in einer geschichtslosen Rückwendung auf antike Formen, der Versuch eines Anti-Individualismus in der Beschwörung allgemein-gültiger Gesetze und Werte war ein Teil der gesellschaftlichen Wirklichkeit von Kunst, Kultur und Politik schon seit Ende des 19. Jahrhunderts.

Die öffentliche Darstellung der Skulpturen ist daher zuerst notwendig, weil in der Differenzierung ihrer Formensprache deutlich wird, daß der Nationalsozialismus kein Unfall der Geschichte war, sondern als tendenzielle Gefährdung eng an die Ausgestaltung seines vermeintlichen oder realen Gegenteils gebunden war – so wie er sich auch heute wieder äußert.

Sodann ist die bewußte Darstellung notwendig, weil die Skulpturen in ihrer Bandbreite der Formensprache und damit in ihrer teilweise bewußten Differenz zur totalitären Entindividualisierung die politisch aufklärerische Aufgabe von Kunst verdeutlichen: nicht durch Rückzug aufs Absolute zu verführen, sondern durch Wachhalten individueller Vielfalten Nach-Denken und Voraus-Sehen zu ermöglichen.

Die öffentliche Ausstellung der Skulpturen ist aber auch notwendig für den Sport. Die politisch verführerische Funktion des Körpers, die in der Auflösung individueller Körperformen und Haltungen deutlich wird, hat ihre Entsprechung im Heldenmythos des Sports selbst. Die Sprache des Sports ist orientiert auf Sieg und Niederlage, die Kunst bemächtigt sich vorrangig der Siegertypen, in ihnen manifestiert sich eine generelle Hoffnung von Überlegenheit und Aufstieg bis in unsere Tage. Die ästhetische Funktion des Körpers im Sport bezieht ihre Moral aus dem Sieg. Die äußere Erscheinung des Siegertyps wird zum schönen Schein des Erfolgs. Das Versprechen des Sports – gerade auch in den Olympischen Spielen –, im Zusammentreffen vieler Individualitäten einen Beitrag zum gegenseitigen Respekt und zur friedlichen Verständigung zu leisten, ist damit potentiell ebenso gefährdet wie die sich auf solches Funktionsverständnis des Körpers einlassende oder sie ausnutzende Kunst.

Sport verführt wie Kunst. Beide sind nicht schon von sich aus kritisch, reflektierend, die Menschen moralisch mahnend.

Die Exposition der Skulpturen des „Reichssportfeldes" im Zusammenhang möglicher „Olympischer Spiele" ist deswegen dreifach provokativ und notwendig: wegen ihrer geschichtlichen Herkunft ebenso wie wegen der im Hochleistungssport angelegten Ideologisierung und Vermarktung des Sieges. Aber auch als Anstoß zur weiteren Diskussion über die politischen Aufgaben einer Kunst, die nicht nur Staffage und dekoratives Beiwerk Olympischer Spiele sein darf, sondern einen eigenständigen Beitrag zu jener von der Olympischen Bewegung selbst immer wieder eingeklagten Sinndiskussion der Olympischen Spiele leisten will.

Eine solche Exposition kann wegen der subtilen Wirkmechanismen und Abhängigkeiten zwischen Sport, Kultur und Politik nur als ein moderierter und organisierter Prozeß gedacht werden. Jede Verfremdung der Figuren oder ihrer Plazierung im Ganzen verharmlost die angesprochenen Zusammenhänge.

Das wichtigste Moment einer solchen Exposition scheint mir die Tatsache der öffentlichen Diskussion selbst. Die Konfrontation mit den Repliken der sogenannten „entarteten Kunst" ist sicher ein notwendiges Movens für die Arbeit an unserer Geschichte.

Es bleibt damit eine nationale Aufgabe, die im Sinne des Verhältnisses von Sport,

Kultur und Politik nicht erst im Jahre 2000 beginnen sollte. Aber die Konfrontation wird nicht ausreichen.

Sie muß um die Möglichkeit der Diskussion, auch der informellen, ergänzt werden. Die Einbeziehung des olympischen Jugendlagers ist sinnvoll; kulturelle Begegnungspunkte auf der Grundlage bestehender Austauschprogramme mit Jugendlichen anderer Länder aus Anlaß und am Ort dieser Konfrontation würden einen Beitrag zum aktiven Aufarbeiten darstellen. Wichtig ist die aktuelle Vermittlung an Jugendliche, nicht das Rückführen der Probleme in ein folgenloses Museum wissenschaftlicher Meinungen. Die Betreuung je einer Skulptur und ihres Umfeldes mit Repliken durch Schulklassen, die die Thematik vorher als schulisches Thema aufgearbeitet haben, würde auch die aktuellen Bezüge sichern und die Diskussion in die Jugend tragen.

Diese nationale Aufgabe kann und muß um internationale Aspekte erweitert werden. Die Organisation und Finanzierung eines Workshops mit internationalen Künstlern im Vorfeld der Olympischen Spiele, die thematisch eine Antwort auf die vorhandenen Skulpturen finden müßten und dabei ihre national und kulturell differenzierten Ergebnisse mit den vorhandenen Skulpturen konfrontieren und während der Spiele mit den Besuchern diskutieren können, wäre ein weiterer Versuch der lebendigen Aufarbeitung und vielleicht auch einer weiteren Ausarbeitung jener in Sport und Kunst gleichermaßen liegenden Chance der Verständigung und friedlichen Auseinandersetzung.

Was der größte Erfolg wäre: wenn diese Diskussion und diese Aktivitäten auch zustande kämen, falls am 23. September die Entscheidung nicht zugunsten Berlins fällt.

Ulrich Roloff-Momin
Senator für Kulturelle Angelegenheiten der Stadt Berlin

Die Jahre zwischen 1933 und 1945 sind kein „Ausnahmezustand" deutscher Geschichte, sondern Teil eines Kontinuums, das vor dem 30. Januar 1933 begann und dessen Folgewirkungen auch nach dem 8. Mai 1945 keinesfalls endeten. Insofern gehört auch die Gestaltung des Reichssportfeldes für die Olympischen Spiele von 1936 zum „Erbe" unserer Geschichte, dem sich die Veranstalter der Olympischen Spiele im Jahre 2000 in Berlin – sollten sie hier stattfinden – vor der Weltöffentlichkeit stellen müssen.

Jedes Leugnen dieser furchtbaren Spiele von 1936, die Verfolgung und Terror nur vorübergehend, soweit öffentlich sichtbar, außer Kraft setzten, um das Ansehen Nazideutschlands in der Welt nicht endgültig zu zerstören, jedes Verdrängen dessen, was als in Stein gehauener Rassenwahn bis heute davon Zeugnis ablegt, wozu diese Spiele 1936 dienten, wäre ein Beweis mehr dafür, daß wir bis heute nicht mit Ursachen, Wirkungsweisen und Folgen des NS-Staates umzugehen gelernt haben. Erst indem wir uns öffentlich und sichtbar auch diesem Kapitel unserer Geschichte stellen, werden wir mit dazu beitragen können, daß sich ähnliches – in anderer Form und Farbe – nicht wiederholt.

Bezogen auf die drei alternativen Vorschläge zum Umgang mit den Skulpturen auf dem Reichssportfeld bedeutet dies:

1. Diese Skulpturen und Reliefs von Albiker, Breker, Laeuger, Lehmann, Kolbe, Mages, Meller, Raemisch, Wackerle und Wamper waren als Auftragswerke Teile der Gesamtplanung des Reichssportfeldes von Werner March und wurden speziell für diesen Ort angefertigt. Es handelt sich, wie eine Dokumentation der Akademie der Künste Berlin von 1983 nachgewiesen hat, beim Reichssportfeld um ein „Gesamtkunstwerk", dessen Einzelteile nicht beliebig versetzbar sind, ohne den Gesamteindruck zu zerstören, mit dem das NS-Regime ein „Zeichen für den Gestaltungswillen und die unbezwingbare

Kraft Deutschlands" setzen wollte. Ein Herausnehmen der Skulpturen und ihre vorübergehende Aufstellung auf dem „Maifeld" bedeutet, sie der Betrachtung durch die Mehrheit der Olympiade-Besucher schamhaft zu entziehen und ins Abseits intellektueller Redlichkeit abzuschieben, wo sie einer Konterkarierung durch antifaschistische Kunstwerke wohl nicht mehr bedürften. Gerade die Mehrheit der Besucher des Olympia-Geländes aber gilt es – ob mit oder ohne „Olympia 2000" – zu erreichen.

2. Eingedenk der Tatsache, daß Aufklärung über Ursachen und Folgen des NS-Staates auch bis heute not tut – sichtbar nicht nur am Aufgreifen nazistischen Gedankengutes durch jugendliche Randalierer –, plädiere ich für eine unübersehbare Kommentierung der Gesamtanlage des Reichssportfeldes einschließlich der dort aufgestellten Plastiken. Denn sie waren lediglich Teil der Propagandamaschine, zu der die Struktur der Gebäude ebenso gehörte wie die Wegeführung zu den Aufmarschplätzen. Die Entscheidung, ob den Skulpturen dabei eine „Museumsvitrine" übergestülpt werden sollte oder ob es andere Formen der Vermittlung des Gesamtzusammenhangs ihrer Entstehung und Bedeutungszuweisung gibt (etwa die der Tageslicht-Projektion), ist Aufgabe der hiermit zu beauftragenden Gruppe von Ausstellungsmachern, Historikern und Kunstwissenschaftlern.

3. Eine Verpackung durch Christo würde den Skulpturen einen Wert der Beachtung beimessen, der ihnen nicht gebührt. Zugleich würden sie der Wahrnehmung im Kontext des Geländes entzogen und damit (siehe Punkt 2) ihrer Entschlüsselbarkeit als Teil der Stein gewordenen Propaganda beraubt. Fraglich ist darüber hinaus, ob Christo – nach dem absehbaren Scheitern seines Reichstagsprojektes –, gewillt wäre, in Berlin einen Kunstauftrag anzunehmen.

Rund 60 Jahre nach der Errichtung des Reichssportfeldes wünsche ich mir eine öffentliche Debatte in dieser Stadt über den Umgang mit einem Gelände, das, seit dem Ende der Naziherrschaft absolut nicht hinterfragt, von Millionen Sportfreunden benutzt wird. Schon allein eine solche Debatte könnte mit dazu beitragen, ein kritisches Bewußtsein für dieses Kapitel unserer Geschichte zu schaffen, und damit einer erneuten Verführbarkeit durch Rassismus und Fremdenfeindlichkeit entgegenwirken.

Wolf Jobst Siedler
Verleger (Berlin)

Nach den Lenins und Thälmanns erregen jetzt Ringer und Läufer Anstoß – Sind die Skulpturen des Olympia-Geländes von 1936 den Wettkämpfen des Jahres 2000 zuzumuten?

Deutschland müsse sich hüten, daß es der Welt nicht den Anblick eines Flagellanten biete, der sich unablässig wirklicher oder vermeintlicher Untaten wegen geißelt. Dieser Satz wurde jüngst in der *Zeit* zitiert; er stammt aus einer ungarischen liberalen Zeitung. An solchen Flagellantismus fühlt man sich erinnert, wenn seit einiger Zeit in Berlin die Frage aufgeworfen wird, wie die Stadt angesichts der Möglichkeit neuer Olympischer Spiele in Berlin mit dem Olympiastadion von 1936 umgehen solle und vor allem mit dessen bildhauerischem Figurenschmuck. Könne Deutschland es sich leisten, vor der kriegerischen Kulisse der Kunst von 1936 Spiele des Friedens im Jahr 2000 stattfinden zu lassen?

Beides, das ehemalige Reichssportfeld mitsamt seinem Glockenturm und seinen skulpturalen Zutaten wurde nach dem Kriege nur deshalb gerettet, weil das Olympiagelände der britischen Besatzungsmacht unterstand, die Sportarenen und Schwimmstadion für die englische Garnison nutzte. Sonst wäre auch das Reichssportfeld wohl den Weg

Der für dies Buch von Wolf Jobst Siedler verfaßte Beitrag wurde vom Kunst-Redakteur der *Frankfurter Allgemeinen* nicht nur ohne Rückfrage beim Autor am 9. Januar 1993 unter dem Titel „Anstößige Athleten – Überflüssige Diskussion: Die Skulpturen des Olympia-Geländes" vorveröffentlicht, sondern auch ohne den mindesten Hinweis auf das Buch, für das der Autor Siedlers Aufsatz erbeten hatte. Weil dadurch der Kontext, in dem Siedlers Meinung gewürdigt werden sollte, für arglose FAZ-Leser nicht erkennbar war, hat der Autor in der *Süddeutschen Zeitung* entsprechend repliziert. Immerhin hat dieser Disput erfreulicherweise hohe und breite Wellen geschlagen und dem Thema „Nazikunst auf dem Olympiagelände heute?" endlich öffentliche Resonanz verschafft. In kurzer Folge sind erschienen: Hilmar Hoffmann, Einstürzende Altbauten. In: Süddeutsche Zeitung, München, 23./24. 1. 1993; Jörg Haspel, Künstlerische Entnazifizierungsversuche zur Rettung der Jahrtausend-Spiele (Interview). In: taz, Berlin, 27. 1. 1993; Petra Kipphoff, Her mit der Olympiade. Weg mit der Erinnerung. In: Die Zeit, 6/5. 2. 1993; Peter Adam, Warum ist die Nazi-Kunst obszön? (Interview). In: Frankfurter Allgemeine Magazin, 676/12. 2. 1993; E. B. Geschichtsbrecher. In: Frankfurter Allgemeine Zeitung, 37/13. 2. 1993; Wolfgang Rothe, Von deutscher Innerlichkeit zum Tribut an die Macht. In: Frankfurter Allgemeine Zeitung, 37/13. 2. 1993; Ursel Berger, Die Athleten von Olympia-Berlin. In: Der Tagesspiegel, 14474/19. 2. 1993; Hannes Hoffmann, Müssen die Recken weg wegen Olympia?. In: Bildzeitung, Hamburg, 24. 2. 1993; Helmut Böttiger, Olympia, das fünfte Element. In: Frankfurter Rundschau, 24. 2. 1993; Andreas Vollbrechtshausen, Berliner Geschichte. Das Olympiastadion Brennpunkt gestern, Erblast heute. In: Berliner Morgenpost, 10. 3. 1993, S. 14; Lorenz Maroldt, Die olympischen Friedensspiele werfen dunkel ihre Schatten voraus. In: Neue Zeit, 13. 3. 1993; Gero Gemballa, Der Umgang mit Olympia 1936. ARD-Kulturreport (WDR-Fernsehen) am 21. 3. 1993; Claudia Pai, Herrenmenschen in Cellophan. In: Der Spiegel, Nr. 14, 5. 4. 1993, S. 62-70.

vieler Bauten des Dritten Reiches gegangen, von den Troostschen Tempeln auf dem Münchener Königplatz bis zu der Speerschen Reichskanzlei, die gesprengt und abgetragen wurden.

Selbst das Prinz-Albrecht-Palais mit seinem von Menzel gemalten Park wurde damals planiert, da es in seiner zweihundertjährigen Geschichte einige Jahre der Vernichtungsapparatur gedient hat. Es half dem Bau wenig, daß Schinkel das barocke Palais Vernezobre ein Jahrhundert später zu einem der eindrucksvollsten Bauwerke des Klassizismus umgebaut hatte. Die Architektur mußte für die Untaten ihrer Nutzer büßen.

Nun also, beinahe sechzig Jahre nach den Olympischen Spielen von 1936, wird die Frage aufgeworfen, ob Architektur und Skulptur von damals im Jahr 2000 Schauplatz dessen sein dürfe, was man ein wenig euphemistisch oft ein Treffen der Jugend der Welt nennt. Dürfen „freie, heitere, weltoffene Spiele" vor den Zeugnissen eines der Gegenwart „völlig fremd, ja widerwärtig gewordenen Menschenbildes" stattfinden, ohne die Besucher aus aller Welt zu schockieren? Man kann beiseite lassen, ob der Zustand der Welt zwischen den Greueltaten des iranisch-irakischen Krieges und dem Gemetzel im zerfallenen Völkerstaat Jugoslawien tatsächlich frei, heiter und weltoffen ist. Jeder, der auf seine Reputation achtet, wird sich davor hüten, einen Vergleich der Bürgerkriege der dreißiger Jahre mit der Gegenwart aufzustellen. Der Gedanke an das, was später kam, verbietet ja solche Überlegungen, und auch hier erweist sich Auschwitz als Barriere vor jedem freien Umgang mit der Vergangenheit.

Aber kann das Olympische Gemeinschaftswerk der Familie March, das der Vater Otto March 1912 als „Deutsches Stadion" für die Olympischen Spiele von 1916 baute und das die Söhne Werner und Walter in den späten zwanziger Jahren entwarfen und für das sie für die Olympischen Spiele von 1936 noch in der Weimarer Republik 1932 den offiziellen Auftrag erhielten, etwas dafür, daß in diesem Land ein Jahrzehnt später Ungeheures geschah? Nicht nur das neoklassizistische Musée d'Art Moderne von Jean Claude Dondet aus dem Jahre 1934 mit seinen mailloesken Figuren verkörpert dieselbe Wendung zu einem vergröberten antikischen Baustil, den man im Falle des Olympiastadions so skandalös findet. Auch die gleichzeitigen Londoner Admiralitätsgebäude, die skandinavischen Parlaments- und Regierungsbauten und eine ganze Reihe von Ministerien in Washington demonstrieren, daß mit dem Ende der zwanziger und dem Beginn der dreißiger Jahre eine Ermüdung des Elans der Moderne durch die westliche Architekturwelt geht, und nicht nur durch sie.

In eben diesen Jahren findet nämlich auch in Moskau die große Abkehr von der Weltsprache des Neuen Bauens statt. Anstelle der Entwürfe von Gropius, Mendelsohn, Le Corbusier und Perret triumphiert die sowjetische Spielart der Monumentalarchitektur, die dann in dem wegen des Krieges nicht mehr gebauten „Palast der Sowjets" von Boris Iofan mit einer siebzig Meter hohen Lenin-Statue als Krönung ihren Höhepunkt erreicht. Der monströse Ring der Hochhäuser erinnert in Moskau noch heute an diesen Sieg des pathetischen Nationalstils über die internationalistischen Ideale des Bauhauses. Es sind jene Jahre, in denen sich der italienische Faschismus von den Theorien des Futurismus endgültig löst und anstelle von Giuseppe Terragnis Casa del Fascio in Como Marcello Piacentinis foro italico tritt. Erst nach dem Krieg kommt dann der Triumph des „International Stils", der in der Tat Singapur, Kairo, Frankfurt und Manhattan einander angeglichen hat.

Verhält es sich mit den Skulpturen auf dem Gelände des ehemaligen Reichssportfeldes, die plötzlich als so anstößig empfunden werden, daß man glaubt, sie „konterkarieren" zu müssen, wirklich anders? Die Bildhauer Karl Albiker, Adolf Wamper, Joseph Wackerle, Fritz Klimsch und der junge Arno Breker waren vielleicht bemerkenswerte, wahrscheinlich nicht sonderlich ins Gewicht fallende, möglicherweise mediokre Künstler; das wird die Zeit klären. Aber sämtlich kamen sie aus den zwanziger Jahren, viele von ihnen waren Jünger Adolf Hildebrands, und einige hatten Jahre in den Ateliers von Martini in Rom oder von Maillol und Despiau in Paris gearbeitet. Ist der Bonner Bundesadler von Ludwig Gies aus dem Plenarsaal des Bundeshauses wirklich so viel demokratischer als der Speerträger von Ludwig Kasper?

Schon die Fragestellung nach dem Umgang mit Werken einer angeblich „damals befohlenen Ästhetik" verkennt die wirkliche Dimension der Wende in der Kunst in der zweiten Hälfte der zwanziger Jahre. nicht das In-den-Dienst-Stellen des neoklassizistischen Impulses durch die Gewaltherrschaft ist die wirklich interessante Frage, sondern herauszufinden, woher die Ermattung der Moderne kommt, die Jahre vor 1933 in ganz Europa zu bemerken ist. Was die Architektur – also auch das Olympiastadion – anlangt, so könnte man meinen, daß es ja die Bauherren gewesen seien, die plötzlich wieder die Vertreter der alten Schule bevorzugten, Wilhelm Kreis, Paul Bonatz und Paul Baumgarten oder sogar einen Vorkämpfer des Neuen wie Peter Behrens, der Ende der zwanziger Jahre bereits jene Wendung zum monumentalen Klassizismus zu erkennen gibt, die ihn später zu Entwürfen für die Hochhäuser auf Hitlers Nord-Süd-Achse führt. Selbst der stille Heinrich Tessenow, der verehrte Lehrer Albert Speers, kommt zu einem noblen Säulen-Hain, der sich in den Architekturgeschichten von heute seltsam genug neben Hugo Häring, Taut und Luckhardt ausnimmt.

Und warum wendet sich Otto Dix etwa um dieselbe Zeit dem Altmeisterlichen zu? Weshalb geht George Grosz 1932, also ein Jahr vor dem Machtantritt Hitlers, nach New York, wo er eine Malerschule für höhere Töchter gründet, denen er beibringt, wie man sommerliche Landschaften, blühende Felder und einen Wolkenhimmel malt? Und warum zieht sich Heckel Mitte der zwanziger Jahre aus der Moderne zurück? Weshalb verliert Schmidt-Rottluff damals seine Gewalt, die ihn doch eben noch neben und vor die gleichzeitigen Franzosen gestellt hatte? Was geht mit dem ganzen deutschen Expressionismus vor, der eine Wendung ins Dekorative vollzieht und lange vor jeder Kunstdiktatur und einer vorgeblich erzwungenen Anpassung an Parteidoktrinen milde wird – was sich heute übrigens ebenso in den Wertungen der Historiker wie in den Preisen der Auktionen ausdrückt.

Am deutlichsten wird diese Zeitströmung, die natürlich fast überall zu einer Verflachung führt, in der Skulptur der Epoche. Der neben Louis Tuiallon eigentlich repräsentative Bildhauer der Weimarer Republik, das jugendliche Genie des späten Kaiserreichs, Georg Kolbe, modelliert schon 1931 seine überlebensgroße Nietzsche-Apotheose *Zarathustra*. Kolbes Jugendfreund Richard Scheibe findet seit den späten zwanziger Jahren zu einem gerade bei diesem Neurastheniker überraschenden sportlichen Ideal, dessen greifbarster Ausdruck die übergroße Figur des *Zehnkämpfer* von 1932 wird, der dann ein paar Jahre später auf dem Reichssportfeld aufgestellt wird. Gerhard Marcks, eben noch Lehrer am Bauhaus, wendet sich jetzt dem klassischen Ideal zu und findet zu jenem griechischen Menschenbild, das er – obwohl doch selber mitunter verboten und meist verfemt – in dem Rossegespann für Posen auf seinen Höhepunkt bringt.

Die Bildhauer der berühmten, von der Partei ständig überwachten Künstlergemeinschaft Klosterstraße, der Renée Sintenis, Gerhard Marcks und Ludwig Kasper angehören, suchen – voller Abneigung gegen und zuweilen mit Haß auf die offizielle Kunstdiktatur – den Weg von der Moderne über die Klassik zurück zur Archaik. Die meisten von ihnen benutzen die Stipendien der Preußischen Akademie der Künste am Pariser Platz zu Studienaufenthalten, die zuweilen Wallfahrten nach Ägina gleichen. Das „äginätische Ideal" prägt auch die Münchener Schule um Toni Stadler, die von Adolf Hildebrand und Conrad Fiedler herkommt. Das sind die Quellen Wampers wie Wackerles, nicht arische Doktrinen des Dritten Reiches.

Waren sie wirklich „Funktionsträger als Vorbild für den rassereinen Arier", wie jetzt gesagt wird? Aber wie verhält es sich dann mit der Symbolfigur der modernen Skulptur Rudolf Belling, der sich der Kunstdiktatur von Goebbels und Rosenberg entzog und zusammen mit Ernst Reuter und dem marxistischen Historiker Ernst Engelberg in die Türkei emigrierte? Dort, in völliger Freiheit, wendet er sich von der abstrahierenden Expressivität seines gefeierten *Dreiklangs* ab und modelliert realistische Figurenbilder, bei denen, im Falle von Soldatenbüsten, alle Uniformknöpfe und Epauletten zu zählen sind?

Die Kunst der Epoche hat ein widersprüchliches Gesicht. Mitten im Dritten Reich kam, wie Leopold Reidemeister oder Werner Haftmann an Beispielen erzählten, Picassos klassizistische *Suite Vollard* auf den Höhepunkt ihrer Wirkung auf die jungen deutschen Künstler. Selbst Emigranten wie Ferdinand Springer, dessen graphisches Frühwerk in seiner Wendung zum Griechentum ohne Picasso nicht denkbar ist, kehren der Ungegenständlichkeit im Exil den Rücken und suchen die Antike. Mit Direktiven des Präsidenten der Reichskulturkammer hat das nichts zu tun.

Das alles bedarf der Interpretation, bisher ersetzt die Denunziation einer angeblich „befohlenen Ästhetik" jedes ernsthaftere Verständnis. die hier und da vorgeschlagenen „Museumsvitrinen", in denen die Bildwerke des Olympiastadions mit der „Gegenästhetik des geschundenen Menschen" konfrontiert werden, sind selber eine Schreckensvorstellung.

Martin Warnke
Kunstgeschichtliches Seminar Hamburg

Sehr geehrter Herr Hoffmann, auf Ihre Anfrage bezüglich der Olympiafiguren in Berlin kann ich nicht eingehen. *Olympia in Berlin* ist selbst schon ein restituiertes nationalsozialistisches „Bild", das man akzeptiert hätte, wenn man sich um beiläufige Dekorationen Gedanken machen würde.

Katarina Witt
Eiskunstläuferin

Die Figuren des Nazi-Bildhauers Arno Breker geistern mir schon lange durch den Sinn. Ich habe mich durch sie immer eingeschüchtert gefühlt, geht doch etwas Bedrohliches, Gewalttätiges von ihnen aus. So groß, so überformt, so stramm, sind sie keine echten Menschen, keine Athleten.

Ich habe in Athen Steinfiguren gesehen, sie trugen Tempeldächer auf ihren Schultern, und diese Last sah man ihren gequälten Gesichtern an. Die Figuren von Breker haben einen herrischen Blick, die unmenschlichste Anstrengung ist ihnen dagegen wie selbstverständlich. Solche irrealen Figuren machen reale Menschen mit ihren ganz normalen Schwächen klein. Angesichts dieser in Stein gehauenen Stärke kann man sich als Betrachter nur schwach fühlen. Und scheint auch ihre Absicht zu sein. Andererseits soll der schwache Mensch sich an ihnen aufrichten. Er soll sich recken und strecken, den Arm zum Hitlergruß erhoben. Mir fällt ein sowjetischer Film ein, der mich sehr beeindruckt hat: *Der gewöhnliche Faschismus* von Michail Romm. Da recken sich BDM-Mädchen ihrem Führer entgegen, und der Kommentar spottet: „Ja, reckt euch, streckt euch zu eurem Verderber!"

Die Nazis haben für den deklassierten gedemütigten, gebrochenen Menschen ein unbeschädigtes, herrisches Ideal geschaffen, mit dem er sich identifizieren soll, zu dem er gegenüber anderen, fremden Menschen werden soll. So funktioniert Kriegspropaganda: Aufmärsche in Reih und Glied, Zucht und Ordnung. Selbst die kaputtesten Menschen fühlen sich in einer strammsitzenden Uniform gestrafft. Sie gibt ihnen inneren Halt. Der Schwache wird stark oder fühlt sich so. Wer nicht dazugehört, wird ausgemerzt.

Wir Deutschen sind nicht jenes Volk von Übermenschen, vollendeter, leistungsfähiger, schöner und klüger als die anderen Völker. Geistige Überheblichkeit, von den Nazis geschickt genutzt und von Künstlern wie Arno Breker zelebriert, hat uns in die tiefste Katastrophe unserer Geschichte gestürzt, die 1936 schon begonnen hatte und die sich drei Jahre später unaufhaltsam beschleunigte.

Bei einer caritativen Veranstaltung für Sportler, letzten Sommer in New York, habe ich gesagt, daß ich glaube, in der Verherrlichung unbeschädigter Menschen liege etwas Unmenschliches: Der Mensch mit all seinen Schwächen und auch Beschädigungen ist doch viel wirklicher als sein glattes, makelloses Ideal, dem etwas Monströses anhaftet. Der Sport erzeugt strahlende Idole. (Vielleicht verklären manche mich zu einem solchen Idol.) Andererseits ist die Wirklichkeit mit all ihren Beschädigungen immer gegenwärtig. Fast alle Sportidole leben in einem solchen Spannungsfeld. Der Fetisch von der Jugendlichkeit durchtrainierter, idealistischer Körper dient in einer Welt voller Beschädigungen als Zuflucht. Für Seniorensport, Behindertensport usw. ist in dieser Ersatzwelt kaum Platz. Viele glauben, der „echte Sport" habe nur Höchstleistungen im Sinn und Weltrekorde. Auch den Eis*kunst*lauf wollen manche Funktionäre zu einem Eis*sprung*lauf umfunktionieren. Die Drei- und Vierfachen werden abgehakt, und ein Computerprogramm ermittelt dann irgendwann mal die Medaillengewinner.

Jugendlichkeit und Leistungsfähigkeit bilden eine Einheit, und so ist eben dann die junge Arbeitskraft der älteren vorzuziehen. Sex im Alter ist ein Tabu. Offiziell erscheint Jugend schön. Und das Alter – zumindest bei Frauen – häßlicher. Mit dem Glatten, Kraftstrotzenden werden die Akzeptanzwerte von Künstlern und Showmastern ermittelt, werden Umsätze gemacht und Wahlen gewonnen. Wer will sich einreden lassen, daß auch faltige Gesichter, gekrümmte, vom Leben gezeichnete Menschen schön und attraktiv sein können? Ich bin nicht gegen Jugendlichkeit. Aber menschlich sein heißt: es gibt noch andere Ansätze von Schönheit. Auch im Harmonischen steckt Widersprüchliches. Und das muß sichtbar gemacht werden, nicht aus Trotz gegenüber einer alles beherrschenden Medienwirklichkeit, sondern um Menschen zu ermutigen, mit ihren Schwächen zu leben. Wir Menschen, und längst nicht jeder, entsprechen nur die kürzeste Zeit unseres Lebens jenem Idealbild, das wir von uns haben und das uns jeden Tag eingehämmert wird.

So wie die Breker-Figuren sind wir nicht. Eher sehen wir die längste Zeit unseres Lebens aus, wie die sogenannten *entarteten Künstler* den Menschen sahen.

Hilmar Hoffmanns Vorschlag fasziniert mich, neben den Figuren im Olympia-Stadion, genauer gesagt, ihnen gegenüber, Werke von Käthe Kollwitz, Ernst Barlach und anderen *entarteten* Künstlern aufzustellen: gegen das hohle Pathos und die überwirkliche Athletik das Beschädigte, Unvollendete, wirkliche bildende Kunst.

Personenregister

Bildnachweis

Arbeitsgemeinschaft Reinald Eckert/Wolfgang Schäche/Berlin:	10 / 13 / 17–28 / 122 / 135
Bundesarchiv (ADN-ZB/Archiv):	2 / 8 / 9 / 11 / 14–16 / 29 / 38 / 41 / 127 / 141 / 142
Bundesarchiv (Scherl-Bilderdienst):	30–33
Cigaretten-Bilderdienst Altona-Bahrenfeld, 1936:	70–72
Deutsches Filmmuseum Frankfurt am Main:	37 / 39 / 40 / 54–57 / 59 / 60 / 62–65 / 67 / 68 / 80 / 84 / 85 / 92 / 93 / 96–99 / 102–107 / 115–117
Deutsches Institut für Filmkunde, Wiesbaden-Biebrich:	87
Alexander Gehrke, Kleinmachnow:	34 / 136–140
Landesbildstelle Berlin:	1 / 5–7 / 12 / 134 / 150
Reproduktion: Günter Prust Aufbau-Verlag, Berlin:	3 / 4 / 35 / 36 / 73–76 / 78 / 79 / 83 / 109 / 110 / 120 / 121 / 130–133
Stiftung Deutsche Kinemathek, Berlin:	42–53 / 58 / 61 / 66 / 69 / 77 / 81 / 82 / 86 / 88–91 / 94 / 95 / 100 / 101 / 108 / 111–114 / 118 / 119 / 123–126 / 128 / 129
Ruth Walz, Berlin:	143–149